Sophie Thomas   CURSO SEGUNDO

ANTOLOGÍA POÉTICA
DE LOS SIGLOS XVI-XVII

CLÁSICOS DE BIBLIOTECA NUEVA
Colección dirigida por
JORGE URRUTIA

JUAN MONTERO

ANTOLOGÍA POÉTICA DE LOS SIGLOS XVI-XVII

BIBLIOTECA NUEVA

XXI grupo editorial
siglo veintiuno

siglo xxi editores, s. a. de c. v.
CERRO DEL AGUA, 248, ROMERO DE TERREROS,
04310, **MÉXICO**, DF
www.sigloxxieditores.com.mx

siglo xxi editores, s. a.
GUATEMALA, 4824,
C 1425 BUP, **BUENOS AIRES**, ARGENTINA
www.sigloxxieditores.com.ar

salto de página, s. l.
ALMAGRO, 38,
28010, **MADRID**, ESPAÑA
www.saltodepagina.com

biblioteca nueva, s. l.
ALMAGRO, 38,
28010, **MADRID**, ESPAÑA
www.bibliotecanueva.es

editorial anthropos / nariño, s. l.
DIPUTACIÓ, 266,
08007, **BARCELONA**, ESPAÑA
www.anthropos-editorial.com

Antología poética de los siglos XVI-XVII / Juan Montero (ed.). - Madrid : - Biblioteca Nueva, 2013
    512 p. ; 18 cm
    ISBN 978-84-9742-140-9
    1. Literatura española 2. Poesía I. Juan Montero, editor.
    821.134.2-1   DCQ
    801.6   DSC

Diseño de cubierta: José María Cerezo

Edición noviembre de 2013

Esta obra ha sido publicada con una subvención de la Dirección General del Libro, Archivos y Bibliotecas del Ministerio de Cultura.

© Introducción, notas y edición de Juan Montero
© Editorial Biblioteca Nueva, S. L., Madrid, 2006, 2013
    Almagro, 38 - 28010 Madrid (España)
    www.bibliotecanueva.es
    editorial@bibliotecanueva.es

ISBN: 978-84-9742-140-9
Depósito Legal: M-29.735-2013

Impreso en Cofás, S. A.
Impreso en España - *Printed in Spain*

INTRODUCCIÓN

Es fácil convenir en que lo que hoy llamamos poesía lírica constituye uno de los varios capítulos que dan singular lustre a las letras españolas en su(s) Siglo(s) o Edad de Oro (según se prefiera)[1]. Para empezar, está el enorme caudal de autores y obras relevantes, no pocos de los cuales han pasado a formar parte principal del legado literario y cultural de nuestra lengua. A esto hay que sumar que se trata de un proceso de grandes proporciones, tanto en lo cronológico (casi dos siglos) como en lo espacial (desde Europa occidental hasta América). Por último, hay que subrayar la extraordinaria variedad artística de los resultados, en una escala que va (a veces en el mismo autor) desde las fórmulas más depuradas o expresivas de lo tradicional y lo popular hasta las más sazonadas o rebuscadas de la erudición y la experimentación. Estamos, en definitiva, ante un acervo literario que puede ponerse, cuando menos, en pie de igualdad con los más destacados de la época, ya sea el italiano, el francés o el inglés.

Puestos a determinar el alcance cronológico de la poesía áurea, cabe tomar como hitos, de un lado, la fecha de 1526 (entrevista, en Granada, de Juan Boscán con el em-

---

[1] Un panorama completo del período desde el punto de vista cultural ofrecen los tomos correspondientes de la *Historia de España* dirigida por Ramón Menéndez Pidal y José M.ª Jover Zamora: *La cultura del Renacimiento (1480-1580)*, coord. Víctor García de la Concha, Madrid, Espasa Calpe, 1999; y *El siglo del Quijote (1580-1680)*, Madrid, Espasa Calpe, 1986, 2 vols.

bajador Andrea Navagero durante los fastos que siguieron a la boda de Carlos I con Isabel de Portugal) y, del otro, el año de 1700, por ser el de la publicación póstuma del tercer y último volumen de las obras de sor Juana Inés de la Cruz (†1695), la *décima Musa* novohispana. Tales límites no dejan, en cualquier caso, de resultar convencionales, dado el carácter fluido y continuo de los procesos histórico-culturales. Así, es obvio que no cabe trazar un panorama poético de la época sin prestar la debida atención, por lo menos, al reinado de los Reyes Católicos (1474-1516), verdadero pórtico del Renacimiento español, que dejó como herencia, entre otras cosas, todo un *Cancionero General* (Valencia, 1511). De la misma manera, también resulta innegable que la mayor parte de la poesía que se escribe hasta mediado el siglo XVIII tiene como referente directo a los autores de la centuria precedente, con Góngora a la cabeza. Adoptadas, pues, esas cautelas, el período 1526-1700 puede ser abordado como un todo multiforme pero coherente dentro de su variedad.

1. EL TEXTO POÉTICO EN LOS SIGLOS DE ORO

Para entender cómo vive el texto poético en los Siglos de Oro —esto es, cómo se crea y cómo llega al público, cómo se difunde y cómo se transmite de generación en generación— hay que partir de los datos relativos a la educación en la sociedad de la época. Desde este punto de vista, existía una clara descompensación, que todavía había de prolongarse hasta más allá de 1800, entre una mayoría de personas iletradas del todo o escasamente alfabetizadas y una minoría letrada, que fue creciendo poco a poco y que se concentraba preferentemente en las ciudades y núcleos importantes de población. Tal división se correspondía, en líneas generales, con la que separaba las clases populares de las capas medias o dominantes de la sociedad, afirmación que no debe, sin embargo, excluir excepciones tanto en uno como en otro sentido y que requiere, además, algunas consideraciones particulares en el caso de las mujeres[2]. Había, pues, un reducido segmento de la población que era el único que podía acceder plenamente a la cultura escrita, en cualquiera de los dos cauces por los que ésta circulaba, el impreso y el manuscrito. El resto sólo podía disfrutar, en principio, de formas de comunicación oral (la voz) o de carácter icónico-visual (la imagen), las cuales también estaban disponibles, obviamente, para la minoría letrada. Ahora bien, la existencia de esos dos canales citados, especialmente el de la oralidad, permitía de hecho participar de la comunicación literaria también a la mayoría iletrada[3].

Para la poesía áurea resultó, pues, de gran importancia la ejecución o publicación oral, con la consiguiente recepción de oídas, en una gama de posibilidades bastante amplia, ya fuese bajo la forma de lectura pública en voz alta, de recitación o de interpretación musical. A propósito de la primera forma hay que recordar que, si bien la difusión del libro impreso favoreció la lectura solitaria y en silencio, ésta no llegó, sin embargo, a desterrar ni mucho menos la costumbre de leer un texto en voz alta para una concurrencia más o menos numerosa (entre la que, naturalmente, podía haber personas iletradas). La práctica está bien documentada, por lo demás, en circunstancias que abarcan la generalidad de la vida social, sin exclusión de clases ni grupos: desde las veladas caseras o cortesanas hasta las tertulias o reuniones de literatos. Si lo propio de la mera lectura en voz alta es desarrollarse en un marco informal o no reglado, la recitación o declamación sí que tiende, en cambio, a darse en un contexto más institucional, como el que ofrecen las justas y certámenes, las academias y un largo et-

---

[2] Sobre la educación en la época, véase Richard L. Kagan, *Universidad y sociedad en la España moderna*, Madrid, Tecnos, 1981; y Luis Gil, *Panorama del Humanismo español (1500-1800)*, Madrid, Alhambra, 1981.

[3] Fernando J. Bouza Álvarez, *Del escritorio a la biblioteca. La civilización escrita europea en la alta Edad Moderna (Siglos XV-XVII)*, Madrid, Síntesis, 1992; Roger Chartier, *Libros, lecturas y lectores en la Edad Moderna*, Madrid, Alianza, 1993. Es útil asimismo el panorama de Ricardo García Cárcel, *Las culturas del Siglo de Oro*, Madrid, Historia 16, 1999.

cétera en el que hay que incluir los sermones o las representaciones teatrales[4]. En cuanto a la simbiosis entre música y poesía, aparte de ser rasgo consustancial a ciertos géneros populares o popularizantes (lírica tradicional, romancero tanto *viejo* como *nuevo),* parece que fue más frecuente de lo que hoy tendemos a creer en el campo de la lírica culta. Algo de esa realidad dejan entrever los llamados *libros de música* cuando nos presentan musicadas, junto a romances y canciones tradicionales, composiciones en métrica italianizante (sonetos, canciones, madrigales, etc.)[5].

---

[4] Las justas eran certámenes poéticos que se celebraban en el marco de una fiesta relacionada con algún acontecimiento de la vida civil o religiosa; su período de esplendor fue el siglo XVII (José Simón Díaz y Luciana Calvo Ramos, *Índice de justas poéticas,* Madrid, CSIC, 1961). Los participantes, a veces autores de reconocido prestigio, presentaban sus poemas conforme a las normas previamente difundidas en un cartel (tema, tipo de estrofa, extensión, etc.); los mismos poemas se exhibían habitualmente en copias manuscritas o impresas (José Simón Díaz, «La literatura mural», en José M.ª Díez Borque (dir.), *Culturas en la Edad de Oro,* Madrid, Ed. Complutense, 1995, págs. 169-179). El fallo y entrega de premio tenía lugar durante una ceremonia pública que incluía la lectura de una selección de las composiciones presentadas. Las academias, por su parte, eran reuniones periódicas de *ingenios,* como se decía entonces, para tratar de temas literarios y eruditos en general; también fueron más frecuentes en el siglo XVII (José Sánchez, *Academias literarias del siglo de Oro español,* Madrid, Gredos, 1961; Willard F. King, *Prosa novelística y academias en el siglo XVII,* Madrid, RAE, 1963). En ocasiones, las academias celebraban sesiones públicas que incorporaban todos los signos de la teatralidad y lo ceremonial, con un lugar importante para la recitación poética (véase Aurora Egido, «Poesía de justas y academias», y «Literatura efímera: oralidad y escritura en los certámenes y academias», en *Fronteras de la poesía en el Barroco,* Barcelona, Crítica, 1990, págs. 115-137 y 138-163). Sobre la oralidad en las letras áureas tratan *Edad de Oro*, VII (1988); y Margit Frenk, *Entre la voz y el silencio,* Alcalá de Henares, Centro de Estudios Cervantinos, 1997.

[5] Protagonistas importantes en ese campo son, entre otros, Luis Milán (1536), Luis de Narváez (1538), Alonso de Mudarra (1546), Juan Vásquez (1560), Antonio de Cabezón (1578), Francisco Guerrero (1589), etc. (véase cuadro cronológico al final de la *Introducción).* No faltaron tampoco las obras colectivas, como el llamado *Cancionero de Upsala* o *del duque de Calabria,* que recoge la producción de la corte valenciana de Germana de Foix (ed. Rafael Mitjana y Leopoldo Querol, Madrid, Instituto de España, 1980); o el *Cancionero musical de la Casa de Medinaceli* (ed. Miguel Querol, Barcelona, CSIC, 1949-1950, 2 vols.).

Este dato, así como la numerosa información que es posible acopiar a partir de las obras literarias y otra documentación, hace pensar que la interpretación musical de toda suerte de poemas fue bastante habitual[6].

La difusión oral de los textos tenía, lógicamente, como soporte o apoyo su difusión y transmisión escrita. La poesía áurea se desarrolla, de hecho, en un contexto cultural marcado por la expansión de la imprenta y el auge de la escritura, de manera que por fuerza ha de reflejar dicho estado de cosas. Pero lo hace de una manera peculiar, ya que se trata de la modalidad literaria que recurre de una manera más decidida a la transmisión manuscrita, hasta el punto de que éste se convierte en el cauce principal de su difusión en la época[7]. Las razones que lo explican son de índole diversa, desde la simplicidad material que supone la copia a mano de unos textos que, normalmente, tienen una extensión corta, hasta el desinterés o los escrúpulos que mostraron no pocos autores para con la impresión de sus versos. Deseosos, pues, de eludir los aspectos mercantiles y

---

[6] En el ámbito de la música cortesana destaca, junto a la polifonía, el empleo de la vihuela como instrumento de acompañamiento. Desde las últimas décadas del XVI fue ganando terreno la guitarra para la interpretación de géneros de carácter popular. Véase al respecto Carmen Valcárcel, «La realización musical de la poesía renacentista», *Edad de Oro*, VII (1988), págs. 143-159; y más por extenso: *La realización y transmisión musical de la poesía en el Renacimiento español*, Madrid, Universidad Autónoma de Madrid, 1999 (microfichas). Contamos ahora con el útil repertorio de Mariano Lambea Castro, *Incipit de poesía española musicada, ca. 1465-ca. 1710,* Madrid, Sociedad Española de Musicología, 2000.

[7] Así lo señaló Antonio Rodríguez-Moñino, *Construcción crítica y realidad histórica en la poesía de los siglos XVI y XVII*, pról. de Marcel Bataillon, Madrid, Castalia, 1965. Véase también Pablo Jauralde Pou, «El público y la realidad histórica de la literatura española de los siglos XVI y XVII», *Edad de Oro*, I (1982), págs. 55-64; Alberto Blecua, *Manual de crítica textual*, Madrid, Castalia, 1983, págs. 169-216; Jaime Moll, «Transmisión y público de la obra poética», *Edad de Oro*, IV (1985), págs. 71-85. Por razones de censura, determinados géneros y tipos de poesía se difundieron casi exclusivamente por medio del manuscrito (la sátira política o religiosa, la erótico-pornográfica, etc.); véase José M.ª Díez Borque, «Manuscrito y marginalidad poética en el XVII hispano», *Hispanic Review*, 51 (1983), págs. 371-392.

divulgativos del impreso, esos autores podían optar por una
difusión más selectiva y controlada (al menos en principio)
por medio de copias manuscritas a las que accedía un
círculo restringido de amigos. De esta manera, muchos
poetas (entre ellos algunos de los más importantes) murieron
sin dejar una edición completa o ni tan siquiera representa-
tiva de su obra[8]. En algunos casos, la impresión póstuma
apenas si tardó en producirse, casi siempre a manos de fa-
miliares o amigos: así, la de Garcilaso por Boscán, la de Gón-
gora por López de Vicuña, o la de Quevedo por González
de Salas, y completada luego por su sobrino Pedro Aldrete.
Otras veces se demoró algo más, como ocurrió con los *Ver-
sos* de Herrera publicados por F. Pacheco (1619) o la edición
de Fray Luis por Quevedo (1631). Finalmente, hubo poetas de
los que juzgamos importantes (Cetina, Rioja, Fernández
de Andrada) cuya obra sólo se estampó después de 1700, e
incluso en pleno siglo xx (como le ocurrió a Francisco de La
Torre). En estas condiciones es comprensible que los aficio-
nados a la poesía se habituasen a hacerse con copias manus-
critas de los textos, confeccionando, con diversos criterios,
colecciones personales que se enriquecían con el intercam-
bio de información entre lectores; está claro que dicho aco-
pio resultaba especialmente fructífero en los grandes centros
urbanos y universitarios (Salamanca, Sevilla, Alcalá, Madrid,
etc.). Así surgieron los llamados *cartapacios* o antologías ma-
nuscritas de poesías varias que en tan gran número se con-
servan en bibliotecas españolas y foráneas[9]. De todos modos,

---

[8] En el caso de los autores seleccionados para esta antología, la si-
tuación es la siguiente. Salvo Herrera (que publicó una antología de sus
versos en 1582), Lope de Vega y sor Juana Inés de la Cruz (que frecuenta-
ron las prensas en vida), la mayoría de ellos tuvieron edición póstuma an-
tes de 1700: Garcilaso (1543), Aldana (1589 y 1591), Herrera (1619), san Juan
de la Cruz (1627), Góngora (entre 1627 y 1633), Fray Luis (1631), Quevedo
(1648 y 1670). Por último, la *Epístola moral a Fabio* no se imprimió por
vez primera hasta 1768.
[9] La crítica filológica viene realizando desde tiempo atrás ediciones
de algunos de estos *cartapacios*. En los últimos años, merece ser destacada
la labor editora de José J. Labrador y Ralph Di Franco, con la colabora-
ción ocasional de otros investigadores, quienes han rescatado ya una do-

no faltan, aunque sean mucho menos numerosos, manuscritos poéticos elaborados con un criterio más selectivo, como los que traen la obra de un autor o de los poetas que participan en una academia[10].

Reconocer la importancia de la transmisión manuscrita no significa restársela a la impresa ni negar los trasvases que existían entre uno y otro cauce: no pocas veces el origen de una copia a mano hay que buscarlo en un impreso, de la misma manera que las primeras ediciones de un autor se hacían necesariamente a partir de los códices. Hablar de escasez de ediciones puede ser válido si se refiere a un autor determinado (pensemos en Fray Luis, editado antes de 1700 una sola vez en España y otra en Italia), pero no lo es tanto si hablamos en términos generales. Una consideración de conjunto permite afirmar que la imprenta también contribuyó eficazmente a la difusión y transmisión de la poesía áurea, aunque seguramente los productos de mayor éxito editorial no siempre se ajustan con nuestra escala de valores estéticos.

La tipología del impreso poético responde en líneas generales a la distinción entre pliego suelto y libro. El primero puede caracterizarse así: pocas hojas (desde dos hasta un máximo que hoy tiende a fijarse en 32), escasa calidad material y tipográfica (aunque sin excluir algún tipo de ilustración), reducido coste, amplia difusión callejera o ambulante (de la que se encargaban en particular los ciegos) y

---

cena de códices (véase, por ejemplo, más abajo n. 57 y n. 62) y anuncian próximas ediciones. Los mismos investigadores trabajan desde hace tiempo en la elaboración de un índice de primeros versos de la poesía áurea (BIPA), de la que ofrecieron un anticipo en su *Tabla de los principios de la poesía española. Siglos XVI-XVII*, pról. de Arthur L.-F. Askins, Cleveland, Cleveland State University, 1993. Entre los numerosos repertorios, destacan: Antonio Rodríguez-Moñino y María Brey, *Catálogo de los manuscritos poéticos castellanos (siglos XV, XVI y XVII) de The* Hispanic Society of America, Nueva York, The Hispanic Society of America, 1965-1966, 3 vols.; Pablo Jauralde (dir.), *Catálogo de manuscritos de la Biblioteca Nacional con poesía en castellano de los siglos XVI y XVII*, Madrid, Arco Libros, 1985, 5 vols.

[10] M. Sánchez Mariana, «Los manuscritos poéticos del Siglo de Oro», *Edad de Oro*, VI (1987), págs. 201-213.

contenidos asequibles o de interés para un público amplio.
Éste era, por tanto, el cauce habitual de una literatura que
podemos llamar de consumo o de éxito asegurado entre las
clases populares (aunque no sólo entre ellas por fuerza), lo
que en el plano de la poesía significa que acogía, sobre
todo, coplas octosilábicas y romances, con predilección por
los temas religiosos, histórico-legendarios y de actualidad
(las famosas *relaciones de sucesos*). Esto no impide, sin em-
bargo, que también se asomen a los pliegos las obras de au-
tores de primera fila, tanto del siglo xv (Santillana, Mena,
Manrique...) como los de los Siglos de Oro, especialmente
cuando desde 1580 en adelante triunfa el romancero *nuevo*
de la mano, entre otros, de Góngora y Lope[11].

En cuanto al libro, cabe hacer la misma distinción que
se indicó para el manuscrito, esto es, entre volúmenes de
carácter colectivo y los que recogen la obra de un autor in-
dividual (o dos, como ocurrió durante años con Boscán y
Garcilaso). También en este ámbito fueron numerosas las
colecciones de varios y algunas de ellas tienen gran impor-
tancia desde el punto de vista histórico-literario[12]. Es el
caso del ya mencionado *Cancionero General*, que por sí solo
aseguró en buena medida la difusión en los Siglos de Oro
de la lírica cuatrocentista de carácter culto; se imprimió
hasta nueve veces y de su ingente cuerpo nacieron otros

---

[11] Véase M.ª Cruz García de Enterría, «Pliegos de cordel, literaturas
de ciego», en *Culturas en la Edad de Oro*, cit., págs. 97-112; de la misma
autora, *Sociedad y poesía de cordel en el Barroco*, Madrid, Taurus, 1973; y
Pedro M. Cátedra, *Invención, difusión y recepción de la literatura popular
impresa (siglo XVI)*, Mérida, Editora Regional de Extremadura, 2002. Para
el siglo XVI contamos con el catálogo de Antonio Rodríguez-Moñino,
Nuevo diccionario bibliográfico de pliegos sueltos poéticos (Siglo XVI), ed. co-
rregida y actualizada por Arthur L.-F. Askins y Víctor Infantes, Madrid,
Castalia / Editora Regional de Extremadura, 1997. Para el XVII, M.ª Cruz
García de Enterría y Julián García Abad (dirs.), *Catálogo de pliegos sueltos
poéticos de la Biblioteca Nacional: siglo XVII*, Madrid, Universidad de Al-
calá de Henares, Biblioteca Nacional, 1998.

[12] Un panorama completo de la cuestión ofrece Antonio Rodríguez-
Moñino, *Manual bibliográfico de cancioneros y romanceros*, Madrid, Cas-
talia, 1973-1978, 4 vols. Y previamente: *Poesía y cancioneros (siglo XVI)*,
Madrid, RAE, 1968.

cancionerillos más breves[13]. En el campo del romancero hay que mencionar al menos dos colecciones, el *Cancionero de romances* (Amberes, h. 1548), fundamental para la transmisión escrita de los romances *viejos;* por su parte, el llamado *Romancero General* (Madrid, 1600) cumple la función de magna suma o recopilación del romancero *nuevo*[14]. Algunas antologías son significativas de un momento de cambio estético, como ocurre con el *Cancionero general de obras nuevas* (Zaragoza, 1554), que trae poesía octosilábica e italianizante de nueva hornada[15]; o la *Primera parte de las flores de poetas ilustres de España* (Valladolid, 1605), que recopiló Pedro Espinosa y recoge poemas, entre otros, de Góngora, Lope y Quevedo. Otras colecciones, en cambio, tienen interés por su concentración temática, como el *Cancionero general de la doctrina cristiana* (Alcalá, 1579), que recopiló Juan López de Úbeda; o los *Avisos para la Muerte, escritos por algunos ingenios de España* (Madrid, 1634), reunido por Luis Remírez de Arellano.

Los impresos que recogen la producción de un autor van ganando terreno a medida que avanzamos en el

---

[13] *Cancionero General recopilado por Hernando del Castillo*, ed. facs. de Antonio Rodríguez-Moñino, Madrid, Real Academia Española, 1958; se anuncia una próxima edición crítica a cargo de Joaquín González Cuenca.

[14] El romancero de Nucio se puede leer en *Cancionero de romances impreso en Amberes sin año*, ed. Ramón Menéndez Pidal, Madrid, Centro de Estudios Históricos, 1914; una segunda edición, de 1550, también ha sido recuperada: *Cancionero de romances (Anvers, 1550)*, ed. Antonio Rodríguez-Moñino, Madrid, Castalia, 1967. En el *Romancero General* confluyeron diversos romanceros menores publicados en los últimos años del XVI (véase *Las fuentes del Romancero General*, ed. A. Rodríguez-Moñino y Mario Damonte, Madrid, RAE, 1957-1971, 13 vols.); fue refundido en 1604 y revisado en la *Segunda parte del romancero general y flor de diversa poesía* (Valladolid, 1605); hay edición moderna: *Romancero general (1600, 1604, 1605)*, ed. Ángel González Palencia, Madrid, CSIC, 1947, 2 vols. A lo largo del XVII, especialmente en las primeras décadas, siguieron apareciendo más colecciones, entre ellas alguna tan curiosa como la que recopiló Juan Hidalgo, *Romances de germanía* (Barcelona, 1609), que llevaba un vocabulario de la jerga del hampa.

[15] Hay edición moderna: *Cancionero general de obras nuevas (Zaragoza, 1554)*, ed. Carlos Clavería, Barcelona, Delstre's, 1993.

tiempo. Seguramente, en la buena marcha de ese proceso influyó el éxito que obtuvo un libro singular en su pluralidad: *Las obras de Boscán y algunas de Garcilaso de la Vega* (Barcelona, 1543), volumen que se imprimió en numerosas ocasiones hasta dejar paso, desde la edición salmantina de 1569, a uno más escueto, consagrado ya exclusivamente al toledano. A la exitosa estela de Boscán y Garcilaso se sumó en las décadas centrales del siglo el lusitano Jorge de Montemayor, cuyos versos profanos se imprimieron repetidas veces desde la edición de las *Obras* (Amberes, 1554), mientras que —cruz de la moneda— su poesía religiosa fue condenada al ostracismo por el *Índice de libros prohibidos* de 1559. Desde 1580 más o menos, la asociación entre la imprenta y la lírica de autor está sólidamente establecida, como demuestra la proliferación de las ediciones (Fernando de Herrera, Juan de la Cueva, Hernando de Acuña, Vicente Espinel, etc.). Quien mejor explotará dicha vinculación en las primeras décadas del XVII es Lope de Vega, que dio a la imprenta sucesivas entregas de su extensa obra lírica, desde *La hermosura de Angélica con otras diversas Rimas* (Madrid, 1602) hasta las *Rimas humanas y divinas del licenciado Tomé de Burguillos* (Madrid, 1634). Las décadas centrales del XVII asistieron al auge editorial, ya póstumo, de autores como Juan de Tassis y Peralta, Conde de Villamediana (†1622), Góngora (†1627) o Quevedo (†1645). En cambio, a finales de siglo las prensas españolas dieron frecuente acogida, todavía en vida de su autora, a los diversos libros líricos que en el virreinato de Nueva España iba componiendo sor Juana Inés de la Cruz (†1695).

Una variedad singular del impreso poético es la edición comentada de un autor. Se trata de la traslación al campo de la literatura vernácula de una práctica que los humanistas venían consagrando regularmente a los autores grecolatinos, de manera que viene a significar una especie de canonización o reconocimiento como clásico para el escritor que la recibe. En España, el primer poeta de la época que mereció semejante tratamiento fue Garcilaso, y por partida triple. En primer lugar, apareció la edición de Francisco Sánchez de la Brozas (*Obras del excelente poeta Garci Lasso de la Vega. Con anotaciones y enmiendas...*, Salamanca, 1574), catedrático de Retórica en la Universidad salmanticense, quien, además de revisar el texto garcilasiano, hizo una anotación somera centrada en la identificación de las fuentes garcilasianas. Poco después, fue el poeta sevillano Fernando de Herrera quien publicó la suya *(Obras de Garci Lasso de la Vega con anotaciones...*, Sevilla, 1580), proponiendo, además de una revisión de los textos, una anotación prolija destinada a mostrar la erudición y elegancia poética de Garcilaso. Ya en el XVII, apareció la edición anotada a cargo del erudito Tomás Tamayo de Vargas (Toledo, 1622), que sigue más bien el modelo del Brocense y discrepa con frecuencia de algunos juicios herrerianos[16]. Por esas fechas, sin embargo, el tipo de comentario prolijo, a la manera herreriana, encontró un campo ideal de aplicación en los versos de Góngora. Al poco de su muerte, acaecida en 1627, aparecieron, en efecto, las *Lecciones solemnes a las obras de Don Luis de Góngora y Argote* (Madrid, 1630), a cargo de José Pellicer, a las que siguieron la edición comentada, en tres volúmenes, de don García Salcedo Coronel: Madrid, 1636 *(Polifemo y Soledades)* 1644 (sonetos) y 1648 (restantes poemas de arte mayor). Hubo también comentarios de poemas singulares, como el que Cristóbal de Salazar Mardones consagró a la *Fábula de Píramo y Tisbe* del cordobés (Madrid, 1636)[17]. También González de Salas, en fin, hizo acompañar los poemas de algunas notas cuando sacó a luz el *Parnaso* de Quevedo (Madrid, 1648).

---

[16] Los tres comentarios, más el que publicó José Nicolás de Azara en 1765, aparecen reunidos en A. Gallego Morell, *Garcilaso de la Vega y sus comentaristas,* Madrid, Gredos, 1972 (2.ª ed. revisada). La edición de Herrera resulta accesible, además, en: *Obras de Garci Lasso de la Vega con anotaciones de Fernando de Herrera (Sevilla, Alonso de la Barrera, 1580)*, ed. facs. y estudio bibliográfico de Juan Montero, Sevilla, Universidades de Sevilla, Córdoba y Huelva / Grupo PASO, 1998; y en Fernando de Herrera, *Anotaciones a la poesía de Garcilaso*, ed. Inoria Pepe y José M.ª Reyes, Madrid, Cátedra, 2001.

[17] Del comentario de Pellicer existe una edición facsímil: Hildesheim, Nueva York, Georg Olms, 1971. Los poemas mayores de Góngora dieron pie, además, a diversos comentarios que circularon manuscritos en la época.

La difusión impresa de la poesía tuvo otros cauces no mencionados hasta aquí y que en conjunto presentan un carácter híbrido, esto es, no exclusivamente lírico. Así, no faltan los volúmenes en los que la poesía lírica aparece editada junto con poemas épicos, textos narrativos en prosa (como hizo Lope) o piezas dramáticas (caso, por ejemplo, de sor Juana). Son frecuentes también los textos en prosa que incorporan en mayor o menor proporción versos, desde obras de carácter misceláneo, erudito, académico o celebrativo (las relaciones de fiestas, civiles o religiosas, tan numerosas en el XVII), hasta otras de carácter narrativo (piénsese, por ejemplo, en *El Quijote).* Mención especial merece, a este respecto, la novela pastoril, cuya andadura narrativa no puede prescindir de la frecuente inserción de poemas de diverso tipo, tal como quedó establecido en la obra que es cabeza y modelo del género, *Los siete libros de la Diana* (Valencia, 1558 ó 1559), de Jorge de Montemayor[18]. Dado que este tipo de libros tuvieron bastante éxito durante al menos cincuenta o sesenta años, con la contribución de autores destacados (Gil Polo, Cervantes, Lope de Vega, etc.), hay que concluir que fue un vehículo importante para la creación (a veces con carácter experimental, incluso) y difusión de la lírica entre los lectores. Otro cauce de indudable impacto es el de la emblemática, singularizado por la combinación entre palabra e imagen. Los libros de emblemas, en efecto, presentaban a los lectores, en serie, una sugerente combinación: por un lado, una estampa o imagen *(pictura)* acompañada de un lema o sentencia *(inscriptio),* conjunto que daba pie a un breve poema *(suscriptio)* que glosaba el contenido de la imagen con su mote. Introducidos a mediados del XVI, gozaron de gran predicamento entre 1580 y 1650, seguramente porque satisfacían los gustos de un público intere-

---

[18] *La Diana* constituye, además, un ejemplo de otra práctica editorial: la de añadir una colección poética a continuación de una obra narrativa. El *cancionerillo* de *La Diana,* con poemas del propio Montemayor y otros, se fue formando paulatinamente, al hilo de las sucesivas ediciones de la obra.

sado en recibir doctrina en píldoras tan agradables para el
gusto, por la ingeniosa combinación de letra e imagen[19].

Este breve recorrido quedaría trunco sin recordar al
menos que el teatro constituye un cauce de primer orden
para la difusión de la poesía, tanto por medio de la ejecu-
ción oral como de la impresión. Como se sabe, tanto el tea-
tro escolar como la *comedia española*, desde sus orígenes allá
por 1580, adoptan el verso como modalidad discursiva, lo
que obviamente origina una serie de convergencias y tras-
vases con el campo de la lírica. No es el momento de aden-
trarnos en esta cuestión, pero sí de subrayar al menos que
no resulta difícil reconocer categoría de poema exento a de-
terminados fragmentos dramáticos por la sencilla razón de
que ya funcionan como trozos dotados de un alto grado
de autonomía dentro de la pieza en cuestión. De hecho, es
normal que las antologías de poesía áurea incluyan com-
posiciones tomadas de obras dramáticas, especialmente en
el caso de Lope de Vega.

2. PERIODIZACIÓN Y TENDENCIAS POÉTICAS

Una ojeada de conjunto a la trayectoria de la lírica áu-
rea permite explicar su desarrollo de manera sencilla con-
forme a un esquema que traslada al campo literario tres
fases cronológicas tomadas de la historia cultural y artís-
tica: la renacentista (1526-1580), la de transición al Barroco,
que algunos llaman manierista (1580-1610), y la barroca

---

[19] Hay abundante bibliografía reciente sobre el tema: Fernando R. de
la Flor, *Emblemas. Lecturas de la imagen simbólica*, Madrid, Alianza, 1995; *Li-
teratura emblemática hispánica*, ed. Sagrario López Poza, La Coruña, Uni-
versidade da Coruña, 1996; Antonio Bernat y John T. Cull, *Emblemas es-
pañoles ilustrados*, Madrid, Akal, 1999; *Estudios sobre emblemática
española*, ed. S. López Poza, Ferrol, Sociedade de Cultura Valle Inclán,
2000; Rafael Zafra y José J. Azanza, *Emblemata aurea. La emblemática en
el Arte y la Literatura del siglo de Oro*, Madrid, Akal, 2000; Víctor Mín-
guez (ed.), *Del libro de emblemas a la ciudad simbólica (Actas del III Sim-
posio Internacional de Emblemática Hispánica)*, Castellón, Universidad
Jaime I, 2000.

(1610-1700)[20]. Ahora bien, un esquema como ese sólo tiene validez si, además de no tomarse como la definición de unos compartimentos cerrados, va acompañado de una indagación sobre las diversas tendencias poéticas que conviven en cada uno de esos momentos. O si se prefiere una visión más estructural: no puede perderse de vista que en cada una de esas fases intervienen una serie de elementos (géneros, modelos, estilos, grupos poéticos...) que conforman un sistema plural y abierto a continuidades y cambios en la diacronía. Esto permitirá comprobar que no todas las corrientes poéticas de un momento dado responden de la misma manera a la definición histórica y estética que, a modo de marco cronológico orientativo, acabamos de proponer.

Para delimitar la que hemos llamado fase renacentista tomamos como referencia dos fechas simbólicas: la de 1526, como hito que, convencionalmente, marca el inicio de la imitación italianizante en nuestra poesía áurea; la de 1580, porque culmina en ese año, y de manos de Fernando de Herrera, culmina el proceso de canonización de Garcilaso como clásico en lengua vulgar (véase epígrafe anterior). La poética herreriana de 1580, de base erudita y orientación cultista, se constituye, al mismo tiempo, en referente para señalar el inicio de una etapa caracterizada por la culminación y, a la vez, superación del clasicismo renacentista; fase cuya extensión hemos prolongado hasta 1610, en los umbrales mismos de la composición y difusión de los grandes poemas gongorinos *(Polifemo* y *Soledades).* Que el período barroco entonces inaugurado dista de ser algo monolítico nos lo confirma el hecho mismo de que la recepción contemporánea de las creaciones mayores de Góngora estuvo marcada por la polémica entre partidarios y detractores de la *nueva* poesía (como se le llamó en la época). La idea de diversidad se corrobora, asimismo, por mor de la presencia simultánea en el panorama literario de grandes personali-

---

[20] Un útil estado de la cuestión ofrecen los capítulos correspondientes de Felipe B. Pedraza Jiménez y Milagros Rodríguez Cáceres, *Las épocas de la literatura española,* Barcelona, Ariel, 1997.

dades creadoras (Góngora, Lope y, con menos influencia como poeta, Quevedo), cada uno de los cuales sirvió de modelo y referente para otros autores (sin excluir, por cierto, las influencias mutuas entre ellos).

2.1. *La fase renacentista* (1526-1580)

Hace ya tiempo que el maestro José Manuel Blecua advirtió sobre la simplificación que supone reducir el panorama poético de la España del siglo XVI a una implantación general del italianismo, tras vencer la resistencia tradicionalista encarnada de manera testimonial por Cristóbal de Castillejo[21]. Pero esa era, en efecto, la imagen que transmitían los manuales al uso. El hecho es que, desde entonces para acá, se ha ido construyendo una visión crítica más matizada, que habla de un período en el que —al lado de la poesía italianizante— conviven y, en ocasiones, se influencian mutuamente una diversidad de tendencias poéticas que hunden sus raíces en un pasado más o menos remoto. Vamos a ver cuáles son, siguiendo el esquema propuesto por José M. Blecua y subrayando desde ahora que prácticamente todas ellas trascienden con nitidez esta primera fase cronológica para impregnar con su presencia toda la lírica áurea.

Las canciones integrantes de la lírica tradicional, que pervivían y se renovaban en el marco de la oralidad desde

---

[21] José M. Blecua, «Corrientes poéticas en el siglo XVI» (1952), en *Sobre poesía de la Edad de Oro (Ensayos y Notas eruditas),* Madrid, Gredos, 1970, págs. 11-24. Como se sabe, Cristóbal de Castillejo (h. 1494-1550) fue convertido por los historiadores de la literatura en abanderado de la reacción tradicionalista castellana a cuenta de uno de sus poemas: la famosa (y, en el fondo, moderada) *Reprehensión contra los poetas castellanos que escriben en verso italiano;* véase ahora su *Obra completa,* ed. Rogelio Reyes Cano, Madrid, Turner, 1999. Visiones más o menos amplias de la lírica del XVI ofrecen, entre otros, Antonio Gallego Morell, *Estudios sobre poesía española del primer Siglo de Oro,* Madrid, Ínsula, 1970; Antonio Prieto, *La poesía española del siglo XVI,* Madrid, Cátedra, 1984-1987, 2 vols.; Álvaro Alonso, *La poesía italianista,* Madrid, Laberinto, 2002.

los orígenes del idioma, pasaron a incorporarse al acervo
creador de los poetas cortesanos durante el reinado de los
Reyes Católicos[22]. Esta atracción por la lírica popular no
hizo sino crecer a lo largo del XVI, como testimonian, por
ejemplo, los *libros de música,* hasta encontrar acogida en los
autores del cambio de siglo, con Góngora y Lope a la ca-
beza, y, por supuesto, en la *comedia* española —práctica
esta última que tenía un antecedente destacadísimo en el
lusitano Gil Vicente (h. 1465-a. 1540). Los géneros caracte-
rísticos son el villancico, con glosa tradicional o compuesta
por el poeta, y la nueva seguidilla, con éxito creciente
de 1580 en adelante[23].

Algo parecido puede decirse del romancero, que tam-
bién entra en el repertorio de los poetas cultos durante
el reinado de los Reyes Católicos, lo que constituye un
síntoma claro de su popularidad y de los nuevos criterios
con que se miden al filo del 1500 los productos de la li-
teratura de tradición oral. En las primeras décadas del
XVI, la boga de los romances *viejos* va a encontrar como
cauce complementario de difusión, en interacción con la
oralidad, la impresión en pliegos sueltos, hasta confluir a
mediados de siglo en colecciones impresas como el *Can-*

---

[22] El caso más conocido es el del poeta, músico y dramaturgo Juan
del Encina. La colección más completa del género, realizada a partir de
las fuentes escritas coetáneas, es la de Margit Frenk, *Corpus de la antigua
lírica popular hispánica, siglos XV a XVII*, Madrid, Castalia, 1987. También
es útil la selección: *Cancionero tradicional*, ed. José M.ª Alín, Madrid, Cas-
talia, 1991.

[23] Para la caracterización formal de uno y otro género, véase, *Can-
cionero tradicional*, ed. cit., págs. 25-40 («Sobre métrica y formas»); y Mar-
git Frenk, «De la seguidilla antigua a la moderna», en *Estudios sobre lírica
antigua*, Madrid, Castalia, 1978, págs. 244-258. La diferencia fundamen-
tal estriba en que el villancico era una forma compleja, de cabeza o estri-
billo más desarrollo o glosa, mientras que la seguidilla, como la copla, era
normalmente una canción por sí misma (pero véase núm. 69) que se can-
taba formando series. De todos modos, hay que recordar que los poetas
cultos echaban mano del villancico reduciéndolo al estribillo, bien para
recordarlo de esa manera, bien como punto de partida para la composi-
ción de su propia glosa. Así lo hizo Lope de Vega (núm. 68) y así escri-
bieron Góngora y Quevedo algunas de sus letrillas (núms. 37 y 71).

cionero de romances, ya citado, y otras muchas que le siguieron[24]. Paralelamente, los autores cultos se complacen en glosar los romances tradicionales o componer (como ya hizo Juan del Encina) los suyos propios. Este romancero de nueva hornada prefiere la rima consonante y hacia mediados de siglo se decanta por los temas de carácter histórico sacados de las crónicas, las historias de la Antigüedad grecolatina o la *Biblia;* se trata, pues, de composiciones eruditas concebidas con una finalidad didáctica o divulgativa, como reacción quizá contra lo que algunos juzgaban falta de rigor histórico o moral en algunos romances tradicionales[25]. Al mismo tiempo, sin embargo, se produce el asentamiento de una nueva materia romancística de carácter caballeresco y novelesco, la que tiene su origen en el *Orlando furioso* de Ludovico Ariosto, que emergió hacia 1560-1580 y mantuvo su vigencia durante décadas[26].

Junto a la lírica tradicional y el romancero perviven en el xvi las creaciones de los grandes poetas cultos de la centuria precedente. La palma se la llevan Juan de Mena y Jorge Manrique. El primero, al que Nebrija había recurrido con frecuencia como ejemplo de estilo en su *Gramática castellana* (1492), fue editado con frecuencia a lo largo del xvi, hasta alcanzar el honor de que sus *Trecientas* fuesen objeto

---

[24] Para la transmisión del romancero *viejo* a lo largo del XVI, véase R. Menéndez Pidal, *Romancero hispánico (hispano-portugués, americano y sefardí). Teoría e historia,* Madrid, Espasa-Calpe, 1953, vol. II, págs. 60-116 («La mayor boga de los romances viejos y comienzos del romancero nuevo [1515-1580]»).

[25] Sevilla fue un centro importante del romancero erudito. Sevillanos o vinculados a la ciudad son autores como Juan Sánchez Burguillos, Alonso de Fuentes o Lorenzo de Sepúlveda, que impulsaron el romancero erudito a mediados de siglo. Y todavía en 1588 Juan de la Cueva publicará allí su *Coro febeo de romances historiales.* En la década de los 70, cuando se produce la transición entre el romancero *viejo* y el *nuevo,* destacan el valenciano Joan Timoneda, autor y editor de romances, y Lucas Rodríguez, con su *Romancero historiado* (Alcalá, 1579).

[26] Véase Maxime Chevalier, *Los temas ariostescos en el Romancero y la poesía española del Siglo de Oro,* Madrid, Castalia, 1968. Como muestra de la vigencia del género más allá de 1580, véase núm. 43.

de comentario, primero por Hernán Núñez (1499) y luego por El Brocense (1582)[27]. En el caso de Manrique, fueron sus *Coplas* las que gozaron de enorme popularidad, testimoniada en particular por las diversas glosas poéticas a que dieron pie a lo largo del XVI; al mismo tiempo, fueron muy apreciados algunos de sus poemas amorosos, asunto que nos lleva al último de los apartados señalados por José M. Blecua, la pervivencia en el Siglo de Oro de la lírica llamada *cancioneril*, gracias sobre todo al *Cancionero general:* «Fijémonos en un primer dato decisivo, puesto que se registran ediciones de 1511, 1514, 1517, 1520, 1527, 1535, 1540, 1557 y 1573. ¡Nueve ediciones de un libro que recoge cientos de poemitas, herencia en su mayor parte, de un trovadorismo medieval!»[28]. Pervivencia e influencia van, lógicamente, de la mano, de manera que no es difícil rastrear los ecos cancioneriles en los autores de los Siglos de Oro, desde Boscán hasta Calderón. Una influencia que una veces consiste en el cultivo de los géneros y formas característicos de esa poesía (con la canción trovadoresca a la cabeza) y otras, en cambio, supone que la poesía endecasilábica se impregne del espíritu amatorio o de la tonalidad retórico-estilística de lo cancioneril[29].

---

[27] Numerosos testimonios de la fama de Juan de Mena más allá de 1500 están reunidos en María Rosa Lida de Malkiel, *Juan de Mena, poeta del Prerrenacimiento español,* México, El Colegio de México, 1984, 2.ª ed., págs. 323-526.

[28] José M. Blecua, art. cit., pág. 21. La colección conoció supresiones y adiciones a lo largo de su dilatado curso; véase A. Rodríguez-Moñino *Suplemento al Cancionero General de Hernando del Castillo...,* Madrid, Castalia, 1959, que incluye los poemas añadidos desde 1514 a 1557. Como el mismo Blecua señala, es significativo que el número de ediciones vaya menguando después de 1543, fecha de la *princeps* de Boscán y Garcilaso.

[29] Hay, al respecto, páginas fundamentales de Rafael Lapesa: «Poesía de cancionero y poesía italianizante», en *De la Edad Media a nuestras días. Estudios de historia literaria,* Madrid, Gredos, 1967, págs. 145-171; «La raíz hispánica», cap. I de *La trayectoria poética de Garcilaso* (1948), en *Garcilaso: estudios completos,* Madrid, Istmo, 1985, págs. 17-65; «Los géneros líricos del Renacimiento: la herencia cancioneresca», en *De Berceo a Jorge Guillén. Estudios literarios,* Madrid, Gredos, 1997, págs. 122-145. Véase en nuestra selección los núms. 1, 16, 33 y 58.

Sobre el fondo de esta fructífera herencia medieval habrá que proyectar, por tanto, los cambios que se operan a partir de 1526. Esta fecha, considerada emblemática de la renovación poética a raíz del encuentro de Juan Boscán con Andrea Navaggero[30], ha cobrado relevancia gracias a la mirada retrospectiva que le dedica el propio Boscán en la epístola a la duquesa de Soma, que antepuso al libro segundo de sus *Obras* (1543). Se trata de un texto que tiene bastante de lo que modernamente hemos llamado *manifiesto* poético, por lo que inevitablemente refleja la vertiente polémica que conlleva cualquier cambio literario en profundidad. En ese contexto hay que situar, pues, sus andanadas contra el cultivo coetáneo del octosílabo o su indignación ante la resistencia al cambio por parte de los seguidores de la tradición castellana[31]. Esto demuestra, sencillamente, que en un determinado momento cundió la idea o el temor de que la renovación poética se planteaba a expensas de la tradición nacional, en concreto, de la poesía culta cuatrocentista y sus prolongaciones. La evolución de los hechos demostrará, sin embargo, que la convivencia entre el octosílabo y el endecasílabo era posible y que había de resultar enriquecedora, sobre todo para el primero. La única víctima del nuevo estado de cosas fue, en realidad, el viejo

---

[30] Navaggero, poeta y humanista italiano, vino a España como embajador de Venecia para estar presente en las bodas de Carlos I con Isabel de Portugal. El encuentro con el poeta y caballero barcelonés Juan Boscán tuvo lugar en Granada, durante las fiestas que siguieron a la boda, celebrada poco antes en Sevilla.

[31] Dice Boscán del octosílabo: «... agora ni trae en sí cosa por donde haya de alcanzar más honra de la que alcanza, que es ser admitido del vulgo». Las ideas de los contrarios a la reforma poética las resume así: «los unos se quejaban que en las trovas desta arte [italiana] los consonantes no andaban tan descubiertos, ni sonaban tanto como en las castellanas. Otros decían que este verso no sabían si era verso o si era prosa. Otros argüían diciendo que esto principalmente había de ser para mujeres, y que ellas no curaban de cosas de sustancia, sino del son de las palabras y de la dulzura del consonante» (Juan Boscán, *Poesía,* ed. Pedro Ruiz Pérez, Madrid, Akal, 1999, págs. 170 y 167, respectivamente). A los argumentos de Boscán responde C. de Castillejo en la ya citada *Reprehensión contra los poetas españoles que escriben en verso italiano.*

verso *de arte mayor* (*Tus casos fallaces, Fortuna, cantamos*) que prácticamente desapareció del panorama de la creación poética.

Pero, más que la polémica o tormentilla con los detractores del cambio poético, interesa ver cómo Boscán explica el rumbo que quiso imprimirle al mismo:

> Porque estando un día en Granada con el Navagero (al cual, por haber sido varón tan celebrado en nuestros días, he querido aquí nombralle a vuestra señoría), tratando con él en cosas de ingenio y de letras, y especialmente en las variedades de muchas lenguas, me dijo por qué no probaba en lengua castellana sonetos y otras artes de trovas usadas por los buenos autores de Italia, y no solamente me lo dijo así livianamente, mas aun me rogó que lo hiciese. Partíme pocos días después para mi casa, y con la largueza y soledad del camino discurriendo por diversas cosas, fui a dar muchas veces en lo que el Navagero me había dicho. Y así comencé a tentar este género de verso, en el cual al principio hallé alguna dificultad, por ser muy artificioso y tener muchas particularidades diferentes del nuestro. Pero después, pareciéndome, quizá con el amor de las cosas propias, que esto comenzaba a sucederme bien, fui poco a poco metiéndome con calor en ello. Mas esto no bastara a hacerme pasar muy adelante, si Garcilaso con su juicio (el cual no solamente en mi opinión, mas en la de todo el mundo ha sido tenido por regla cierta), no me confirmara en esta mi demanda ['búsqueda']. Y así, alabándome muchas veces este mi propósito, y acabándomele de aprobar con su ejemplo (porque quiso él también llevar este camino), al cabo me hizo ocupar mis ratos ociosos en esto más fundadamente. Y después, ya que con su persuasión tuve más abierto el juicio, ocurriéronme cada día razones para hacerme llevar adelante lo comenzado[32].

---

[32] Ed. cit., págs. 169-170. Véase al respecto Alicia de Colombí Monguió, «Boscán frente a Navagero: el nacimiento de la conciencia humanista en la poesía española», *Nueva Revista de Filología Hispánica,* LX (1992), págs. 143-168; Ignacio Navarrete, *Los huérfanos de Petrarca. Poesía y teoría en la España renacentista,* Madrid, Gredos, 1997, págs. 84-100 («Boscán y la estética del endecasílabo»).

Resumiendo lo esencial de esta declaración, podemos decir que en la base de la renovación poética hay un cambio de métrica, cambio que al mismo tiempo supone el tránsito a una escritura más exigente desde el punto de vista técnico, tránsito que no puede darse, en fin, sin que medie el seguimiento o imitación de los buenos escritores de Italia (y haremos bien en entender que Boscán también cuenta entre ellos a los antiguos latinos). Se trata, en definitiva, de un completo programa destinado a poner al día la lírica española según los principios de la poética renacentista que desde Italia se iba difundiendo y aclimatando por diversas naciones de Europa. Ahora bien, la recepción del italianismo supone, en realidad, la asimilación y desarrollo de dos tendencias poéticas diferentes, aunque relacionadas: una es el petrarquismo, otra el clasicismo.

El petrarquismo tiene como fundamento la imitación de la obra poética en lengua toscana de Francesco Petrarca (1304-1374), especialmente de su *Canzoniere* o *Rerum vulgarium fragmenta*[33]. Se trata de una colección poética largamente elaborada y que está formada por 366 composiciones (nótese el número), mayoritariamente sonetos y canciones (treinta). El poeta canta en ella su amor, constante y siempre insatisfecho, por una dama de nombre Laura, a la que dice haber conocido en Avignon el seis de abril de 1327 (Viernes Santo, por más señas). La historia de amor se desarrolla en dos grandes secciones, una *in vita* y otra *in morte* de Laura, sin que esto signifique, sin embargo, que la cronología poética coincida necesariamente con la biográfica. Al final, el amante expresa su desengaño y pesar por el tiempo dedicado a la pasión amorosa —es la famosa *palinodia*—, que lo apartaba de sus verdaderas metas: la fama literaria (que, paradójicamente, Petrarca no esperaba alcanzar con el *Canzoniere)* y el amor de Dios, dos

---

[33] El título de *Rerum vulgarium fragmenta* es el que presenta el *Canzoniere* en el ms. Vaticano latino 3195, autógrafo de Petrarca; también ha circulado el título de *Rime sparse*. En español puede leerse ahora en Francesco Petrarca, *Cancionero,* introd. Nicholas Mann, trad. Jacobo Cortines, texto italiano de Gianfranco Contini, Madrid, Cátedra, 1984, 2 vols.

temas que también están muy presentes en el libro. Dicho desenlace no coge por sorpresa al lector, pues estaba ya anticipado en el soneto de carácter proemial en el que el autor presenta su obra al público. El *Canzoniere* muestra, pues, un diseño unitario, con un desarrollo de autobiografía poético-amorosa basada en un esquema someramente narrativo. Junto a este aspecto de *dispositio* macrotextual, hay otros que son también de primer orden a la hora de apreciar la enorme influencia de Petrarca en la poesía española y europea de la época. Podemos resumirlos en dos. Primero, la manera de abordar el tema amoroso, afrontándolo como experiencia subjetiva de orden espiritual, con importantes consecuencia en el plano religioso, moral o filosófico; se trata, en el fondo, no tanto de la expresión inmediata de sentimientos vividos cuanto de la objetivación y consideración intelectual de los afectos ligados al amor. Los diversos motivos en que se va desgranando la historia pasional importan, pues, por sus repercusiones en la vida interior del poeta, sin que les reste trascendencia su enraizamiento en la tradición trovadoresca: el enamoramiento, la visión de la amada, la descripción de su belleza, la lucha interior de la pasión con la razón, la petición de piedad por parte del enamorado, etc. Y segundo, el despliegue de un amplio repertorio de motivos, imágenes y estructuras retórico-estilísticas que funcionan a modo de variaciones sobre un tema único (por ejemplo, la analogía entre *Laura* y *laurel;* la imagen de la mariposa atraída por el fuego; las oposiciones semánticas en torno a parejas como *fuego* / *nieve*, etc.)[34]. Por eso, el petrarquismo ha podido definirse como un *ars combinatoria.*

Aunque la obra lírica de Petrarca empezó a ser conocida en la península Ibérica antes de 1500, es innegable que su influencia fue a más a partir de esa fecha. Entre otras cosas porque en 1501 salió a luz la célebre edición del *Canzo-*

---

[34] M.ª Pilar Manero Sorolla, *Imágenes petrarquistas en la lírica española del Renacimiento*, Barcelona, PPU, 1990; y Santiago Fernández Mosquera, «"El cancionero": una estructura dispositiva para la lírica del Siglo de Oro», en *Bulletin Hispanique,* 97 (1995), págs. 465-492.

niere preparada por Pietro Bembo, en la que quedó establecida la versión de la obra que poco a poco había de aceptarse como canónica. Esto favoreció la imitación de Petrarca, empezando por la propia Italia, de tal manera que al estudiar el petrarquismo español siempre será preciso tener en cuenta que ahí se engloba tanto la imitación directa del cantor de Laura como la indirecta, es decir, la que deriva de alguno de sus numerosos seguidores italianos, cuya obra fue muy difundida, en las décadas centrales del XVI, en Italia y fuera de ella gracias a numerosas antologías[35].

Se ha señalado, con razón, que la aclimatación del petrarquismo en España pudo verse favorecida por el hecho de que compartía origen común (la lírica provenzal) con la poesía cancioneril castellana. Ésta había recorrido un largo camino hasta convertirse en «... un producto artístico muy elaborado y muy vario: graciosa y ligera, llana y realista, abstracta y densa según los casos»[36]. De todas maneras, es evidente —como muestra el propio Rafael Lapesa— que el descubrimiento de la poesía italiana supuso una enorme ampliación del horizonte estético. Si comparamos el género más característico de la lírica cancioneril, la canción trovadoresca, con el más representativo de la poesía italianizante, el soneto, será fácil descubrir la distancia que los separa[37]. La primera tiende a seguir una poética de la intensidad expresiva, a la que se llega por medio del ingenio conceptista y de un desarrollo sometido habitualmente al principio de la circularidad —no en balde la cabeza de la composición

---

[35] Esa distinción le sirvió a Joseph G. Fucilla (*Estudios sobre el petrarquismo en España*, Madrid, RFE, 1960) para establecer la existencia de dos generaciones de petrarquistas en España, siendo la primera la de Boscán, Garcilaso y Diego Hurtado de Mendoza, con el añadido de Gutierre de Cetina y Hernando de Acuña como poetas de transición; véase también M.ª Pilar Manero Sorolla, *Introducción al estudio del petrarquismo en España*, Barcelona, PPU, 1987, con un capítulo también sobre antipetrarquismo en Italia y España (págs. 140-152).

[36] Rafael Lapesa, «Poesía de cancionero y poesía italianizante», ob. cit., pág. 152. Y también Francisco Rico, «De Garcilaso y otros petrarquismos», *Revue de Littérature Comparée*, LII (1978), págs. 325-338.

[37] Vicente Beltrán, *La canción de amor en el otoño de la Edad Media*, Barcelona, PPU, 1987.

ha de recogerse total o parcialmente al final—. En cambio,
el soneto —tal y como lo encontraron en Italia sus prime-
ros seguidores españoles— favorece la formulación de una
subjetividad que ha tomado conciencia de sí, que se mani-
fiesta por medio de la naturalidad elegante (la *sprezzatura)*
y que se va desplegando en el proceso discursivo. Ese des-
plegarse de la subjetividad encontrará cauce idóneo también
en la canción petrarquista[38], género que, por su desarrollo
amplio, permite que el autoanálisis sea más demorado, así
como la apertura del sujeto poético a la contemplación de
la belleza del mundo natural según las pautas idealizantes
del platonismo. En definitiva, la nueva métrica hacía posi-
ble la expresión del *alma bella* que caracteriza al cortesano
conforme a los nuevos ideales de vida renacentistas[39].

En el marco de esos mismos ideales hay que situar el
desarrollo, junto al petrarquismo, de una corriente clasi-
cista, de recuperación y adaptación de los autores y los gé-
neros de la Antigüedad a las letras en lengua vernácula:

> Junto a Petrarca y los italianos del Renacimiento
> —Sannazaro y Ariosto principalmente— se alzan los mo-
> delos de Virgilio, Horacio, Ovidio y demás poetas de la
> antigüedad. Si se importan el soneto y la canción, máxi-

---

[38] Véase como ejemplo ilustrativo el poema 6. Sobre el género trata
Enrique Segura Covarsí, *La canción petrarquista en la lírica española del si-
glo de Oro,* Madrid, CSIC, 1949. Además del soneto y la canción, hay en
el *Canzoniere* otras formas métricas: la *ballata,* la sextina y el madrigal.
Las dos últimas tendrán cierto desarrollo en España (véase, como ejem-
plo de sextina, el núm. 25).

[39] Baldassar Castiglione, *El Cortesano,* ed. Rogelio Reyes Cano, trad.
Juan Boscán [1534], Madrid, Espasa Calpe, 1984; y ed. Mario Pozzi, Ma-
drid, Cátedra, 1994. Entre otras cosas, los lectores pudieron encontrar ahí
un compendio del neoplatonismo amoroso, desarrollado más por extenso
en tratados filográficos como el de León Hebreo, *Dialoghi d'amore* (1535).
Para la incardinación de la concepción amorosa propia del petrarquismo
en un panorama más amplio, véase Alexander A. Parker, *La filosofía del
amor en la literatura española, 1480-1680,* Madrid, Cátedra, 1986; Gui-
llermo Serés, *La transformación de los amantes. Imágenes del amor de la An-
tigüedad al Siglo de Oro,* Barcelona, Crítica, 1996; y Javier García Gibert,
La imaginación amorosa en la poesía del Siglo de Oro, Valencia, Universi-
tat, 1997.

mas creaciones del petrarquismo, y el madrigal, flor popu-
lar dignificada en la poesía artística italiana, vuelven a cul-
tivarse los géneros grecolatinos: églogas, elegías, odas epís-
tolas. La brevedad del soneto lo habilita para sustituir a
veces al epigrama clásico; los tercetos reemplazan en com-
posiciones largas al dístico elegíaco; y endecasílabos y hep-
tasílabos, combinados, sirven para imitar de lejos los di-
versos tipos de estrofa usados por Horacio[40].

Como es natural, la asimilación de tales géneros clási-
cos llevó aparejada la de sus temas y mundos poéticos, al-
gunos de los cuales ya se habían filtrado en el *Canzoniere*
de Petrarca: la visión de la Naturaleza idealizada conforme
a la idea de una Edad de Oro mítica, ahora frecuentemente
identificada con la Arcadia pastoril; la filosofía moral im-
pregnada de elementos estoicos y epicúreos; la mitología
empleada como correlato poético de cuestiones amorosas,
morales o filosóficas; los tópicos de la antigua poesía ama-
toria o celebrativa, etc.[41].

___

[40] Rafael Lapesa, «Poesía de cancionero y poesía italianizante», cit.
págs. 153-154. Cita que se puede completar con otro pasaje del mismo La-
pesa sobre el desarrollo de la corriente clasicista en Italia en las primeras
décadas del XVI: «... Trissino intentaba remedar la canción pindárica; Ber-
nardo Tasso, las estrofas de las odas horacianas mediante combinación de
endecasílabos y heptasílabos; los dos escritores ensayaban el verso suelto,
que, deshaciéndose de la rima, pretendía acercarse más a los usos de la an-
tigüedad. Ariosto, Bernardo Tasso y Luigi Alamanni componían elegías
en tercetos, unidades estróficas cuya brevedad se asemejaba a la del dís-
tico latino» *(La trayectoria poética de Garcilaso,* en *Garcilaso: Estudios com-
pletos,* ob. cit., págs. 95-96).
[41] En la convergencia entre Edad de Oro y Arcadia es fundamental la
Arcadia de Jacopo Sannazaro (1504; ed. Francesco Tateo, trad. Julio Mar-
tínez Mesanza, Madrid, Cátedra, 1993); la visión idealizada de la natura-
leza se enriqueció, asimismo, por la confluencia con el neoplatonismo. So-
bre mitos en la poesía áurea, véase José M.ª de Cossío, *Fábulas mitológicas
en España* (1952), Madrid, Istmo, 1998; Vicente Cristóbal, «Mitología clá-
sica en la literatura española: consideraciones generales y bibliografía»,
Cuadernos de Filología clásica. Estudios latinos, 18 (2000), págs. 29-76. En-
tre los numerosos trabajos sobre el tema, citaremos algunos recientes: Rosa
Romojaro, *Las funciones del mito clásico en el Siglo de Oro: Garcilaso, Gón-
gora, Lope de Vega, Quevedo,* Barcelona, Anthropos, 1998; Emilia Fernán-
dez de Mier y Francisco Piñero, eds., *Amores míticos,* Madrid, Ediciones

Ahora bien, por lo que se refiere a esta corriente clasi-
cista, el papel de los poetas españoles es distinto del que
tienen en el petrarquismo. Mientras en este último caso son
seguidores más o menos aventajados (y algunos lo son mu-
cho) de lo que se venía haciendo en Italia, en el primero
los españoles hacen sus aportaciones en pie de igualdad
cuando menos con los italianos y otros poetas europeos.
Porque, como ha señalado Claudio Guillén, ese renacer cla-
sicista es, en las primeras décadas del XVI, un proceso
abierto y de dimensión internacional, al que contribuyen
por las mismas fechas, además de los italianos ya citados,
Clément Marot en Francia (donde, por cierto, también re-
sidió un tiempo L. Alamanni), sir Thomas Wyatt en In-
glaterra y Garcilaso en España (o, por mejor decir, durante
su estancia napolitana de 1532 a 1536)[42]. Y al que se suma-
rán en décadas sucesivas, entre otros, el portugués António
Ferreira, nuestro Fray Luis de León, los franceses Joachim
du Bellay y Pierre Ronsard, Torquato Tasso en Italia, etc.

En la base de esta aclimatación de géneros y modelos
clásicos está una poética que hace de la imitación principio
fundamental de la creación literaria. Quiere esto decir que
el escritor debe conocer la obra de los grandes autores,
hasta el punto de ser capaz de incorporar con naturalidad

Clásicas, 1999; Jesús Ponce e Ignacio Colón (eds.), *Estudios sobre mitología
y tradición clásica en el siglo de Oro*, Madrid, Ediciones Clásicas, 2001; Fran-
cisco J. Escobar Borrego, *El mito de Psique y Cupido en la poesía española
del siglo XVI*, Sevilla, Universidad de Sevilla, 2002; Vicente Cristóbal, *Mu-
jer y piedra. El mito de Anaxárete en la literatura española*, Huelva, Univer-
sidad de Huelva, 2002.

[42] Claudio Guillén, «Sátira y poética en Garcilaso», en *El primer si-
glo de Oro. Estudios sobre géneros y modelos*, Barcelona, Crítica, 1988,
págs. 15-48 [especialmente, págs. 25-32: «Una coyuntura europea»]. Al es-
tudio de la aclimatación en la poesía española de diversos géneros de es-
tirpe clásica están dedicados varios volúmenes del Grupo PASO: Begoña
López Bueno, ed., *La oda*, Sevilla, Universidad de Sevilla, 1993; e igual-
mente *La elegía* (1996); *La epístola* (2000), *La égloga* (2002); y también:
Soledad Pérez Abadín, *La oda en la poesía española del siglo XVI*, Santiago,
Universidad de Santiago, 1995. Es relevante asimismo para el tema: Be-
goña López Bueno, «La implicación género-estrofa en el sistema poético
del XVI», *Edad de Oro*, XI (1992), págs. 99-111.

sus ideas, expresiones y recursos estilísticos a su propia creación[43]. La imitación podrá ser simple, esto es, de un solo autor, pero habitualmente será compuesta, esto es, de varios autores: como la abeja que va libando de las distintas flores para elaborar su miel, así hará el poeta[44]. De esta manera, los buenos autores mostrarán el camino del arte a quienes los siguen con la mira puesta en acercarse cuanto sea posible a los logros de aquéllos y, llegado el caso, superarlos (*aemulatio*). Esta doctrina, elaborada sobre precedentes clásicos entre los humanistas italiano de los siglos XIV y XV, estaba destinada en primera instancia al desarrollo de las letras latinas contemporáneas, pero se trasvasó también desde fecha temprana —así, Dante y Petrarca— al campo de la creación en lengua vernácula, contribuyendo de este modo al gran proceso de *translatio studii* o traslación del saber desde los antiguos a los modernos que es el Renacimiento.

Testimonio emblemático de la situación que vive la poesía española en el segundo cuarto del XVI es el volumen de *Las obras de Boscán y algunas de Garcilaso de la Vega* (Barce-

---

[43] A este respecto, resulta meridianamente clara la argumentación del Brocense, contra quienes le acusaban de sacar a luz, en su edición anotada de Garcilaso, los hurtos que el toledano había cometido en la obra de otros poetas: «Opinión, por cierto, indigna de respuesta si hablásemos con los muy doctos, mas por satisfacer a los que tanto no lo son, digo y afirmo que no tengo por buen poeta al que no imita a los excelente antiguos. Y si me preguntan por qué entre tantos millares de poetas como nuestra España tiene, tan pocos se pueden contar dignos deste nombre, digo que no hay otra razón sino porque les faltan las ciencias, lenguas y doctrina para saber imitar». Son palabras del prefacio «Al lector» que El Brocense puso a su edición de Garcilaso con anotaciones (Salamanca, 1574). Véase Ángel García Galiano, *La imitación poética en el Renacimiento,* Kassel, Universidad de Deusto, Reichenberger, 1992.

[44] Sobre esta cuestión, véase Fernando Lázaro Carreter, «La imitación en el Renacimiento (La oda a Juan de Grial) de Fray Luis de León» (1981), en *Clásicos españoles. De Garcilaso a los niños pícaros,* Madrid, Alianza, 2002, págs. 105-143. Ahí mismo se recuerda que los partidarios de la imitación simple quisieron hacer de Cicerón el modelo único para la prosa latina. Uno de los más conspicuos *ciceronianos* fue Pietro Bembo, que también quiso proponer a Petrarca como modelo único de la lírica en lengua vulgar —siendo así que el propio Petrarca había practicado y defendido la imitación compuesta.

lona, 1543). Como se sabe, las composiciones del poeta ca-
talán ocupan ahí los tres primeros libros o partes del volu-
men, mientras que las de Garcilaso —el Nuevo Testamento,
como apunta Alberto Blecua— se reservan para el cuarto[45].
La *dispositio* editorial de la producción de Boscán es cierta-
mente ilustrativa. En el libro primero van las composicio-
nes octosilábicas (villancicos, *coplas*, canciones, glosas, etc.).
En el libro segundo figuran los sonetos y canciones de mé-
trica italiana, configurando un intento de cancionero pe-
trarquista. En el libro III, por fin, cinco extensas composi-
ciones de las que, al menos tres, significan importantes
novedades de sesgo clasicista: el *Leandro*, una fábula mito-
lógica en endecasílabos sueltos sobre el tema de Leandro y
Hero; una epístola en tercetos encadenados que mezcla
—a la manera de Horacio— lo amistoso con la filosofía mo-
ral y que es respuesta a otra, también editada, de Don Diego
Hurtado de Mendoza, poeta con el que se completa el trío
de los pioneros en la asimilación del italianismo[46]. Tras las
obras de Boscán vienen, como reconociéndole su maestría,
las de Garcilaso, con una ordenación que sigue unos crite-
rios similares de agrupación métrico-genérica en gradación
creciente: los sonetos (aquí en número de 29), las cinco
canciones (aunque la I va entre los sonetos), las dos elegías,
la epístola y las tres églogas. La simple enumeración deja
ver el peso de los géneros clasicistas, que se hace aún ma-
yor si tenemos en cuenta que no pocos de los sonetos es-
tán concebidos como realización del epigrama clásico
(véase núms. 4 y 5) y que la llamada canción V («Si de mi

---

[45] Alberto Blecua, «Boscán y Garcilaso», en *Lecciones de Literatura Universal,* Madrid, Cátedra, 1995, pág. 178.
[46] Las otras dos composiciones extensas del libro III son más bien deudoras de tradiciones italianas conexas con el petrarquismo y sus deri-vaciones. Se trata de un *capítulo* en tercetos encadenados de tema amo-roso; y la *Octava rima,* poema laudatorio en octavas reales (de ahí el tí-tulo) que narra el intento de Venus por ablandar los endurecidos pechos de las damas catalanas. Por otra parte, Pedro Ruiz Pérez apunta que la or-denación editorial se amolda en líneas generales con la escala de los esti-los según la *rota vergiliana:* humilde (libro I), medio (libro II) y sublime (libro III); véase Juan Boscán, ed. cit., pág. 27.

baja lira»; núm. 7) es, en realidad, el primer ejemplo de oda horaciana en nuestras letras.

Desde 1543 hasta 1569 los dos poetas fueron de la mano en sucesivas ediciones del novedoso volumen. En realidad, eran propuestas estéticas bien diferenciadas, pese a su raíz común. Boscán manejó con más soltura el octosílabo que el endecasílabo y, pese a sus intentos de acercamiento a Petrarca y los clásicos, su personalidad lírica sigue muy apegada a Ausias March, el gran poeta valenciano del siglo anterior. Garcilaso, por su parte, sin perder nunca del todo la «raíz hispánica», realizó en pocos años un recorrido sorprendente[47]. Si todavía los primeros sonetos y canciones presentan evidentes adherencias cancioneriles (véase, por ejemplo, núm. 1), el poeta lleva a cabo una rápida asimilación de la blandura melódica y del tono, entre reflexivo y melancólico, característico del petrarquismo (véase núms. 2 y 3), con incorporación de la naturaleza como instancia objetiva con la que el poeta entra en comunicación (véase núm. 6). En sus años finales, con residencia en Nápoles (1532-1536), Garcilaso ha asimilado completamente la nueva poética y, sin romper con el petrarquismo, demuestra sobre todo una pasmosa madurez en la aclimatación de los géneros neoclásicos, alcanzando la cumbre de su creación en las églogas I (núm. 8) y III. En ellas se compendia lo mejor de una obra que va a marcar desde entonces el rumbo de la poesía española: el equilibrio entre los afectos y la armonía expresiva, el dominio del verso y del sentido de la composición, la plasticidad descriptiva aplicada a la naturaleza o a las escenas mitológicas, la práctica de la imitación compuesta, la adquisición de la distancia estética necesaria para trascender la materia personal, la capacidad, en fin, de integrar en la obra la reflexión metapoética.

Como se ha apuntado ya, el granadino don Diego Hurtado de Mendoza (1500/1505-1575) conformó, junto con

---

[47] Remitimos al imprescindible estudio de Rafael Lapesa, *La trayectoria poética de Garcilaso*, en *Garcilaso: estudios completos,* cit. Véase asimismo Nadine Ly, «Garcilaso: une autre trajectoire poétique», *Bulletin Hispanique,* LXXXIII (1981), págs. 263-329.

Boscán y Garcilaso, la avanzadilla inicial del italianismo. Merced a su condición de embajador en Venecia, don Diego conoció de primera mano la poesía italiana, mostrándose receptivo, entre otras cosas, a la línea antipetrarquista y burlesca de Francesco Berni (1497-1535), que cultivó en tercetos y sonetos[48]. Al trío inicial se sumaron pronto otros dos autores significativos, que también pasaron, como soldados, algunos años en Italia, el sevillano Gutierre de Cetina (¿1514-17?-1557) y el vallisoletano Hernando de Acuña (1518-h.1580), a los que Fucilla enmarca ya en la segunda generación de petrarquistas españoles. Cetina, excelente sonetista, ha alcanzado fama, sobre todo, por haber introducido en la poesía española el madrigal (como el famoso «Ojos claros, serenos»)[49]. También Acuña, pese a lo variado de su obra, es recordado, sobre todo, por uno de sus poemas: el soneto («Ya se acerca, Señor, o ya es llegada») que dedicó a Felipe II tras la victoria de Lepanto (1571)[50]. Con estos autores entramos de lleno en la producción de las décadas centrales del xvi, caracterizadas por un panorama poético en el que conviven las diversas tendencias del momento. Alberto Blecua, tras recordar el auge editorial por esos años del *Cancionero general,* de las colecciones de romances viejos y de la novela pastoril, lo describe así:

---

[48] Don Diego fue, además, un excelente poeta octosilábico y un innovador en géneros como la epístola o la fábula mitológica. Su poesía circuló abundantemente en manuscritos y fue parcialmente publicada en 1610 (la poesía satírica quedó excluida, por ejemplo); véase *Poesía completa,* ed. José I. Díez Fernández, Barcelona, Planeta, 1989; *Poesía,* ed. Luis F. Díaz Larios y Olga Gete Carpio, Madrid, Cátedra, 1990; *Poesía erótica,* ed. José I. Díez Fernández, Málaga, Aljibe, 1995.

[49] Para esos géneros contamos con el volumen de *Sonetos y madrigales completos,* ed. Begoña López Bueno, Madrid, Cátedra, 1981; una recopilación más amplia, pero de menos garantía textual, ofrecen las *Obras,* ed. Joaquín Hazañas y La Rúa al cuidado de Margarita Peña, México, Porrúa, 1977

[50] Para Hernando de Acuña, cuya obra se imprimió en 1591, contamos con la edición de Luis F. Díaz Larios, *Varias poesías,* Madrid, Cátedra, 1982.

Los poetas de este período (...) se mueven en la órbita de Garcilaso, Boscán, Petrarca, March y las tradiciones castellanas con Castillejo y Garci Sánchez como modelos (romances, glosas, villancicos, canciones, lamentaciones, epístolas). Cetina y Acuña, por su formación italiana, dominan fluidamente el endecasílabo, pero los restantes poetas —con Diego Hurtado de Mendoza, Silvestre, Montemayor, y no digamos Núñez de Reinoso— no pueden librarse con facilidad de su hábitos lingüísticos castellanos. En realidad, entre 1540 y 1570 y, sobre todo, entre 1550 y 1560, se produce la lenta asimilación de la lengua poética italiana con sus temas, formas y géneros y, a la vez, las tradiciones poéticas castellanas van impregnando la *nueva* poesía[51].

Sobre este fondo caracterizado por la convivencia de corrientes poéticas, se observa hacia 1570 un cambio que afecta a la vida literaria[52]. En las primeras décadas del ita-

---

[51] Alberto Blecua, «El entorno poético de Fray Luis», en *Academia Literaria Renacentista, I. Fray Luis de León,* ob. cit., págs. 83-84. Las obras de Gregorio Silvestre (Lisboa, 1520-Granada, 1569) se publicaron póstumas (Granada, 1582; no hay edición moderna en el mercado, aunque la preparó Alberto Blecua en su Tesis Doctoral inédita). Los varios libros poéticos que Jorge de Montemayor (Montemor-o-Velho, Portugal, 1520/1525-Piamonte, Italia, 1561) publicó entre 1554 y 1562 están recogidos ahora en una *Poesía completa,* ed. Juan B. de Avalle-Arce con la colaboración de Emilio Blanco, Madrid, Turner, 1996 (pero faltan en el volumen varios poemas extensos). La poesía de Alonso Núñez de Reinoso (La Alcarria, f. s. xv-¿Ferrara, Italia?, d. 1552) apareció como apéndice de su novela bizantina *Clareo y Florisea* (Venecia, 1552; *Obra poética,* ed. Miguel Á. Teijeiro Fuentes, Cáceres, UNEX, 1997). Otros autores destacados de esos años son el murciano Diego Ramírez Pagán, cuya *Floresta de varia poesía,* se imprimió en Valencia, 1562 (hay ed. moderna a cargo de Antonio Pérez Gómez, Barcelona, Selecciones Bibliófilas, 1950; y también: *Sonetos,* ed. David López y Rosario Simiani, Murcia, Real Academia Alfonso X, 1998); y Antonio de Villegas, autor de un *Inventario* (Medina del Campo, 1565; ed. Francisco López Estrada, Madrid, Joyas Bibliográficas, 1955-1956, 2 vols.), famoso sobre todo por su versión de la novelita del *Abencerraje.*

[52] Paralelamente, como ha señalado Alberto Blecua, desde 1560 se venía produciendo un importante desarrollo de la épica culta, género al que la poética de la época consideraba como el de mayor dignidad; sus temas preferentes fueron, junto con la historia nacional y de las Indias, los religiosos y los caballerescos derivados de Ariosto; véase Frank Pierce, *La poesía épica del Siglo de Oro,* Madrid, Gredos, 1968; José Lara Garrido, *Los mejores plectros. Teoría y práctica de la épica en el Siglo de Oro,* Málaga, Uni-

lianismo, el prototipo del poeta se correspondía, como he-
mos visto, con el perfil del cortesano y militar o diplomá-
tico, con participación en las campañas imperiales de Car-
los V, y por ello mismo acostumbrado a desplazarse, al
menos, entre España e Italia. Aunque este tipo de poeta no
desaparece en la España de Felipe II (pensemos en Fran-
cisco de Figueroa o, todavía mejor, en Francisco de Al-
dana)[53], lo cierto es que hacia 1570, se impone, en cambio,
el prototipo del letrado instalado de manera más o menos
estable. Surgen así los grupos poéticos vinculados a una
ciudad y aglutinados en torno a una institución docente, o
a una academia o tertulia con posible mecenazgo nobilia-
rio. Los casos más conocidos son los de Salamanca, con el
grupo encabezado por Fray Luis a la sombra de la Univer-
sidad, y Sevilla, con el grupo surgido de la academia del
humanista Juan de Mal Lara y que tiene a Herrera como
máximo exponente[54]. Pero no son los únicos: también ciu-
dades como Alcalá de Henares, Granada, Valladolid o Va-
lencia van a conocer experiencias similares por estos años
o en los inmediatos. Aunque la aparición de tales centros
poéticos permite el desarrollo de algún rasgo más o menos
diferencial o específico, esto no supone, sin embargo, que
los grupos funcionen de manera aislada. La comunicación
entre las ciudades gracias al flujo de estudiantes y profesio-
nales, así como el trasiego de los manuscritos (que cono-

versidad de Málaga, 1999; Juan B. de Avalle-Arce, *La épica colonial*, Pam-
plona, EUNSA, 2000; Elisabeth B. Davies, *Myth and Identity in the Epic
of Imperial Spain,* Columbia, University of Missouri, 2000.
    [53] Para Francisco de Figueroa (Alcalá de Henares, Madrid, h. 1530-
Madrid, h. 1589), véase Cristopher Maurer, *Obra y vida de Francisco de Fi-
gueroa*, Madrid, Istmo, 1989 (incluye la edición de sus poemas); y *Poesía*,
ed. Mercedes López Suárez, Madrid, Cátedra, 1989. Sobre Francisco de
Aldana se tratará más abajo.
    [54] Véase, Cristóbal Cuevas, ed., *Fray Luis de León y la escuela sal-
mantina,* Madrid, Taurus, 1982; Gaetano Chiappini, *Fernando de Herrera
y la escuela sevillana,* Madrid, Taurus, 1983; Ricardo Senabre, ed., Fray Luis
de León, *Poesías completas. Escuela salmantina, Antología,* Madrid, Espasa
Calpe, 1988. Véase asimismo Begoña López Bueno, «Las escuelas poéticas
españolas en los albores de la historiografía literaria: Arjona y Reinoso»,
Philologia Hispalensis, IV (1996), págs. 305-317.

cen un período de extraordinaria expansión) garantizan el conocimiento por doquier de las novedades poéticas.

El caso del carmelita andariego Juan de la Cruz (1542-1591), que estudió en Salamanca y recorrió buena parte de Castilla y Andalucía en su ministerio, es particularmente representativo, entre los grandes poetas del momento, por haber logrado la proeza de hacer una obra poderosamente original a partir de los materiales más comunes de la época: la lírica tradicional y el romancero, la poesía cancioneril, Boscán y Garcilaso, la poesía pastoril derivada de *La Diana* y del petrarquismo italiano de mediados de siglo. Incluso uno de sus procedimientos creativos más frecuentes, el de la vuelta *a lo divino* de un tema o, directamente, un poema profano, era práctica común en la poesía religiosa (véase núms. 33 y 35)[55]. Con todo, es cierto que hay en la creación sanjuanista una fuente de inspiración que resulta, si no desconocida, sí menos frecuente entre sus contemporáneos: la poesía bíblica, en particular el *Cantar de los Cantares* de Salomón[56]. Ésta es la que alienta en algunos de los poemas

---

[55] Véase Bruce W. Wardropper, *Historia de la poesía lírica a lo divino en la cristiandad occidental,* Madrid, Revista de Occidente, 1985, esp. págs. 66 y sigs.; Javier Sánchez Martínez, *Historia y crítica de la poesía lírica culta 'a lo divino' en la España del Siglo de Oro. Tomo I. Técnicas de divinización de textos líricos y otros fundamentos teóricos,* Alicante, Edición del autor, 1995. El ejemplo más llamativo, quizá, de esta vuelta a lo divino lo tenemos en la que sufrió Garcilaso a manos de Sebastián de Córdoba (Zaragoza, 1577: *Garcilaso a lo divino,* ed. Glen R. Gale, Madrid, Castalia, 1971). Véase asimismo el panorama de B. W. Wardropper, «La poesía religiosa del Siglo de Oro», *Edad de Oro,* IV (1985), págs. 195-210.

[56] La triste suerte que corrió la poesía de inspiración bíblica en la España de Felipe II quedó sellada en 1559, cuando la publicación del *Índice* de libros prohibidos del inquisidor Valdés la puso bajo sospecha de protestantismo, especialmente a la que se inspiraba en los Salmos: «Los poetas profanos siguieron su vida impresa sin apenas censuras, la poesía de devoción pudo circular en manuscritos y cantada, pero la poesía de inspiración bíblica fue arrancada, como cizaña, cuando comenzaba apenas a germinar» (A. Blecua, «El entorno poético de Fray Luis», ob. cit., págs. 96-97). Fueron contados los autores que, como B. Arias Montano, Fray Luis de León o San Juan de la Cruz, tomaron esa senda. Véase al respecto Valentín Núñez Rivera, «La versión poética de los Salmos en el Siglo de Oro: vinculaciones con la oda», en *La oda,* ed. Begoña López Bueno, cit., pá-

que habitualmente se denominan *mayores* en su producción:
el *Cántico espiritual* (núm. 31) y la *Noche* (núm. 32). Pero
aún en estos casos, el entronque con la poesía común de la
época es palmario, algo que se aprecia desde la misma con-
cepción del *Cántico* como égloga *a lo divino*, su encauza-
miento métrico por medio de la lira —una estrofa ya asu-
mida como suya por el petrarquismo pastoril y la poesía
conventual carmelitana— o su plasmación en una lengua
poética que arranca de Boscán y Garcilaso.

Menos abierto a tanta diversidad de influencias se
muestra otro poeta dotado de fuerte personalidad, Fran-
cisco de Aldana (h. 1537-1578). Éste supo conjugar básica-
mente la herencia garcilasiana con un conocimiento directo
de la poesía italiana, desde Petrarca o Ariosto hasta los poe-
tas *ilustres* de su tiempo. Fruto de ese conocimiento es su
peculiar petrarquismo, que extrae de las convenciones pas-
toriles y neoplatónicas perspectivas poco trilladas en lo re-
ferente a la tensión entre las dimensiones corporal y espi-
ritual del amor (núm. 26). Fuerte carga autobiográfica
tienen otros poemas en los que da cauce a su desazón ante
la vida militar (tema que ya estaba en Garcilaso; núm. 27),
inquietud que se vuelve sentimiento casi insoportable de
desengaño (núm. 28) y conduce al poeta a adoptar una pos-
tura de retiro mundano, a la búsqueda de la paz con Dios
(núm. 29). Esta misma actitud es la que sirve de arranque
al más logrado de sus poemas, la *Carta para Arias Montano
sobre la contemplación de Dios y los requisitos della* (núm. 30),
que trasciende el horacianismo consustancial al género
epistolar infundiéndole una fuerte dosis de tensión ascen-
dente a la búsqueda de Dios como principio del Universo,
búsqueda alimentada en el platonismo y en las doctrinas
de los escritores espirituales.

El clima emocional e intelectual de la *Carta* de Aldana
trae a la mente, desde luego, alguna de las vetas creativas
cultivadas por el grupo salmantino, o mejor dicho, por

---

ginas 335-382; Luis Gómez Canseco y Valentín Núñez Rivera, *Arias Mon-
tano y el «Cantar de los Cantares». Estudio y edición de la «Paráfrasis en
modo pastoril»*, Kassel, Reichenberger, 2001.

fray Luis de León. En realidad, la justificada insistencia
crítica en hacer de fray Luis cabeza de un grupo o escuela
no siempre ayuda a calibrar el sentido de su producción,
por la sencilla razón de que el agustino es un autor más
que singular en su contexto, tanto próximo como gene-
ral. Es indudable que Salamanca constituye uno de los vi-
veros poéticos del momento, pero en realidad sólo hay un
nombre, al margen de fray Luis, que tenga verdadera re-
levancia, y éste es Francisco de la Torre, el misterioso per-
sonaje cuya verdadera identidad tanto ha dado que hablar
a los estudiosos y cuya obra transcurre por derroteros dis-
tintos a la del agustino[57]. Pero si Salamanca era por esos
años un crisol de corrientes poéticas, donde convivían las
tradiciones octosilábicas con el petrarquismo de última
hora y con un minoritario gusto clasicista, no ocurre lo
mismo con la obra de fray Luis, que es el resultado justa-
mente de la aplicación de un criterio muy estricto de se-
lección. Lo más parecido al ambiente de época que hay
en ella es una serie de cinco sonetos amorosos que son
otros tantos ejercicios de petrarquismo (véase núm. 14).
El resto de su producción tiene dos vertientes que, en la
práctica, van bastante unidas: las traducciones de clásicos
(Virgilio y Horacio, sobre todo) y de la *Biblia* (Salmos,

---

[57] Véase Francisco de la Torre, *Poesía completa*, ed. M.ª Luisa Cerrón
Puga, Madrid, Cátedra, 1984; Antonio Alatorre, «Francisco de la Torre y
su muy probable patria: Santa Fe de Bogotá», *Nueva Revista de Filología
Hispánica,* XLVII (1999), págs. 33-72. En realidad, los autores más próxi-
mos a fray Luis son Francisco Sánchez de las Brozas, el Brocense (1532-1600),
poeta ocasional en latín y castellano; y Juan de Almeida, que llegó a ser
rector de Salamanca en 1567 y al que algunos identifican con Francisco de
la Torre. La variedad de la vida poética salmantina por esos años está bien
documentada en colecciones manuscritas como el *Cartapacio de Francisco
Morán de la Estrella*, pról. de Juan B. de Avalle-Arce, ed. Ralph A. Di-
Franco, José J. Labrador y Ángel C. Zorita, Madrid, Patrimonio Nacio-
nal, 1989. Últimamente cobra relevancia la figura del benedictino fray
Melchor de la Serna, vinculado al convento salmantino de san Vicente y
autor del florilegio de poesía erótica conocido como *Jardín de Venus;* véase
*Poesías de fray Melchor de la Serna y otros poetas del siglo XVI. Códice 22028
de la Biblioteca Nacional de Madrid,* pról. de José Lara Garrido, ed. José
J. Labrador Herraiz, Ralph A. DiFranco y Lori A. Bernard, Málaga, Uni-
versidad de Málaga, 2001.

Libro de Job), que constituyen el grueso de su obra en verso; y su escueta poesía original, poco más de veinte composiciones que son en su práctica totalidad odas a la manera de Horacio escritas en la lira que introdujo Garcilaso. A la vista de estos datos, ha podido concluir Alberto Blecua:

> ... fray Luis se aparta conscientemente de la tradición poética de su entorno. Podrá parecer paradójica esa actitud en el mayor apologista de la lengua vulgar que tuvo la España del siglo XVI. Pero no hay incoherencia entre las dos posturas. Fray Luis quería escribir, en efecto, en lengua vulgar; no en una tradición vulgar. Porque dignificar la poesía castellana consistía, precisamente, en incorporar a ella las dos magnas tradiciones literarias aceptadas por el Humanismo: la clásica y la bíblica. Fray Luis quiso ser, y lo fue, el primer humanista español en lengua vulgar[58].

Fray Luis se halla, pues, empeñado en un intento de reconducción de la poesía española por la senda de un clasicismo exigente, modelado sobre los poetas antiguos (con Horacio como referente principal), desde luego, pero también muy atento a la producción de la lírica latina del Renacimiento[59]. De tal manera que si Horacio determina el

---

[58] «El entorno poético de Fray Luis», ob. cit., pág. 99; la cita se refiere al contexto general de la poesía española y no exclusivamente al salmantino. De la importancia de fray Luis como apologista de la lengua castellana queda constancia en el prólogo que puso al frente del libro tercero de *De los nombres de Cristo* (1585), donde puede leerse, por ejemplo, este argumento contra los que rechazaban su obra por estar escrita en castellano: «... piensan que hablar romance es hablar como se habla en el vulgo, y no conocen que el bien hablar no es común, sino negocio de particular juicio, ansí en lo que se dice como en la manera en que se dice, y negocio que, de las palabras que todos hablan, elige las que convienen, y mira el sonido dellas, y aun cuenta a veces las letras y las pesa y las mide y las compone, para que no solamente digan con claridad lo que se pretende decir, sino también con armonía y dulzura» (*De los nombres de Cristo*, ed. Cristóbal Cuevas, Madrid, Cátedra, 1982, pág. 497).

[59] Se trata de una corriente europea que también tuvo su arraigo en España; véase Juan F. Alcina, *Repertorio de la poesía latina del Renacimiento en España*, Salamanca, Universidad de Salamanca, 1995.

molde genérico predilecto de fray Luis (la oda), los poetas neolatinos, por su lado, le proporcionan con frecuencia temas y subgéneros específicos. Todo ello pasado por el filtro métrico y expresivo de Garcilaso, a quien sigue en la adopción de la lira como la estrofa adecuada para trasladar al castellano la métrica horaciana. Pero lo hace, es importante subrayarlo, intensificando el aspecto latinizante del léxico y de la sintaxis, y sobre todo reelaborando el sentido mismo de la composición poética para hacer suyo el característico vaivén temático y tonal de Horacio. La coherencia estética y de inspiración no es menor, por otro lado, en el campo temático, ya que fray Luis se concentra, en efecto, en unos cuantos temas de índole moral, susceptibles de ser compendiados en el programa vital de un estoicismo cristianizado a la luz del neoplatonismo renacentista (véanse números 9, 10 y 12). Sin olvidar que la homogénea inspiración no oculta el hondo latido personal de un poeta que, de manera más o menos explícita, confía al verso, por ejemplo, sus tribulaciones biográficas (núm. 13) o sus inquietudes políticas (núm. 11)[60].

La huella de fray Luis, cuya obra circuló profusamente en manuscritos antes y después de ser editada por Quevedo en 1631, fue profunda en la poesía española de su tiempo, pero ésta —como es normal, ya que las novedades requieren un tiempo de asimilación— no hay que buscarla tanto en sus contemporáneos estrictos, por más que fuesen sus convecinos o amigos, como en algunos escritores de la siguiente promoción, caso de los hermanos Argensola o de Francisco de Medrano (de quienes se tratará más adelante). Algo similar ocurre con Fernando de Herrera, la figura más destacada del grupo sevillano, cuyo magisterio también va

---

[60] La lectura política de la *Profecía del Tajo* fue apuntada por Claudio Guillén, «Sobre la libertad del rey Rodrigo (Ante la *Profecía del Tajo* de Fray Luis de León)», en *El primer Siglo de Oro,* ob. cit., págs. 154-176, esp. 173-176; y también Francisco Márquez Villanueva, «Trasfondos de *La profecía del Tajo:* goticismo y profetismo», en *Varia Lingüística y Literaria: 50 años del CEEL. Vol. II. Literatura: de la Edad Media al siglo XVII,* ed. Martha E. Vernier, México, El Colegio de México, 1997, págs. 177-201.

a resultar decisivo en la evolución de la poesía española entre 1580 y 1610.

Sevilla, como metrópoli de la España de su tiempo, fue a lo largo del XVI un hervidero de corrientes poéticas. La asimilación efectiva de la poesía italianizante se produce en la ciudad hacia mediados de siglo, cuando se suceden las impresiones de Boscán con Garcilaso, y cuando Gutierre de Cetina, tras su largo periplo italiano, se instala en la ciudad o sus aledaños y entra en comunicación con el joven Baltasar del Alcázar (1530-1606)[61]. Desde esas fechas y hasta su muerte en 1571, el referente de la vida literaria sevillana es Juan de Mal Lara, humanista formado en Salamanca y Barcelona que abre las puertas de su estudio a los escritores de la ciudad; surge así una tertulia o academia que acabará disfrutando del patronazgo de don Álvaro de Portugal, Conde de Gelves[62]. Entre los asiduos de esas reuniones está Herrera que asumirá a la muerte de Mal Lara la cabecera de los ingenios sevillanos, como queda patente en las *Anotaciones* a Garcilaso (1580), un proyecto auspiciado en su día por Mal Lara y para cuya realización cuenta Herrera con la colaboración de varios miembros de su academia[63].

---

[61] Hay edición reciente con amplio estudio introductorio: Baltasar del Alcázar, *Obra poética,* ed. Valentín Núñez Rivera, Madrid, Cátedra, 2001.

[62] La vinculación existente entre el círculo de Malara y Herrera con el aristócrata queda confirmada en algunos pasajes del *Hércules animoso,* epopeya inédita del primero; véase Francisco J. Escobar Borrego, «Noticias inéditas sobre Fernando de Herrera y la *academia* sevillana en el *Hércules animoso,* de Juan de Mal Lara», *Epos,* XVI (2000), págs. 133-155. Una cara más cotidiana y popular del ambiente poético sevillano en esos años ofrece el *Cancionero sevillano de Nueva York,* pról. B. López Bueno, ed. Margit Frenk, José Labrador Herraiz y Ralph A. DiFranco, Sevilla, Universidad de Sevilla, 1996.

[63] Entre los colaboradores de Herrera tiene un papel muy destacado Francisco de Medina, que, entre otras cosas, escribió un magnífico prólogo de valor programático para el libro, glosando el tópico de las armas y las letras y exponiendo los criterios para elevar la lengua castellana a su cumbre de perfección. Otros nombres que comparecen son los del licenciado Francisco Pacheco, poeta en latín y castellano, el historiador y poeta Cristóbal Mosquera de Figueroa, o el lucentino Luis Barahona de Soto, que contribuyó con una elegía a los preliminares del libro.

Para esa fecha Herrera tenía ya compuesta una abundante
obra poética que, en parte, era conocida por copias ma-
nuscritas y que incluía composiciones octosilábicas (núm. 16).
En 1582 publicó con el título de *Algunas obras* una selecta
antología de 91 poemas ordenados según la disposición de
un cancionero petrarquista, pero con la inclusión de can-
ciones heroicas (núm. 19), elegías (núm. 21) y hasta una
égloga venatoria. Muchos de los poemas entonces desecha-
dos pasaron, sin duda, a formar parte de la extensa colec-
ción póstuma de *Versos* que se publicó en 1619, pero cuya
plena autenticidad no está garantizada[64].

El cancionero de 1582 tiene como centro la pasión amo-
rosa que prende en el alma del poeta una figura femenina
a la que llama *Luz* y otros apelativos similares, y que es, en
primera instancia, trasunto de doña Leonor de Milán, con-
desa de Gelves. Sin ser *Luz* una dama distante o inaccesi-
ble por sí misma (véase núm. 21), Herrera, inflamado de
platonismo, somete su amor a un proceso de idealización
conducente a la identificación de *Luz* con el principio de
la Belleza suprema (núm. 22), ideal al que el poeta aspira
en un esfuerzo jalonado de fracasos y tentativas reiteradas.
La tensión que se deriva de semejante proceso se plasma en
un lirismo agónico, que nos retrotrae por momentos al
dualismo entre la razón y el deseo característico de Petrarca
y los poetas cancioneriles. Como el cantor de Laura, He-
rrera vive esa lucha con la conciencia, entre gozosa y dolo-
rida, de jugarse en ella su salvación —su justificación— por
la palabra (núms. 17 y 18); ahí radica el meollo de lo que

---

[64] La edición fue preparada por Francisco Pacheco, tratadista del arte
y pintor, primer maestro y suegro luego de Velázquez; con él colaboraron
el poeta Francisco Rioja y Francisco Duarte. La autenticidad de *Versos* ha
tenido su principal impugnador en José M. Blecua y su principal defensor
en Oreste Macrì. El primero ve en el libro intervenciones ajenas a Herrera
con objeto de adaptar su poesía al gusto imperante en 1619; el segundo
piensa que la colección refleja la evolución estética de Herrera desde 1582
a 1597, año de su muerte. Véase al respecto F. de Herrera, *Poesía castellana
original completa*, ed. C. Cuevas, cit., págs. 87-99 («La cuestión textual»).
En nuestra antología se incluye un poema con dos versiones (núms. 18*a*
y 18*b*) y dos textos tal como figuran en *Versos* (núms. 24 y 25).

Macrì ha llamado el *petrarquismo mayor* herreriano[65]. Junto
a la temática amorosa, aparece en *Algunas obras* la de ca-
rácter celebrativo y heroico, que alcanza su máxima expre-
sión en la Canción I («Voz de dolor y canto de gemido»),
un lamento con acentos de poesía bíblica por la derrota
portuguesa en Alcazarquivir (agosto de 1578) a manos de
los sarracenos del Norte de Marruecos (núm. 19). Destacan
asimismo en el libro vetas de poesía moral (véase núm. 20)
que culminan en la elegía VI («De aquel error en que viví
engañado / salgo a la pura luz...»), emotiva síntesis de ideas
y actitudes de raigambre estoica: desapego de las pasiones,
búsqueda de la libertad espiritual, anhelo de la Virtud. Es-
tilísticamente, el volumen deja ver, especialmente en las
canciones y elegías, una toma de distancia con respecto a
la melodiosa *sprezzatura* garcilasiana, en favor de una dic-
ción más enfática y más elaborada en el plano métrico y re-
tórico.

La explicación de ese cambio hay que buscarla, lógica-
mente, en las *Anotaciones,* libro que, sin ser en sentido es-
tricto una poética, contiene un importante cuerpo de doc-
trina acerca de algunos géneros poéticos, la métrica y el
estilo de la poesía lírica[66]. En aplicación de la misma, He-
rrera no tiene reparos, por ejemplo, en señalar algún que
otro descuido garcilasiano —y bien que se lo reprochó
Prete Jacopín[67]. La idea subyacente a esas críticas —formu-

[65] Oreste Macrì, *Fernando de Herrera*, Madrid, Gredos, 1972, 2.ª ed.
corr. y aum., pág. 475. Sobre el petrarquismo herreriano véase, además:
Juan C. Rodríguez, *Teoría e historia de la producción ideológica, I. Las pri-
meras literaturas burguesas* (1974), Madrid, Akal, 1990, págs. 285-321 («La
etapa final del animismo poético en España»).
[66] Véase Begoña López Bueno, «De poesía *lírica* y poesía *mélica:* so-
bre el género 'canción' en Fernando de Herrera», en *Hommage à Robert
Jammes,* Toulouse, Presses Universitaires du Mirail, 1994, II, págs. 721-738;
Las Anotaciones *de Fernando de Herrera. Doce estudios,* ed. B. López
Bueno, Sevilla, Universidad de Sevilla, 1997; y la introducción de Inoria
Pepe y José M.ª Reyes a F. de Herrera, *Anotaciones a Garcilaso,* ob. cit.
[67] Fue el burgalés don Juan Fernández de Velasco, conde de Haro y
futuro Condestable de Castilla, quien adoptó ese seudónimo para redac-
tar unas *Observaciones* contra las *Anotaciones* de Herrera, indignado por

lada desde el mismo prólogo de Francisco de Medina— es que la lengua y las letras españolas se hallaban empeñadas en un proceso de perfeccionamiento bajo la guía de la erudición y el arte, perspectiva histórica según la cual Garcilaso quedaba reconocido como un modelo digno de imitación («príncipe de los poetas españoles» lo llaman tanto Medina como Herrera) pero que, al mismo tiempo, era preciso superar. Sería erróneo entender, sin embargo, que dicho proyecto incumbe exclusivamente a Herrera y su círculo, ya que en realidad se trata de la misma idea motriz que animaba al Brocense como editor de Garcilaso o a Fray Luis como imitador de los clásicos. Lo que ocurre es que, con estos autores, la cultura literaria española alcanzaba su *edad de la crítica* y se disponía «... a elaborar una poesía romance moldeada sobre los recursos más sutiles de la poesía clásica, a apropiarse la estructura del verso y del poema antiguos»[68]. Lo que la obra de Fray Luis y Herrera representa, cada una a su manera, es, en definitiva, la plena madurez del Renacimiento español.

2.2. *La fase de transición al Barroco* (1580-1610)

La victoria de Lepanto en 1571 había dado impulso a un sentimiento nacionalista al que el curso de la política proporcionó un último motivo de satisfacción en 1580, con la incorporación de Portugal a la Monarquía católica de Fe-

---

las críticas que en ellas había contra Garcilaso (que en realidad son pocas). Herrera le contestó en una *Respuesta* defendiendo, entre otras cosas, el derecho a la crítica con el argumento de que los buenos autores «hombres fueron como nosotros» (Juan Montero, *La controversia sobre las Anotaciones herrerianas. Estudio y edición crítica*, Sevilla, Excmo. Ayuntamiento, 1987; cita en pág. 198). Véase asimismo Bienvenido Morros Mestres, *Las polémicas literarias en la España del siglo XVI: A propósito de Fernando de Herrera y Garcilaso de la Vega*, Barcelona, Quaderns Crema, 1998.

[68] Francisco Rico, «El destierro del verso agudo (Con una nota sobre rimas y razones en la poesía del Renacimiento» (1983), en *Estudios de literatura y otras cosas*, Barcelona, Destino, 2002, págs. 215-249; cita en pág. 240.

lipe II. Ese ambiente de optimismo histórico en favor de la
nación española (que la marcha de la historia se iba a en-
cargar de desmentir pronto, sin embargo) impregna las
Anotaciones de Herrera, quien lo traduce a términos litera-
rios, en uno de sus pasajes más brillantes, animando a los
ingenios españoles en pos de un ideal supremo de belleza:

> Y no piense alguno que está el lenguaje español en su
> última perfeción, y que ya no se puede hallar más ornato
> de la elocución y variedad. Porque aunque ahora lo vemos
> en la más levantada cumbre que jamás se ha visto y que
> antes amenaza declinación que crecimiento, no están tan
> acabados los ingenios españoles que no puedan descubrir
> lo que hasta ahora ha estado escondido a los de la edad pa-
> sada y de ésta presente; porque en tanto que vive la lengua
> y se trata, no se puede decir que ha hecho curso; porque
> siempre se alienta a pasar y dejar atrás lo que antes era es-
> timado. Y cuando fuera posible persuadirse alguno que ha-
> bía llegado al supremo grado de su grandeza, era flaqueza
> indigna de ánimos generosos desmayar, imposibilitándose
> con aquella desesperación de merecer la gloria debida al
> trabajo y perseverancia de la nobleza de estos estudios[69].

El dictamen y programa herreriano anuncia y anima un
proceso de renovación poética que, por sus pasos contados,
culminará en la gran poesía española del siglo XVII, meta
en la que vendrán a confluir las diversas corrientes vivas a
lo largo del XVI. En ese proceso, que será mucho más
abierto y rico en registros de lo que Herrera hubiera ima-
ginado o admitido, las décadas que van desde 1580 a 1610
constituyen una fase de exploración de caminos nuevos. La
responsabilidad de materializar dicho cambio recae sobre
un nutrido grupo de autores que se van incorporando a la

---

[69] *Anotaciones*, ed. cit., pág. 294. El pasaje pertenece al discurso de la
elegía y va acompañado de otras afirmaciones no menos relevantes. Por
ejemplo, que el poeta ha de plasmar mediante la palabra «una forma o
idea maravillosísima de hermosura» imitando «... de ella lo más hermoso
y ecelente» (pág. 295). O este otro: «... el poeta tiene por fin decir com-
puestamente para admirar, y no intenta sino decir admirablemente, y nin-
guna cosa sino la muy ecelente causa admiración» (ibíd.).

vida literaria en sucesivas oleadas desde los aledaños de 1580 en adelante, y que abarca desde Cervantes (n. 1547), recién vuelto de su cautiverio, hasta el joven Quevedo (n. 1580), con dos figuras de excepción como protagonistas indiscutibles: Góngora (n. 1561) y Lope (n. 1562)[70].

Para empezar, conviene recalcar que son años en los que la imprenta se muestra muy activa en la difusión de la poesía, en pliegos y en libros colectivos o individuales, tanto de autores vivos, como ya desaparecidos. También son años, como ya se ha dicho, de gran auge en la circulación de manuscritos que recogían una producción amplia, desde los autores ya consagrados a las últimas creaciones de los poetas del momento. Y, por último, son también los años de gestación y triunfo de la comedia *nueva*, que por su condición de teatro en verso guarda estrecha relación con el ámbito de la poesía. Quiere esto decir que, en parte

---

[70] Un nutrido elenco de los ingenios contemporáneos ofrece el mismo Cervantes en el «Canto de Calíope», inserto en el libro VI de *La Galatea* (Alcalá de Henares, 1585). Entre sus compañeros generacionales cabe mencionar: el prolífico sevillano Juan de la Cueva (1543-1612), que dejó impresas unas *Obras* (Sevilla, 1582; véase José María Reyes Cano, *La obra lírica de Juan de la Cueva*, Sevilla, Diputación, 1980); el valenciano Andrés Rey de Artieda, autor de unos *Discursos, epigramas y epístolas de Artemidoro* (Zaragoza, 1605; ed. Antonio Vilanova, Barcelona, Ediciones Bibliófilas, 1955); el cordobés Juan Rufo, que recogió sus versos líricos en apéndice de *Las seiscientas apotegmas* (Toledo, 1595; ed. Alberto Blecua, Madrid, Espasa Calpe, 1974); Gabriel López Maldonado, quizá toledano y relacionado con la academia valenciana de los Nocturnos, que publicó un *Cancionero* (Madrid, 1586; ed. facs., Madrid, 1932); el linarense Pedro de Padilla (n. h. 1550), que imprimió varios volúmenes líricos en la década de los 80; el rondeño Vicente Espinel (n. 1550), que recopiló sus *Diversas poesías* (Madrid, 1591; ed. Gaspar Garrote Bernal, Málaga, Diputación, 2001) dejando fuera sus temibles sátiras personales (alguna ha sido rescatada en sus *Poesías sueltas*, ed. José Lara Garrido, Málaga, Diputación, 1985). Algo mayor, pero activo en esos años, es el canario Bartolomé Cairasco de Figueroa, conocido sobre todo por su contribución a la moda de los versos esdrújulos; véase su *Antología poética*, ed. Alejandro Cioranescu, Santa Cruz de Tenerife, Interinsular Canaria, 1984. En fin, la poesía del propio Cervantes cuenta, entre otras, con estas ediciones: *Poesías completas*, ed. Vicente Gaos, Madrid, Castalia, 1974, 2 vols.; *Viage del Parnaso. Poesías varias*, ed. E. L. Rivers, Madrid, Espasa Calpe, 1991; *Canto de Calíope y otros poemas*, ed. Jenaro Talens, Madrid, Biblioteca Nueva, 2001.

como resultado de la extensión educativa, en parte por los
nuevos cauces de difusión oral, el espectro del público se
había diversificado más si cabe, lo que favoreció sin duda
la dispersión del gusto.

Si hay un género que vive su esplendor en esos años, ése
es el romancero, cuya boga bien puede enmarcarse en el am-
biente de nacionalismo político-cultural arriba mencio-
nado, pero que también responde al deseo de encontrar
fórmulas creativas distintas (y a veces, al margen) del pe-
trarquismo imperante. Son numerosas las colecciones ma-
nuscritas o impresas en las que esparcieron por esos años sus
habilidades romanceriles poetas hoy del todo desconocidos
o más o menos consagrados por el tiempo; entre estos últi-
mos cabe recordar, junto a Lope y Góngora (núms. 36, 39
43, 44, 56 y 57), nombres como los de Pedro Liñán de Riaza,
Gabriel Lasso de la Vega, José de Valdivielso o Juan de Sa-
linas[71]. Este romancero que llamamos *nuevo* se caracteriza
por su focalización en la temática amorosa, encauzándola
frecuentemente bajo dos convenciones de carácter ideali-
zante, la morisca (con su derivación, los romances de cau-
tivos; véase núm. 39) y la pastoril[72]; esto permite a los poe-

---

[71] Pedro Liñán de Riaza (*Poesía*, ed. Julian F. Randolph, Barcelona,
Puvill, 1982); Gabriel Lasso de la Vega (*Manojuelo de romances*, ed. Á.
Gonzalez Palencia, Madrid, Saeta, 1942); José de Valdivielso (*Romancero
espiritual,* Toledo, 1612; ed. José M.ª Aguirre, Madrid, Espasa-Calpe); Juan
de Salinas (*Poesías humanas*, ed. Henry Bonneville, Madrid, Castalia,
1988). Para los romanceros que confluyeron en el *General* de 1600, véase
referencias en n. 14; entre ellos hay que destacar la *Flor de varios roman-
ces nuevos y canciones,* reunida por el bachiller Pedro de Moncayo
(Huesca, 1589), recopilación pionera de la nueva modalidad romanceril.
El estudio del género quedó encauzado por Ramón Menéndez Pidal, *Ro-
mancero hispánico (hispano-portugués, americano y sefardí),* cit., vol. II,
págs. 117-168: «El romancero nuevo compite con el viejo (1583-1612)»; y
José F. Montesinos, «Algunos problemas del romancero nuevo» (1953), en
Ensayos y estudios de literatura española, Madrid, Revista de Occi-
dente, 1970, págs. 109-139. Una útil, aunque sucinta, antología propor-
ciona Julian F. Randolph, *Anthology of the* romancero nuevo *(1580-1600),*
Nueva York, Peter Lang, 1982.
[72] R. Menéndez Pidal, ob. cit., págs. 126-139; Manuel Alvar, *El ro-
mancero. Tradicionalidad y pervivencia*, Barcelona, Planeta, 1970, págs. 55-164

tas cantar cuitas sentimentales no pocas veces autobiográficas, pero celándolas bajo una máscara poética (como los famosos *Zaide* y *Belardo* de Lope). La polarización amorosa sirve para trasvasar definitivamente al campo octosilábico la sentimentalidad y la imaginería del petrarquismo, previamente filtradas por la novela pastoril, al tiempo que el uso del alias poético rompe formalmente con el discurso exclusivamente centrado en el *yo* de la lírica amatoria. Desde el punto de vista métrico, estos romances presentan novedades destacadas, como la implantación de la rima asonante a imitación de los romances *viejos*[73], la tendencia a agrupar los versos en cuartetas o la sustitución ocasional del octosílabo por el hexasílabo o el heptasílabo *(romancillo)*. Especial relevancia tiene otro rasgo que recuerda ocasionalmente al romancero *viejo:* la inserción de un breve estribillo a lo largo del poema (núms. 44, 46, 61). Según José F. Montesinos esta novedad va asociada a un cambio en los modos musicales imperantes y tuvo como consecuencia la definitiva decantación del romance como pieza lírica[74]. Después de 1600, la nueva moda musical hizo que el lugar de esos estribillos lo ocupase la seguidilla, una pieza que podía vivir autónomamente y que, colocada como remate del romance, acabó convirtiéndose en lo esencial de las composiciones a las que supuestamente adornaba[75].

(«La frontera y la maurofilia literaria»), que parte para su análisis del antecedente que son los romances *fronterizos* tardomedievales.

[73] Damien Saunal, «Une conquête definitive du *romancero nuevo*: le romance assonancé», en *Ábaco: estudios sobre literatura española,* 2 (1969), págs. 93-126. Recuérdese que, por contra, la tradición culta del romancero, desde los trovadorescos hasta los eruditos de mediados del XVI, prefería la rima consonante.

[74] «El romance nuevo no se cantaba ni podía cantarse según las melodías tradicionales; se atenía ahora a los modos de una nueva música cortesana. El cambio de gustos flexibilizó el romance, acentuó su entonación lírica, adaptándolo a las exigencias de la música cortesana, a las exigencias del cantor» (José F. Montesinos, «Algunos problemas del romancero nuevo», ob. cit., pág. 117). Claro que esa música surgida de los centros cortesanos se difundió pronto por todas las capas sociales, gracias precisamente a la popularidad de los romances cantados.

[75] Sobre las relaciones entre la seguidilla y el romance, véase *Prima-*

Una faceta destacada del romancero *nuevo* es su capacidad para burlarse de sus propias convenciones, algo esperable en un género que trabaja con una gama reducida de materiales poéticos que se fueron desgastando por el uso reiterativo y generalizado. Góngora, poco amigo de expansiones sentimentales, fue uno de los primeros que tomó esa senda, parodiando en 1585 («Ensílleme el asno rucio») un romance morisco de Lope («Ensílleme el potro rucio»). Y la tendencia no hizo sino crecer hasta los primeros años del XVII, cuando el joven Quevedo la practicó con deleite (núm. 85) e incluso le dio un nuevo impulso con sus jácaras, romances que cantaban la vida de hampones y prostitutas (núm. 86).

Pero la tendencia a la parodia y, en general, a los tonos burlescos no es por esos años rasgo exclusivo del *romancero nuevo*[76]. La encontramos, por ejemplo, en otro género de la poesía octosilábica que estuvo muy de moda después de 1580: la letrilla[77]. En realidad, las letrillas podían abordar, como los romances, temáticas diversas, y así las hay amorosas, sacras, o satírico-burlescas. Pero seguramente estas últimas son las que gozaron de mayor predicamento en la época —que conservan hasta hoy— por mor de contribuciones tan destacadas como las del joven Góngora (*Ándeme yo caliente / y ríase la gente*; núm. 37) o, años más tarde, las del también principiante Quevedo (*Poderoso caballero / es don Dinero*; núm. 71).

---

vera y flor de los mejores romances... *(Madrid, 1621),* ed. José F. Montesinos, Valencia, Castalia, 1954, págs. LXXIV sigs.; así como la introducción y textos de *Romancerillos tardíos,* ed. J. F. Montesinos, Salamanca, Anaya, 1964.

[76] «Después de haber gustado hasta el empacho de los últimos relieves de la mesa petrarquesca, después de haber sentimentalizado hasta la insensatez una literatura que desde sus comienzos tuvo el don de las lágrimas, esta generación de 1580 se pone de propósito a ironizarla» (José F. Montesinos, «Algunos problemas del romancero nuevo», ob. cit., pág. 127).

[77] «Composición octosilábica o hexasílaba, de asunto ligero o satírico, en forma de villancico o de romance con estribillo» (Tomás Navarro Tomás, *Métrica española,* Barcelona, Labor, 1983, pág. 536. Se ha ido imponiendo, sin embargo, la tendencia entre los estudiosos del Siglo de Oro de considerar como letrillas únicamente las que siguen la forma del villancico; véase la introducción de Robert Jammes a su ed. de Luis de Góngora, *Letrillas,* Madrid, Castalia, 1980.

El desparpajo con el que el Góngora y el Lope juveniles pasan del octosílabo al endecasílabo deja ver que la convivencia de ambos cauces poéticos ha adquirido, a la altura de 1580, carta de normalidad[78]. Esto no es óbice, sin embargo, para reconocer también la existencia, entre 1580 y 1610 (y aun más allá), de un número importante de autores que sigue una tradición más restringida, la de Garcilaso, Herrera y fray Luis, con una poética de base clasicista, pero que interpreta con creciente libertad los principios de la imitación y el decoro, y que sigue una orientación más o menos cultista según los casos, esto es, interesada en la potenciación del ornato y afecta a la dificultad erudita de los contenidos poéticos (que no debe confundirse con el gusto por la oscuridad propia del gongorismo más tarde)[79]. Cuando tales rasgos se concentran, estamos ante lo que cierto sector de la crítica, que tiene en Emilio Orozco su principal exponente, denomina manierismo[80]. De los tres

---

[78] Lo mismo se observa en el campo de los impresos o los manuscritos, por supuesto. Títulos como el *Tesoro de varias poesías* (Madrid, 1580) de Pedro de Padilla, o *Diversas rimas* (Madrid, 1591) de Vicente Espinel son elocuentes por sí mismos de esa tendencia a la mezcolanza de metros y formas. La misma tesitura encontramos en otros apartados que cada vez adquieren mayor relieve, como el de las justas poéticas o el de la práctica académica de la poesía al filo del 1600, como testimonia la valenciana de los *Nocturnos (Actas de la Academia de los Nocturnos*, ed. José L. Canet, Evangelina Rodríguez y José L. Sirera, Valencia, Edicions Alfons el Magnànim, 1988-2000, 5 vols.); véase José M.ª Ferri Coll, *La poesía de la Academia de los Nocturnos*, Alicante, Universidad de Alicante, 2001.

[79] Sobre el alcance y los precedentes de esa postura gongorina, véase Antonio Vilanova, «Góngora y su defensa de la oscuridad como factor estético», en *Homenaje a José Manuel Blecua*, Madrid, Gredos, 1983, páginas 657-671.

[80] «El ideal manierista suponía una postura intelectualista orientada por la imitación de los clásicos y, en consecuencia, de inspiración en el arte y no en la vida. Busca lo extraño, difícil y complicado; pero complicación impuesta, de esquema previo, que canaliza la expresión en complejas estructuras sintácticas y métricas contrarias a lo lógico y natural. Así, se dará el gusto por la composición pluritemática, que muchas veces destaca, formalmente, el tema secundario como lo principal, dejando reducido o relegado el fundamental, y las construcciones correlativas, que, apoyadas en la plurimembración métrica, ofrece sorprendentes desarro-

núcleos poéticos que ahora vamos a considerar (uno ara-
gonés, otro sevillano y otro antequerano-granadino), el ter-
cero de ellos es, junto con la producción endecasilábica del
joven Góngora, el que mejor responde a la caracterización
de manierista. La diferenciación de tales núcleos es útil
siempre y cuando no se olvide que muchos de los partici-
pantes en ellos vivieron sustanciales experiencias de comu-
nicación e intercambio entre ellos y con otros autores. Por
otra parte, es preciso evitar el ostracismo al que suelen que-
dar condenados poetas de valía por no tener grupo al que
adscribirse, como es el caso en estos años, entre otros, de
Diego de Silva y Mendoza (Madrid, 1564-1630), conde de
Salinas, que supo conjugar con destreza petrarquismo e ins-
piración cancioneril[81].

Las dos figuras descollantes del entorno aragonés son
Bartolomé Leonardo (n. 1559) y Lupercio Leonardo de Ar-
gensola (n. 1559), naturales de Barbastro (Huesca), quienes
representan ante todo un tipo de poesía clasicista de orien-
tación satírica y moral. En ese campo, sus modelos princi-
pales son Horacio y fray Luis; sus géneros predilectos, la sá-
tira y la epístola en tercetos (en los que descuella
Bartolomé), así como el soneto de tema filosófico, como el
famoso de Lupercio *Al sueño* («Imagen espantosa de la
muerte»)[82]. Suele asociarse con los Argensola el nombre del

---

llos, diríamos verticalmente, de correspondencias, de temas u objetos que
se asocian o contrastan con efecto artificioso sorprendente. Así luce en los
sonetos del joven Góngora. El Manierismo supone, pues, cultismo, do-
minio técnico, saber, intelectualismo; en suma, se busca sorprender al in-
telecto. Así se dirige, sobre todo, al docto, al iniciado...» (Emilio Orozco,
«Góngora entre el manierismo y el barroco» (1975), en *Introducción al Ba-
rroco*, ed. José Lara Garrido, Granada, Universidad de Granada, 1988, II,
pág. 79). El volumen citado contiene otros capítulos relevantes para el
tema, así como el titulado *Manierismo y barroco*, Madrid, Cátedra, 1975
(especialmente «Estructura manierista y estructura barroca en poesía»,
págs. 155-187).
    [81] Véase su *Antología poética*, ed. Trevor J. Dadson, Madrid, Visor,
1985.
    [82] La obra de Lupercio Leonardo de Argensola (Barbastro, Huesca, 1559;
Nápoles, Italia, 1613) y su hermano Bartolomé Leonardo (Barbastro, 1562;
Zaragoza, 1631) fue editada póstumamente en 1634; ahora puede

riojano Esteban Manuel de Villegas (1589-1669), cuyo peculiar clasicismo combina la influencia de Horacio con la del corpus anacreóntico y va acompañado de un gusto notable por la experimentación métrica[83]. Tales rasgos le valieron ser admirado por los neoclásicos del XVIII, un siglo que en general se mostró muy receptivo también a la obra de los Argensola y de la mayor parte de los sevillanos de que ahora se hará mención, por tomarlos como modelos de *buen gusto* frente a los excesos del Barroco.

Más compacto y nutrido que el aragonés se presenta el grupo hispalense que Begoña López Bueno ha llamado «de transición al XVII», entre cuyos integrantes destacan Juan de Arguijo (1567-1622), Francisco de Medrano (1570-1606/1607), Rodrigo Caro (1573-1647), Andrés Fernández de Andrada (h. 1575-¿1648?), Juan de Jáuregui (1583-1641) y Francisco de Rioja (1585-1659)[84]. Todos hubieron de coincidir en apreciar en Herrera su alto concepto del poeta y la poesía, plasmado en la dedicación a la lírica y en la doctrina literaria de las *Anotaciones*. Por eso, la incitación herreriana a buscar nuevos modos de belleza, a partir de la imitación de los modelos más selectos de la Antigüedad,

---

leerse en José M. Blecua, ed., L. y B. Leonardo de Argensola, *Rimas*, Madrid, Espasa Calpe, 1972, 2 vols. El discípulo más destacado de los Argensola fue Martín Miguel Navarro (Tarazona, Zaragoza, 1600-1644); unos cuantos poemas suyos pueden leerse en José M. Blecua, *La poesía aragonesa del Barroco,* Zaragoza, Nueva Biblioteca de Autores Aragoneses, 1977, págs. 107-115.

[83] Villegas reunió sus versos líricos en *Las eróticas o amatorias* (Nájera, 1617; ed. parcial Narciso Alonso Cortés, Madrid, La Lectura, 1913).

[84] Begoña López Bueno, *La poética cultista de Herrera a Góngora,* Sevilla, Alfar, 2000, 2.ª ed. rev., págs. 87-136 («El grupo sevillano de transición al XVII»), que no incluye a Jáuregui en el grupo. El ambiente académico creado en torno a Mal Lara y Herrera tuvo continuidad en las reuniones propiciadas por el pintor Francisco Pacheco y el poeta y mecenas Juan de Arguijo. Se sabe que hacia 1617 el canónigo hispalense don Juan de Fonseca estaba reuniendo materiales con la intención, nunca realizada, de publicar un volumen con obras de algunos de esos autores y otros no sevillanos, como Bartolomé Leonardo (B. López Bueno, «El *Cancionero* de Fonseca y el manuscrito 3.888 de la Biblioteca Nacional de Madrid», *Homenaje al Profesor Antonio Gallego Morell,* Granada, Universidad de Granda, 1989, vol. II, págs. 243-260).

encontró adecuado eco en este grupo de poetas. Así pusieron rumbo a la imitación de los clásicos, con Horacio como modelo principal, hasta llegar a resultados poéticos diferentes. Arguijo supo objetivar en sus sonetos las cuestiones amorosas y morales acudiendo a escenas y personajes de la mitología o de la historia[85]. Medrano realizó, entre otras cosas, un ejercicio impecable de horacianismo mental y formal en sus odas[86]. Rodrigo Caro cantó con empaque y gusto de anticuario *A las ruinas de Itálica* (tema que trataron casi todos ellos)[87]. El capitán Fernández de Andrada amasó horacianismo y estoicismo para formular la más persuasiva y conmovedora invitación al retiro mundano en su *Epístola moral a Fabio* (núm. 70)[88]. Jáuregui ganó fama primero como excelente traductor de el *Aminta* de Torquato Tasso (Roma, 1607) y luego como contradictor de Góngora[89]. Rioja se sumó en los primeros años del XVII a la eclosión de la silva para cantar la hermosura de las flores: la rosa o la arrebolera, emblemas de la fugacidad, el jazmín o el clavel[90].

El magisterio herreriano también dejó su impronta entre los poetas antequerano-granadinos, que contaban, ade-

---

[85] Juan de Arguijo, *Obra poética,* ed. Stanko B. Vranich, Madrid, Castalia, 1971.

[86] Francisco de Medrano, *Poesía,* ed. Dámaso Alonso al cuidado de M.ª Luisa Cerrón Puga, Madrid, Cátedra, 1988.

[87] Rodrigo Caro, *Poesía castellana y latina e inscripciones originales,* ed. Joaquín Pascual Barea, Sevilla, Diputación, 2000; incluye las cinco versiones conocidas del poema, realizadas durante más de treinta años desde 1595 en adelante. Véase asimismo Jacobo Cortines, *Itálica famosa. Aproximación a una imagen literaria. Estudio y selección de textos,* Sevilla, Diputación, 1995; y José M.ª Ferri Coll, *Las ciudades cantadas. El tema de las ruinas en la poesía española del Siglo de Oro,* Alicante, Universidad de Alicante, 1995.

[88] Dámaso Alonso, *La «Epístola moral a Fabio», de Andrés Fernández de Andrada,* Madrid, Gredos, 1978.

[89] Como lírico, Jáuregui publicó unas *Rimas* (Sevilla, 1618); véase Juan de Jáuregui, *Obras,* ed. Inmaculada Ferrer de Alba, Madrid, Espasa Calpe, 1973, 2 vols.; y *Poesía,* ed. Juan Matas Caballero, Madrid, Cátedra, 1993.

[90] Francisco de Rioja, *Versos,* ed. y trad. it. de Gaetano Chiappini, Messina, Florencia, D' Anna, 1975; *Poesía,* ed. Begoña López Bueno, Madrid, Cátedra, 1984.

más, con la figura intermedia de Luis Barahona de Soto (Lucena, Córdoba, 1547/48-Antequera, Málaga, 1595) como referente próximo[91]. En estos autores resulta bastante perceptible el empeño *cultista,* que aúna el gusto herreriano por la elevación estilística (especialmente en las canciones religiosas o patrióticas) con una práctica poética marcada por estereotipos formales y temáticos de signo manierista. El grupo antequerano tiene su principal animador en Pedro Espinosa (1578-1650) y acoge autores como Luis Martín de la Plaza, Agustín de Tejada, o Cristobalina Fernández de Alarcón (mujer culta que quizá inspiró los versos amorosos de Espinosa y fue autora muy estimada por sus contemporáneos)[92]. En Granada, destaca por los años finales de siglo la academia poética que se reunía en torno al caballero don Pedro de Granada Venegas, con la participación de ingenios como el ya citado Agustín de Tejada, Andrés del Pozo, Gregorio Morillo, Juan de Arjona, Pedro Rodríguez de Ardila, etc. Parte de la producción del grupo quedó recogida en el manuscrito conocido como *Poética silva,* colección en la que destacan dos ciclos de cuatro composiciones extensas, rotuladas como *silvas* pero escritas en octavas o tercetos; un ciclo está dedicado a las estaciones del año y el otro a los cuatro elementos[93]. Los autores

---

[91] Contamos ahora con varias ediciones parciales de su obra lírica, a cargo de Antonio Cruz Casado: *El céfiro apacible (antología), Tres églogas* y *Fábulas mitológicas,* Ayuntamiento de Lucena, 1995, 1997 y 1999, respectivamente.

[92] La producción de los poetas antequeranos se ha transmitido fundamentalmente en colecciones de carácter colectivo (véase n. 94). Ediciones individuales son: Pedro Espinosa, *Poesías completas,* ed. Francisco López Estrada, Madrid, Espasa Calpe, 1975; Luis Martín de la Plaza, *Poesías completas* (ed.), Jesús M. Morata Pérez, Málaga, Diputación Provincial, 1995.

[93] José Lara Garrido, «Los poetas de la academia granadina. (Notas sobre el grupo de la *Poética silva*)», en *Homenaje al Profesor Antonio Gallego Morell,* Granada, Universidad de Granada, 1989, II, págs. 183-199; Inmaculada Osuna, ed., *Poética silva. Un manuscrito granadino del Siglo de Oro,* Córdoba, Universidad de Córdoba, Universidad de Sevilla, 2000, 2 vols.; y de la misma, *Poesía y academia en Granada en torno a 1600,* Sevilla, Universidad de Sevilla, Universidad de Granada, 2003.

antequeranos y, en menor medida, granadinos, junto con Góngora (35 composiciones; entre ellas, nuestros núms. 38 y 42), Lupercio Leonardo de Argensola (19 poemas), Quevedo (18; entre ellos, una versión primitiva de nuestro núm. 71), Lope de Vega (8), B. del Alcázar (6) y Juan de Arguijo (6) conforman el grueso de la importante antología poética que preparó Pedro Espinosa, *Flores de poetas ilustres* (Valladolid, 1605, pero ya reunida en septiembre de 1603), volumen que ofrece un excelente panorama de la poesía española del momento[94].

Con algunas excepciones (como la del romancero *nuevo*) aparecen ahí representadas las tendencias imperantes en esos años: el petrarquismo en su fase manierista, el bucolismo aplicado al tema amoroso o al lamento fúnebre, la canción de tono elevado a la manera herreriana, el horacianismo en odas, sátiras y traducciones, los tonos burlescos en epigramas y letrillas, la inspiración religiosa...[95]. Al mismo tiempo, las *Flores* abren nuevos

---

[94] *Primera parte de las Flores de Poetas Ilustres de España* (Valladolid, 1605), ed. facs. de Alonso Zamora Vicente, Madrid, RAE, 1991. Y véase Pablo Villar Amador, *Estudio de «Las Flores de poetas ilustres de España» de Pedro Espinosa,* Granada, Universidad de Granada, 1994. La recopilación de Espinosa fue seguida por otras dos que permanecieron inéditas: una a cargo de Agustín Calderón en 1611 (ed. Juan Quirós de los Ríos y Francisco Rodríguez Marín, Sevilla, Imp. E. Rasco, 1896, 2 vols.; el primero con las *Flores* de Espinosa), y otra por Ignacio de Toledo y Godoy por los años 1627-1628 (ed. parciales en *Cancionero Antequerano,* ed. Dámaso Alonso y Rafael Ferreres, Madrid, CSIC, 1950; y en *Cancionero Antequerano. I Variedad de sonetos,* ed. José Lara Garrido, Málaga, Diputación Provincial, 1988).

[95] La poesía de inspiración religiosa no hacía sino ganar terreno en el campo de las publicaciones poéticas desde 1580 en adelante. De hecho, Espinosa reserva una breve sección final de su volumen para obras de este tipo con el rótulo de «Libro segundo». No se hace eco Espinosa, sin embargo, de una veta que ya empezaba a tener éxito desde 1600, la del conceptismo sacro, tendencia representada ejemplarmente por Alonso de Ledesma (Segovia, ¿1562?-1633), que se caracteriza por explicar de manera ingeniosa los temas religiosos o morales con metáforas tomadas de situaciones de la vida social o cotidiana; sus géneros predilectos son los octosilábicos, volviendo *a lo divino* romances, letras y villancicos.

rumbos, apuntando tendencias cuyo pleno desarrollo se completará en los años sucesivos. Es el caso, singularmente, de la *Fábula de Genil,* obra de Espinosa, que nos pone en el camino de la mejor poesía descriptiva del barroco. Lo mismo cabe decir en el caso de la silva, género que está gestándose por esos años como una derivación y superación de otros precedentes (la canción petrarquista, el madrigal, la égloga) y al que se arrima el propio Espinosa con su canción *boscarecha* «Selvas, donde en tapetes de esmeralda»[96].

Pero si hay un dato que confirman las *Flores* es, ante todo, el reconocimiento de Góngora como el poeta más destacado del momento. Las treinta y cinco composiciones suyas ahí recogidas (cuatro canciones, y el resto sonetos) constituyen un buen muestrario de la vertiente endecasilábica de su obra y del recorrido estético que venía realizando desde 1580. Esto se puede apreciar, por ejemplo, en los sonetos de tema amoroso. Mientras en la década de los 80 son ejercicios de emulación del petrarquismo italiano del momento (véanse nums. 38 y 40), pocos años después Góngora es capaz de componer poemas tan sorprendentes como «Descaminado, enfermo y peregrino» (recogido en las *Flores*) o «Cosas, Celalba mía, he visto extrañas» (núm. 41), en el que la temática amorosa sólo se manifiesta de manera explícita en el último verso. No menos atrevida en su planteamiento es la canción de 1600 «¡Qué de invidiosos montes levantados» (núm. 42, también incluida en las *Flores),* que reelabora la tradición sensual del epitalamio conjugán-

---

[96] Sobre la génesis de la silva, proceso al que contribuyen de manera especial los poetas andaluces y Quevedo, con su propia línea inspirada en Estacio, véase Eugenio Asensio, «Un Quevedo incógnito: las *silvas», Edad de Oro,* II (1983), págs. 13-48; Elias L. Rivers, «La problemática silva española», *Nueva Revista de Filología Hispánica,* 36 (1988), págs. 249-260; Aurora Egido, «La silva en la poesía andaluza del Barroco (con un excurso sobre Estacio y las *obrecillas* de Fray Luis)», *Criticón,* 46 (1989), págs. 5-39; y el volumen *La silva,* ed. B. López Bueno, Sevilla, Universidad de Sevilla, Universidad de Córdoba, Grupo PASO, 1991.

dola con una perspectiva de distanciamiento estético. Al
mismo tiempo es notable la variedad de registros temáticos
y estilísticos que abarca Góngora en esos años, desde la po-
esía encomiástica de personas o ciudades hasta la de carác-
ter satírico-burlesco (como el núm. 45, compuesto en Va-
lladolid por las fechas en que Espinosa gestionaba la
publicación de las *Flores*). Variedad que se hace más evi-
dente si ampliamos el campo para dar cabida a la produc-
ción octosilábica (sin representación en las *Flores*). Ahí nos
encontramos con aportaciones tan notables como «En un
pastoral albergue» (núm. 43), romance de 1602 que hace
del tema ariostesco ocasión para la exaltación del amor en
un marco natural y que consagra las posibilidades del gé-
nero para la elevación estilística. Y a su lado, la franca exal-
tación del mundo rústico del romance «En los pinares de
Júcar» (núm. 44) o la sutil ingenuidad de la letrilla «Las flo-
res del romero» (núm. 46), de 1608[97].

A la altura de 1610, desengañado de la corte y retor-
nado a su Córdoba natal, Góngora estaba listo para dar
otro paso decisivo en su trayectoria, el que había de con-
ducirle a una poética plenamente barroca y a un espacio
creativo inaccesible por entonces a la mayoría de sus con-
temporáneos, incluido el malogrado Luis Carrillo y
Sotomayor (1582/86-1610)[98].

---

[97] Las fechas de los poemas gongorinos provienen básicamente de
los datos que proporciona el llamado manuscrito *Chacón,* en el que
don Antonio Chacón Ponce de León, señor de Polvoranca, logró reu-
nir, desde 1620 más o menos y con la ayuda del poeta, buena parte de
su obra.

[98] Sus *Obras* se publicaron póstumas en 1611. Poeta de la línea
cultista tenido por algunos como precursor de don Luis en su *Fábula
de Acis y Galatea,* Carrillo es más bien un continuador de la poética
clasicista, como trasluce su *Libro de la erudición poética*, recogido en
el volumen de 1611. Véase *Poesías completas*, ed. Angelina Costa,
Madrid, Cátedra, 1984; *Libro de la erudición poética*, ed. A. Costa,
Sevilla, Alfar, 1987; *Obras*, ed. Rosa Navarro Durán, Madrid,
Castalia, 1990.

2.3.   *La fase barroca* (1610-1700)

El proceso de enriquecimiento y diversificación del caudal poético hasta aquí considerado encuentra su culminación en el prolongado curso de la poesía barroca[99]. La producción poética resultante de esos años es enorme. Varios factores han podido incidir en ese aumento: la existencia de una tradición consolidada, los avances (más cuantitativos que cualitativos) en el terreno de la educación, el incremento de la práctica editorial en el campo poético, la familiaridad de un público amplio con la formas métricas y expresivas gracias al triunfo de la *comedia* en los corrales, y, en definitiva, la creciente dimensión pública de la poesía, patente en la proliferación de justas y academias[100]. En razón de este crecimiento, nuestro conocimiento del período es todavía precario. El brillo deslumbrante de los grandes nombres, así como la rica serie de autores que les secundan o acompañan

---

[99] Entre la abundante historiografía sobre el concepto de Barroco aplicado al caso español, destacamos: José A. Maravall, *La cultura del Barroco. Análisis de una estructura histórica*, Barcelona, Ariel, 1975; Emilio Orozco Díaz, *Manierismo y Barroco*, ob. cit.; y también *Introducción al Barroco*, ed. José Lara Garrido, Granada, Universidad de Granada, 1988, 2 vols.; Pedro Ruiz Pérez, *El espacio de la escritura. En torno a una poética del espacio del texto barroco*, Berna, Peter Lang, 1996; Fernado R. de la Flor, *La península metafísica. Arte, literatura y pensamiento en la España de la Contrarreforma*, Madrid, Biblioteca Nueva, 1999; del mismo, *Barroco. Representación e ideología en el mundo hispánico (1580-1680)*, Madrid, Cátedra, 2002. Son de gran utilidad, asimismo, los panoramas críticos de Bruce W. Wardropper, «Temas y problemas del Barroco español», en Francisco Rico (dir.), *Historia y crítica de la literatura española*, III (Bruce W. Wardropper, *Siglos de Oro: Barroco*), Barcelona, Crítica, 1983, págs. 5-48; y el de Aurora Egido, con el mismo título que el anterior, en el *Primer suplemento* al volumen citado (Barcelona, Crítica, 1992, págs. 1-48).

[100] A la bibliografía citada en nota 4 sobre el tema, cabe añadir todavía: Evangelina Rodríguez Cuadros (ed.), *De las academias a la Enciclopedia: el discurso del saber en la modernidad,* Valencia, Institución Alfons el Magnànim, 1993; Pasqual Mas i Usó, *Academias y justas literarias en la Valencia barroca: teoría y práctica de una convención*, Kassel, Reichenberger, 1996; del mismo, *Academias valencianas del Barroco. Descripción y diccionario de poetas*, Kassel, Reichenberger, 1999; y Jeremy Robbins, *Love Poetry of the Literary Academies in the Reigns of Philip IV and Charles II,* Londres, Tamesis, 1997.

han dejado en la oscuridad a otros tenidos sin más por estimables o medianos, pero cuya obra está necesitada en muchos casos de recuperación editorial y estudio. Por todo esto, cualquier panorama que se haga del período —y alguno hay excelente[101]— debe presentarse con unas reservas de provisionalidad mayores que en las fases precedentes.

La plasmación creativa de una poética barroca se venía gestando desde los años finales del XVI y aparece plenamente realizada y operativa entre 1610 y 1615, cuando Góngora y Lope se encuentran en plena madurez creativa y Quevedo ha recorrido ya el tramo inicial de su trayectoria. La mención de estos tres nombres emblemáticos da a entender por sí sola que el rasgo consustancial de esa poética es su potencial variedad de registros expresivos, rasgo apreciable incluso dentro de la producción de un mismo autor. Durante bastante tiempo la crítica creyó resolver la cuestión recurriendo a distinciones originadas en el neoclasicismo dieciochesco y consagradas en su día por Menéndez Pelayo: la llaneza expresiva de Lope se contraponía, así, al verboso y oscuro culteranismo gongorino, cuyo reverso resultaba ser el conciso y dificultoso conceptismo quevedesco. Desde mediados del siglo XX, sin embargo, se viene advirtiendo sobre la simplificación y tergiversación que tal criterio implicaba[102]. Desde entonces se

---

[101] Jaime Siles, *El Barroco en la poesía española,* Madrid, Doncel, 1975; Juan M. Rozas y Miguel Á. Pérez Priego, «Trayectoria de la poesía barroca», en Francisco Rico (dir.), *Historia y crítica de la literatura española*, III, ob. cit., págs. 630-668; M.ª del Pilar Palomo, *La poesía en la Edad de Oro (Barroco),* Madrid, Taurus, 1988; Arthur Terry, *Seventeenth-Century Spanish Poetry,* Cambridge University Press, 1993; Francisco J. Díez de Revenga y Francisco Florit Durán, *La poesía barroca,* Madrid, Júcar, 1994.

[102] Alexander A. Parker, «La agudeza en algunos sonetos de Quevedo. Contribución al estudio del conceptismo», en *Estudios dedicados a Menéndez Pidal,* Madrid, CSIC, 1952, III, págs. 345-360; Fernando Lázaro Carreter, «Sobre la dificultad conceptista» (1956), en *Estilo barroco y personalidad creadora,* Madrid, Cátedra, 1974, págs. 13-43; José M. Blecua, «Don Luis de Góngora, conceptista» (1961), en *Sobre el rigor poético en España y otros ensayos,* Barcelona, Ariel, 1977, págs. 83-90; Andrée Collard, *Nueva poesía. Conceptismo, culteranismo en la crítica española,* Madrid, Castalia, 1967; Begoña López Bueno, *«Jano vs. Proteo.* Sobre la historio-

ha subrayado que la base común de la poética barroca es el conceptismo, como dejó claro Gracián en su *Agudeza y arte de ingenio* (1642, rev. 1648), el mejor de los tratados conceptistas europeos, cuando ilustra insistentemente con versos de Góngora los diferentes primores expresivos que va explicando. Gracián define el concepto *(concetto* lo llamaban los tratadistas italianos) así: «Es un acto del entendimiento que exprime ['expresa'] la correspondencia que se halla entre los objetos»[103]. Se trata, por tanto, de un acto de intuición poética desencadenado por la fuerza del ingenio o agudeza para encontrar conexiones entre realidades dispares. La gama de sus realizaciones textuales es muy amplia, pues abarca el simple juego verbal más o menos chistoso, la metáfora o la alegoría. Todo ello muy en consonancia con una visión del mundo que tiene uno de sus principios rectores en la desconfianza ante la realidad inestable, puramente aparencial, de las cosas, sea por la incapacidad de los sentidos para descubrirla, sea por la acción destructora del tiempo.

La cuestión del ingenio conduce al meollo de la poética barroca y su peculiar manera de desbordar los presupuestos clasicistas. Estos últimos tenían como núcleo una serie de conceptos emparejados que había transmitido desde antiguo la tradición retórico-horaciana *(ars / ingenium; res / verba; prodesse / delectare),* a los que se sumaron, desde mediados del XVI, los planteamientos de Aristóteles en su *Poética* sobre la imitación, la composición, los géneros, etc.[104] En el ideal renacentista, la creación poética se entiende

---

grafía de la poesía barroca», en *Templada lira. 5 estudios sobre poesía del Siglo de Oro,* Granada, Don Quijote, 1990, págs. 133-160.

[103] *Agudeza y arte de ingenio,* ed. Evaristo Correa Calderón, Madrid, Castalia, 1987, I, pág. 55; esta edición sigue la versión revisada de 1648. La definición no se halla en la versión primitiva de 1642 *(Arte de ingenio, tratado de la agudeza,* ed. Emilio Blanco, Madrid, Cátedra, 1998, con prólogo muy útil para la cuestión).

[104] A. García Berrio, *Formación de la teoría literaria moderna. La tópica horaciana en Europa,* Madrid, Cupsa, 1977; y *Formación de la teoría literaria moderna /2. Teoría poética del Siglo de Oro,* Murcia, Universidad de Murcia, 1980. Es útil, asimismo, la selección de textos que ofrece Alberto Porqueras Mayo, *La teoría poética en el Manierismo y Barroco españoles,* Barcelona, Puvill, 1989. Y véase ahora, Aurora Egido: «Voces y co-

como un proceso de imitación realizado conforme a unos criterios de equilibrio compensatorio entre las dualidades antes mencionadas, en pos de un resultado final caracterizado por la adecuación o decoro *(aptum)* entre el tema, el género y el estilo, todo ello en función, además, del destinatario o receptor del texto. Desde 1580, por volver a la fecha de las *Anotaciones* herrerianas, se percibe una tendencia paulatina a reinterpretar tales presupuestos en una dirección concreta: la búsqueda de la novedad como medio de causar admiración en el lector. En el fondo de esta actitud subyace el sentimiento de que los *modernos* han alcanzado un nivel de madurez suficiente como para crearse sus propias normas o, cuando menos, adaptar a los nuevos tiempos aquellas que venían de los *antiguos*. A principios del XVII, tal cambio toma ya cuerpo en una serie de novedades significativas: la novela (Alemán, Cervantes), el drama (Lope, que sintetiza el espíritu de época en el título de su *Arte nuevo de hacer comedias en este tiempo)*... y la lírica. La novedad en la creación es fruto, como bien sabía Cervantes cuando se calificó de «raro inventor» *(Viaje del Parnaso*, I, 223), de la invención (la *inventio* de la retórica), esto es, la capacidad de hallar temas, ideas, asociaciones de significado; y la invención creadora de novedad iba asociada al ingenio.

A partir de ahí, y centrándonos ya en la lírica, ocurre que la manera de entender y aplicar aquellas dualidades retóricas se carga de tensión interna, de manera que uno de los polos tiende a crecer en detrimento de su complementario. Y así puede ocurrir que el *ars* se tome como manifestación del ingenio (o a la inversa que se sobreponga el artificio sobre cualquier atisbo natural), que los *verba* se presenten como el auténtico asunto del poema, o que el *prodesse* radique en el deleite. Al mismo tiempo, el deseo de actuar con más libertad en el campo de la imitación se traduce en una ampliación del canon de los autores clásicos tomados como modelo o referente: a los consabidos Virgilio, Horacio, Ovidio, se añaden ahora otros de la

sas. Claves para la poesía del Siglo de Oro», en *Prosa y poesía. Homenaje a Gonzalo Sobejano,* Madrid, Gredos, 2001, págs. 105-121.

etapa posclásica como Lucano, Marcial, Claudiano, Estacio, junto a prosistas como Séneca y Tácito, sin olvidar el peso, que venía de antes, de la llamada *Antología griega* en el desarrollo de una rica veta de poesía epigramática[105]. En el terreno de las letras romances, la apertura es también la norma, de tal manera que los poetas barrocos en su conjunto asumen como propia —para recrearla o transformarla, claro está— la totalidad de la tradición lírica previa, tanto en sus manifestaciones de raíz popular como en las de carácter culto, y lo hacen, además, rompiendo las fronteras que podían separar los géneros octosilábicos y los de tradición italianizante. En el caso de la relación con las letras italianas, las tornas se van cambiando: si todavía Torquato Tasso (1544-1595) fue un modelo operativo para los poetas españoles (especialmente en la épica, pero también en la lírica; véase núm. 40), en el caso de Gianbattista Marino (1569-1625) la corriente de la imitación fluyó cuando menos en las dos direcciones[106].

A una poética basada en los principios de novedad y libertad lo último que cabe pedirle es que se manifieste en realizaciones homogéneas[107]. Como ya se ha dicho, la poe-

---

[105] Se conoce como *Antología griega* una nutrida colección de epigramas antiguos, pertenecientes a diversas épocas y transmitidos en la época del Renacimiento gracias a la recopilación, en siete libros, del teólogo y gramático Máximo Planudes, contemporáneo de Petrarca. Dicha recopilación fue impresa por el humanista Janus Lascaris (Florencia, 1484) y luego se editó con frecuencia. En 1606-1607 un joven estudioso, Salmasius, descubrió en la Biblioteca Palatina de Heidelberg un manuscrito que remitía a un estado de la colección anterior al de Planudes.

[106] Joaquín Arce, *Tasso y la poesía española,* Barcelona, Planeta, 1973 (especialmente págs. 80-96); Dámaso Alonso, «Marino, deudor de Lope (y otras deudas del poeta italiano)», en *En torno a Lope,* Madrid, Gredos, 1972, págs. 13-108; Juan Manuel Rozas, «Lope en la *Galleria* de Marino», en *Sobre Marino y España,* Madrid, Editora Nacional, 1978, págs. 23-67.

[107] «En la poesía barroca, como en Lope, hay de todo. Lo nuevo convive con una continuidad clasicista incuestionable, pero serían los nuevos caminos abiertos básicamente por Góngora, pero también por Quevedo y Lope, entre otros, los que servirían para caracterizar un estilo de época que no es uniforme, sino vario, como la misma poética que lo impulsara» (Aurora Egido, «La *hidra bocal*. Sobre la palabra poética en el Barroco», en *Fronteras de la poesía en el Barroco,* ob. cit., págs. 54-55).

sía barroca incorpora y reelabora todas las corrientes ex-
presivas cultivadas a lo largo del XVI, pero pierden fuerza
los ejes que las articulaban y jerarquizaban. Así, por ejem-
plo, la crisis del petrarquismo iniciada hacia 1580 se tra-
duce en que dicha corriente, con todo lo que conlleva en
cuanto al enfoque del tema amoroso y a la concepción del
discurso poético, pierda la posición central que había te-
nido en la fase renacentista para convertirse en un ingre-
diente más, entre otros, de la lírica. Esto supone, salvo ca-
sos excepcionales, el decaimiento del tono confesional en
la expresión amorosa, al tiempo que contribuye al definí-
tivo triunfo de la concepción del libro poético más como
serie acumulativa de temas y géneros varios que como es-
tructura cerrada[108]. En el caso de los géneros de inspira-
ción clasicista (oda, sátira, epístola, elegía, égloga, etc.), es
perceptible cierta continuidad, particularmente en el
campo de la epístola / sátira como cauce en tercetos de lo
familiar y lo doctrinal[109]. Pero, en general, la más o me-
nos estable correspondencia entre formas y géneros se ve
alterada en este campo por la consolidación de la silva,
forma que funcionando como una especie de grado cero
métrico ocupa el terreno de otros esquemas, y a la vez va
afirmando sus peculiaridades a la búsqueda de su propia

---

[108] Sobre los criterios de titulación y ordenación en los poemarios,
véase Juan M. Rozas y Miguel Á. Pérez Priego, «Trayectoria...», ob. cit.,
págs. 634 y 636, que advierten, de todos modos, sobre el hecho de que no
pocas obras se imprimieron póstumas. Y también: Yolanda Novo, «Sobre
el marbete *Rimas*. A propósito de Lope y el estatuto de la poesía lírica en
el Siglo de Oro», *Revista de Literatura*, 107 (1992), págs. 129-148»; Santiago
Fernández Mosquera, «El cancionero»: una estructura dispositiva...»,
ob. cit.; J. Valentín Núñez Rivera, «Los poemarios líricos en el Siglo de
Oro: disposición y sentido», *Philologia Hispalensis*, 11 (1996-97), págs. 153-
166; Begoña López Bueno, «Problemas específicos de la edición de textos
poéticos: la ordenación del *corpus*», *Criticón*, 83 (2001), págs. 147-164.
[109] Sobre los géneros, véase la bibliografía recogida en n. 42 y n. 95.
Acerca de la sátira en particular, véase Lía Schwartz, «Formas de la poesía sa-
tírica en el siglo XVII: sobre las convenciones del género». *Edad de Oro*, VI
(1987), págs. 215-234; Antonio Pérez Lasheras, *«Fustigat mores». Hacia el con-
cepto de sátira en el siglo XVII*, Zaragoza, Universidad de Zaragoza, 1994; y
también *Más a lo moderno (Sátira, burla y poesía en la época de Góngora)*, Za-
ragoza, Anexos de *Tropelías*, 1995.

definición como género, algo patente en el caso del poema descriptivo extenso, del que se hablará luego. En cuanto a los géneros octosilábicos, éstos gozan de una revalorización y renovación generalizada, impulsada por el éxito del romancero *nuevo* y confirmada por la polimetría de la *comedia*. Como consecuencia, las formas octosilábicas y endecasilábicas alcanzan un alto grado de intercambiabilidad, independientemente de la materia o nivel expresivo del poema.

Estamos, pues, ante un sistema que toma por norma la variedad y que está abierto a dislocaciones y transgresiones. Para empezar, el arco semántico de los temas se extiende hasta abarcar, incluso en el mismo poeta, desde los más elevados ideales de la belleza, el amor, la virtud o la religión hasta los más groseros niveles de lo material y escatológico; desde los más encumbrados acentos del elogio hasta los más virulentos de la sátira personal. Al mismo tiempo, en la manera de abordar los temas de la tradición renacentista (amor, mitología, heroísmo de las armas, filosofía moral, etc.), se observa que, junto al tratamiento formal se produce con frecuencia la inversión burlesca. Por esta vía, ciertas estrofas (el soneto, las octavas, las estrofas aliradas, etc.) se ven *rebajadas* a abordar asuntos y admitir registros expresivos propios del estilo ínfimo y aun de lenguajes que por su crudeza o marginalidad resultaban *a priori* ajenos a la poesía. Similarmente, nada impide que las formas octosilábicas (el romance, la letrilla, la redondilla, la décima, de gran pujanza en la época, etc.) sirvan de cauce a temas elevados y se engalanen con los primores del ornato. También es característica de la época la marcada tendencia a lo epigramático, que, discurriendo tanto en sonetos como en décimas y otras formas del octosílabo, supone un acercamiento a los temas desde una perspectiva de lo ocasional o lo menudamente incidental, cuando no francamente cómico, perspectiva que contrasta obviamente con la gravedad moral o la profundidad existencial y aún metafísica de otras composiciones.

El gusto por la experimentación y la libertad métrica alcanza, más allá de otras formas más lúdicas e ingeniosas[110], su más fructífera plasmación en la silva, que, arrancando de los tanteos y realizaciones precedentes, gana aliento hasta convertirse en molde idóneo (junto con la más canónica octava) del poema descriptivo extenso, atento a la variedad de la naturaleza o los jardines y abierto a las amplificaciones de la écfrasis (descripción poética de un objeto artístico), la erudición y la mitología[111]. La pauta del nuevo género vino dada, como se sabe, por las *Soledades* gongorinas, cuya polémica recepción en la época constituye excelente cantera de observación y análisis de las tensiones internas existentes en la poética barroca. El reproche esencial contra Góngora, junto al de la oscuridad causada por las presuntas arbitrariedades de la elocución, era el haber transgredido el decoro del estilo y las fronteras genéricas por dar tratamiento de poema heroico (que pedía estilo elevado) a uno que, según sus detractores, debía ser bucólico (y de estilo humilde, por tanto). Pero Góngora no hizo sino llevar a sus límites extremos los márgenes de libertad que la creación poética había ido ganando en pugna con un clasicismo estricto, que si algunos defendían en el plano teórico, en la práctica pocos aplicaban[112].

---

[110] El interés de la época por el aspecto gráfico de la poesía y por las formas ingeniosas del artificio culmina en manifestaciones de lo que podemos llamar *poesía visual*, con un amplio catálogo que va desde los acrósticos y poemas en eco hasta los caligramas, laberintos, enigmas, jeroglíficos, etc. Algunas de estas trazas aparecen ya repertoriadas por Díaz Rengifo en su *Arte poética española* (Salamanca, 1592), y de manera más sistemática por el polígrafo Juan Caramuel en su *Primus Calamus* (Roma, 1633-1635; hay edición parcial: Juan Caramuel, *Laberintos,* ed. Víctor Infantes, Madrid, Visor, 1981); véase Fernando R. de la Flor, «El régimen de lo visible: figuras de la poesía visual», en *Emblemas...,* ob. cit., págs. 209-232.

[111] Emilio Orozco, *Paisaje y sentimiento de la naturaleza en la poesía española,* Madrid, Prensa Española, 1968; M. J. Woods, *The poet and the Natural World in the Age of Góngora,* Oxford U. P., 1978; y la introducción de Aurora Egido a su edición de Pedro Soto de Rojas, *Paraíso cerrado para muchos, jardines abiertos para pocos. Los fragmentos de Adonis,* Madrid, Cátedra, 1981. Y de la misma autora, «La página y el lienzo: sobre las relaciones entre poesía y pintura» (1989), en *Fronteras de la poesía en el Barroco,* ob. cit., págs. 164-197, con una perspectiva amplia sobre el tema.

[112] Joaquín Roses Lozano, *La recepción crítica de las «Soledades» en el siglo XVII,* Londres / Madrid, Tamesis, 1994; un útil resumen ofrece Ro-

El grado extremo de la innovación gongorina, junto con su rápida propagación entre seguidores y admiradores, explica que en el contexto polémico de las primeras décadas del XVII se acuñen o acomoden términos para definirla; así se habla de *nueva poesía* (Lope de Vega, por ejemplo), de estilo *culto* (en sentido peyorativo) y de *culteranismo*[113]. Sabemos desde hace tiempo, por los estudios de Dámaso Alonso y otros, que la obra de Góngora siguió un proceso coherente desde sus inicios y que los rasgos expresivos y de concepto que tanto escandalizaron a algunos de sus contemporáneos en el *Polifemo* y, sobre todo, en las *Soledades,* se habían gestado paulatinamente en su obra y que tienen su raíz en la tradición culta del Renacimiento. Con todo, es cierto que los años de 1609-1610 marcan un momento decisivo de su trayectoria, como se ve en algunos resultados inmediatos: los tercetos de 1609 «Mal haya el que en señores idolatra», que dejan patente su desengaño cortesano, las diversas composiciones sobre la poco heroica toma de Larache (véase núm. 48), la *Fábula de Polifemo y Galatea* (núm. 49) en 1612, y las *Soledades,* redactadas básicamente entre 1612 y 1614 como parte de un proyecto inconcluso. Estos dos últimos títulos configuran un díptico excepcional. De un lado, una fábula mitológica que aspira a superar a cuantos autores habían tratado el tema con an-

---

bert Jammes en su introducción a Luis de Góngora, *Soledades,* Madrid, Castalia, 1994, págs. 84-101, más un catálogo de fuentes en págs. 607-719. Entre la multitud de documentos (cartas, pareceres, discursos...) que conforman la polémica tienen singular relevancia el panfleto de Juan de Jáuregui, *Antídoto contra la pestilente poesía de las «Soledades»,* de 1614 (hay reciente edición crítica de José M. Rico García, Sevilla, Universidad de Sevilla, 2002), y la réplica del Abad de Rute, *Examen del «Antídoto»,* de 1615-1616 (puede leerse en Miguel Artigas, *Don Luis de Góngora y Argote. Biografía y estudio crítico,* Madrid, RAE, 1925, págs. 400-467). Una surtida selección de textos recoge Ana Martínez Arancón, *La batalla en torno a Góngora,* Barcelona, Antoni Bosch, 1978.

[113] El término *culteranismo,* cuya acuñación se atribuye al tratadista de retórica Bartolomé Jiménez Patón (1569-1640), se suele considerar hoy un calco de *luteranismo* con la intención manifiesta de hacer de esa tendencia una herejía literaria extranjerizante; véase al respecto Andrée Collard, *Nueva poesía...,* ob. cit., págs. 11-23.

terioridad, empezando por Ovidio y que, mediante un en-
tramado verbal de singular riqueza y precisión descriptiva,
cifra en la figura monstruosa del cíclope una visión trágica
del mundo natural, contrapunteada en claroscuro por el
idilio truncado entre la ninfa y el joven Acis. De otro, dos
silvas de 1091 y 979 versos, respectivamente, cuya problema-
mática naturaleza genérica sólo puede explicarse como una
novedosa hibridación de poesía narrativa (la acción dura
cinco jornadas) y descriptiva con inserciones líricas, y que
mediante la figura de un misterioso *peregrino de amor* su-
merge al lector en unos embellecidos espacios naturales
(campos, riberas, islas...) que son, como en la tradición pas-
toril, refugio de la vida sencilla y retiro de los desengaña-
dos del mundo, pero también escenario propicio para la ex-
hibición aristocrática (como se ve en las escenas de cetrería
de la segunda). Todo ello expresado en una lengua poética
cuya hermosura sólo puede desentrañarse superando in-
contables escollos de dificultad, surgidos unas veces de la
propia textura lingüística (léxico y sintaxis), otras de las alu-
siones, más o menos veladas o elusivas, a la enciclopedia
erudita de la época (filosofía natural y moral, mitología,
emblemática, etc.), y casi siempre de la profusión de aso-
ciaciones conceptuosas que, como una red, se extienden
por el poema. Tras estas obras mayores, Góngora todavía
sorprendió a sus contemporáneos con realizaciones tan osa-
das como el romance burlesco sobre el tema de Píramo y
Tisbe, de 1618. En los últimos años de su producción se
percibe un interés creciente por el tema de la temporalidad
y la cercanía de la muerte, tratado desde perspectivas di-
versas: las sutilezas de la relación entre la naturaleza y el arte
(núm. 52), la melancolía de las flores como emblema de la
fugacidad (núm. 53) o los acentos metafísicos que le arranca
al poeta la inminencia de la muerte (núms. 53 y 54).

Frente a Góngora, cuya poesía repudió en ocasiones
pero nunca dejó de admirar[114], Lope se nos presenta como

---

[114] Un estudio de las conflictivas relaciones entre ambos ingenios
desde sus años mozos ofrece Emilio Orozco, *Lope y Góngora frente a frente*,
Madrid, Gredos, 1973.

un autor más apegado a la tradición lírica del Renacimiento
—en contraste con su actitud innovadora en el campo de
la escritura dramática—. Pasado su período juvenil más
rompedor, con su decisiva aportación al romancero nuevo,
Lope sigue unas pautas creativas consolidadas, tomando el
amor y la religión como ejes temáticos fundamentales, todo
ello, además, con un sostenido recurso a la imprenta como
cauce de difusión[115]. Pero es innegable que ese apego a la
poética precedente no impide que haya en su obra rasgos
de ruptura con la misma. El más evidente es su peculiar
manera de entender, y esto desde sus inicios, la relación,
para él inextricable, entre vida y poesía, como dejó apun-
tado, entre otros lugares, en un soneto de las *Rimas* (1602;
véase núm. 59). De ahí nace un tipo de poesía que, frente
a la confidencialidad más bien codificada propia del ideal
renacentista, se presenta como desbordamiento afectivo,
como mostración directa de lo vivencial, sea amoroso
(núm. 60), religioso (núm. 62) o familiar (núm. 63). Ahora
bien, la capacidad de Lope para la manipulación o, si se
prefiere, elaboración literaria de los afectos queda patente
en la postura de distanciamiento que adopta tras la más-
cara de su heterónimo Tomé Burguillos para, entre otras
cosas, ofrecer una parodia del amor idealizado a la manera
petrarquista (núm. 64). Semejante vena paródica supone,
obviamente, una ruptura del decoro en el orden temático
(el amor), métrico-genérico (el soneto) y expresivo (el re-
gistro retórico-estilístico); y algo parecido cabe decir

---

[115] Al margen de otras publicaciones de menos relevancia, hay que
recordar: *La hermosura de Angélica con otras Diversas Rimas* (Madrid,
1602); los doscientos sonetos ahí recogidos, engrosados con otros poemas,
dieron lugar a una edición independiente *(Rimas*, Sevilla, 1604), libro que
entre su larga descendencia cuenta con una edición que incluye por vez
primera el *Arte nuevo* (Madrid, 1609). Vienen luego las *Rimas sacras* (Ma-
drid, 1614) y dos volúmenes misceláneos que incluyen secciones líricas: *La
Filomena con otras diversas Rimas, Prosas y Versos* (Madrid, 1621) y *La Circe
con otras Rimas y Prosas* (Madrid, 1624). Dentro ya del ciclo *de senectute*
están las *Rimas humanas y divinas del Licenciado Tomé de Burguillos* (Ma-
drid, 1634), con poemas de diversas épocas y una divertida imitación bur-
lesca de la épica culta: *La Gatomaquia*.

cuando Lope deja correr la pluma en sonetos que no son
sino una pirueta de gracia y desenvoltura (núms. 65 y 66).
Ligereza endecasilábica que resulta todavía más llamativa
en contraste con la gravedad sentenciosa y conceptista de
un poema octosilábico como es el romance «A mis soleda-
des voy» (núm. 67), tan distinto, a su vez, del encanto de
las canciones popularizantes incluidas en sus obras teatra-
les (núms. 68 y 69).

Si hay un autor caracterizado por una voluntad de es-
tilo tan fuerte como la de Góngora, ése es Quevedo[116]. La-
borioso corrector de sus versos, don Francisco murió
—como Góngora— sin publicar una recopilación de su
poesía, tarea que acometió en 1648 el humanista José Gon-
zález de Salas y completó el sobrino del escritor, don Pedro
Aldrete y Villegas, en 1670[117]. Su trayectoria creativa se ini-
cia en los primeros años del siglo XVII y obtiene un primer
refrendo con la inclusión de dieciocho de sus poemas en las
Flores de Espinosa (Valladolid, 1605). La imagen que ahí
ofrece es básicamente la de un poeta de cuerda satírica y
burlesca, veta creativa que cultivará con fruición y abun-
dancia a lo largo de su vida en letrillas (núm. 71), roman-
ces y jácaras (núms. 85 y 86), sonetos (núms. 81 a 84), etc.,
como campo propicio para el despliegue del ingenio verbal
dentro del registro del *bajo estilo* (léxico coloquial y vulgar,
juegos de palabras y metáforas grotescas o infrarrealistas);
todo ello al servicio de una visión deformadora de la reali-
dad así como de los temas y los géneros de la tradición li-
teraria, cuando no de la más violenta sátira personal. Pero

---

[116] Para la trayectoria vital y bibliográfica de Quevedo, véase Pablo
Jauralde Pou, *Francisco de Quevedo (1580-1645),* Madrid, Castalia, 1998.

[117] *El Parnaso español, monte en dos cumbres dividido* (Madrid, 1648);
Las tres musas últimas castellanas (Madrid, 1670), libro menos fiable que
el anterior desde el punto de vista textual. En estos volúmenes, la poesía
de Quevedo se presenta dividida en nueve secciones, cada una de ellas de-
nominada con el nombre de una Musa; el criterio seguido es básicamente
temático-genérico, y según González de Salas esta disposición había sido
prevista por el propio Quevedo. La transmisión manuscrita fue también
muy importante y proporciona con frecuencia redacciones diferentes de
un mismo poema (núms. 75 y 81, por ejemplo).

junto a esta faceta, que tiene mucho de lúdica y festiva,
Quevedo empieza a cultivar desde muy pronto otra —en
cierto modo complementaria— de poesía más seria, carac-
terizada además por cierta contención formal, con la que
pretende forjarse un nombre como poeta estudioso y refle-
xivo. Ahí entran, por ejemplo, sus ensayos en el campo de
la silva (véase núm. 72), y en general su poesía moral, para
la que busca inspiración en el pensamiento neoestoico, a
veces conjugado con los tonos bíblicos[118]. Asunto prefe-
rente de esos poemas (sonetos mayoritariamente) es la fu-
gacidad del tiempo, abordado unas veces desde una pers-
pectiva más culturalista (núm. 73), y otras con acentos más
personales y existenciales que subrayan la inminencia y om-
nipresencia de la muerte (núms. 74 y 75) o, excepcional-
mente, la posibilidad de vencerla con la palabra (núm. 76).
Esta vena de poesía grave abarca también la reflexión his-
tórico-política sobre la nación española, como muestra la
famosa *Epístola satírica y censoria* (núm. 77), ejemplar en la
contraposición más bien desengañada entre un utópico pa-
sado de virtud y un presente dominado por los vicios. Tam-
bién relacionada con su empeño de mostrarse como un au-
tor humanista o *savant* está la vertiente de Quevedo como
poeta amoroso, faceta que cultivó a lo largo de toda su ca-
rrera y que ha ganado un creciente reconocimiento crítico
desde 1900 para acá. En Quevedo confluyen y alcanzan su
último esplendor de intensidad las diversas corrientes de la
lírica amorosa asequibles a un lector culto: la cancioneril,
la petrarquista y la derivada de los poetas clásicos, funda-
mentalmente los elegíacos latinos (Tíbulo, Propercio, Ovi-
dio); todo ello reforzado, además, por el conocimiento de
los tratados filográficos que discutían la naturaleza y efec-
tos del amor. En el centro de esa lírica amorosa encontra-
mos un conjunto de poemas que cantan la pasión por *Lisi*

---

[118]   Quevedo tenía compuesta en 1613 una colección poética con esas
características, a la que tituló *Heráclito cristiano*. La colección tuvo circu-
lación manuscrita pero no pasó como tal a las impresiones de la obra
poética quevediana, sino que sus poemas se dispersaron en diversas sec-
ciones de la misma.

y constituyen el último cancionero petrarquista de nuestra literatura. En él Quevedo se enfrenta, como no podía ser de otra manera, a tópicos bien conocidos, reelaborándolos como quien culmina una larga tradición (véase núms. 78-79). Pero también sabe el poeta buscar ahí una voz más personal y apasionada, con logros tan rotundos como el famoso «Cerrar podrá mis ojos la postrera» (núm. 80).

El enfoque en los tres grandes nombres hasta aquí considerados no debe ocultar que su obra se desarrolla en un contexto de singular riqueza poética, resultado de la aportación de sucesivas promociones generacionales. Por un lado, están los nacidos en torno a 1560, con Góngora y Lope a la cabeza, autores que hemos considerado en el epígrafe correspondiente a 1580-1610. Luego vienen los nacidos en torno a 1580, con Quevedo como figura más destacada, que «... es sobre todo la generación de los discípulos y continuadores de la anterior, por cuyos mentores toman fervoroso partido o los combaten en medio de ruidosas polémicas»[119]. A estos siguen los nacidos en torno a 1600, cuyo nombre más significativo, pero no por su dedicación a la lírica precisamente, es Calderón[120]. Tras la muerte de Quevedo (1645) puede decirse que no hay, durante años, ninguna figura de primer orden activa en el campo de la lírica hasta la incorporación de sor Juana Inés de la Cruz (¿1651?-1695). El panorama, pues, de la poesía que alcanza hasta 1700, más o menos, deberá hacerse teniendo en cuenta tanto la superposición de las diferentes oleadas generacionales como la convivencia de diversas orientaciones expresivas[121].

---

[119] Juan M. Rozas y Miguel Á. Pérez Priego, «Trayectoria de la poesía barroca», ob. cit., pág. 636. A varios de los autores nacidos por esas fechas los hemos mencionado, sin embargo, en la fase de transición al Barroco, caso de Espinosa, Jáuregui, Rioja, Carrillo o Villegas.

[120] De la lírica dispersa de Calderón, que tiene un interés evidente, hay una muestra reciente en *Poesía,* ed. Evangelina Rodríguez Cuadros, Madrid, Biblioteca Nueva, 2001.

[121] Un testimonio temprano e interesante de esa convivencia ofrece el llamado *Cancionero de 1628* (ed. José M. Blecua, Madrid, CSIC, 1945; es el ms. 250-252 de la Biblioteca Universitaria de Zaragoza). Como ocurría en las *Flores* de Espinosa, ahí están representados Góngora (del que

De todos modos, es cierto que el eje vertebrador de dicho panorama ha de ser la posición que los diferentes autores adoptan con respecto a la cuestión esencial del siglo que no es otra, como ya se ha dicho, que la del gongorismo[122]. Además de la existencia de grupos regionales o locales de orientación gongorina en Córdoba, Aragón, Granada o Murcia, cabe hablar del gongorismo «... como de un movimiento, un estilo, que llega a hacerse casi escuela, en lo que va de Villamediana y Soto de Rojas a Bocángel y Trillo, y que se diluye en todos los géneros y en casi todos los autores del siglo barroco»[123]. La breve nómina ahí ofre-

---

se copian unas ochenta composiciones, entre ellas el *Polifemo* y las *Soledades*), Lope y Quevedo (con el *Heráclito cristiano,* entre otras obras). Pero junto a ellos encontramos también a seguidores de Góngora, como Villamediana y varios ingenios aragoneses, o al propio Calderón. La convivencia generacional y de tendencias se repite en las *Poesías varias de grandes ingenios españoles* que recopiló el librero José Alfay (Zaragoza, 1654; ed. José M. Blecua, Zaragoza, CSIC, 1946). Entre los catálogos coetáneos de poetas destacan el *Viaje del Parnaso* (1614), de Cervantes, y el *Laurel de Apolo* (1630), de Lope.

[122] Criterio que, en cualquier caso, ha de aplicarse con una serie de cautelas señaladas por Rozas y Pérez Priego: «Muchas veces, el gongorismo de un autor depende del género, de la estrofa o del tema empleados. Es éste un rasgo claramente diferenciador. Si hacemos el elenco de gongorinos desde las fábulas mitológicas, en octavas o silvas, o en romances burlesco, tendremos un inmenso número de poetas, una mayoría, adscrita a este capítulo; mas si atendemos a la poesía amorosa, encontraremos muchos menos y de un gongorismo mucho más atenuado; si miramos a la sátira o a la poesía festiva, otros nombres como Quevedo, se interpondrán en nuestro camino. Aun en las fábulas hay que pensar que el estilo cultista que va de Espinosa a Jáuregui y a Lope, que puede confundirnos en la clasificación de los poetas. Ni siquiera en los que se reconocieron a sí mismos como cercanos discípulos, caso de Villamediana, encontramos una influencia total de don Luis. La poesía amorosa y la moral lleva a estos discípulos por caminos muy lejanos al maestro («Trayectoria de la poesía barroca», ob. cit., págs. 644-645).

[123] J. M. Rozas y M. Á. Pérez Priego, «Trayectoria de la poesía barroca», ob. cit., pág. 645. Sobre la difusión del gongorismo tratan, entre otros, los estudios siguientes: José Ares Montes, *Góngora y la poesía portuguesa del siglo XVII,* Madrid, Gredos, 1956; Juan Barceló Jiménez, *Estudios sobre la lírica barroca en Murcia (1600-1650),* Murcia, Academia Alfonso X el Sabio, 1970; Aurora Egido, *La poesía aragonesa del siglo XVII (raíces culteranas),* Zaragoza, Instituto Fernando el Católico, 1979; Jesús Ponce Cárdenas, *Góngora y la poesía culta del siglo XVII,* Madrid, Labe-

cida sirve, cuando menos, para confirmar la existencia de
un hilo de continuidad que engarza a poetas de promocio-
nes diferentes. Villamediana y Soto son gongorinos de pri-
mera hora, que arrancan de la poesía del XVI para evolu-
cionar en una dirección plenamente barroca tras la
aparición del *Polifemo* y las *Soledades*. Juan de Tassis y Pe-
ralta, Conde de Villamediana (Lisboa, 1582-Madrid, 1622),
cuya agitada existencia acabó en una misteriosa muerte cri-
minal, destacó como poeta satírico y amoroso, así como
por sus fábulas mitológicas, de evidente filiación gongo-
rina[124]. Por su parte, Pedro Soto de Rojas (Granada, 1584-1658),
tras iniciar su carrera con un cancionero a la manera pe-
trarquista, titulado significativamente *Desengaño de amor
en rimas,* tomó una orientación decididamente gongorina
que tiene su culminación en el *Paraíso cerrado para muchos,
jardines abiertos para pocos,* silva extensa y libro-jardín
(como lo llama Aurora Egido) en el que el poeta va des-
cribiendo el carmen granadino donde vivía[125]. Por su parte,
Gabriel Bocángel (Madrid, 1603-1658), excelente poeta en
sonetos y romances, y el versátil Francisco de Trillo y Fi-
gueroa (San Pedro Cerbás, Galicia, 1618-Granada, d. 1678)
representan dos promociones más tardías, que se incorpo-
ran a la vida literaria cuando la batalla en torno a Góngora
está ya zanjada[126].

---

rinto, 2001.
   [124] Una parte de las obras de Villamediana se publicaron en Zara-
goza, 1629, y luego, con añadidos, en Madrid, 1635. Véase *Obras,* ed. J.
M. Rozas, Madrid, Castalia, 1980; *Poesía impresa completa,* ed. J. F. Ruiz
Casanova, Madrid, Cátedra, 1990; *Obras,* ed. M.ª T. Ruestes, Barcelona,
Planeta, 1991; *Poesía inédita completa,* ed. J. F. Ruiz Casanova, Madrid, Cá-
tedra, 1994; *Fábulas mitológicas,* ed. Lidia Gutiérrez Arranz, Pamplona /
Kassel, EUNSA-Reichenberger, 1999.
   [125] Soto publicó en vida todos sus libros, desde el *Desengaño* (Madrid,
1623; pero compuesto entre 1611 y 1614), hasta los *Fragmentos de Adonis* y
el *Paraíso* (Granada, 1652). Véase *Desengaño de amor en rimas,* ed. facs. A.
Egido, Málaga, Real Academia Española, Caja de Ahorros de Ronda, 1992;
*Paraíso cerrado para muchos, jardines abiertos para pocos. Fragmentos de Ado-
nis,* ed. A. Egido, Madrid, Cátedra, 1981; *Los rayos de Faetón,* ed. Gregorio
Cabello y Javier Campos, Málaga, Universidad de Málaga, 1996.
   [126] La colección más completa de la obra poética de Bocángel es *La*

A estos cuatro nombres es posible y aun obligado aña-
dir otros más, hasta conformar una serie (abierta todavía)
entre los que encontraremos autores de dispar fortuna a la
hora de encontrar acomodo en los panoramas de la poesía
barroca. Entre los que gozan de edición posterior a 1900,
mencionaremos a Antonio de Paredes (Extremadura, h. 1590-
Toledo, h. 1622)[127], Agustín Collado del Hierro (¿Alcalá de
Henares, Madrid?, h. 1590-¿Granada?, d. 1635)[128], Miguel
Dicastillo (Tafalla, Navarra, 1599-El Paular, Madrid, 1649)[129],
Anastasio Pantaleón de Ribera (Madrid, 1600-1629)[130], Sal-
vador Jacinto Polo de Medina (Murcia, 1603-Alcantarilla,
Murcia, 1676)[131], Juan de Ovando Santarén (Málaga, 1624-
1706)[132], etc. Entre aquellos cuya obra todavía no ha sido
recuperada editorialmente, recordaremos al menos al bae-
nense Miguel Colodrero de Villalobos y al sevillano José
García de Salcedo Coronel, bien conocido por sus edicio-
nes comentadas de Góngora.

Los autores contrarios o reacios a seguir el gongorismo
tuvieron su referente principal en Lope de Vega, quien efec-

---

lira de las musas (1637; hay ed. moderna a cargo de Trevor J. Dadson, Ma-
drid, Cátedra, 1985); el mismo editor ha preparado unas *Obras completas,*
Madrid / Frankfurt am Main, Hispanoamericana, Vervuert, 2000, 2 vols.
Para Trillo, que publicó sus poemas en 1652, contamos con las *Obras,* ed.
A. Gallego Morell, Madrid, CSIC, 1951.

    [127] *Rimas,* ed. Antonio Rodríguez-Moñino, Valencia, Castalia, 1948.
    [128] Emilio Orozco, *El poema «Granada» de Collado del Hierro,* Gra-
nada, Patronato de La Alhambra y el Generalife, 1964.
    [129] *Aula de Dios, Cartuxa Real de Zaragoza,* ed. Antonio Egido, Za-
ragoza, Pórtico, 1978 (el libro incluye una extensa silva suya describiendo
la Cartuja y la vida de los monjes allí).
    [130] *Obras,* ed. Rafael Balbín de Lucas, Madrid, CSIC, 1944, 2 vols.;
Kenneth Brown, *Anastasio Pantaleón de Ribera (1600-1629), ingenioso
miembro de la república literaria española,* Madrid, Porrúa, 1980 (incluye
poemas inéditos).
    [131] *Poesías. Hospital de incurables,* ed. Francisco J. Díez de Revenga,
Madrid, Cátedra, 1987.
    [132] *Ocios de Castalia en diversos poemas,* ed. Cristóbal Cuevas y Fran-
cisco Talavera, Málaga, Diputación Provincial, 1987; *Poemas lúgubres: cor-
pus elegiacum en memoria de la muerte de su esposa,* ed. C. Cuevas y F. Ta-
lavera, Málaga, Diputación Provincial, 1989; *Autógrafos (Manuscrito
Muñoz Rojas),* ed. C. Cuevas, Málaga, Centro de Ediciones de la Dipu-

tivamente se convirtió en el centro de un círculo radicado en la Corte en el que podemos encuadrar a los toledanos Liñán de Riaza (†1607), José de Valdivielso y Baltasar Elisio de Medinilla[133]. También vinculados con la Corte estuvieron don Francisco de Borja, príncipe de Esquilache (Madrid, 1577-1658)[134], Francisco López de Zárate (Logroño, 1580-Madrid, 1658)[135] y Antonio Hurtado de Mendoza (Castro Urdiales, Santander, 1586-Madrid, 1644)[136]. Embajador de Felipe IV en Hungría y Dinamarca fue Bernardino de Rebolledo, Conde de Rebolledo, poeta que adopta con frecuencia un tono prosaico que parece anticipar ciertos tonos de la poesía dieciochesca[137].

La variedad y dispersión de la poesía barroca esconde aún otros capítulos de indudable interés, aunque no siempre debidamente atendidos. Es el caso, por ejemplo, de los poetas judíos «... que escriben en castellano y casi siempre desde el exilio, en las comunidades de Bruselas, Rouen o Amsterdam»[138]. En ese grupo entran, por ejemplo, João Pinto Delgado, de origen portugués, Antonio Enríquez (o Henríquez) Gómez (Cuenca, 1600-Sevilla, 1663) y Miguel de Barrios (Montilla, 1635-Amsterdam, 1701)[139]. Apartado relevante es

---

tación Provincial, 1997.

[133] Ahraham Madroñal, *Baltasar Elisio de Medinilla y la poesía toledana de principios del siglo XVII: con la edición de sus Obras divinas,* Madrid / Frankfurt am Main, Hispanoamericana, Vervuert, 1999.

[134] Su lírica, muy apreciada por los neoclásicos del XVIII, está recogida en las *Obras en verso* (Madrid, 1648).

[135] *Obras varias,* ed. José Simón Díaz, Madrid, CSIC, 1947, 2 vols.; M.ª Teresa González de Garay, *Edición crítica de las poesías completas de Francisco López de Zárate con un estudio de su lengua poética,* Zaragoza, Universidad de Zaragoza, 1988 (Tesis doctoral en microfichas).

[136] *Obras poéticas,* ed. Rafael Benítez Claros, Madrid, RAE, 1947-1948, 3 vols.; *Antología poética,* ed. M.ª Cruz García de Enterría, Santander, Cuévano, 1986.

[137] *Ocios,* ed. Rafael González Cañal, Cuenca, Universidad de Castilla La Mancha, 1997.

[138] J. M. Rozas y M. Á. Pérez Priego, «Trayectoria de la poesía barroca», ob. cit., pág. 654.

[139] Existe una antología conjunta de los tres autores: *Marrano Poets of the Seventeenth Century,* ed. y trad. Timothy Oelman, Rutherford, Fairleigh Dickinson University Press, Associated University Presses, 1982.

también el de los poetas portugueses que escriben en caste-
llano, cuyo número aumenta considerablemente durante los
años en que Portugal forma parte de la Monarquía Hispá-
nica (1580-1640); entre ellos cabe mencionar al ya citado
Pinto Delgado, a Miguel Botello de Carvallo, a Bernarda Fe-
rreira de La Cerda y a Francisco Manuel de Melo[140]. Y por
último, hay que tener en cuenta la proyección de la poesía
española en el ámbito de la América colonial, que no hace
sino acrecentar su importancia desde mediados del XVI, hasta
culminar con la descollante figura de sor Juana Inés de la
Cruz (San Miguel de Nepantla, 1651-México, 1695)[141].

En efecto, el paulatino asentamiento de la sociedad co-
lonial favoreció el desarrollo de la vida cultural y literaria,
marcada desde sus inicios por la adopción de las pautas que
llegaban desde la Península. Los principales centros de esa
actividad fueron las dos capitales virreinales, México y
Lima. Algunos poetas novohispanos del XVI, como el crio-
llo Francisco de Terrazas o Fernán González de Eslava, es-
tán representados, por ejemplo, en el interesante manus-
crito conocido como *Flores de varia poesía,* recopilado en
México en 1577[142]. En Lima, por su lado, alcanzó cierto re-
nombre en los años finales del XVI y primeros del XVII la
Academia Antártica, de cuyos componentes se hace elogio

Véase además: A. Enríquez Gómez, *Sonetos, romances y otros poemas*, ed.
Antonio Lázaro, Cuenca, Alcaná libros, Excmo. Ayuntamiento, 1992; y
Miguel de Barrios, *Las fábulas mitológicas: Flor de Apolo,* ed. Francisco J.
Sedeño Rodríguez, Málaga, Universidad de Málaga, 1996.

[140] Todos ellos, y algunos más, están representados en José M. Blecua,
Poesía de la Edad de Oro, II. Barroco, Madrid, Castalia, 1984. Véase asi-
mismo José Ares Montes, *Góngora y la poesía portuguesa del siglo XVII,*
ob. cit.

[141] Véase el útil esbozo histórico que realizan Antonio R. de la
Campa y Raquel Chang-Rodríguez (eds.), *Poesía hispanoamericana colo-
nial. Antología,* Madrid, Alhambra, 1985. Y también: *Poesía colonial hispa-
noamericana,* ed. Horacio Jorge Becco, Caracas, Biblioteca Ayacucho, 1990;
Textos clásicos de poesía virreinal, comp. Antonio Lorente Medina, Madrid,
Fundación Histórica Tavera, 2002 (ed. en CD).

[142] Hay edición moderna a cargo de Margarita Peña, México,
UNAM, 1980. Es posible que el colector y copista del códice fuese Juan
de la Cueva quien, como antes Cetina, pasó algunos años de su vida en

en el *Discurso en loor de la poesía* que una autora no iden-
tificada compuso, en tercetos encadenados, como prólogo
al *Parnaso antártico* (Sevilla, 1608) del sevillano Diego Me-
xía de Fernangil[143]. A lo largo del siglo XVII, la poesía
hispanoamericana adopta la estética barroca difundida por
los grandes autores españoles del momento; el gongorismo,
en particular, conoce prolongada vigencia, como muestra
la tardía defensa de Góngora acometida por el mestizo cuz-
queño Juan de Espinosa Medrano, «El Lunarejo»[144]. Pero
al mismo tiempo, resulta perceptible la tensión entre la na-
tural dependencia de los modelos literarios que llegaban
desde la metrópoli y el deseo de crear una poesía enraizada
en la realidad y circunstancias del Nuevo Mundo. En esta
dirección avanzaron, por ejemplo, Bernardo de Balbuena
(Valdepeñas, Ciudad Real, ¿1563?-San Juan de Puerto
Rico, 1627) o Juan del Valle Caviedes (Porcuna, Jaén, 1652-
Lima, h. 1697). De este último se conserva una carta, en
romance, que dirigió «... a la monja de México», a la que
califica como «el mayor ingenio de estos siglos», interesante
testimonio de la fama alcanzada por sor Juana Inés de la
Cruz más allá de la Nueva España.

En la monja jerónima (Juana Ramírez de Asbaje en el
siglo) confluyen unas circunstancias singulares, entre las
que ocupa un lugar central su condición de mujer dedicada
al estudio y las letras, primero en el ambiente cortesano del
virreinato y luego desde la vida conventual. Lo conflictivo
de dicha condición en el seno de la sociedad de la época
queda patente en su *Respuesta a sor Filotea de la Cruz* (1691),
testimonio autobiográfico de su pasión intelectual y las di-

Nueva España. El códice recoge básicamente poetas españoles activos en-
tre 1540 y 1575, con fuerte presencia de los sevillanos.

[143] Hay ed. facsímil a cargo de Trinidad Barrera: *Primera parte del
Parnaso antártico de obras amatorias*, Roma, Bulzoni, 1990. El lírico más
destacado de la academia es Diego Dávalos y Figueroa; véase Alicia Co-
lombí-Monguió, *Petrarquismo peruano: Diego Dávalos y Figueroa y la
poesía de la «Miscelánea Austral»*, Londres, Tamesis, 1985.

[144] Su *Apologético en favor de don Luis de Góngora* (1662) era respuesta
a los ataques vertidos contra él por el portugués Manuel de Faria e Sousa
en sus comentarios a *Os Lusíadas* (1639).

ficultades que le acarreó[145]. Como poeta, sor Juana es heredera de la mejor tradición del barroco hispánico, herencia que su talento y saber enriquecen con un último y esplendoroso destello[146]. Excelente versificadora y gran conocedora de los entresijos retóricos de la poética barroca en cualquiera de sus orientaciones estilísticas, sor Juana proyecta en la creación poética su pasión vital e intelectual, vía por la que alcanza con frecuencia tonos de indiscutible originalidad. Unas veces lo hace adoptando la defensa de la mujer contra los estereotipos de la cultura vigente (núm. 87), otras sometiendo a revisión los tópicos de la poesía moral o amorosa de la época (núms. 88 y 89), otras infundiendo acentos de sincero dolor a un género tan gastado como el encomio fúnebre (núm. 90). Culminación no sólo de su amplia y variada obra sino de la trayectoria total de la poesía barroca es su *Primero sueño* (núm. 91), obra que aprovecha el molde métrico-genérico y los recursos expresivos de las *Soledades* gongorinas para exponer el empeño, necesariamente frustrado, de una mente reflexiva y apasionada por alcanzar el conocimiento absoluto del Universo y sus misterios. Una obra mayor que, por encarar, desde un punto de vista racional, la ruptura epistemológica entre el sujeto y el universo, representa, al decir de estudiosos tan eminentes como Octavio Paz, la apertura de la poesía hispánica a la modernidad.

---

[145] El escrito era respuesta a la reprimenda que le había dirigido el arzobispo de Puebla bajo el seudónimo de sor Filotea de la Cruz en la *Carta atenagórica* (1691); el ataque del prelado partía de un escrito de sor Juana (también impreso en el volumen) replicando los argumentos del jesuita Antonio de Vieira en uno de sus sermones. El hecho es que después de 1692 sor Juan se deshizo de su biblioteca e instrumentos científicos, y además abandonó prácticamente la escritura.

[146] La obra de sor Juana gozó de sostenida difusión impresa: *Inundación castálida* (Madrid, 1689); *Segundo volumen de las obras...* (Sevilla, 1692); y *Fama y obras póstumas del Fénix de México, décima musa...* (Madrid, 1700). Para las ediciones modernas, véase «Bibliografía».

Nuestra edición

La presente antología no aspira sino a convertirse en un instrumento —otro más— que pueda resultar útil a quienes se acercan al conocimiento y disfrute de la poesía de los Siglos de Oro. Como el lector interesado tiene ya a su alcance un buen número de libros que persiguen ese mismo objetivo, se ha optado aquí por no repetir fórmulas que otros han usado ya con buenos y aun excelentes resultados. Por otra parte, las características de la colección en la que la antología se inserta también han contribuido a orientar los criterios editoriales en una determinada dirección. La aplicación de un criterio muy selectivo en cuanto al número de autores representados (diez finalmente) permite: *a)* que de tales poetas se pueda ofrecer un corpus amplio; *b)* que aparezcan en su integridad cierto número de poemas extensos, no pocas veces sacrificados en el lecho de Procusto de las antologías; *c)* que los textos vayan acompañados de la anotación pertinente. Con respecto a esto último, cabe señalar que las notas pretenden básicamente resolver los problemas de interpretación literal de los textos, aclarando tanto dificultades lingüísticas de diverso orden como otras que entran en el campo de los *realia* (alusiones históricas, geográficas o mitológicas, conceptos o saberes asociados a una visión del mundo diferente de la nuestra, costumbres y vida cotidiana de la época, etc.). Todos los poemas llevan, además, una nota introductoria que pone al

lector en la pista de las principales cuestiones de tradición
literaria que atañen a cada texto, tomado en su conjunto.

Vaya por delante como único mérito cierto de este tra-
bajo el que haya sido realizado teniendo a la vista los rea-
lizados por quienes me han precedido en la tarea de editar
y anotar estos textos. He procurado valerme de ellos, en
primer lugar, para proponer el texto que he creído más co-
rrecto de cada poema. No he seguido para esto una edición
en particular, sino que he constituido un texto siguiendo
las lecturas aceptadas por el común de los editores y op-
tando por alguna en particular cuando el caso lo requiere.
Dado que no se trata aquí de hacer la edición crítica de los
poemas, no he entrado a discutir tal elección, aunque en
algún que otro caso se deja constancia del hecho en nota
(o incluso se apuntan las dudas que suscita la versión *vul-
gata* de algún pasaje). Las grafías se han modernizado, pero
conservando algunos rasgos de la lengua de la época, como
son las variaciones en el timbre de las vocales átonas *(invi-
dia, húmido, escuro,* etc.), la reducción de grupos conso-
nánticos *(efeto, ecelso, indino...),* alguna asimilación *(quere-
llo, decillo...),* alguna aglutinación *(dél* y su variantes, por
ejemplo), etc. La puntuación y la acentuación también res-
ponden a los criterios de hoy, pero manteniendo algunas
formas características *(medulas, impios, trafago,* etc.). Se ha
marcado gráficamente la diéresis métrica *(rüido, süave,
glorïosa,* etc.), pero no así la sinéresis cuando hubiera sido
posible (vgr.: *que nunca dia ni noche cesan dellas;* véase
núm. 6 v. 13); de manera que el lector deberá estar atento
a su realización. Como iba diciendo, también he tenido
muy en cuenta a los editores precedentes a la hora de ano-
tar los textos. Por eso, en muchos pasajes —pero sin sa-
lirme de mi criterio en la anotación— he optado por re-
producir, íntegra o parcialmente, lo que otro anotador ya
ha apuntado, y he indicado entre paréntesis su nombre.
Con esto queda reconocida, al menos, una parte de la
deuda que tengo con esos filólogos. Pero al mismo tiempo,
cuando ha sido necesario y posible, he procurado enrique-
cer la anotación del texto con aportaciones de mi propia
cosecha. Si no he acertado siempre con la solución, espero

haber llamado la atención, por lo menos, sobre algunos lugares todavía no plenamente dilucidados en textos tan conocidos.

La selección de poetas representados en la antología se ha hecho, como decía, en función de los criterios editoriales seguidos, que aconsejaban, si no imponían, un criterio restrictivo en cuanto al número de autores. Sobre esa base he optado por diez poetas que tienen a su favor, además de su reconocida excelencia, el trazar, a mi entender, una trayectoria histórico-literaria coherente para el lector. Quizá se eche de menos algún poeta que haga de enlace entre Quevedo y sor Juana; si alguno hubiera de ocupar ese lugar, sería Calderón de la Barca, que afortunadamente ya tiene su edición antológica en esta misma editorial. Que juzgo imprescindibles a los diez autores elegidos no hace falta ni decirlo. Con ellos no he pretendido ser original sino atenerme a un canon vigente, el que configuraron en lo esencial los poetas profesores del 27 y han completado luego sus sucesores en los estudios literarios; de manera que apostar por Aldana o sor Juana no es, afortunadamente, a estas alturas ninguna muestra de osadía. Todo esto no significa, sin embargo, que nuestra lectura actual de tales autores responda miméticamente a las propuestas de aquéllos. Algo de esto percibirá sin duda el atento lector entre las páginas del presente libro, que no es sino un instrumento más de mediación académica en el proceso de reajuste permanente que constituye la tradición literaria y su pervivencia entre un público... nunca todo lo amplio que sería de desear.

El estudio introductorio ha procurado contrapesar, en cierto modo, lo selectivo del criterio editorial. Para ello se ha trazado un panorama de la poesía de los Siglos de Oro que, sin tener pretensiones de *estado de la cuestión,* ayude al lector a situar en su contexto histórico-literario a los autores representados: características de la difusión y transmisión del texto poético, corrientes y tendencias, periodización, grupos y autores, etc. Dada la amplitud del campo abordado, he debido ser selectivo, nuevamente, a la hora de proporcionar referencias bibliográficas, dando preferen-

cia a los estudios de carácter más general y a las ediciones.
En el caso de los autores seleccionados, dicha información
se remite a la «Bibliografía» que sigue, con dos apartados,
uno de ediciones y otro de estudios (libros, exclusiva-
mente).

Quiero dar las gracias, por último, a Ángel Estévez Mo-
linero, José Manuel Rico García, J. Valentín Núñez Rivera,
Inmaculada Osuna Rodríguez y Francisco J. Escobar Bo-
rrego por haberme ayudado generosamente a resolver pro-
blemas y dudas que me planteaba el trabajo. Sólo por tra-
tar con ellos ya merecía la pena hacerlo.

Y, cómo no, también a Jorge Urrutia, por confiarme la
tarea.

Sevilla, diciembre de 2002

BIBLIOGRAFÍA

ALGUNAS ANTOLOGÍAS DE POESÍA DE LOS SIGLOS DE ORO

An anthology of Spanish poetry, 1500-1700, ed. Arthur Terry, Oxford, Pergamon Press, 1965, 2 vols.

Spanish Poetry of the Golden Age, ed. Bruce W. Wardropper, Nueva York, Appleton Century Crofts, 1971.

Poesía erótica del Siglo de Oro, ed. Pierre Alzieu, Robert Jammes e Yvan Lissorgues, Barcelona crítica, 1984 [1.ª ed. Toulouse, France-Ibérie Recherche, 1975].

Poesía lírica del Siglo de Oro, ed. Elias L. Rivers, Madrid, Cátedra, 1979.

La poesía aragonesa del Barroco, ed. José M. Blecua, Zaragoza, Nueva Biblioteca de Autores Aragoneses, 1980.

Antología lírica renacentista, ed. Gregorio Torres Nebrera, Madrid, Narcea, 1983 (2 vols.)

Poesía de la Edad de Oro (I: *Renacimiento;* II: *Barroco),* ed. José M. Blecua, Madrid, Castalia, 1984.

Poesía española del siglo XVII. Antología, ed. José M.ª Pozuelo Yancos, Madrid, Taurus, 1984.

Gozos poéticos de humanos desengaños (Poesía andaluza de los Siglos de Oro), ed. Begoña López Bueno, Sevilla, Editoriales Andaluzas Unidas, 1985.

El soneto español en el Siglo de Oro, ed. Elias L. Rivers, Madrid, Akal, 1993.

Tras el espejo la musa escribe, ed. Julián Olivares y Elisabeth S. Boyce, Madrid, Siglo XXI, 1993.

Tiempo y caída. Temas de la poesía barroca española, ed. Ramón Andrés, Barcelona, Quaderns Crema, 1994, 2 vols.

Antología de la poesía del siglo XVII, ed. Isabel Pérez Cuenca, Barcelona, Hermes, 1997.

Antología de la poesía española del siglo de Oro (siglos XVI-XVII),
    ed. Pablo Jauralde Pou con un Apéndice de Mercedes Sánchez
    Sánchez, Madrid, Espasa-Calpe, 1999.
Poesía satírica y burlesca de los Siglos de Oro, eds. Ignacio Arellano
    y Víctor Roncero, Madrid, Espasa Calpe, 2002.

BIBLIOGRAFÍA SELECTA DE LOS AUTORES REPRESENTADOS
    EN ESTA ANTOLOGÍA

GARCILASO DE LA VEGA

Obras completas con comentario (1981), ed. Elias Rivers, Madrid,
    Castalia, 2001.
Poesía completa, ed. Juan F. Alcina, Madrid, Espasa-Calpe, 1989.
Obra poética y textos en prosa, ed. Bienvenido Morros, Barcelona,
    Crítica, 1995 (y ed. abreviada y revisada, Barcelona, Crítica,
    2001).
Poesía castellana completa, ed. Antonio Prieto, Madrid, Biblioteca
    Nueva, 1999.
Poesía, ed. Valentín Núñez Rivera, Barcelona, Edebé, 2002.

ESTUDIOS

ALONSO, Dámaso, *Poesía española. Ensayo de métodos y límites es-
    tilísticos,* Madrid, Gredos, 1950.
ARCE DE VÁZQUEZ, Margot, *Garcilaso de la Vega. Contribución al
    estudio de la lírica española del siglo XVI* (1930), Río Piedras,
    Universidad de Puerto Rico, 1961.
AZAR, Inés, *Discurso retórico y mundo pastoral en la Égloga segunda
    de Garcilaso,* Amsterdam, John Benjamins, 1981.
BLECUA, Alberto, *En el texto de Garcilaso,* Madrid, Ínsula, 1970.
CALVO, Mariano, *Garcilaso de la Vega, entre el verso y la espada,*
    Toledo, Junta de Comunidades de Castilla-La Mancha, 1992.
CRUZ, Anne J., *Imitación y transformación: el petrarquismo en la
    poesía de Boscán y Garcilaso,* Amnsterdam / Filadelfia, John
    Benjamins, 1988.
FERNÁNDEZ-MORERA, Darío, *The Lyre and the Oaten Flute: Gar-
    cilaso and the Pastoral,* Londres, Tamesis, 1982.
GARCÍA DE LA CONCHA, Víctor, ed., *Academia literaria renacentista,
    IV. Garcilaso,* Salamanca, Universidad de Salamanca, 1986.
Garcilaso y su época: del amor y la guerra, ed. José María Díez Bor-

que y Luis Ribot García, Madrid, Sociedad Estatal de Con-
memoraciones Culturales, 2003.

Gargano, Antonio, *Fonti, miti, topoi. Cinque saggi su Garcilaso,*
Napoli, Liguori, 1988.

Heiple, Daniel L., *Garcilaso and the Italian Renaissance,* Pennsil-
vania, University Park, 1994.

Lapesa, Rafael, *Garcilaso: estudios completos,* Madrid, Istmo, 1985.

Navarrete, Ignacio, *Los huérfanos de Petrarca: poesía y teoría en
la España renacentista,* Madrid, Gredos, 1997.

Orobigt, Christine, *Garcilaso et la mélancolie,* Toulouse, Presses
Universitaires du Mirail, 1997.

Prieto, Antonio, *Garcilaso de la Vega,* Madrid, SGEL, 1975.

Rivers, Elias L., ed., *La poesía de Garcilaso. Ensayos críticos,* Bar-
celona, Ariel, 1974.

Rivers, Elias L., *Garcilaso de la Vega: poems: a critical guide,* Lon-
dres, Grant & Cutler, 1980.

Rodríguez, Juan C., *Teoría e historia de la producción ideológica:
las primeras literaturas burguesas* (1974), Madrid, Akal, 1990.

Romojaro, Rosa, *Las funciones del mito clásico en el Siglo de Oro:
Garcilaso, Góngora, Lope de Vega, Quevedo,* Barcelona, An-
thropos, 1998.

Rosso Gallo, Maria, *La poesía de Garcilaso. Análisis filológico y
texto crítico,* Madrid, RAE, 1990.

Sarmiento, Edward, *Concordancias de las obras poéticas en caste-
llano de Garcilaso de la Vega,* Madrid, Castalia, 1970.

Vaquero Serrano, M.ª del Carmen, *Garcilaso: poeta del amor,
caballero de la guerra,* Madrid, Escasa-Calpe, 2002.

Fray Luis de León

Poesías, ed. Oreste Macrì, Barcelona, Crítica, 1982.

Poesía, ed. Juan F. Alcina, Madrid, Cátedra, 1986.

Poesías completas (con una *Antología* de la Escuela salmantina), ed.
Ricardo Senabre, Madrid, Esapasa Calpe, 1988.

Poesía completa, ed. José M. Blecua, Madrid, Gredos, 1990.

Poesía completa, ed. Guillermo Serés, Madrid, Taurus, 1990.

Poesías completas, ed. Cristóbal Cuevas, Madrid, Castalia, 2000.

ESTUDIOS

ALONSO, Dámaso, *Obras completas*, Madrid, Gredos, 1973, vol. II.

BAENA, Julio, *El poemario de Fray Luis de León*, Nueva York, Peter Lang, 1989.

BOCCHETTA, Vittore, *Horacio en Villegas y en Fray Luis de León*, Madrid, Gredos, 1970.

GARCÍA DE LA CONCHA, Víctor, ed., *Academia literaria renacentista, I. Fray Luis de León*, Salamanca, Universidad de Salamanca, 1981.

GARCÍA DE LA CONCHA y SAN JOSÉ LERA, Javier (eds.), *Fray Luis de León. Historia, Humanismo y Letras*, Salamanca, Universidades de Salamanca y Castilla-La Mancha/Junta de Castilla y León, 1996.

GARCÍA GIL, Helena, *La transmisión manuscrita de fray Luis de León*, Salamanca, Diputación, 1988.

GAYLORD, Mary M. y MÁRQUEZ VILLANUEVA, Francisco (eds.), *San Juan de la Cruz and Fray Luis de León*, Newark, Deleware, Juan de la Cuesta, 1996.

JIMÉNEZ LOZANO, José, *Fray Luis de León*, Barcelona, Omega, 2001.

LAPESA, Rafael, *Poetas y prosistas de ayer y de hoy*, Madrid, Gredos, 1977.

LÁZARO CARRETER, Fernando, *Clásicos españoles. De Garcilaso a los niños pícaros*, Madrid, Alianza, 2002.

LÁZARO CARRETER, Fernando, *Clásicos españoles. De Garcilaso a los niños pícaros*, Madrid, Alianza, 2002.

LÓPEZ, David, «*Y como está compuesta de números concordes*». *Números y emblemas en la poesía de Fray Luis de León*, Murcia, Universidad de Murcia, 1997.

MORÓN ARROYO, Ciriaco (ed.), *Fray Luis de León. Aproximación a su vida y a su obra*, Santander, Sociedad Menéndez Pelayo, 1989.

PÉREZ, Joseph, *El humanismo de Fray Luis de León*, Madrid, CSIC, 1994.

RIVERS, Elias L., *Fray Luis de León. The Original Poems*, Londres, Grant & Cutler, 1983.

SABIDO, Vicente, *Concordancias de la poesía original de Fray Luis de León*, Granada, Universidad de Granada, 1992.

SENABRE, Ricardo, *Tres estudios sobre Fray Luis de León*, Salamanca, Universidad de Salamanca, 1978.

THOMPSON, Colin P., *La lucha de las lenguas. Fray Luis de León y el Siglo de Oro en España*, Salamanca, Junta de Castilla y León, 1995.

FERNANDO DE HERRERA

Obra poética, ed. José M. Blecua, Madrid, RAE, 1975, 2 vols.
Poesía castellana original completa, ed. Cristóbal Cuevas, Madrid, Cátedra, 1985.
Poesía, ed. M.ª Teresa Ruestes, Barcelona, Planeta, 1986.
Poesías, ed. Victoriano Roncero, Madrid, Castalia, 1992.
Algunas obras, ed. Begoña López Bueno, Sevilla, Diputación Provincial, 1998.

ESTUDIOS

FERGUSON, William, *La versificación imitativa en Fernando de Herrera*, Londres, Tamesis, 1980.
FERNÁNDEZ RODRÍGUEZ, M.ª Amelia, *El análisis del estilo de la poesía de Garcilaso en las «Anotaciones» de Fernando de Herrera*, Madrid, Universidad Autónoma, 1996.
HERRERA MONTERO, Rafael, *La lírica de Horacio en Fernando de Herrera*, Sevilla, Universidad de Sevilla, 1998.
KOSSOFF, Arthur D., *Vocabulario de la obra poética de Herrera*, Madrid, RAE, 1966.
LÓPEZ BUENO, Begoña, *La poética cultista de Herrera a Góngora*, Sevilla, Alfar, 2000 (2.ª ed. revisada).
— ed., *Las «Anotaciones» de Fernando de Herrera. Doce estudios*, Sevilla, Universidad de Sevilla, 1997.
MACRÌ, Oreste, *Fernando de Herrera*, Madrid, Gredos, 1972 (2.ª ed. aumentada).
MONTERO, Juan, *La controversia sobre las «Anotaciones» herrerianas*, Sevilla, Ayuntamiento de Sevilla, 1987.
MORROS, Bienvenido, *Las polémicas literarias en la España del siglo XVI: a propósito de Fernando de Herrera y Garcilaso de la Vega*, Barcelona, Quaderns Crema, 1998.
RANDEL, Mary Gaylord, *The Historical Prose of Fernando de Herrera*, Londres, Tamesis, 1971.
RUESTES, M.ª Teresa, *Las églogas de Fernando de Herrera. fuentes y temas*, Barcelona, PPU, 1989.
RUIZ PÉREZ, Pedro, *Libros y lecturas de un poeta humanista. Fernando de Herrera (1534-1597)*, Córdoba, Universidad de Córdoba, 1997.
SCHNABEL, Doris, *El pastor poeta Fernando de Herrera y la tradición lírica pastoril en el primer siglo áureo*, Kassel, Reichenberger, 1996.

SAN JUAN DE LA CRUZ

Cántico Espiritual. Poesías, ed. Cristóbal Cuevas, Madrid, Alham-
    bra, 1979.
Cántico Espiritual, ed. Eulogio Pacho, Madrid, FUE, 1981.
Obras completas, ed. Eulogio (Pacho) de la Virgen del Carmen,
    Burgos, Monte Carmelo, 1982,
Poesía, ed. Domingo Ynduráin, Madrid, Cátedra, 1984.
Poesía completa y comentarios en prosa, ed. Raquel Asún, Barce-
    lona, Planeta, 1986.
Poesías, ed. Paola Elia, Madrid, Castalia, 1990.
Obra completa, ed. Luce López Baralt y Eulogio Pacho, Madrid,
    Alianza, 1991, 2 vols.
Cántico Espiritual. Segunda Redacción, ed. Eulogio Pacho, Burgos,
    Monte Carmelo, 2000, 2 vols.
Cántico espiritual y poesía completa, ed. Paola Elia y M.ª Jesús Man-
    cho, est. prel. Domingo Ynduráin, Barcelona, Crítica, 2002.

ESTUDIOS

ALONSO, Dámaso, *La poesía de San Juan de la Cruz (Desde esta la-
    dera)*, Madrid, Aguilar, 1958.
BARUZI, Jean, *San Juan de la Cruz y el problema de la experiencia
    mística* (1924), Valladolid, Junta de Castilla y León, 1991.
DIEGO SÁNCHEZ, Manuel, *Bibliografía sistemática de san Juan de
    la Cruz*, Madrid, Espiritualidad, 2000.
GARCÍA LORCA, Francisco, *De Fray Luis a San Juan. La escondida
    senda*, Madrid, Castalia, 1972.
HERRERO BLANCO, Ángel L., *Escóndete, Adonis: textos para una
    poética en San Juan de la Cruz*, Alicante, Instituto de Cultura
    Juan Gil-Albert, 1998.
Introducción a la lectura de san Juan de la Cruz, Valladolid, Junta
    de Castilla y León, 1991.
LÓPEZ BARALT, Luce, *San Juan de la Cruz y el Islam. Estudio so-
    bre las filiaciones semíticas de su literatura mística* (1985), Ma-
    drid, Hiperión, 1990.
— *Asedios a lo indecible. San Juan de la Cruz canta al éxtasis trans-
    formante*, Madrid, Trotta, 1998.
LÓPEZ CASTRO, Armando, *Sueño de vuelo. Estudios sobre San Juan
    de la Cruz*, Madrid, FUE-Universidad Pontificia de Sala-
    manca, 1998.

MANCHO DUQUE, M.ª Jesús, *Palabras y símbolos en san Juan de la Cruz,* Madrid, FUE / Universidad Pontificia de Salamanca, 1993.

MORALES, José L., *El Cántico Espiritual de san Juan de la Cruz. Su relación con el Cantar de los Cantares y otras fuentes escriturísticas y literarias,* Madrid, Espiritualidad, 1971.

OROZCO DÍAZ, Emilio, *Estudios sobre San Juan de la Cruz y la mística barroca,* Granada, Universidad de Granada, 1994, 2 vols.

PACHO, Eulogio (dir.), *Diccionario de San Juan de la Cruz,* Burgos, Monte Carmelo, 2000.

PAREDES NÚÑEZ, Juan, ed., *Presencia de san Juan de la Cruz,* Granada, Universidad de Granada, 1993.

RODRÍGUEZ SANPEDRO BEZARES, Luis E., *La formación universitaria de san Juan de la Cruz,* Valladolid, Junta de Castilla y León, 1992.

SÁNCHEZ LORA, José L., *San Juan de la Cruz en la revolución copernicana,* Madrid, Espiritualidad, 1992.

THOMPSON, Colin P., *El poeta y el místico. Un estudio sobre el «Cántico Espiritual» de san Juan de la Cruz* (1977), Madrid, Swan, 1985.

VALENTE, José Á. y LARA GARRIDO, José (eds.), *Hermenéutica y mística: san Juan de la Cruz,* Madrid, Tecnos, 1995.

YNDURÁIN, Domingo, *Las letras del verso,* Madrid, Cátedra, 1990.

FRANCISCO DE ALDANA

Poesías, ed. Elias Rivers, Madrid, Clásicos Castellanos, 1957.

Poesías castellanas completas, ed. José Lara Garrido, Madrid, Cátedra, 1985.

Poesía, ed. Rosa Navarro Durán, Barcelona, Planeta, 1994.

ESTUDIOS

GÓNZALEZ, Dolores, *La poesía de Francisco de Aldana (1537-1578): introducción al estudio de la imagen,* Lérida, Universitat de Lleida, 1995.

NEIRA, Julio, *Francisco de Aldana,* Mérida, Editora Regional de Extremadura, 1990.

RIVERS, Elias L., *Francisco de Aldana: el Divino Capitán,* Badajoz, Institución de Servicios Culturales, 1955.

RUIZ SILVA, Carlos, *Estudios sobre Francisco de Aldana,* Universidad de Valladolid, 1981.

WALTERS, D. Gareth, *The poetry of Francisco de Aldana*, Londres, Tamesis, 1988.

LUIS DE GÓNGORA Y ARGOTE

Dámaso Alonso, *Góngora y el «Polifemo»*, Madrid, Gredos, 1967, 3 vols. (vol. II: *Antología de Góngora*; vol. III: *Fábula de Polifemo y Galatea*).
Sonetos completos, ed. Biruté Ciplijauskaité, Madrid, Castalia, 1980.
Letrillas, ed. Robert Jammes, Madrid, Castalia, 1980.
Fábula de Polifemo y Galatea, ed. Alexander A. Parker, Madrid, Cátedra, 1983.
Antología poética, ed. Antonio Carreira, Madrid, Castalia, 1986.
Canciones y otros poemas en arte mayor, ed. José M.ª Micó, Madrid, Espasa-Calpe, 1990.
Poesía selecta, ed. Antonio Pérez Lasheras y José M.ª Micó, Madrid, Taurus, 1991.
Obras de don Luis de Góngora: manuscrito Chacón, ed. facs., Madrid, Real Academia Española-Caja de Ahorros de Ronda, 1991, 3 vols.
Soledades, ed. Robert Jammes, Madrid, Castalia, 1994.
Nuevos poemas atribuidos a Góngora, ed. Antonio Carreira, Barcelona, Quaderns Crema, 1994.
Romances, ed. Antonio Carreira, Barcelona, Quaderns Crema, 1998, 4 vols.
Obras completas, ed. Antonio Carreira, Madrid, Turner, 2000, 2 vols.

ESTUDIOS

ALONSO, Dámaso, *Góngora y el gongorismo*, Madrid, Gredos, 1978-1984, 3 vols. (*Obras completas*, V, VI, VII).
ARES MONTES, José, *Góngora y la poesía portuguesa del siglo XVII*, Madrid, Gredos, 1956.
BEVERLY, John, *Aspects of Góngora's «Soledades»*, Amsterdam, John Benjamins, 1980.
BUXÓ, José Pascual, *Góngora en la poesía novohispana*, México, UNAM, 1960.
CALCRAFT, R. P., *The Sonnets of Luis de Góngora*, Durham, University of Durham, 1978.

Cancellieri, Enrica, *Góngora. Percorsi della visione*, Palermo, Flaccovio, 1990.

Carreira, Antonio, *Gongoremas*, Barcelona, Península, 1998.

Cerdan, Francis y Marc Vitse, *Autour des «Solitudes». En torno a las «Soledades» de don Luis de Góngora*, Toulouse, Presses Universitaires du Mirail, 1995.

Issorel, Jacques, *Crepúsculos pisando. Once estudios sobre las Soledades de Góngora*, Perpignan, Presses Universitaires de Perpignan, 1995.

Jammes, Robert *La obra poética de don Luis de Góngora y Argote* (1967), Madrid, Castalia, 1987.

Micó, José M.ª, *La fragua de las Soledades. Ensayos sobre Góngora*, Barcelona, Sirmio, 1990.

— *De Góngora*, Madrid, Biblioteca Nueva, 2001.

— *El Polifemo de Luis de Góngora. Ensayo de crítica e historia literaria*, Barcelona, Península, 2001.

Molho, Maurice, *Semántica y poética (Góngora, Quevedo)*, Barcelona, Crítica, 1977.

Orozco, Emilio, *En torno a las «Soledades» de Góngora*, Granada, Universidad de Granada, 1969.

— *Lope y Góngora frente a frente*, Madrid, Gredos, 1973.

— *Introducción a Góngora*, Barcelona, Crítica, 1984.

Pariente, Ángel (ed.), *En torno a Góngora*, Madrid, Júcar, 1987.

Poggi, Giulia (ed.), *Da Góngora a Góngora*, Pisa, ETS, 1997.

Roses Lozano, Joaquín, *Una poética de la oscuridad. La recepción crítica de las Soledades en el siglo XVII*, Londres, Tamesis, 1994.

Sánchez Robayna, Andrés, *Silva gongorina*, Madrid, Cátedra, 1993.

Sinicropi, Giovanni, *Saggio sulle «Soledades» di Góngora*, Bologna, Cappelli, 1976.

Vilanova, Antonio, *Las fuentes y los temas del Polifemo de Góngora* (1957), Barcelona, PPU, 1992.

Lope de Vega

Obras poéticas, ed. José M. Blecua, Barcelona, Planeta, 1969.

Rimas humanas y divinas del licenciado Tomé de Burguillos, ed. José M. Blecua, Barcelona, Planeta, 1976.

Lírica, ed. José M. Blecua, Madrid, Castalia, 1981.

Poesía selecta, ed. Antonio Carreño, Madrid, Cátedra, 1984.

Rimas, ed. Felipe B. Pedraza Jiménez, Ciudad Real, Universidad de Castilla-La Mancha, 1993-94, 2 vols.

Cancionero teatral de Lope de Vega, ed. José M.ª Alín y M.ª Be-
goña Barrios Alonso, Londres, Tamesis Books, 1997.
Rimas humanas y otros versos, ed. Antonio Carreño, Barcelona,
Crítica, 1998.
*Rimas humanas y divinas del Licenciado Tomé de Burguillos y La
Gatomaquia*, ed. Antonio Carreño, Salamanca, Almar, 2002.

ESTUDIOS

CARREÑO, Antonio, *El romancero lírico de Lope de Vega*, Madrid,
Gredos, 1979.
CASTRO, Américo y Hugo A. RENNERT, *Vida de Lope de Vega*,
Nueva York, Las Américas, 1968.
DÍEZ DE REVENGA, Francisco J., *Teatro de Lope de Vega y lírica tra-
dicional*, Murcia, Universidad de Murcia, 1983.
Edad de Oro, XIV (1995), núm. monográfico dedicado a Lope.
FERRÁN, Jaime, *Lope de Vega*, Madrid, Júcar, 1984.
Insula, 520 (1990), núm. monográfico sobre Lope poeta, coordi-
nado por Yolanda Novo.
LÁZARO CARRETER, Fernando, *Lope de Vega: Introducción a su vida
y a su obra*, Salamanca, Anaya, 1966.
MÁRQUEZ VILLANUEVA, Francisco, *Lope de Vega: vida y valores*,
Río Piedras, Universidad de Puerto Rico, 1989.
MONTESINOS, José F[ernández], *Estudios sobre Lope,* Salamanca,
Anaya, 1967.
NOVO VILLAVERDE, Yolanda, *Las rimas Sacras de Lope de Vega*,
Santiago, Universidad de Santiago de Compostela, 1990.
ROMOJARO, Rosa, *Lope de Vega y el mito clásico*, Málaga, Univer-
sidad de Málaga, 1998.
ROZAS Juan M., *Estudios sobre Lope de Vega*, Madrid, Cátedra,
1990.
VOSTERS, Simon A., *Lope de Vega y la tradición occidental,* Ma-
drid, Castalia, 1977, 2 vols.
ZAMORA VICENTE, Alonso, *Lope de Vega: su vida y su obra*, Ma-
drid, Gredos, 1961.

ANDRÉS FERNÁNDEZ DE ANDRADA

Epístola moral a Fabio y otros escritos, ed. Dámaso Alonso, estudio
preliminar Juan F. Alcina y Francisco Rico, Barcelona, Crítica,
1993.

ESTUDIOS

ALONSO, Dámaso, *Dos españoles del Siglo de Oro*, Madrid, Gredos, 1960.
— *La «Epístola moral a Fabio», de Andrés Fernández de Andrada. Edición y estudio*, Madrid, Gredos, 1978.

FRANCISCO DE QUEVEDO

Poesía original, ed. José M. Blecua, Barcelona, Planeta , 1963.
Obra poética, ed. José M. Blecua, Madrid, Castalia, 1969-1981, 4 vols.; reed. 1999.
Poemas escogidos, ed. José M. Blecua, Madrid, Castalia, 1972.
Poesía varia, ed. James O. Crosby, Madrid, Cátedra, 1981.
Poesía Moral (Polimnia), ed. Alfonso Rey, Madrid, Támesis, 1992.
Obra poética, ed. José M. Blecua, Madrid, Turner, 1993, 3 vols.
Un Heráclito cristiano, Canta sola a Lisi y otros poemas, ed. Lía Schwartz Lerner e Ignacio Arellano, Barcelona, Crítica, 1998.
Antología poética, ed. José M.ª Pozuelo Yvancos, Madrid, Biblioteca Nueva, 1999.
La musa Clío del Parnaso español de Quevedo, ed. Ignacio Arellano y Victoriano Roncero, Pamplona, EUNSA, 2001.
Antología poética, ed. Pablo Jauralde Pou (con un Apéndice por Pablo Jauralde García), Madrid, Espasa Calpe, 2002.

ESTUDIOS

ARELLANO, Ignacio, *Poesía satírico-burlesca de Quevedo: estudio y anotación filológica de los sonetos*, Pamplona, EUNSA, 1984.
— *Comentarios a la poesía satírico-burlesca de Quevedo*, Madrid, Arco Libros, 1998.
BLANCO, Mercedes, *Introducción al comentario de la poesía amorosa de Quevedo*, Madrid, Arco Libros, 1998.
CANDELAS COLODRÓN, Manuel Á., *Las silvas de Quevedo*, Vigo, Universidad de Vigo, 1997.
CROSBY, James O., *En torno a la poesía de Quevedo*, Madrid, Castalia, 1967.
FERNÁNDEZ MOSQUERA, Santiago, *La poesía amorosa de Quevedo. Disposición y estilo desde «Canta sola a Lisi»*, Madrid, Gredos, 1999.

FERNÁNDEZ MOSQUERA, Santiago (ed.), *Estudios sobre Quevedo. Quevedo desde Santiago entre dos aniversarios,* Santiago, Universidad, 1995.
— A. AZAUSTRE GALIANA, *Índices de la poesía de Quevedo,* Barcelona, PPU, 1993.
— *Homenaje a Quevedo. Actas de la II Academia Literaria Renacentista,* Salamanca, Universidad de Salamanca, 1982.
IFFLAND, James, *Quevedo and the Grotesque,* Londres, Tamesis, 1978 y 1983, 2 vols.
JAURALDE POU, Pablo, *Francisco de Quevedo (1580-1645),* Madrid, Castalia, 1999.
KELLEY, Emilia N., *La poesía metafísica de Quevedo,* Madrid, Guadarrama, 1973.
NICOLÁS, César, *Estrategias y lecturas: las anamorfosis de Quevedo,* Cáceres, UNEX, 1986.
OLIVARES, Julián, *La poesía amorosa de Francisco de Quevedo,* Madrid, Siglo XXI, 1995.
POZUELO YVANCOS, José M.ª, *El lenguaje poético de la lírica amorosa de Quevedo,* Murcia, Universidad de Murcia, 1979.
PROFETTI, Maria Grazia, *La scritura e il corpo,* Roma, Bulzoni, 1984.
REY, Alfonso, *Quevedo y la poesía moral española,* Madrid, Castalia, 1995.
ROIG-MIRANDA, Marie, *Les sonnets de Quevedo. Variations, constance, évolution,* Nancy, Presses Universitaires de Nancy, 1989.
SMITH, Paul J., *Quevedo on Parnassus. Allusive Context and Literary Theory in the Love-Lyric of Francisco de Quevedo,* Londres, The Modern Humanities Research Association, 1987.
SNELL, Ana M.ª, *Hacia el verbo: signos y transfiguración en la poesía de Quevedo,* Londres, Tamesis, 1982.
SOBEJANO, Gonzalo (ed.), *Francisco de Quevedo,* Madrid, Taurus, 1978.
SCHWARTZ, Lía, *Quevedo: discurso y representación,* Pamplona, Universidad de Navarra, 1986.
SCHWARTZ, Lía y CARREIRA, Antonio (eds.), *Quevedo a nueva luz: escritura y política,* Málaga, Universidad de Málaga, 1997.
VILLANUEVA, Darío, *La poética de la lectura en Quevedo,* Manchester, Spanish & Portuguese Studies, 1995.
WALTERS, D. Gareth, *Francisco de Quevedo, Love Poet,* Cardiff, University of Wales, 1985.

Sor Juan Inés de la Cruz

Obras completas, I. Lírica personal, ed. Alfonso Méndez Plancarte, México-Buenos Aires, FCE, 1951; *II. Villancicos y letras sacras*, ed. Alfonso Méndez Plancarte y Alberto G. Salceda, México, FCE, 1976.

Obras selectas, ed. Georgina Sabat de Rivers y Elias Rivers, Barcelona, Noguer, 1976.

Inundación castálida, ed. Georgina Sabat de Rivers, Madrid, Castalia, 1982.

Lírica, ed. Raquel Asún, Barcelona, Bruguera, 1982.

Obra selecta, ed. Luis Sainz de Medrano, Barcelona, Planeta, 1987.

El sueño, ed. Alfonso Méndez Plancarte, México, UNAM, 1989.

Inundación castálida, ed. Gabriela Eguía-Lis Ponce, México, UNAM, 1995.

Segundo volumen de sus obras, México, UNAM, 1995.

Poesía lírica, ed. José C. González Boixo, Madrid, Cátedra, 1997.

Estudios

Arias de la Canal, Fredo, *Las fuentes profanas de «Primero sueño» y otros ensayos sanjuanistas*, México, Frente de Afirmación Hispanista, 1998.

Bénassy-Berling, Marie-Cécile, *Humanismo y religión en Sor Juana*, México, UNAM, 1983.

Buxó, José Pascual, *Sor Juan Inés de la Cruz: Amor y conocimiento*, México, UNAM, 1996.

Glantz, Margo, *Sor Juan Inés de la Cruz: ¿hagiografía o autobiografía?*, México, Grijalbo-UNAM, 1995.

Luiselli, Alessandra, *El Sueño manierista de Sor Juana Inés de la Cruz*, México, UNAM, 1993.

Memoria del coloquio internacional Sor Juana Inés de la Cruz y el pensamiento novohispano, Toluca, Instituto Mexiquense de Cultura-Universidad Autónoma del Estado de México, 1995.

Nanfito, Jacqueline C., *El Sueño: Cartographies of Knowledge and the Self*, Nueva York, Peter Lang, 2000.

Paz, Octavio, *Sor Juana Inés de la Cruz o las trampas de la fe*, México, FCE, 1985.

Pfandl, Ludwig, *Sor Juana Inés de la Cruz, la décima Musa de México*, México, UNAM, 1963.

Poot-Herrera, Sara (ed.), *Sor Juana y su mundo*, México, Universidad del Claustro de Sor Juana-Gobierno del Estado de Puebla-FCE, 1995.

POOT-HERRERA, Sara y URRUTIA, Elena (eds.), «*Y diversa de mí misma / entre vuestras plumas ando*». *Homenaje internacional a Sor Juana Inés de la Cruz*, México, El Colegio de México, 1993.

PUCCINI, Dario, *Una mujer en soledad: Sor Juana Inés de la Cruz*, Madrid, Anaya & Mario Muchnik, 1996.

SABAT DE RIVERS, Georgina, *El «Sueño» de sor Juana Inés de la Cruz: tradiciones literarias y originalidad*, Londres, Tamesis, 1977.

— *En busca de Sor Juana*, México, UNAM, 1998.

SÁNCHEZ ROBAYNA, Andrés, *Para leer «Primero sueño» de Sor Juana Inés de la Cruz*, México, FCE, 1991.

CRONOLOGÍA

DATOS EN TORNO AL AUTOR	REFERENCIAS HISTÓRICAS Y POLÍTICAS	ARTE, CIENCIA Y CULTURA
		1499-1500 — Fernando de Rojas, *Comedia de Calisto y Melibea*.
1501 — Fecha probable de nacimiento de Garcilaso de la Vega.		**1501** — Bembo edita el *Canzoniere* de Petrarca.
	1503 — Creación de la Casa de Contratación en Sevilla.	
	1504 — Muerte de Isabel la Católica. Colón regresa de su último viaje.	**1504** — Sannazaro, *Arcadia*. Erasmo, *Enchiridion militis christiani*.
		1505 — Bembo, *Asolani*.
	1506 — Muerte de Felipe I *el Hermoso*. Regencia de Cisneros.	**1506** — Cisneros funda la Universidad de Alcalá.

DATOS EN TORNO AL AUTOR	REFERENCIAS HISTÓRICAS Y POLÍTICAS	ARTE, CIENCIA Y CULTURA
	1507 — Segunda regencia de Fernando el Católico.	
		1508 — Publicación del *Amadís de Gaula*.
		1511 — Hernando del Castillo, *Cancionero General*. — Erasmo, *Encomium moriae*.
	1513 — Núñez de Balboa descubre el Pacífico.	**1513** — Maquiavelo, *El Príncipe* (ed. 1532).
		1514-1517 — Publicación de la *Biblia Políglota Complutense*.
	1516 — Muerte de Fernando el Católico. Carlos I proclamado rey.	**1516** — Ariosto, *Orlando furioso*. — Tomás Moro, *Utopía*.

1517
— Torres Naharro, *Propalladia*.

1519
— Gil Vicente completa la trilogía de las *Barcas*.

1517
— Carlos I llega a España.
— Lutero: tesis de Wittenberg.

1519
— Carlos V, elegido Emperador.

1520
— Cortés comienza la conquista de México.

1520-1521
— Guerra de *Comunidades* y *Germanías* en España.

1522
— Elcano completa su vuelta al mundo.

1524
— Creación del Consejo de Indias.

1522
— Erasmo, *Colloquia*.

1520
— Garcilaso, *contino* (miembro de la guardia) de Carlos I.

1521
— Garcilaso, herido en la batalla de Olías combatiendo contra los *comuneros*. Tiene un hijo extramatrimonial con doña Guiomar Carrillo.

1522
— Boscán y Garcilaso se conocen en Valladolid.

1524
— Garcilaso conoce a Isabel Freire en Portugal.

DATOS EN TORNO AL AUTOR	REFERENCIAS HISTÓRICAS Y POLÍTICAS	ARTE, CIENCIA Y CULTURA
1525 — Matrimonio de Garcilaso con doña Elena de Zúñiga.	**1525** — Batalla de Pavía: Francisco I de Francia, prisionero de Carlos V.	**1525** — Bembo, *Prose della volgar lingua.* **1526** — San Ignacio redacta los *Ejercicios espirituales.* — Fernández de Oviedo, *Historia general y natural de las Indias.*
1527 — Nace fray Luis de León.	**1527** — Saqueo de Roma por las tropas imperiales. Conferencia de Valladolid sobre Erasmo.	**1527** — Alonso Berruguete, retablo de san Benito (1527-1532). — Paracelso, catedrático de Medicina en Basilea. **1528** — Castiglione, *Il Cortegiano.* — Francisco Delicado, *La lozana andaluza.* — Diego de Siloé inicia la catedral de Granada.
1529 — Garcilaso viaja a Italia.	**1529** — Paz de Cambray. Los turcos asedian Viena.	**1529** — Fray Antonio de Guevara, *Marco Aurelio y Relox de Príncipes.*

1530
— Carlos V, coronado Emperador en Bolonia.

1531
— Pizarro llega al Perú.

1532
— Enrique VIII funda la Iglesia de Inglaterra.

1534
— Creación de la Compañía de Jesús.

1535
— Expedición española contra Túnez y La Goleta.
— Ejecución de Tomás Moro.

1530
— Palacio de Carlos V en Granada.

1530-1531
— Alfonso de Valdés, *Diálogos*.

1532
— Alciato, *Emblematum libellus*.
— Rabelais, *Gargantúa y Pantagruel*.

1533
— Tiziano, pintor de la Corte de Carlos V.

1534
— Boscán traduce *El cortesano* de Castiglione (ed. 1539).

1535
— Juan de Valdés, *Diálogo de la lengua*.
— León Hebreo, *Dialoghi d'amore*.

1532
— Garcilaso, desterrado al Danubio. Poco después se instala en Nápoles.

1533
— Garcilaso viaja a Barcelona. Encuentro con Boscán.

1534
— Nace Fernando de Herrera.

1535
— Garcilaso, herido en Túnez.

DATOS EN TORNO AL AUTOR	REFERENCIAS HISTÓRICAS Y POLÍTICAS	ARTE, CIENCIA Y CULTURA
1536 — Garcilaso muere en Niza.	**1536** — Fundación de Buenos Aires.	**1536** — Luis Milán, *Libro de música... intitulado El Maestro.* — Miguel Ángel inicia *El juicio final.*
1537 — Probable fecha de nacimiento de Francisco de Aldana.		**1538** — Luis de Narváez, *Delfín de música.*
		1539 — Francisco de Vitoria, *Relecciones sobre los indios.*
		1540 — Fray Bartolomé de las Casas, *Brevísima relación.*
1542 — Nace san Juan de la Cruz.	**1542** — Promulgación de las *Leyes nuevas* de Indias.	

1543

— Las *Obras de Boscán y algunas de Garcilaso de la Vega.*

1544

— Fray Luis profesa en la Orden agustina.

1545

— Comienza el Concilio de Trento.

1547

— Batalla de Mülhberg.

1543

— Florián de Ocampo, *Crónica General de España.*
— Francisco de Enzinas, traducción del *Nuevo Testamento.*
— Copérnico, *De revolutionibus orbium caelestium.*

1546

— Alonso de Mudarra, *Tres libros de música en cifra para vihuela.*

DATOS EN TORNO AL AUTOR	REFERENCIAS HISTÓRICAS Y POLÍTICAS	ARTE, CIENCIA Y CULTURA
		1548 — Fecha probable del *Cancionero de Romances*, de Nucio (Amberes). — San Ignacio de Loyola, *Ejercicios espirituales*.
	1549 — Construcción de la sede de la Universidad de Alcalá.	
		1551 — Primer Índice de Libros Prohibidos en España.
		1554 — *Cancionero general de obras nuevas*. Montemayor, *Las obras*. — *Lazarillo de Tormes*.
	1556 — Abdicación de Carlos V.	**1556** — *Cancionero de Upsala* o *Cancionero del duque de Calabria*. — Fray Luis de Granada, *Guía de pecadores*.
1556-1557 — Fray Luis estudia hebreo en Alcalá con fray Cipriano de la Huerga.		

1557
— Victoria de San Quintín sobre los franceses. Primera bancarrota de la Hacienda real.

1558
— Muere Carlos V. Felipe II, rey de España.

1559
— Persecución de protestantes en Valladolid y Sevilla.
— Proceso contra el arzobispo erasmista Carranza.

1560
— Filipinas y Florida, españolas.

1561
— Felipe II fija la Corte en Madrid.
— Comienzo de la Reforma del Carmelo por santa Teresa de Jesús.

1561
— Fray Luis gana su primera Cátedra en Salamanca.
— Fray Luis traduce y comenta el *Cantar de los Cantares*.
— Nace Luis de Góngora y Argote.

1557
— Edición en Amberes del *Cancionero General* de Castillo con adiciones.

1558-1559
— Montemayor, *La Diana*.

1559
— Índice de libros prohibidos de Valdés.

1560
— Juan Vázquez, *Recopilación de sonetos y villancicos*.

1561
— Joan Timoneda, *Sarao de amores*.
— Empiezan los trabajos del palacio y jardines de Aranjuez.

DATOS EN TORNO AL AUTOR	REFERENCIAS HISTÓRICAS Y POLÍTICAS	ARTE, CIENCIA Y CULTURA
1562 — Nace Lope de Vega Carpio.		**1562** — Gil Vicente (†1536), *Copilaçam de todalas obras.*
1563 — San Juan ingresa en la Orden carmelita.	**1563** — Finaliza el Concilio de Trento. Construcción de El Escorial (1563-1584)	
1564 — San Juan inicia estudios en Salamanca.		**1564** — Gil Polo, *Diana enamorada.*
1567 — Aldana, en los Países Bajos al servicio del duque de Alba. — San Juan, sacerdote. Se suma a santa Teresa en la reforma de la Orden carmelita.		
1568 — Encuentro entre Aldana y Arias Montano en Flandes.	**1568** — Sublevación de Guillermo de Orange en los Países Bajos. Muerte del príncipe Carlos y de la reina Isabel de Valois.	**1568** — Juan de Mal Lara, *Filosofía vulgar.*

1568-1570
— Sublevación de los moriscos de Granada.

1569
— Primera edición de Garcilaso sin Boscán.

1569
— Alonso de Ercilla, *La Araucana*, I.
— Se imprime en Basilea la *Biblia* traducida por Casiodoro de Reina (*la Biblia del oso*).

1569-1573
— *Biblia Poliglota de Amberes*.

1571
— Victoria de Lepanto.

1572
— Camoens, *Os Lusíadas*.

1572
— Explotación de las minas de plata del Potosí.

1572
— Prisión de fray Luis de León en la Inquisición de Valladolid...
— Herrera, *Relación* de la batalla de Lepanto, con la célebre canción.
— San Juan, confesor y vicario en el monasterio de la Encarnación (Ávila).

DATOS EN TORNO AL AUTOR	REFERENCIAS HISTÓRICAS Y POLÍTICAS	ARTE, CIENCIA Y CULTURA
1573 — Aldana, herido grave en el sitio de Alquemar. — Lope inicia sus estudios en el Colegio Imperial de la Compañía de Jesús.		
1574 — Sánchez de las Brozas, *Anotaciones* a Garcilaso.		**1574** — Melchor de Santa Cruz, *Floresta*.
1575 — Fecha probable de nacimiento de Andrés Fernández de Andrada.	**1575** — Suspensión de pagos de la Hacienda de Felipe II.	**1575** — Sebastián de Córdoba, *Boscán y Garcilaso a lo divino*. — Huarte de san Juan, *examen de ingenios*.
1576 — Fray Luis sale de prisión absuelto de los cargos contra él. — Aldana, teniente de alcalde de la fortaleza de San Sebastián. — Góngora inicia estudios en Salamanca.		

1577
— Aldana, en Lisboa con el rey don Sebastián.
— San Juan, preso en Toledo por los Calzados. Empieza a componer, de memoria, el *Cántico espiritual*.

1578
— Muere Francisco de Aldana en Alcazarquivir.

1580
— Herrera, *Anotaciones* a Garcilaso.
— Góngora publica su primer poema.
— Nace Francisco de Quevedo y Villegas.

1577
— Francisco de Salinas, *De musica libri septem*.

1578
— Antonio de Cabezón, *Obras de música para tecla, arpa y vihuela*.
— Ercilla, *La Araucana, II*.

1579
— López de Úbeda, *Cancionero general de la doctrina cristiana*.
— Lucas Rodríguez, *Romancero historiado*.
— Inauguración del *corral* de la Cruz en Madrid.

1580
— Sánchez de Lima, *Arte poética en romance castellano*.
— Torquato Tasso, *Jerusalén libertada*.
— Michel de Montaigne, *Ensayos*.

1578
— Muere don Juan de Austria.
— Derrota de Alcazarquivir y muerte del rey don Sebastián de Portugal.

DATOS EN TORNO AL AUTOR	REFERENCIAS HISTÓRICAS Y POLÍTICAS	ARTE, CIENCIA Y CULTURA
1581 — Don Juan Fernández de Velasco ataca las *Anotaciones* de Herrera con el seudónimo de *Prete Jacopín*.	**1581** — Felipe II, rey de Portugal. — Declaración de Independencia de las provincias del Norte de Flandes.	**1581** — Mateo Flecha el Viejo, *Las ensaladas*.
1582 — Herrera, *Algunas obras*. — San Juan, prior en Granada. Termina el *Cántico*.		
1583 — Fray Luis de León, *De los nombres de Cristo* (ed. definitiva: 1585).		**1583** — Juan de la Cueva, *Comedias y tragedias*. — Giordano Bruno, *De l'infinito, universo e mondi*.
		1584 — Cervantes, *Numancia*. — Terminación del monasterio de El Escorial.

1585
— Fecha *a quo* para la respuesta de Herrera a *Prete Jacopín*.
— Góngora, diácono y racionero de la Catedral de Córdoba.

1587
— Lope, procesado por libelos contra Elena Osorio.

1588
— Lope, desterrado de la Corte. Marcha a Valencia. Se casa con Isabel de Urbina. Se alista en *La Invencible*.

1588
— Fracaso de la *Armada Invencible*.

1585
— Cervantes, *La Galatea*.

1586
— El Greco, *El entierro del Conde de Orgaz*.

1588
— Santa Teresa, *Libro de su vida* y *Castillo interior* o *Las Moradas*.

1589
— Francisco Guerrero, *Canciones y villanescas espirituales*.
— Ercilla, *La Araucana*, III.
— Pedro de Moncayo, *Flor de varios romances nuevos*.

DATOS EN TORNO AL AUTOR	REFERENCIAS HISTÓRICAS Y POLÍTICAS	ARTE, CIENCIA Y CULTURA
1590 — Lope, al servicio del duque de Alba.		**1590** — José de Acosta, *Historia natural y moral de las Indias.*
1591 — Mueren fray Luis de León y san Juan de la Cruz.	**1591** — Felipe II suprime los Fueros de Aragón.	
1592 — Herrera, *Vida de Tomás Moro.*		**1592** — Rengifo, *Arte poética española.*
		1594 — T. Tasso, *Discorsi del poema eroico.*
		1595 — Francisco de Sá de Miranda (†1558), *As obras.* Luis de Camoens (†1579), *Rythmas.* — Pérez de Hita, *Guerras civiles de Granada*, I.

1596
— Fernández de Andrada combate en el sitio de Cádiz contra los ingleses.
— Quevedo inicia estudios en Alcalá de Henares.

1597
— Muere Fernando de Herrera.

1598
— Lope publica *La Arcadia*.

1599
— Lope publica *El Isidro*.

1601
— Quevedo sigue estudios en la Universidad de Valladolid.

1596
— Bancarrota de la Hacienda real.
— Saqueo de Cádiz por los ingleses.

1597
— Autonomía de los Países Bajos.

1598
— Muere Felipe II. Le sucede su hijo Felipe III.

1600
— G. Bruno, quemado por la Inquisición de Roma.
— Fundación de la compañía Inglesa de las Indias Orientales.

1601
— Traslado de la Corte a Valladolid.

1596
— López Pinciano, *Filosofía antigua poética*.

1598
— Cristóbal Pérez de Herrera, *Protección de los pobres*.

1599
— Mateo Alemán, *Guzmán de Alfarache* (1ª parte).

1600
— *Romancero General*
— González de Cellorigo, *Memorial para la restauración de España*.

1601
— Juan de Mariana, *Historia de España* (versión castellana).

Datos en torno al autor	Referencias históricas y políticas	Arte, ciencia y cultura
		— William Shakespeare, *Hamlet*.
1602	**1602**	**1602**
– Lope publica *La hermosura de Angélica con otras diversas rimas*.	— El duque de Lerma, primer valido.	— Alfonso de Carvallo, *Cisne de Apolo*.
1603	**1603**	**1603**
— Góngora pasa varios meses en Valladolid. Empieza su enemistad con Quevedo.	— Muere Isabel I de Inglaterra.	— Agustín de Rojas, *El viaje entretenido*.
1604		**1604**
— Lope publica *El peregrino en su patria* y las *Rimas*. Aparece la *Parte I* de sus comedias.		— *Romancero General* (2.ª ed. refundida)
		— Mateo Alemán, *Guzmán de Alfarache* (2.ª parte).
		— Shakespeare, *Otelo*.
1605		**1605**
— Góngora, Lope y Quevedo, representados en las *Flores* de Espinosa.		— Pedro Espinosa, *Flores de poetas ilustres*.
— Lope, al servicio del duque de Sessa. Nace Marcela, hija de Lope y su amante Micaela Luján. *Peribáñez*.		— Miguel de Madrigal, *Segunda parte del Romancero General*
— Quevedo, corresponsal de Justo		— Cervantes, *Quijote* (1.ª parte). López de Úbeda, *La pícara Justina*. Shakespeare, *El rey Lear*, *Macbeth*.

Lipsio. Escribe el primero de los *Sueños*.		
1606	**1606**	**1606**
— Nace Carlos Félix, hijo de Lope y de Juana Guardo, su segunda esposa.	— Regreso de la Corte a Madrid.	— Juan de la cueva, *Ejemplar poético*. — Bernardo de Aldrete, *Del origen y principio de la lengua castellana*.
1607	**1607**	**1607**
— Góngora, en Niebla y Lepe (Huelva).	— Misiones jesuíticas del Paraguay.	— Monteverdi, *Orfeo*.
1609	**1609**	**1609**
— Góngora renuncia a sus aspiraciones cortesanas. — Lope publica *La Jerusalén conquistada* y las *Rimas* con el *Arte nuevo*.	— Expulsión de los moriscos españoles (1609-1614).	— Juan Hidalgo, *Romances de germanía*. — Anteojo de Galileo. Kepler, *Astronomía nova*.
	1610	
	— Asesinato de Enrique IV, rey de Francia.	
		1611
		— Carrillo y Sotomayor, *Libro de la erudición poética*. — Sebastián de Covarrubias, *Tesoro*.

DATOS EN TORNO AL AUTOR	REFERENCIAS HISTÓRICAS Y POLÍTICAS	ARTE, CIENCIA Y CULTURA
1612		
— Lope publica *Los pastores de Belén*. Mueren Micaela de Luján y Carlos Félix.		
— Fecha *ad quem* para la composición de la *Epístola moral a Fabio*.		
1612-1614		
— Góngora escribe el *Polifemo* y las *Soledades*.		
— Lope, *La dama boba*, *El perro del hortelano*.		
1613		**1613**
— Quevedo tiene compuesto el *Heráclito cristiano*. Marcha a Italia con el duque de Osuna.		— Cervantes, *Novelas ejemplares*.
		— Juan Martínez Montañéz, retablo de san Isidoro del Campo.
1614		**1614**
— Lope se ordena sacerdote y publica las *Rimas sacras*.		— Cervantes, *Viaje del Parnaso*.

1615
— Díaz de Ribas, primer comentarista de las *Soledades* (ms.).

1617
— Góngora, de nuevo pretendiente en la Corte.
— Quevedo obtiene el hábito de Santiago.

1618
— Primera edición de las *Obras* de San Juan de la Cruz.
— Góngora se ordena sacerdote. Quevedo regresa definitivamente a España.

1618
— Caída del duque de Lerma.
— Comienza la guerra europea de los *Treinta años*.

1615
— Cervantes, *Quijote* (2.ª parte).
— William Harvey descubre la circulación de la sangre, descrita anteriormente por Miguel Servet.

1616
— Jáuregui, *Antídoto* contra las *Soledades*.
— Jusepe de Ribera ingresa en la Academia de San Lucas de Roma.
— Roma prohíbe a Galileo enseñar su doctrina.

1617
— Abad de Rute, *Examen del «Antídoto»*.
— Cascales, *Tablas poéticas*.
— Cervantes, *Persiles*. Suárez de Figueroa, *El pasajero*.

1618
— Vicente Espinel, *Marcos de Obregón*.

DATOS EN TORNO AL AUTOR	REFERENCIAS HISTÓRICAS Y POLÍTICAS	ARTE, CIENCIA Y CULTURA
1619		
— Herrera, *Versos*, ed. cuidada por el pintor Francisco Pacheco.		
— Lope, *Romancero espiritual*.		
— Fernández de Andrada, contador en México.		
1620		**1620**
— Lope preside las justas por la beatificación de san Isidro.		— Bacon, *Novum Organum Scientiarum*.
— Lope, *El caballero de Olmedo*.		
1621	**1621**	**1621**
— Lope publica *La Filomena, con otras diversas Rimas, Prosas y Versos*.	— Muere Felipe III. Le sucede su hijo, Felipe IV. Privanza del Conde de Olivares.	— *Primavera y flor de los mejores romances*.
1622		**1622**
— Garcilaso comentado por Tamayo de Vargas.		— Canonización de san Ignacio de Loyola, san Francisco Javier y santa Teresa de Jesús.

1623
— Muere en México don Alonso Tello, el *Fabio* de la *Epístola moral*.
— Quevedo regresa a la Corte, con la protección de Olivares.

1624
— Lope publica *La Circe, con otras rimas y prosas*.

1626
— Góngora regresa a Córdoba enfermo y empobrecido.
— Se imprime *El Buscón*, de Quevedo.

1627
— Se imprime en Bruselas la primera colección poética de san Juan de la Cruz.
— Muere Góngora. Edición póstuma de sus obras por López de Vicuña.

1624
— Muere en prisión el duque de Osuna.
— Richelieu, ministro de Luis XIII.
— Los holandeses fundan Nueva Amsterdam (luego Nueva York).

1627
— Nueva bancarrota. Los genoveses dejan de ser los banqueros de España.

1623
— Marino, *Adonis*.
— Comienzos como dramaturgo de Calderón.
— Velázquez, pintor real.

1624
— Juan de Jáuregui, *Discurso poético*.
— Tirso de Molina, *Los cigarrales de Toledo*.
— Velázquez, *Los borrachos*.

1625
— Velázquez, *La rendición de Breda*.

1627
— Vera y Mendoza, *Panegírico por la poesía*.

DATOS EN TORNO AL AUTOR	REFERENCIAS HISTÓRICAS Y POLÍTICAS	ARTE, CIENCIA Y CULTURA
— Se imprimen los *Sueños*, de Quevedo.		
1628		
— Quevedo defiende el patronato único de Santiago.		
	1629	**1629**
	— Richelieu, primer ministro de Francia.	— Conde de Villamediana (†1622), *Obras*.
		— Rubens y Velázquez traban amistad en Madrid.
		— Se inicia la construcción del Palacio del Buen Retiro.
		1630
1630		— Primera ed. conocida de *El burlador de Sevilla*.
— Pellicer, *Lecciones solemnes a las obras de... Góngora*.		— Velázquez, *La fragua de Vulcano*.
— Lope, *Laurel de Apolo*.		
— Fernández de Andrada, alcalde mayor de Cuautitlán.		
1631		
— Quevedo edita los poemas de fray Luis de León, con dedicatoria a Olivares, y de Francisco de La Torre.		

1632

— Lope, *La Dorotea*. Estrena *El castigo sin venganza*.

1633

— Quevedo, *Execración contra los judíos*.

1634

— Lope, *Rimas de Tomé Burguillos*.
— Matrimonio de Quevedo con doña Esperanza de Mendoza.
— Quevedo publica *La cuna y la sepultura*.

1635

— Muere Lope de Vega.

1636

— *Obras* de Góngora, comentadas por Salcedo Coronel (I).
— Salazar Mardones, *Ilustración y defensa de la «Fábula de Píramo y Tisbe»*, de Góngora.

1633

— Jusepe González de Salas, *Nueva idea de la tragedia antigua*.
— Galileo, obligado a abjurar.

1634

— Lupercio (†1613) y Bartolomé (†1631) Leonardo de Argensola, *Rimas*.
— Cascales, *Cartas filológicas*.
— Se inaugura el coliseo del Buen Retiro.

1635

— Fundación de la Academia Francesa.

1636

— Calderón, *Primera parte de las comedias* (incluye *La vida es sueño*).

DATOS EN TORNO AL AUTOR	REFERENCIAS HISTÓRICAS Y POLÍTICAS	ARTE, CIENCIA Y CULTURA
— Quevedo, *La hora de todos y La fortuna con seso*.		**1637**
		— María de Zayas, *Novelas amorosas y ejemplares*.
		— Descartes, *Discurso del método*.
		1638
		— Zurbarán inicia la serie del monasterio de Guadalupe.
1639	**1640**	
— Quevedo, preso en San Marcos de León (hasta 1643).	— Portugal se separa de la Corona española. Rebelión y guerra en Cataluña.	
	1641	**1641**
	— Conspiración secesionista en Andalucía.	— Saavedra Fajardo, *Empresas políticas*.
		— Vélez de Guevara, *El diablo cojuelo*.

1642
— Gracián, *Arte de ingenio*.

1643
— Derrota española en Rocroy.
— Caída del conde-duque de Olivares.
— Luis XIV, rey de Francia.

1644
— Torricelli, el barómetro.

1646
— *Vida de Estebanillo González*.

1647
— Rebelión de Masaniello en Nápoles.

1644
— *Obras* de Góngora, comentadas por Salcedo Coronel (II).
— Quevedo, *Marco Bruto*.

1645
— Muere Quevedo.

DATOS EN TORNO AL AUTOR	REFERENCIAS HISTÓRICAS Y POLÍTICAS	ARTE, CIENCIA Y CULTURA
1648 — *Obras* de Góngora, comentadas por Salcedo Coronel (III). — Probable fecha de la muerte, en la pobreza, de Fernández de Andrada. — González de Salas publica *El Parnaso español*, de Quevedo.	**1648** — Independencia de los Países Bajos. Paz de Westfalia.	**1648** — Gracián, *Agudeza y arte de ingenio* (2.ª ed.).
	1649 — Ejecución de Carlos I de Inglaterra: Cromwell.	**1651** — Baltasar Gracián, *El Criticón*, I. — Hobbes, *Leviathan*.
1651 — Fecha probable de nacimiento de sor Juana Inés de la Cruz.		**1653** — Gracián, *El Criticón*, II. Juan de Zabaleta, *Errores celebrados*.
		1654 — Juan de Alfay, *Poesías varias de grandes ingenios españoles*.

1656
— Velázquez, *Las Meninas*.

1657
— Gracián, *El Criticón*, III.
— Velázquez, *Las Hilanderas*.

1660
— Calderón escribe sus primeras óperas.

1664
— Molière, *Tartufo*.

1659
— Paz de los Pirineos: Francia, primera potencia europea.

1665
— Muere Felipe IV. Le sucede su hijo, Carlos II.

1662
— Sor Juana en la Corte virreinal con la Marquesa de Mancera.

DATOS EN TORNO AL AUTOR	REFERENCIAS HISTÓRICAS Y POLÍTICAS	ARTE, CIENCIA Y CULTURA
	1667 — Paz de Aquisgrán.	**1668** — Murillo, *Inmaculada Concepción* de la Catedral de Sevilla.
1669 — Sor Juana profesa en la Orden jerónima.		**1671** — Telescopio de Newton.
1670 — Pedro Aldrete publica *Las tres últimas Musas castellanas*, de Quevedo.		**1672** — Nicolás Antonio, *Bibliotheca Hispana nova*. — Valdés Leal, *Alegorías de la Muerte* en el Hospital de la Caridad (Sevilla).

1675
— Spinoza no logra publicar su *Ética*.

1678
— Paz de Nimega.

1680
— Gutiérrez de los Ríos, *El hombre práctico*.
— Fundación de la Comedia Francesa.

1680
— Sor Juana bajo la protección de los nuevos virreyes, Marqueses de Laguna y Condes de Paredes.

1681
— Antonio de León Pinelo, *Recopilación de las Leyes de Indias*.

1684
— Antonio de Solís, *Historia de la conquista de México*.

1685
— Fecha aproximada de la redacción del *Primero sueño*.

DATOS EN TORNO AL AUTOR	REFERENCIAS HISTÓRICAS Y POLÍTICAS	ARTE, CIENCIA Y CULTURA
		1687 — Newton, *Principios matemáticos de la filosofía natural.* — Juan de Cabriada, *Carta filosófica, médico-chímica.*
1689 — Sor Juana, *Inundación castálida.*		
1690 — Sor Juana, *El divino Narciso.*		
1691 — Sor Juana redacta la *Respuesta a sor Filotea de la Cruz.*		
1692 — Sor Juana, *Segunda parte de las obras,* con el *Primero sueño.*		
1693 — Sor Juana abandona la escritura a causa de las presiones eclesiásticas.		

1695
— Muere sor Juana Inés de la Cruz.

1696
— Nicolás Antonio (†1684), *Bibliotheca Hispana vetus*.

1697
— Fundación de la Sociedad de Medicina y otras Ciencias de Sevilla.

1700
— Sor Juana, *Fama y obras póstumas*, con la *Respuesta a Sor Filotea*.

1700
— Muere Carlos II.

ANTOLOGÍA POÉTICA DE LOS SIGLOS XVI-XVII

Garcilaso de la Vega

(Toledo [hacia 1501]-Niza, Francia, 1536)

Núm. 1

[handwritten: VIDA = CAMINO]

  Cuando me paro a contemplar mi estado
y a ver los pasos por dó me han traído,
hallo, según por do anduve perdido,
que a mayor mal pudiera haber llegado;

  mas cuando del camino estó olvidado,   5
a tanto mal no sé por dó he venido;
sé que me acabo, y más he yo sentido *[handwritten: AMOR PERDIDO]*
ver acabar comigo mi cuidado.

  Yo acabaré, que me entregué sin arte
a quien sabrá perderme y acabarme   10
si quisiere, y aun sabrá querello;

  que pues mi voluntad puede matarme, *[handwritten: MUERTE ES CIERTO — VOLUNTARIO]*
la suya, que no es tanto de mi parte,
pudiendo, ¿qué hará sino hacello?

Este soneto, fechable entre 1526-1532 y editado habitualmente como apertura de la obra garcilasiana, desarrolla la reflexión del amante sobre su pasado, para concluir que la muerte inminente es el final más cierto de su errático caminar. El arranque, con la imagen de la vida como camino de amor, remite a Petrarca («Quando io mi volgo in dietro a mirar gli anni», *Canzoniere*, CCXCVIII). Paulatinamente, el tono introspectivo se vuelve más voluntarioso y conceptista, con insistente empleo de recursos retóricos habituales en la lírica cancioneril. El *incipit* de la composición fue recordado por no pocos poetas del Siglo de Oro.

---

2 *por dó*: 'por dónde'. Los editores dudan entre *dó* y *do*. El anacoluto favorece la primera opción, pues sugiere que es ahora (o sea, sólo después de pararse a pensarlo) cuando el enamorado, extrañado de sí mismo, toma conciencia de su trayectoria.

5 *estó*: 'estoy'.

8 *comigo*: 'conmigo'; *cuidado*: 'preocupación amorosa'.

9 *acabaré*: 'moriré'; *sin arte*: 'sin engaño'.

11 *y aun sabrá querello*: 'y vaya si sabrá quererlo'. Podría haber diéresis en *quisiere*.

14 A efectos de la escansión silábica, téngase en cuenta que en Garcilaso es obligada la aspiración de la *h* inicial cuando deriva de *f-* latina.

Núm. 2

Escrito está en mi alma vuestro gesto
y cuanto yo escribir de vos deseo:
vos sola lo escribistes; yo lo leo
tan solo, que aun de vos me guardo en esto.

En esto estoy y estaré siempre puesto,   5
que aunque no cabe en mí cuanto en vos veo,
de tanto bien lo que no entiendo creo,
tomando ya la fe por presupuesto.

El soneto, que suele fecharse en el período 1526-1532, tiene como fundamento las ideas de la filografía renacentista acerca del proceso amoroso (en este sentido, conviene ponerlo en relación con el soneto VIII, «De aquella vista pura y excelente»). Así, los cuartetos reelaboran el tópico de la imagen de la amada impresa en el alma del amante, y la adoración religiosa que allí se le consagra. En los tercetos, la voz de Garcilaso suena con uno de sus acentos más característicos: la serena y a la vez intensa afirmación del amor como destino voluntariamente abrazado. Antonio Prieto propone considerar este poema como el verdadero soneto prólogo del cancionero garcilasiano.

---

1 *gesto:* 'semblante'. La visión de la amada acarrea un intercambio por los ojos de espíritus vitales, los cuales vienen a grabar su imagen o *phantasma* en las potencias interiores del amante. El alma del poeta es, en definitiva, como un libro en el que han quedado grabados, junto a la imagen de la amada, los versos de amor que ella le inspira.

3-4 *escribistes:* 'escribisteis'. Pasaje oscuro por la equivocidad de la expresión *tan solo.* Podría significar que el poeta, movido por una especie de terror sagrado ante la belleza divina de la dama, no se atreve a más que leer lo que ella ha escrito en su alma. O bien, que la completa soledad del amante es requisito para la contemplación de la imagen interiorizada de la amada.

5 *puesto:* 'dedicado'.

6-8 Como el poeta no es capaz de aprehender con su mente la hermosura de la dama, echa mano de la fe como recurso o expediente (*presupuesto*) para creer lo que no alcanza a entender por la mera vía intelectual.

Yo no nací sino para quereros;
mi alma os ha cortado a su medida;   10
por hábito del alma misma os quiero;

cuanto tengo confieso yo deberos;
por vos nací, por vos tengo la vida,
por vos he de morir y por vos muero.

---

11 *hábito del alma:* más allá de la dilogía entre 'vestido' y 'disposición, costumbre', se trata de una expresión técnica de la fisiología antigua *(indumentum animae)* alusiva a que la imagen interior de la amada conforma el alma del amante favoreciendo la transformación interior de éste en aquélla. De esta vida *nueva* trata el terceto final.

Núm. 3

¡Oh dulces prendas por mi mal halladas,
dulces y alegres cuando Dios quería,
juntas estáis en la memoria mía,   SOLO UN RECUERDO
y con ella en mi muerte conjuradas!

¿Quién me dijera, cuando las pasadas   5
horas que en tanto bien por vos me vía,
que me habíades de ser en algún día
con tan grave dolor representadas?

Pues en una hora junto me llevastes
todo el bien que por términos me distes,   10
lleváme junto el mal que me dejastes;

si no, sospecharé que me pusistes
en tantos bienes porque deseastes
verme morir entre memorias tristes.

Otro de los sonetos garcilasianos que más huellas dejó entre los poe-
tas de la época. Su tema es el contraste entre la felicidad pasada y el do-
lor presente del enamorado, pero tomando como punto de partida un
motivo inspirado en Virgilio (*Eneida,* IV, 651): «… Dido, antes de morir,
recuerda los vestidos y regalos de Eneas y el tiempo de felicidad…»
(J. F. Alcina). Aquí, sin embargo, el lamento se hace ante las prendas o
regalos de la amada muerta. Seguramente por eso se viene fechando este
poema hacia 1533-1534, tras la muerte de Isabel Freire.

---

4 «y con la memoria estáis conjuradas para darme muerte»
(B. Morros).
5-6 *por vos:* 'por vosotras' (las prendas); *vía:* 'veía'. La oración intro-
ducida por *cuando* lleva elíptico un verbo como *pasaban* o *transcurrían.*
7-8 O sea: que más adelante las prendas habrían de presentarse ante
sus ojos con una nueva apariencia, revestidas de dolor.
9 El sujeto de *llevastes* y demás verbos que siguen es *vos* (las prendas).
10 *por términos:* 'poco a poco'.
11 *lleváme:* 'llevadme, quitadme'.

Núm. 4

A Dafne ya los brazos le crecían
y en luengos ramos vueltos se mostraban;
en verdes hojas vi que se tornaban
los cabellos que el oro escurecían:

de áspera corteza se cubrían   5
los tiernos miembros que aún bullendo estaban;
los blancos pies en tierra se hincaban
y en torcidas raíces se volvían.

Aquel que fue la causa de tal daño,
a fuerza de llorar, crecer hacía   10
este árbol, que con lágrimas regaba.

¡Oh miserable estado, oh mal tamaño,
que con llorarla crezca cada día
la causa y la razón por que lloraba!

Del relato mítico acerca de Apolo y Dafne (Ovidio, *Metamorfo-sis*, I, 452-567), el poeta selecciona el momento de la transformación de la ninfa en laurel, lo que le permite dar una espléndida muestra de la calidad plástica que llegaron a alcanzar sus versos en la etapa napolitana (1532-1536). El tema puede leerse, por lo demás, como emblema, bien del sufrimiento amoroso, bien de la creación poética: el llanto del poeta, identificado con Apolo, alimenta su propia gloria poética, representada por el laurel (se trata, claro es, de un motivo petrarquesco). Garcilaso volvió sobre este mito en la Égloga III, vv 145-168. Un tratamiento burlesco puede verse, por contra, en Quevedo (núm. 83).

---

2 *vueltos:* 'convertidos'.
3 *vi:* parece que el poeta habla como si estuviese contemplando una pintura o grabado.
4 En comparación con lo cabellos de Dafne, el oro resultaba obscuro.
6 «Los *miembros* se identifican en medicina con los distintos órganos y partes del cuerpo humano...» (B. Morros).
9 Es Apolo.
12 *tamaño:* 'tan grande'.

Núm. 5

En tanto que de rosa y de azucena
se muestra la color en vuestro gesto,
y que vuestro mirar ardiente, honesto,
con clara luz la tempestad serena;

y en tanto que el cabello, que en la vena   5
del oro se escogió, con vuelo presto
por el hermoso cuello blanco, enhiesto,
el viento mueve, esparce y desordena:

coged de vuestra alegre primavera
el dulce fruto, antes que el tiempo airado   10
cubra de nieve la hermosa cumbre.

Marchitará la rosa el viento helado,
todo lo mudará la edad ligera
por no hacer mudanza en su costumbre.

Empaque de epigrama clásico tiene este soneto compuesto entre 1533-1536. El poema desarrolla la tópica invitación a una doncella —caracterizada según el canon de belleza renacentista— para que disfrute de su juventud antes de que llegue la vejez. Los antecedentes clásicos del tema se cifran en el *carpe diem* horaciano (oda IV, 10) y el *collige, virgo, rosas* de Ausonio. A éstos hay que sumar un soneto de Bernardo Tasso («Mentre che l'aureo crin u'ondeggia intorno»), que le proporciona a Garcilaso, sobre todo, el patrón estructural (como luego ocurrirá con el famoso «Mientras por competir con tu cabello», de Góngora; véase núm. 38).

---

2 *gesto:* véase núm. 2, v 1.
3-4 La hermosura de la joven despierta el deseo amoroso *(la tempestad)* en quien la ve, pero el deseo resulta refrenado por la calidad espiritual de la mirada. El sentido quedaba más claro en una redacción anterior del verso: *enciende el corazón y lo refrena.*
5 *vena:* 'filón'.
10-11 Alude a la cabeza cubierta de canas, conforme a la metáfora tradicional del invierno como vejez de la vida.
13 *la edad ligera:* 'el tiempo fugaz'.
14 El tiempo no puede dejar de hacer lo que siempre hace: destruirlo todo.

Núm. 6

Con un manso rüido
de agua corriente y clara
cerca el Danubio una isla, que pudiera
ser lugar escogido
para que descansara   5
quien como estó yo agora, no estuviera;
do siempre primavera
parece en la verdura
sembrada de las flores;
hacen los ruiseñores   10
renovar el placer o la tristura
con sus blandas querellas,
que nunca, día ni noche, cesan dellas.

Esta canción petrarquista (la III de Garcilaso), modelada según el esquema de la famosa «Chiare, fresche e dolci acque» del *Canzoniere,* suele fecharse a mediados de 1532, durante el destierro del poeta en alguna isla del Danubio, cerca de Ratisbona. La queja del poeta presenta un doble registro, ya que el lamento amoroso encubre a su vez otro de tipo político por el destierro. En parte por eso, la queja va expresada con los rasgos del voluntarismo, la contención reticente y la entereza estoica. A todo esto hay que añadir todavía que estamos ante uno de los primeros ensayos de descripción paisajística —conforme al tópico *locus amoenus*— por parte de su autor, y que la parte final del poema (la última estancia y el envío o *commiato)* presentan notas de carácter metapoético: Garcilaso aspira a que su poesía fluya armoniosa y serena en medio del dolor, como lo hacen las *claras ondas* del Danubio al discurrir por *fieras naciones* (vv 54-55).

---

3 *cerca:* 'rodea'.
8 *parece:* 'se deja ver'.
11 *tristura:* 'tristeza'.
12 *blandas querellas:* 'suaves lamentos' (de amor, se entiende).
13 *cesan:* 'desisten'.

    Aquí estuve yo puesto,
o por mejor decillo,   15
preso y forzado y solo en tierra ajena;
bien pueden hacer esto
en quien puede sufrillo
y en quien él a sí mismo se condena.
Tengo sola una pena,   20
si muero desterrado
y en tanta desventura:
que piensen por ventura
que juntos tantos males me han llevado;
y sé yo bien que muero   25
por sólo aquello que morir espero.

    El cuerpo está en poder
y en mano de quien puede
hacer a su placer lo que quisiere;
mas no podrá hacer   30
que mal librado quede,
mientras de mí otra prenda no tuviere.
Cuando ya el mal viniere
y la postrera suerte,
aquí me ha de hallar,   35
en el mismo lugar,
que otra cosa más dura que la muerte
me halla y me ha hallado;
y esto sabe muy bien quien lo ha probado.

---

14 El sorprendente empleo del pasado en este verso no tiene explica-
ción fácil. Quizá el poeta imagina escribir ahora desde el momento de su
muerte ya próxima.
16 *ajena*: 'extraña, extranjera'.
24 *llevado*: 'quitado la vida'.
26 «La causa real por la que el poeta puede llegar a morir podría ser
de tipo amoroso, aunque no cabe descartar una alusión al desengaño por
la pérdida del favor de Carlos V (véanse vv 43-52)» (B. Morros).
27-29 Es el Emperador.
32 La *otra prenda* es el alma.
34 Se refiere a la muerte.

    No es necesario agora   40
hablar más sin provecho,
que es mi necesidad muy apretada;
pues ha sido en una hora
todo aquello deshecho
en que toda mi vida fue gastada.   45
¿Y al fin de tal jornada
presumen de espantarme?
Sepan que ya no puedo
morir sino sin miedo,
que aun nunca qué temer quiso dejarme   50
la desventura mía,
que el bien y el miedo me quitó en un día.

    Danubio, río divino,
que por fieras naciones
vas con tus claras ondas discurriendo,   55
pues no hay otro camino
por donde mis razones
vayan fuera de aquí, sino corriendo
por tus aguas y siendo
en ellas anegadas,   60
si en tierra tan ajena
en la desierta arena
de alguno fueren a la fin halladas,
entiérrelas siquiera
porque su error se acabe en tu ribera.   65

43-45 «Quizá se refiera a la pérdida del favor del Emperador»
(J. F. Alcina).

47 '¿creen que van a causarme espanto?'.

54 *fiera:* 'bárbaras'; «... el Danubio discurría, en parte, por tierras que
pertenecían al Imperio Turco» (J. F. Alcina).

65 El *error* se explica porque el poeta hubiera preferido callar. Tam-
poco puede descartarse que el término recoja la ambivalencia de *errar* en-
tre 'equivocarse' y 'vagar'.

    Aunque en el agua mueras,
canción, no has de quejarte,
que yo he mirado bien lo que te toca;
menos vida tuvieras
si hubiera de igualarte   70
con otras que se me han muerto en la boca.
Quién tiene culpa en esto,
allá lo entenderás de mí muy presto.

---

73 El poeta va a reunirse pronto con su canción en el más allá, momento en que le dará a conocer *(entenderás de mí)* las razones de su estado.

CONTEXTO

Núm. 7   *Ode ad florem Gnidi*

    Si de mi baja lira
tanto pudiese el son que en un momento
aplacase la ira
del animoso viento
y la furia del mar y el movimiento;   AGUA - SU PODER

    y en ásperas montañas
con el süave canto enterneciese
las fieras alimañas,
los árboles moviese
y al son confusamente los trujiese,   10

Este poema (rotulado frecuentemente como Canción V) constituye el primer ejemplo de oda horaciana en la lírica española del Renacimiento; de hecho, tiene deudas directas con la I,8 del venusino y su estrofa (llamada desde entonces *lira)* es una de las varias que utilizó Bernardo Tasso para introducir el mencionado género en la poesía italiana. Corresponde al período napolitano, como se deja ver desde el título: el Gnido es un barrio de Nápoles. El poema tiene dos partes. En la primera (hasta el v 65) el poeta hace de abogado de su amigo Mario Galeota en sus infortunados amores por una dama de nombre Violante Sanseverino (los nombres están sugeridos en los vv 28 y 34-35). En la segunda, el poeta evoca la conclusión del mito de Anajárete e Ifis (Ovidio, *Metamorfosis*, XIV, 689-771) como ejemplo de lo que podría ocurrir a doña Violante si no ablanda su corazón: la joven fue transformada por Afrodita en estatua de mármol después que el desesperado Ifis se ahorcase ante la puerta de aquélla. El manejo de una materia objetiva permite a Garcilaso mostrar su virtuosismo técnico y, al tiempo, cierto distanciamiento humorístico.

---

4 *animoso:* 'tempestuoso' (cultismo).

10 *trujiese:* 'hiciese venir'. «Los poderes que el poeta desea para su lira coinciden con los poderes atribuidos tradicionalmente a la música de Orfeo: aplacar la fuerza de los vientos y detener la corriente de los ríos (vv 3-5), amansar las fieras (vv 6-8) y arrastrar tras sí los árboles (vv 9-10)» (B. Morros). La comparación implícita con Orfeo puede explicar que el poeta califique su lira de *baja* (v 1).

    no pienses que cantado
sería de mí, hermosa flor de Gnido,
el fiero Marte airado,
a muerte convertido,
de polvo y sangre y de sudor teñido,   15

    ni aquellos capitanes
en las sublimes ruedas colocados,
por quien los alemanes,
el fiero cuello atados,
y los franceses van domesticados;   20

    mas solamente aquella
fuerza de tu beldad sería cantada,
y alguna vez con ella
también sería notada
el aspereza de que estás armada;   25

    y cómo por ti sola
y por tu gran valor y hermosura,
convertido en vïola,
llora su desventura
el miserable amante en tu figura.   30

---

14 *a muerte convertido:* 'con la mira puesta en causar muerte'.
16-20 La estrofa evoca con tono clásico las victorias de Carlos V, comparándolas implícitamente con las de los generales romanos sobre galos y germanos. Las *sublimes* [o sea, 'altas'] *ruedas* son las de los carros triunfales sobre los que desfilan los vencedores (o también las esferas celestes adonde van destinados una vez muertos). El v 19 presenta la construcción conocida como de acusativo griego o de relación: los alemanes 'van atados por el fiero cuello'.
24 *notada:* 'señalada', e incluso 'reprendida'.
28-30 Según quería el tópico filográfico, el desdichado amante se ha convertido en la forma *(figura)* de la persona amada: en viola (por Doña Violante) o alhelí amarillento, color que denota el sufrimiento amoroso.

   Hablo de aquel cativo,
de quien tener se debe más cuidado,
que está muriendo vivo,
al remo condenado,
en la concha de Venus amarrado.   35

   Por ti, como solía,
del áspero caballo no corrige
la furia y gallardía,
ni con freno la rige,
ni con vivas espuelas ya le aflige.   40

   Por ti, con diestra mano
no revuelve la espada presurosa,
y en el dudoso llano
huye la polvorosa
palestra como sierpe ponzoñosa.   45

   Por ti, su blanda musa,
en lugar de la cítera sonante,
tristes querellas usa,
que con llanto abundante
hacen bañar el rostro del amante.   50

---

31 *cativo*: 'cautivo'.

34-35 «Venus lleva una concha porque nace de las aguas» (J. F. Alcina).
La imagen del cautivo remando en *la concha de Venus* remite al *galeote*, y
por ahí alude al apellido de Mario Galeota. Por otro lado, el pasaje se
presta a maliciosas interpretaciones, por dilogía con el sentido erótico del
término *concha*.

43-45 *dudoso*: 'incierto' (por el resultado del certamen). Galeota ha de-
jado, pues, de frecuentar la palestra donde se ejercitaba en el combate.

46-48 Galeota ha abandonado la cítara vibrante *(cítera sonante)*, pro-
pia de la poesía heroica, para cultivar la amatoria *(blanda musa)*.

    Por ti, el mayor amigo
le es importuno, grave y enojoso;
yo puedo ser testigo,
que ya del peligroso
naufragio fui su puerto y su reposo.   55

    Y agora en tal manera
vence el dolor a la razón perdida,
que ponzoñosa fiera
nunca fue aborrecida
tanto como yo dél, ni tan temida.   60

    No fuiste tú engendrada
ni producida de la dura tierra;
no debe ser notada
que ingratamente yerra
quien todo el otro error de sí destierra.   65

    Hágate temerosa
el caso de Anajárete, y cobarde,
que de ser desdeñosa
se arrepentió muy tarde,
y así su alma con su mármol arde.   70

---

55 Se refiere al *naufragio* amoroso, continuando la imagen de los vv
30-35.

61-62 «Quiere decir que doña Violante no es un duro guerrero na-
cido de la tierra. Alude al nacimiento de la tierra de terribles guerreros en
el mito de Cadmo, al lanzar los dientes de una serpiente; también nacen
gigantes guerreros de la tierra en el mito de Jasón, cuando en una de sus
pruebas se ve obligado a arar el campo de Ares» (J. F. Alcina).

63-65 Entiéndase a modo de advertencia: 'No debe ser reprendida por
incurrir en el defecto de ingratitud quien carece de todos los demás vi-
cios'. Pero el pasaje admite otras interpretaciones.

69 *arrepentió:* 'arrepintió', como *sentió* (v 81) y *convertieron* (v 90).

70 Tras el suicidio de Ifis (vv 76-78), Anajárete sintió un impulso de
piedad (vv 81-82) mientras contemplaba dese su ventana (vv 72-75) el fu-
neral del joven. Pero esto no impidió que Afrodita la castigase convir-
tiéndola en estatua de marmol.

Estábase alegrando
del mal ajeno el pecho empedernido,
cuando, abajo mirando,
el cuerpo muerto vido
del miserable amante allí tendido;   75

y al cuello el lazo atado
con que desenlazó de la cadena
el corazón cuitado,
y con su breve pena
compró la eterna punición ajena.   80

Sintió allí convertirse
en piedad amorosa el aspereza.
¡Oh tarde arrepentirse!
¡Oh última terneza!
¿Cómo te sucedió mayor dureza?   85

Los ojos se enclavaron
en el tendido cuerpo que allí vieron;
los huesos se tornaron
más duros y crecieron,
y en sí toda la carne convirtieron;   90

---

72 *empedernido:* 'insensible'.
74 *vido:* 'vio'.
77 *cadena* amorosa, se entiende.
79-80 Con la breve pena que sufrió, Ifis compró el castigo eterno de Anajárete. *«Pena* (en el sentido del latín *poena*) es la compensación (económica) o castigo por una falta y arrastra a su campo semántico el *compró»* (J. F. Alcina).
81 *Sentió:* 'sintió'.
84-85 Pues la terneza de última hora de Anajárete fue seguida de su transformación en mármol.

las entrañas heladas
tornaron poco a poco en piedra dura;
por las venas cuitadas
la sangre su figura
iba desconociendo y su natura;   95

hasta que, finalmente,
en duro mármol vuelta y transformada,
hizo de sí la gente
no tan maravillada
cuanto de aquella ingratitud vengada.   100

No quieras tú, señora,
de Némesis airada las saetas
probar, por Dios, agora;
baste que tus perfetas
obras y hermosura a los poetas   105

den inmortal materia,
sin que también en verso lamentable
celebren la miseria
de algún caso notable
que por ti pase triste, miserable.   110

94-95 La sangre iba negando *(desconociendo)* su propia forma *(figura)*
y naturaleza para convertirse en algo diferente.

98-100 *de sí:* se refiere a Anajárete. «Es decir, que la transformación
no maravilló a la gente tanto como la vengó» (E. L. Rivers).

102 *Némesis:* diosa y personificación de la venganza.

107 *lamentable:* 'lloroso'. Alude a la poesía elegíaca de tema fúnebre.

Núm. 8   *Égloga I. Al virrey de Nápoles*

Personas: SALICIO, NEMEROSO

El dulce lamentar de dos pastores,
Salicio juntamente y Nemoroso,
he de cantar, sus quejas imitando;
cuyas ovejas al cantar sabroso
estaban muy atentas, los amores,   5
de pacer olvidadas, escuchando.
Tú, que ganaste obrando
un nombre en todo el mundo
y un grado sin segundo,
agora estés atento sólo y dado   10

Considerada como una de las cumbres de la lírica áurea, esta égloga
debió de ser escrita en torno a 1534, cuando Garcilaso estaba al servicio
de don Pedro de Toledo, virrey de Nápoles, a quien está dedicado el poe-
ma. Consta de treinta estancias repartidas del siguiente modo: intro-
ducción (4), canto de Salicio (12), estrofa de transición, canto de Nemo-
roso (12) y estrofa de conclusión. El esquema del doble canto pastoril
(tomado de la bucólica VIII de Virgilio) da pie a una gradación de la queja
amorosa: Salicio lamenta la infidelidad de Galatea, Nemoroso la muerte
de Elisa. Una interpretación tradicional en clave autobiográfica propone
que ambos pastores son máscaras del propio Garcilaso, de tal manera que
el canto de Salicio tendría como trasfondo la boda de Isabel Freire con
don Antonio de Fonseca, y el de Nemoroso su muerte durante un parto.
Sea como fuere, el poema resulta ser un tupido tapiz de reminiscencias li-
terarias, especialmente virgilianas y petrarquistas, a veces tamizadas por
Sannazaro y su *Arcadia*.

---

2 *juntamente* podría hacer referencia a que cada uno de los pastores
está presente cuando canta el otro. O bien, dado que el canto de los pas-
tores no es alterno sino sucesivo, podría entenderse *juntamente*: 'sin solu-
ción de continuidad, sin interrupción', de manera similar al *iunctim* la-
tino: 'uno tras otro'.

3 *imitando*: o sea, ejecutando una representación artística de las que-
jas, conforme a las características de los pastores como personajes litera-
rios.

9 *sin segundo*: 'muy por encima de los demás'.

10 *agora*: 'ahora'; va en correlación distributiva con vv 15 y 21.

al ínclito gobierno del estado
albano, agora vuelto a la otra parte,
resplandeciente, armado,
representando en tierra el fiero Marte;

    agora de cuidados enojosos   15
y de negocios libre, por ventura
andes a caza, el monte fatigando
en ardiente jinete, que apresura
el curso tras los ciervos temerosos,
que en vano su morir van dilatando: 20
espera, que en tornando
a ser restitüido
al ocio ya perdido,
luego verás ejercitar mi pluma
por la infinita, innumerable suma   25
de tus virtudes y famosas obras,
antes que me consuma,
faltando a ti, que a todo el mundo sobras.

    En tanto que este tiempo que adevino
viene a sacarme de la deuda un día   30
que se debe a tu fama y a tu gloria
(que es deuda general, no sólo mía,
mas de cualquier ingenio peregrino

11-12 Llama *estado albano* a Nápoles porque don Pedro pertenece a la
casa de Alba. Parece que la frase *agora vuelto a la otra parte* se refiere a la
guerra como la otra faceta (además del gobierno) de la actividad del vi-
rrey.

17-19 *fatigando*: 'recorriendo'; *jinete*: 'caballo ligero'; *apresura el curso*:
'aprieta el paso'.

23 *ocio*: 'la vida tranquila de las letras, lo contrario del *negocio*'
(J. F. Alcina). La frase tiene, por tanto, como sujeto implícito al poeta.

24 *luego*: 'al momento'.

26 *famosas*: 'excelentes'.

28 *sobras*: 'superas'. El poeta expresa su deseo de no morir sin antes
haber compuesto un poema sobre las hazañas y méritos del virrey; de ma-
nera que *faltando a ti* parece significar 'dejando esa deuda pendiente'
(compárese más abajo v 30).

33 *peregrino*: 'singular, sobresaliente'.

que celebra lo digno de memoria),
el árbol de victoria   35
que ciñe estrechamente
tu glorïosa frente
dé lugar a la hiedra que se planta
debajo de tu sombra, y se levanta
poco a poco, arrimada a tus loores;   40
y en cuanto esto se canta,
escucha tú el cantar de mis pastores.

    Saliendo de las ondas encendido
rayaba de los montes el altura
el sol, cuando Salicio, recostado   45
al pie de una alta haya, en la verdura
por donde una agua clara con sonido
atravesaba el fresco y verde prado,
él, con canto acordado
al rumor que sonaba   50
del agua que pasaba,
se quejaba tan dulce y blandamente,
como si no estuviera de allí ausente
la que de su dolor culpa tenía;
y así, como presente,   55
razonando con ella, le decía:

---

38 *se planta*: 'agarra, echa raíces'. Contrapone el laurel, propio de los héroes y de la sublime poesía épica, con la hiedra, que representa la poesía pastoril, tan humilde que no puede prosperar sin la protección del mecenas.

41 Mientras llega el tiempo en que el virrey pueda disfrutar del anunciado poema épico.

42-45 «El Sol sale del mar y con sus rayos ilumina la altura de los montes. La escena se inicia con el despertar del día y se cerrará con el crepúsculo, siguiendo a la Égloga VIII de Virgilio (véase vv 413-421)» (J. F. Alcina).

49 *acordado*: 'concorde'; es término musical.

SALICIO

¡Oh más dura que mármol a mis quejas,
y al encendido fuego en que me quemo
más helada que nieve, Galatea!
Estoy muriendo, y aún la vida temo;   60
témola con razón, pues tú me dejas:
que no hay sin ti el vivir para qué sea.
Vergüenza he que me vea
ninguno en tal estado,
de ti desamparado,   65
y de mí mismo yo me corro agora.
¿De un alma te desdeñas ser señora
donde siempre moraste, no pudiendo
della salir un hora?
Salid sin duelo, lágrimas, corriendo.   70

El sol tiende los rayos de su lumbre
por montes y por valles, despertando
las aves y animales y la gente:
cuál por el aire claro va volando,
cuál por el verde valle o alta cumbre   75
paciendo va segura y libremente,
cuál con el sol presente
va de nuevo al oficio
y al usado ejercicio
do su natura o menester le inclina;   80

---

59 *Galatea:* «La etimología del nombre de *Galatea* ('alba dea' y otras similares) podría condicionar la comparación de los versos anteriores...» (B. Morros); «la ninfa Galatea es desde el mito clásico de Polifemo (...) el prototipo de la ninfa desdeñosa e inmisericorde con los que la pretenden» (J. F. Alcina).

66 *me corro:* 'me avergüenzo'.

70 *sin duelo:* 'sin lástima de mí'. El llanto de Salicio es manifestación de una pena inconsolable que acabará por acarrearle la muerte (compárese más abajo vv 138, 194 y 202).

74-77 Uso correlativo de *cuál:* 'uno ... otro ... otro'.

79 *usado:* 'habitual'.

80 *menester:* 'ocupación'.

siempre está en llanto esta ánima mezquina,
cuando la sombra el mundo va cubriendo
o la luz se avecina.
Salid sin duelo, lágrimas, corriendo.

   Y tú, desta mi vida ya olvidada,   85
sin mostrar un pequeño sentimiento
de que por ti Salicio triste muera,
dejas llevar, desconocida, al viento
el amor y la fe que ser guardada
eternamente sólo a mí debiera.   90
¡Oh Dios!, ¿por qué siquiera,
pues ves desde tu altura
esta falsa perjura
causar la muerte de un estrecho amigo,
no recibe del cielo algún castigo?   95
Si en pago del amor yo estoy muriendo,
¿qué hará el enemigo?
Salid sin duelo, lágrimas, corriendo.

   Por ti el silencio de la selva umbrosa,
por ti la esquividad y apartamiento   100
del solitario monte me agradaba;
por ti la verde hierba, el fresco viento,
el blanco lirio y colorada rosa
y dulce primavera deseaba.
¡Ay, cuánto me engañaba!   105
¡Ay, cuán diferente era
y cuán de otra manera
lo que en tu falso pecho se escondía!

---

81 *mezquina*: 'desgraciada'.
88 *desconocida*: 'ingrata'.
94 *estrecho*: 'íntimo'.
96-97 «Es decir, que si al amigo se le da la muerte, ¿cómo se castigará
al enemigo?» (E. L. Rivers).
100 *esquividad*: 'condición de propicio a la soledad'.

Bien claro con su voz me lo decía
la siniestra corneja repitiendo   110
la desventura mía.
Salid sin duelo, lágrimas, corriendo.

¡Cuántas veces, durmiendo en la floresta,
reputándolo yo por desvarío,
vi mi mal entre sueños, desdichado!   115
Soñaba que en el tiempo del estío
llevaba, por pasar allí la siesta,
a abrevar en el Tajo mi ganado;
y después de llegado,
sin saber de cuál arte,   120
por desusada parte
y por nuevo camino el agua se iba;
ardiendo yo con la calor estiva,
el curso enajenado iba siguiendo
del agua fugitiva.   125
Salid sin duelo, lágrimas, corriendo.

Tu dulce habla ¿en cúya oreja suena?
Tus claros ojos ¿a quién los volviste?
¿Por quién tan sin respeto me trocaste?
Tu quebrantada fe ¿dó la pusiste?   130
¿Cuál es el cuello que, como en cadena,
de tus hermosos brazos añudaste?
No hay corazón que baste,

109-111 «La corneja que graznaba por el lado izquierdo *(siniestro)* desde
la Antigüedad era considerada de mal augurio» (J. F. Alcina); por eso,
quizá haya que entender *repitiendo:* 'reclamando'.

114 'pensando que se trataba de una enajenación momentánea'.

120 *arte:* 'modo, manera'.

123 *estiva:* 'estival'.

124 *enajenado* podría referirse a *curso* con el sentido de 'apartado de
su cauce propio', o al mismo pastor, significando 'fuera de sí'.

127 '¿en la oreja de quién suena?'.

130 *fe:* 'fidelidad'.

133-139 *baste:* 'pueda resistir'. «La imagen de los amantes como la vid
y el olmo o la hiedra y el muro es un viejo tópico de la poesía clásica que
simboliza la unión marital que permance constante a través del tiempo.

aunque fuese de piedra,
viendo mi amada hiedra   135
de mí arrancada, en otro muro asida,
y mi parra en otro olmo entretejida,
que no se esté con llanto deshaciendo
hasta acabar la vida.
Salid sin duelo, lágrimas, corriendo.   140

    ¿Qué no se esperará de aquí adelante,
por difícil que sea y por incierto,
o qué discordia no será juntada?
Y juntamente ¿qué terná por cierto,
o qué de hoy más no temerá el amante,   145
siendo a todo materia por ti dada?
Cuando tú enajenada
de mi cuidado fuiste,
notable causa diste,
y ejemplo a todos cuantos cubre el cielo,   150
que el más seguro tema con recelo
perder lo que estuviere poseyendo.
Salid fuera sin duelo,
salid sin duelo, lágrimas, corriendo.

    Materia diste al mundo de esperanza   155
de alcanzar lo imposible y no pensado
y de hacer juntar lo diferente,
dando a quien diste el corazón malvado,
quitándolo de mí con tal mudanza
que siempre sonará de gente en gente.   160
La cordera paciente
con el lobo hambriento
hará su ajuntamiento,

Garcilaso da la vuelta al tópico y lo convierte en emblema del desgarro por la separación» (J. F. Alcina).

    145-146 Galatea ha dado motivo *(materia)* para que a partir de ahora *(de hoy más)* cualquier cosa sea posible.

    159-160 El cambio *(mudanza)* de Galatea será recordado *(sonará)* siempre.

    161-163 La cordera irá a comer *(paciente, de pacer)* junto con el lobo.

y con las simples aves sin rüido
harán las bravas sierpes ya su nido,   165
que mayor diferencia comprehendo
de ti al que has escogido.
Salid sin duelo, lágrimas, corriendo.

    Siempre de nueva leche en el verano
y en el invierno abundo; en mi majada   170
la manteca y el queso está sobrado;
de mi cantar, pues, yo te vía agradada,
tanto, que no pudiera el mantüano
Títero ser de ti más alabado.
No soy, pues, bien mirado,   175
tan disforme ni feo,
que aun agora me veo
en esta agua que corre clara y pura,
y cierto no trocara mi figura
con ese que de mí se está reyendo;   180
¡trocara mi ventura!
Salid sin duelo, lágrimas, corriendo.

    ¿Cómo te vine en tanto menosprecio?
¿Cómo te fui tan presto aborrecible?
¿Cómo te faltó en mí el conocimiento?   185
Si no tuvieras condición terrible,
siempre fuera tenido de ti en precio,
y no viera este triste apartamiento.

164-165 *sin ruido* puede referirse a *aves*, con el sentido de 'ajenas a los litigios o disensiones', o depender de *harán*, significando 'sin que haya disputa'.

166 *comprehendo*: 'percibo'.

167 Se refiere al nuevo amante de Galatea.

170 *abundo*: 'tengo abundancia'.

174 *Títero* o Títiro, nombre de un pastor de la Égloga I de Virgilio que, por ser identificado con el propio poeta (natural de Mantua), se empleó como designación suya.

179-180 *cierto*: 'por supuesto que'; *figura* quizá 'rostro'; *reyendo*: 'riendo' (forma con sabor rústico).

187 *precio*: 'aprecio'.

¿No sabes que sin cuento
buscan en el estío   190
mis ovejas el frío
de la sierra de Cuenca, y el gobierno
del abrigado Extremo en el invierno?
Mas ¡qué vale el tener, si derritiendo
me estoy en llanto eterno!   195
Salid sin duelo, lágrimas, corriendo.

Con mi llorar las piedras enternecen
su natural dureza y la quebrantan;
los árboles parece que se inclinan;
las aves que me escuchan, cuando cantan,   200
con diferente voz se condolecen
y mi morir cantando me adevinan.
Las fieras que reclinan
su cuerpo fatigado,
dejan el sosegado   205
sueño por escuchar mi llanto triste.
Tú sola contra mí te endureciste,
los ojos aun siquiera no volviendo
a los que tú hiciste
salir, sin duelo, lágrimas corriendo.   210

Mas ya que a socorrerme aquí no vienes,
no dejes el lugar que tanto amaste,
que bien podrás venir de mí segura.
Yo dejaré el lugar do me dejaste;
ven, si por solo aquesto te detienes.   215

---

189 *sin cuento:* 'incontables'.
192-193 La trashumancia del ganado buscaba, en efecto, los pastos de
Extremadura *(Extremo)* para sustento *(gobierno)* de aquél durante el in-
vierno.
201 *diferente*, aparte de su acepción habitual, es término que podría
tomar sentido musical (compárese más abajo v 331).
202 Aunque no queda del todo claro si es que Salicio va a morir can-
tando o es que las aves pronostican *(adevinan)* cantando su muerte, pa-
rece preferible lo primero.

Ves aquí un prado lleno de verdura,
ves aquí una espesura,
ves aquí un agua clara,
en otro tiempo cara,
a quien de ti con lágrimas me quejo;   220
quizá aquí hallarás, pues yo me alejo,
al que todo mi bien quitarme puede,
que pues el bien le dejo,
no es mucho que el lugar también le quede.

   Aquí dio fin a su cantar Salicio,   225
y sospirando en el postrero acento,
soltó de llanto una profunda vena.
Queriendo el monte al grave sentimiento
de aquel dolor en algo ser propicio,
con la pesada voz retumba y suena.   230
La blanda Filomena,
casi como dolida
y a compasión movida,
dulcemente responde al son lloroso.
Lo que cantó tras esto Nemoroso,   235
decildo vos, Piérides, que tanto
no puedo yo ni oso,
que siento enflaquecer mi débil canto.

NEMOROSO

   Corrientes aguas puras, cristalinas,
árboles que os estáis mirando en ellas,   240
verde prado de fresca sombra lleno,
aves que aquí sembráis vuestras querellas,
hiedra que por los árboles caminas,
torciendo el paso por su verde seno:

---

226 Parece que Salicio emite un suspiro en el mismo tono o quizá
golpe de voz *(acento)* con que había acabado su canto.

227 *vena:* 'venero'. El pastor rompió a llorar copiosamente y desde lo
más profundo de su ser.

231 *Filomena:* nombre mítico del ruiseñor.

236 *decildo:* 'decidlo'; *Piérides:* las Musas.

242 *sembráis:* 'esparcís, divulgáis'; *querellas:* 'lamentos de amor'.

yo me vi tan ajeno   245
del grave mal que siento,
que de puro contento
con vuestra soledad me recreaba,
donde con dulce sueño reposaba,
o con el pensamiento discurría   250
por donde no hallaba
sino memorias llenas de alegría.

Y en este mismo valle, donde agora
me entristezco y me canso en el reposo,
estuve ya contento y descansado.   255
¡Oh bien caduco, vano y presuroso!
Acuérdome, durmiendo aquí algún hora,
que, despertando, a Elisa vi a mi lado.
¡Oh miserable hado!
¡Oh tela delicada,   260
antes de tiempo dada
a los agudos filos de la muerte!
Más convenible fuera aquesta suerte
a los cansados años de mi vida,
que es más que el hierro fuerte,   265
pues no la ha quebrantado tu partida.

¿Dó están agora aquellos claros ojos
que llevaban tras sí, como colgada,
mi alma doquier que ellos se volvían?
¿Dó está la blanca mano delicada,   270
llena de vencimientos y despojos,
que de mí mis sentidos le ofrecían?

---

255 *ya:* 'en otro tiempo'.

257 *algún hora:* 'algunas veces'.

258 *Elisa* «es el nombre de Dido, la amada de Eneas» (J. F. Alcina).

260-262 Probable alusión a las Parcas, como representación del destino, en su tarea de devanar y cortar el hilo de la vida. La elección del término *tela* trae el recuerdo, también, de expresiones como *las telas del corazón*.

263 *convenible:* 'conveniente'.

270-272 *vencimientos:* quizá 'señales de victoria'; *despojos:* 'piezas que componen el botín de guerra'. El pasaje viene, pues, a significar que la *blanca mano* rendía a Nemoroso cuando la contemplaba.

Los cabellos que vían
con gran desprecio al oro,
como a menor tesoro,   275
¿adónde están, adónde el blanco pecho?
¿Dó la columna que el dorado techo
con proporción graciosa sostenía?
Aquesto todo agora ya se encierra,
por desventura mía,   280
en la escura, desierta y dura tierra.

    ¿Quién me dijera, Elisa, vida mía,
cuando en aqueste valle al fresco viento
andábamos cogiendo tiernas flores,
que había de ver, con largo apartamiento,   285
venir el triste y solitario día
que diese amargo fin a mis amores?
El cielo en mis dolores
cargó la mano tanto,
que a sempiterno llanto   290
y a triste soledad me ha condenado;
y lo que siento más es verme atado
a la pesada vida y enojosa,
solo, desamparado,
ciego, sin lumbre, en cárcel tenebrosa.   295

    Después que nos dejaste, nunca pace
en hartura el ganado ya, ni acude
el campo al labrador con mano llena.
No hay bien que en mal no se convierta y mude:
la mala hierba al trigo ahoga, y nace   300
en lugar suyo la infelice avena;
la tierra, que de buena

---

277 *columna* y *techo* son metáforas por 'cuello' y 'cabeza', respectiva-
mente.
281 La estancia tiene quince versos, y no catorce como las demás.
285 *apartamiento:* 'separación' (de los amantes).
297-298 'ni el campo asiste *(acude)* al labrador con fruto abundante
(mano llena)'.
301 *infelice:* 'improductiva'.

gana nos producía
flores con que solía
quitar en sólo vellas mil enojos,   305
produce agora en cambio estos abrojos,
ya de rigor de espinas intratable.
Yo hago con mis ojos
crecer, lloviendo, el fruto miserable.

Como al partir del sol la sombra crece,   310
y en cayendo su rayo, se levanta
la negra escuridad que el mundo cubre,
de do viene el temor que nos espanta,
y la medrosa forma en que se ofrece
aquella que la noche nos encubre,   315
hasta que el sol descubre
su luz pura y hermosa,
tal es la tenebrosa
noche de tu partir, en que he quedado
de sombra y de temor atormentado,   320
hasta que muerte el tiempo determine
que a ver el deseado
sol de tu clara vista me encamine.

Cual suele el ruiseñor con triste canto
quejarse, entre las hojas escondido,   325
del duro labrador que cautamente
le despojó su caro y dulce nido
de los tiernos hijuelos, entretanto
que del amado ramo estaba ausente,
y aquel dolor que siente,   330
con diferencia tanta
por la dulce garganta,
despide, que a su canto el aire suena,
y la callada noche no refrena

---

307 *intratable*: 'áspera, insufrible'; se refiere a *tierra* (v 140).
314-315 *aquella* se refiere a *forma*. «Es decir, que la noche nos encubre
las formas verdaderas para ofrecérnoslas medrosas, asustadoras» (E. L. Ri-
vers).
331 *diferencia*: 'variación' (término musical).

su lamentable oficio y sus querellas,   335
trayendo de su pena
el cielo por testigo y las estrellas;

    desta manera suelto yo la rienda
a mi dolor y ansí me quejo en vano
de la dureza de la muerte airada.   340
Ella en mi corazón metió la mano,
y de allí me llevó mi dulce prenda,
que aquél era su nido y su morada.
¡Ay, muerte arrebatada!
Por ti me estoy quejando   345
al cielo y enojando
con importuno llanto al mundo todo.
El desigual dolor no sufre modo;
no me podrán quitar el dolorido
sentir, si ya del todo   350
primero no me quitan el sentido.

    Tengo una parte aquí de tus cabellos,
Elisa, envueltos en un blanco paño,
que nunca de mi seno se me apartan;
descójolos, y de un dolor tamaño   355
enternecer me siento, que sobre ellos
nunca mis ojos de llorar se hartan.
Sin que de allí se partan,
con sospiros calientes,
más que la llama ardientes,   360
los enjugo del llanto, y de consuno
casi, los paso y cuento uno a uno;

---

335 *oficio:* 'deber, obligación'.
344 *arrebatada:* 'repentina'.
348 *desigual:* 'excesivo, desmesurado'; *modo* ha sido interpretado unas
veces como 'límite' y otras como término musical: 'modulación'.
355 *descójolos:* 'los despliego'.
361-362 La expresión *de consuno* ('juntamente') resulta aquí proble-
mática, porque solía emplearse en lo antiguo para indicar el acuerdo o
avenencia entre personas. ¿Querrá decir que Nemoroso se imagina por un
momento en compañía de Elisa?

juntándolos, con un cordón los ato.
Tras esto el importuno
dolor me deja descansar un rato.   365

    Mas luego a la memoria se me ofrece
aquella noche tenebrosa, escura,
que siempre aflige esta ánima mezquina
con la memoria de mi desventura.
Verte presente agora me parece   370
en aquel duro trance de Lucina,
y aquella voz divina,
con cuyo son y acentos
a los airados vientos
pudieran amansar, que agora es muda,   375
me parece que oigo, que a la cruda,
inexorable diosa demandabas
en aquel paso ayuda;
y tú, rústica diosa, ¿dónde estabas?

    ¿Íbate tanto en perseguir las fieras?   380
¿Íbate tanto en un pastor dormido?
¿Cosa pudo bastar a tal crüeza,
que, comovida a compasión, oído
a los votos y lágrimas no dieras,
por no ver hecha tierra tal belleza,   385
o no ver la tristeza
en que tu Nemoroso
queda, que su reposo
era seguir tu oficio, persiguiendo
las fieras por los montes, y ofreciendo   390
a tus sagradas aras los despojos?

---

371 Alusión al parto. *Lucina* «se identifica con la virgen cazadora
Diana (o sea, la Luna) que se invoca en los partos» (J. F. Alcina).

373-375 La construcción exige interpretar que el sujeto de *pudieran* es
impersonal.

381 Alusión a los amores de Diana con Endimión, «... de quien se ena-
moró la Luna y a quien ésta dejó sumido en un sueño eterno para poder
besarlo cada noche» (B. Morros).

382 '¿Qué cosa pudo ser motivo suficiente para una crueldad tal...?'

383 *comovida*: 'movida'.

¡Y tú, ingrata, riendo
dejas morir mi bien ante mis ojos!

    Divina Elisa, pues agora el cielo
con inmortales pies pisas y mides,   395
y su mudanza ves, estando queda,
¿por qué de mí te olvidas y no pides
que se apresure el tiempo en que este velo
rompa del cuerpo y verme libre pueda,
y en la tercera rueda,   400
contigo mano a mano,
busquemos otro llano,
busquemos otros montes y otros ríos,
otros valles floridos y sombríos,
donde descanse y siempre pueda verte   405
ante los ojos míos,
sin miedo y sobresalto de perderte?

    Nunca pusieran fin al triste lloro
los pastores, ni fueran acabadas
las canciones que sólo el monte oía,   410
si mirando las nubes coloradas,
al tramontar del sol orladas de oro,
no vieran que era ya pasado el día.
La sombra se veía
venir corriendo apriesa   415
ya por la falda espesa

    394-396 Según la concepción antigua del cosmos, éste está formado
por un número de esferas concéntricas que giran alrededor de la Tierra,
salvo la última y exterior (el llamado cielo empíreo, lugar propio de Dios
y de los bienaventurados), que es fija. Hasta ella ha llegado Elisa tras su
muerte. Por eso es *divina* y puede contemplar quieta *(queda)* el movi-
miento *(mudanza)* de los cielos.
    400 La esfera de Venus, diosa del amor, es la tercera, contando desde
la Luna.
    401 *mano a mano:* ¿'cogidos de la mano'? La expresión indica, en cual-
quier caso, familiaridad y confianza.
    411 *coloradas* puede significar tanto 'rojas' como, en general, 'colorea-
das'.
    412 *tramontar:* 'ponerse el sol'.

del altísimo monte, y recordando
ambos como de sueño, y acusando
el fugitivo sol, de luz escaso,
su ganado llevando,   420
se fueron recogiendo paso a paso.

---

417 *recordando:* 'despertando'.
418-419 Los pastores van echando en cara *(acusando)* al sol que los
haya sacado de su ensueño.

Fray Luis de León
(Belmonte, Cuenca, 1527-
Madrigal de las Altas Torres, Ávila, 1591)

  ¡Qué descansada vida
la del que huye el mundanal rüido,
y sigue la escondida
senda, por donde han ido
los pocos sabios que en el mundo han sido!   5

  Que no le enturbia el pecho
de los soberbios grandes el estado,
ni del dorado techo
se admira, fabricado
del sabio moro, en jaspes sustentado.   10

❇ Esta oda *De la vida solitaria* o *De la vida retirada,* que desde antiguo suele abrir la sección de la poesía original luisiana, ofrece una síntesis de los temas que luego desarrolla la colección: el apartamiento del tráfago mundano en pos de la virtud y la libertad del espíritu, la vida armónica consigo mismo y en comunión con la naturaleza, la creación poética al son dictado por la música divina de las esferas celestiales (o quizá su reflejo humano)... El sincretismo de elementos estoicos, epicúreos, platónicos y cristianos se articula, como es habitual en fray Luis, sobre la dúctil trabazón de impronta horaciana, con sus característicos cambios de tono o dirección discursiva. La huella del venusino se hace, por lo demás, bien visible en diversos pasajes, empezando por el arranque, que recrea el conocido *incipit* del epodo II *(Beatus ille qui procul negotiis...).*

---

 2 *huye:* con aspiración de la *h-,* como es habitual en fray Luis cuando deriva de *f-* latina.
 3-4 *escondida senda:* «es el *secretum iter* de Horacio (...) y puede significar el apartamiento filosófico, la soledad ascética, la elevación sobre las miserias temporales, y hasta, para algunos, la ascensión mística» (C. Cuevas).
 7 *grandes:* 'poderosos' (sustantivo).

      No cura si la fama
canta con voz su nombre pregonera,
ni cura si encarama
la lengua lisonjera
lo que condena la verdad sincera.   15

      ¿Qué presta a mi contento
si soy del vano dedo señalado;
si, en busca deste viento,
ando desalentado,
con ansias vivas, con mortal cuidado?   20

      ¡Oh monte, oh fuente, oh río!
¡Oh secreto seguro deleitoso!,
roto casi el navío,
a vuestro almo reposo
huyo de aqueste mar tempestuoso.   25

      Un no rompido sueño,
un día puro, alegre, libre quiero;
no quiero ver el ceño
vanamente severo
de a quien la sangre ensalza, o el dinero.   30

      Despiértenme las aves
con su cantar sabroso no aprendido;
no los cuidados graves
de que es siempre seguido
el que al ajeno arbitrio está atenido.   35

---

11 *No cura:* 'no se preocupa'.
13 *encarama:* 'engrandece, pone por las nubes'.
16-17 *presta:* 'aprovecha'. El pasaje alude a los halagos vanos del vulgo.
18 *viento:* «es la opinión del vulgo» (J. F. Alcina).
22 *seguro:* 'refugio' (sustantivo).
24 *almo:* 'benéfico, vivificador'.
30 O sea: de aquel a quien hacen grande la sangre o el dinero.

Vivir quiero conmigo;
gozar quiero del bien que debo al cielo,
a solas, sin testigo,
libre de amor, de celo,
de odio, de esperanzas, de recelo.   40

Del monte en la ladera,
por mi mano plantado tengo un huerto,
que con la primavera,
de bella flor cubierto,
ya muestra en esperanza el fruto cierto.   45

Y como codiciosa
por ver y acrecentar su hermosura,
desde la cumbre airosa
una fontana pura
hasta llegar corriendo se apresura.   50

Y luego, sosegada,
el paso entre los árboles torciendo,
el suelo, de pasada,
de verdura vistiendo
y con diversas flores va esparciendo.   55

El aire el huerto orea
y ofrece mil olores al sentido;
los árboles mena
con un manso rüido,
que del oro y del cetro pone olvido.   60

Ténganse su tesoro
los que de un falso leño se confían;
no es mío ver el lloro
de los que desconfían,
cuando el cierzo y el ábrego porfían.   65

---

62 *falso leño:* 'un navío, de seguridad sólo aparente' (C. Cuevas).
63 *No es mío,* «construcción latina: 'no me corresponde a mí'» (R. Senabre).

   La combatida antena
cruje, y en ciega noche el claro día
se torna; al cielo suena
confusa vocería,
y la mar enriquecen a porfía.   70

   A mí una pobrecilla
mesa, de amable paz bien abastada,
me baste; y la vajilla
de fino oro labrada,
sea de quien la mar no teme airada.   75

   Y mientras miserable-
mente se están los otros abrasando
con sed insacïable
del peligroso mando,
tendido yo a la sombra esté cantando.   80

   A la sombra tendido,
de yedra y lauro eterno coronado,
puesto el atento oído
al son dulce, acordado,
del plectro sabiamente meneado.   85

76-77 Encabalgamiento léxico o tmesis.
82 Sobre el simbolismo de la hiedra y el laurel, véase núm. 8, vv 35-40.
84 *acordado:* 'afinado'.
85 *plectro:* 'especie de púa para pulsar las cuerdas de un instrumento';
«quien 'maneja diestramente' ese plectro (...) es un acompañante anónimo
del 'retirado', un diestro músico que comparte con él la sosegada belleza del
campo» (C. Cuevas). Comúnmente se ha interpretado, sin embargo, que
se refiere a Dios, que hace sonar la música de las esferas celestiales inspi-
rando al poeta.

Núm. 10   *A Francisco de Salinas*

El aire se serena
y viste de hermosura y luz no usada,
Salinas, cuando suena
la música extremada,
por vuestra sabia mano gobernada.   5

A cuyo son divino
el alma, que en olvido está sumida,
torna a cobrar el tino
y memoria perdida
de su origen primera esclarecida.   10

Francisco de Salinas, a quien está dedicada la oda, fue un relevante
tratadista musical y organista. Ciego desde la infancia, se formó en Roma
y, tras su regreso a España en 1563, llegó a ser catedrático de música en la
Universidad de Salamanca; en 1577 publicó su *De musica libri septem*.
«Fray Luis nos presenta una serie de divulgados conceptos de origen pi-
tagórico y platónico. Parte de la afinidad entre la armonía musical y la ar-
monía del alma. La armonía de la música despierta la armonía (perdida)
del alma y le hace recordar su primitivo origen. A su vez, los diversos ti-
pos de música (según Boecio), la instrumental (la que llegan a producir
los hombres), la mundana (la que producen las esferas celestes al girar) y
la divina (la perfecta armonía del alma cósmica, o sea de Dios), mantie-
nen una serie de afinidades a través de las cuales se realiza el proceso de
armonización que nos describe Fray Luis» (J. F. Alcina).

---

1 *aire:* además de su sentido habitual, puede significar aquí también
tanto 'viento' como 'cielo' (lat. *aether); se serena* tiene connotaciones mu-
sicales*:* 'se tiempla'.
2 *no usada:* 'inusual'.
4 *extremada:* 'perfecta, sublime'.
10 *origen* es femenino, como en latín *origo; esclarecida:* 'sumamente
noble' (tanto que es la propia divinidad). La estrofa desarrolla el tópico
platónico de la anámnesis o conocimiento (de sí y del mundo) por me-
dio del recuerdo del origen divino del alma y su pasada estancia en el reino
de las Ideas.

Y, como se conoce,
en suerte y pensamiento se mejora;
el oro desconoce
que el vulgo vil adora,
la belleza caduca engañadora.   15

Traspasa el aire todo
hasta llegar a la más alta esfera
y oye allí otro modo
de no perecedera
música, que es la fuente y la primera.   20

Ve cómo el gran Maestro,
aquesta inmensa cítara aplicado,
con movimiento diestro
produce el son sagrado,
con que este eterno templo es sustentado.   25

Y como está compuesta
de números concordes, luego envía
consonante respuesta;
y entre ambos a porfía
se mezcla una dulcísima armonía.   30

---

12 *suerte:* 'condición, estado'.
13 *desconoce:* 'desprecia'.
17 Es el cielo empíreo, morada de la divinidad.
20 *la primera:* «o sea, la idea ejemplar de la música, fuente y origen de todas las demás, que emana del seno divino» (C. Cuevas).
22 *aquesta:* 'a aquesta', con fusión vocálica.
21-25 El *eterno templo* es el universo, que se sostiene gracias a la armonía, numérica y musical, de las esferas. «El *Gran Maestro* es Dios, músico que gobierna el cosmos tañéndolo a manera de cítara» (C. Cuevas). Son conceptos de la tradición órfica y pitagórico-platónica.
26-28 Es el alma la que descubre en sí misma una armonía musical semejante a la divina y consonante con ella.
29 *ambos:* se sobreentiende *sones* (véase v 24 y v 27); aunque puede ser error por *ambas* (músicas).

    Aquí la alma navega
por un mar de dulzura, y finalmente
en él ansí se anega
que ningún accidente
extraño y peregrino oye y siente.   35

    ¡Oh desmayo dichoso!,
¡oh muerte que das vida!, ¡oh dulce olvido!,
¡durase en tu reposo
sin ser restituido
jamás aqueste bajo y vil sentido!   40

    A este bien os llamo,
gloria del apolíneo sacro coro,
amigos a quien amo
sobre todo tesoro,
que todo lo visible es triste lloro.   45

    ¡Oh, suene de contino,
Salinas, vuestro son en mis oídos,
por quien al bien divino
despiertan los sentidos,
quedando a lo demás adormecidos!   50

---

33 *se anega:* 'se ahoga'.

35 *y* equivale a *o*.

38 *durase:* 'ojalá yo permaneciese'; *tu* se refiere a *desmayo, muerte* y *olvido* (vv 36-37).

40 *aqueste:* 'a aqueste'.

45 Fray Luis exhorta a sus amigos, que son eminentes en el cultivo de las Musas *(gloria del apolíneo sacro coro),* a seguir la senda expuesta en el poema.

48 *quien* se refiere a *son*.

Núm. 11   *Profecía del Tajo*

> Folgaba el rey Rodrigo
> con la hermosa Cava en la ribera
> del Tajo, sin testigo.
> El río sacó fuera
> el pecho y le habló desta manera: 5
>
> «En mal punto te goces,
> injusto forzador; que ya el sonido
> y las amargas voces,
> y ya siento el bramido
> de Marte, de furor y ardor ceñido.   10
>
> ¡Ay, esa tu alegría
> qué llantos acarrea!, y esa hermosa,
> que vio el sol en mal día,
> a España, ¡ay cuán llorosa!,
> y al cetro de los godos ¡cuán costosa!   15

Según una narración histórico-legendaria divulgada por el romancero y las crónicas, los musulmanes invadieron el reino de los godos por incitación del conde don Julián, que deseaba vengarse así del adulterio entre su esposa (en realidad hija), conocida como La Cava, y el rey don Rodrigo, que la forzó. La oda, compuesta seguramente antes de ser encarcelado el poeta en 1572, sigue el esquema de la I, 15 de Horacio, dedicada al vaticinio que el río Nereo dirige a Paris, raptor de Helena y causante de la destrucción de Troya. La analogía entre ambos relatos muestra las funestas consecuencias de la pasión amorosa en el plano personal (derrota de Rodrigo) y colectivo (destrucción del reino). Entre líneas, es bastante probable que fray Luis esté apuntando una visión crítica de la España de su propio tiempo.

---

1 *Folgaba:* 'yacía'; «en el sentido sexual de los romances viejos y libros de caballerías» (C. Cuevas). Pero aquí con matiz negativo: 'violaba'.

4-5 Personificación del río atribuyéndole, como es frecuente en la poesía clásica, el don de la profecía.

6 *punto:* 'momento'. Maldice el deleite del rey.

12-13 Se refiere a La cava.

Llamas, dolores, guerras,
muertes, asolamientos, fieros males,
entre tus brazos cierras;
trabajos inmortales
a ti y a tus vasallos naturales: 20

a los que en Constantina
rompen el fértil suelo, a los que baña
el Ebro, a la vecina
Sansueña, a Lusitaña,
a toda la espaciosa y triste España.   25

Ya dende Cádiz llama
el injuriado Conde, a la venganza
atento y no a la fama,
la bárbara pujanza,
en quien para tu daño no hay tardanza.   30

Oye que al cielo toca
con temeroso son la trompa fiera,
que en África convoca
el Moro a la bandera
que al aire desplegada va ligera.   35

16-18 «... al abrazar la causa de esas desgracias, abrazas las desgracias
mismas» (C. Cuevas).

21-25 *triste España:* «'que será triste' con valor proléptico» (J. F. Al-
cina). La estrofa quiere representar a toda España mencionando lugares
situados en cada uno de los puntos cardinales. La referencia es clara en
Constantina (sur) y *Lusitaña.* Pero *Sansueña* (denominación romanceril de
Pamplona o Zaragoza) podría estar tanto por el norte como por el este,
al igual que el *Ebro.*

26-30 El antecedente de *quien* es *bárbara pujanza,* que se refiere a las
huestes de los sarracenos y es complemento directo de *llama.*

32 *temeroso:* 'que causa temor'.

La lanza ya blandea
el árabe cruel, y hiere el viento,
llamando a la pelea;
innumerable cuento
de escuadras juntas veo en un momento.   40

Cubre la gente el suelo,
debajo de las velas desparece
la mar, la voz al cielo
confusa y varia crece,
el polvo roba el día y le escurece.   45

¡Ay!, que ya presurosos
suben las largas naves; ¡ay!, que tienden
los brazos vigorosos
a los remos, y encienden
las mares espumosas por do hienden.   50

El Éolo derecho
hinche la vela en popa, y larga entrada
por el hercúleo estrecho,
con la punta acerada
el gran padre Neptuno da a la armada.   55

36-37 El invasor ya blande *(blandea)* la lanza y hiere el viento con sus gritos de combate.

39 *cuento:* 'millón'. El verso indica una cantidad inabarcable.

43 *al cielo:* 'hasta el cielo'.

45 *roba:* 'oculta' (cultismo semántico).

47 *suben*, construido como activo, quizá con el sentido de 'ganan, acceden a'; *largas naves* son las propias de la guerra.

49-50 Los remos hacen hervir *(encienden)* el mar en espuma.

51-55 *Éolo*, rey de los vientos, sopla favorable *(derecho)* y Neptuno da a la flota entrada generosa o ancha *(larga)* por el estrecho de Gibraltar. El v 54 pudiera aludir al tridente del dios marino.

¡Ay triste! ¿Y aún te tiene
el mal dulce regazo? ¿Ni llamado
al mal que sobreviene,
no acorres? ¿Ocupado,
no ves ya el puerto a Hércules sagrado?   60

Acude, acorre, vuela,
traspasa el alta sierra, ocupa el llano;
no perdones la espuela,
no des paz a la mano,
menea fulminando el hierro insano.»   65

¡Ay, cuánto de fatiga,
ay, cuánto de sudor está presente
al que viste loriga,
al infante valiente,
al hombre y a caballos juntamente!   70

Y tú, Betis divino,
de sangre ajena y tuya amancillado,
darás al mar vecino
¡cuánto yelmo quebrado!,
¡cuánto cuerpo de nobles destrozado!   75

56-57 El regazo engañosamente dulce *(mal dulce,* construcción latini-
zante) de La Cava aún retiene al rey.

60 *sagrado:* 'consagrado'; nueva alusión a Gibraltar.

63 *no perdones:* 'no te abstengas de usar' (cultismo semántico).

65 *fulminando:* 'dejándolo caer como un rayo' y 'relumbrando' (C.
Cuevas); *insano:* 'furioso'. «Aunque como adjetivo va ligado a hierro, su
significado parece referirse al sujeto, como una fórmula de enálage» (J. F.
Alcina).

71 «En realidad, la batalla no se produjo a orillas del Guadalquivir,
como el texto sugiere, sino junto al Guadalete (o quizá del Barbate)»
(R. Senabre).

    El furibundo Marte
cinco luces las haces desordena,
igual a cada parte;
la sexta, ¡ay!, te condena,
¡oh cara patria!, a bárbara cadena.   80

---

77 *luces:* 'días'; *haces:* 'tropas en formación'.
78 Esto es: sin dar su favor a ninguna de las partes en contienda.

Núm. 12   *Noche serena*
                                             A Diego Oloarte

    Cuando contemplo el cielo,
de innumerables luces adornado,
y miro hacia el suelo
de noche rodeado,
en sueño y en olvido sepultado,   5

    el amor y la pena
despiertan en mi pecho un ansia ardiente;
despiden larga vena
los ojos hechos fuente,
Oloarte, y digo al fin con voz doliente: 10

Esta oda sigue la línea temática expresada en la I *(Vida retirada)* y
la III *(A Salinas):* la necesidad de elevarse desde lo contingente a lo eterno;
el medio, en este caso, es la contemplación de la armonía de las estrellas.
Sobre la *morada* del cielo se expresa en otro lugar fray Luis con términos
similares a los de este poema: «Y si lo habemos de decir así, aquellos son
los elementos puros y los campos de flor eterna vestidos, y los mineros de
las aguas vivas, y los montes verdaderamente preñados de mil bienes altí-
simos, y los sombríos y repuestos valles, y los bosques de la frescura (...).
Con la cual región si comparamos aqueste nuestro miserable destierro, es
comparar el desasosiego con la paz, y el desconcierto y la turbación y el
bullicio y desgusto de la más inquieta ciudad con la misma pureza y quie-
tud y dulzura. Que aquí se afana y allí se descansa, aquí se imagina y allí
se ve, aquí las sombras de las cosas nos atemorizan y asombran, allí la ver-
dad asosiega y deleita; esto es tinieblas, bullicio, alboroto; aquello es luz
purísima en sosiego eterno» *(De los nombres de Cristo,* sección «Pastor»). El
dedicatario de la oda, Diego Oloarte, fue amigo y quizá discípulo de fray
Luis.

---

3 *hacia:* con *h-* aspirada.
8-9 *vena:* 'corriente de lágrimas'.

«Morada de grandeza,
templo de claridad y hermosura,
el alma, que a tu alteza
nació, ¿qué desventura
la tiene en esta cárcel baja, escura?   15

¿Qué mortal desatino
de la verdad aleja así el sentido,
que, de tu bien divino
olvidado, perdido
sigue la vana sombra, el bien fingido?   20

El hombre está entregado
al sueño, de su suerte no cuidando,
y con paso callado,
el cielo, vueltas dando,
las horas del vivir le va hurtando.   25

¡Oh, despertad, mortales!
¡Mirad con atención en vuestro daño!
Las almas inmortales,
hechas a bien tamaño,
¿podrán vivir de sombras y de engaño?   30

¡Ay, levantad los ojos
a aquesta celestial eterna esfera!
Burlaréis los antojos
de aquesa lisonjera
vida, con cuanto teme y cuanto espera.   35

13-14 *a tu alteza:* 'destinada a tu alteza' (C. Cuevas).
27 *Mirad ... en:* 'reparad'.
29 *tamaño:* 'tan grande'.
35 Porque el temor y la esperanza son sentimientos que impiden la
ataraxia o quietud del ánimo.

¿Es más que un breve punto
el bajo y torpe suelo, comparado
con ese gran trasunto,
do vive mejorado
lo que es, lo que será, lo que ha pasado?   40

Quien mira el gran concierto
de aquestos resplandores eternales,
su movimiento cierto,
sus pasos desiguales
y en proporción concorde tan iguales;   45

la Luna cómo mueve
la plateada rueda, y va en pos della
la Luz do el saber llueve,
y la graciosa Estrella
de amor la sigue reluciente y bella;   50

y cómo otro camino
prosigue el sanguinoso Marte airado,
y el Júpiter benino,
de bienes mil cercado,
serena el cielo con su rayo amado;   55

---

36 *breve*: 'pequeño'. La expresión *punctum mundi* referida a la tierra
aparece ya en Plinio.

38-40 *trasunto*: 'traslado', o quizá 'compendio' (R. Senabre); parece
que se refiere a la esfera celeste como versión en limpio o mejorada de lo
terreno y donde tiene su asiento todo lo existente.

41 *concierto*: 'orden, armonía'.

45-50 «Enumera Fray Luis, por orden de cercanía a la tierra, los tres
primeros 'planetas': la Luna (...); Mercurio (...); Venus...» (C. Cuevas).
Mercurio es *la luz do el saber llueve* por ser el padre de la elocuencia y la
retórica, de donde *(do)* proviene todo el saber.

52 *sanguinoso*: 'sanguinario'.

55 El rayo de Júpiter pone paz en el cosmos.

    rodéase en la cumbre
Saturno, padre de los siglos de oro;
tras él la muchedumbre
del reluciente coro
su luz va repartiendo y su tesoro: 60

    ¿quién es el que esto mira
y precia la bajeza de la tierra,
y no gime y suspira,
y rompe lo que encierra
el alma y destos bienes la destierra?   65

    Aquí vive el contento,
aquí reina la paz; aquí, asentado
en rico y alto asiento,
está el Amor sagrado,
de glorias y deleites rodeado;   70

    inmensa hermosura
aquí se muestra toda, y resplandece
clarísima luz pura,
que jamás anochece;
eterna primavera aquí florece.   75

56-57 *rodéase:* 'gira, da vueltas'; *en la cumbre:* 'en lo más alto', «... pues se creía que Saturno era el [planeta] más alejado de la tierra» (C. Cuevas). Además, Saturno presidía la mítica Edad de Oro. Fray Luis continúa su descripción omitiendo la cuarta esfera, la correspondiente al Sol, probablemente en razón de la cronología nocturna del poema; ahora menciona las esferas de Marte (quinta), Júpiter (sexta) y Saturno (séptima).

58-60 Son las estrellas.

64-65 O sea, se libera de la prisión corporal, que impide gozar al alma de los bienes celestiales.

69 *Amor sagrado:* es el Espíritu Santo.

¡Oh campos verdaderos!,
¡oh prados con verdad frescos y amenos!,
¡riquísimos mineros!,
¡oh deleitosos senos!,
repuestos valles de mil bienes llenos!»   80

---

78 *mineros:* 'vetas de mineral o de agua', pero quizá aquí más concre-
tamente: 'manantiales'.

79 *senos:* 'concavidades del terreno'.

80 *repuestos:* 'escondidos', y a la vez, 'abundantes, bien provistos'. El
locus amoenus le sirve al poeta para dar una idea de la paz y dicha divinas.

Núm. 13   *A Felipe Ruiz*

> ¿Qué vale cuánto vee
> do nace y do se pone el sol luciente,
> lo que el Indio posee,
> lo que da el claro Oriente
> con todo lo que afana la vil gente?   5
>
> El uno, mientras cura
> dejar rico descanso a su heredero,
> vive en pobreza dura
> y perdona al dinero,
> y contra sí se muestra crudo y fiero.   10
>
> El otro, que sediento
> anhela al señorío, sirve ciego;
> y, por subir su asiento,
> abájase a vil ruego
> y de la libertad va haciendo entrego.   15

Titulada en algunos manuscritos *Del moderado y constante,* esta oda es una de las tres que dirigió el poeta a su amigo Felipe Ruiz, posiblemente un monje agustino. El poema gira en torno a la fortaleza y libertad de ánimo propias del varón justo, que vence las pasiones y, cual mártir de la fe, no teme al tirano. Pese al carácter más bien tópico de su tema, hay en la oda una fuerte impronta personal, como se manifiesta en la mención de la encina que resiste el rigor del hacha (vv 31-35), pasaje que glosa el escudo y el lema *(ab ipso ferro)* con que fray Luis adornó la portada de algunos de sus libros desde 1580. La alusión a su enfrentamiento con la Inquisición resulta patente, por lo que el poema debe ser posterior al encarcelamiento del poeta.

1-2 El sujeto de *vee* (forma antigua de *ve)* es *sol luciente.*
3 Se refiere a las Indias Occidentales, esto es, América.
5 *todo lo que afana:* 'todo aquello por lo que se desvive'.
6 *cura:* 'se preocupa por'.
9 *perdona:* 'evita gastar, escatima'.
10 *crudo:* 'cruel'.
12 «*Anhelar a*, con el sentido de 'aspirar', es uso frecuente en la lengua clásica» (R. Senabre).
13 O sea, por alcanzar una posición más elevada.
15 *entrego:* 'entrega'.

Quien de dos claros ojos
y de un cabello de oro se enamora,
compra con mil enojos
una menguada hora,
un gozo breve que sin fin se llora.   20

Dichoso el que se mide,
Felipe, y de la vida el gozo bueno
a sí solo lo pide,
y mira como ajeno
aquello que no está dentro en su seno.   25

Si resplandece el día,
si Éolo su reino turba, ensaña,
el rostro no varía;
y, si la alta montaña
encima le viniere, no le daña.   30

Bien como la ñudosa
carrasca, en alto risco desmochada
con hacha poderosa,
del ser despedazada
del hierro torna rica y esforzada.   35

Querrás hundille y crece
mayor que de primero; y si porfía
la lucha, más florece,
y firme al suelo invía
al que por vencedor ya se tenía.   40

---

21 El sentido de *se mide* queda explicado por la estrofa: 'se ajusta a las normas del espíritu'.

34-35 *del hierro* tiene valor agente. O sea: la encina sale de la poda con más vigor, reforzada por el hierro.

39 *invía*: 'envía'.

    Exento a todo cuanto
presume la Fortuna, sosegado
está y libre de espanto
ante el tirano airado,
de hierro, de crueza y fuego armado;   45

    «El fuego —dice— enciende;
aguza el hierro crudo, rompe y llega,
y si me hallares, prende
y da a tu hambre ciega
su cebo deseado, y la sosiega.   50

    ¿Qué estás? ¿No ves el pecho
desnudo, flaco, abierto? ¡Oh!, ¿no te cabe
en puño tan estrecho
el corazón que sabe
cerrar cielos y tierra con su llave?   55

    Ahonda más adentro;
desvuelva las entrañas el insano
puñal; penetra al centro.
Mas es trabajo vano:
jamás me alcanzará tu corta mano.   60

---

41 *Exento:* 'ajeno'.
42 «... el justo (...) se burla de los caprichos de la Fortuna, que con-
fía vanamente *(presume)* en aniquilarlo, sin ver que Dios, como hizo con
Job, le dará al fin el triunfo» (C. Cuevas).
45 *crueza:* 'crueldad'.
50 *la sosiega:* 'sosiégala'.
51 *¿Qué estás?:* '¿Por qué te detienes?' (calco latinizante).
55 *cerrar:* 'encerrar'.
57 *desvuelva:* 'remueva', como la reja del arado hace con la tierra.

Rompiste mi cadena,
ardiendo por prenderme: al gran consuelo
subido he por tu pena.
Ya suelto, encumbro el vuelo,
traspaso sobre el aire, huello el cielo.» 65

---

61 Se refiere al «... vínculo que retiene al alma en la prisión terrena»
(C. Cuevas).
63 *pena:* 'suplicio'; pero quizá haya dilogía con 'esfuerzo': al atormen-
tar al justo, el tirano se ha afanado en vano.

Núm. 14

Agora con la aurora se levanta
mi Luz; agora coge en rico nudo
el hermoso cabello; agora el crudo
pecho ciñe con oro, y la garganta.

Agora, vuelta al cielo, pura y santa,   5
las manos y ojos bellos alza; y pudo
dolerse agora de mi mal agudo;
agora incomparable tañe y canta.

Ansí digo y, del dulce error llevado,
presente ante mis ojos la imagino,   10
y lleno de humildad y amor la adoro.

Mas luego vuelve en sí el engañado
ánimo y, conociendo el desatino,
la rienda suelta largamente al lloro.

Entre los poemas originales de fray Luis se cuenta un grupo de cinco
sonetos de tono petrarquista. El aquí editado, que es seguramente el más
conocido de todos, recuerda el de Petrarca «Gli ochi di ch'io parlai sí cal-
damente» *(Canzoniere,* ccxcii). El amante va recreando en la imaginación
los gestos y la hermosura de la amada ya fallecida.

3 *crudo:* 'cruel'; porque no lo ama a él.
5-6 Esto es, «... en gesto de oración eucarística e impetratoria —la ple-
garia matutina» (C. Cuevas).

Núm. 15   *Psalmo 136*
                                               Super flumina

    Cuando presos pasamos
los ríos de Babilonia sollozando,
un rato nos sentamos
a descansar llorando,
de ti, dulce Sión, nos acordando.   5

    Allí, de descontentos,
colgamos de los sauces levantados
los dulces instrumentos
que en Sión, acordados,
solían tañer a Dios salmos sagrados.   10

    Colgámoslos de enojo
de ver que aquellas bárbaras naciones
tuviesen cruel antojo
de oír cantar canciones
a quien hacer llorar mil sinrazones.   15

El grueso de la obra poética de Fray Luis está constituido por tra-
ducciones, mayoritariamente de autores latinos (Virgilio y Horacio, so-
bre todo) y de textos bíblicos (*Libro de Job, Cantar de los Cantares, Sal-
mos*, etc). Como muestra de esta importantísima faceta de su actividad se
incluye la versión del salmo *Super flumina*, un canto dolorido y lleno de
rencor por el cautiverio del pueblo judío en Babilonia, destierro que duró
desde la destrucción de Jerusalén por los caldeos (587 a.C.), hasta su re-
greso en virtud del decreto de Ciro, rey de los persas (538 a.C.). «Para el
nacionalismo teocrático hebreo, Palestina es la patria sagrada, sede del
templo y de las tumbas de los patriarcas. De ahí la nostalgia que el exilio
babilónico produce en su pueblo, hasta impedir entonar cantos rituales.
Su odio le lleva a desear la aniquilación de los opresores y sus hijos»
(C. Cuevas).

1-2 *Babilonia:* capital del reino de los caldeos; el cautiverio de los ju-
díos tuvo lugar a orillas del río Éufrates.
5 *Sión* es la ciudad de David y, por extensión, Jerusalén.
6 *de descontentos:* 'a causa de la pena'.
9 *acordados:* 'afinados, templados'.
15 *quien* se refiere a los judíos presos en Babilonia.

Ellos, como se vieron
cerca de Babilonia en su región,
«Cantá y tañé —dijeron—,
y no cualquier canción,
sino uno de los cantos de Sión.»   20

Con amargos extremos
les respondimos: «¿Presos en cadena,
nos mandáis que cantemos
salmos en tierra ajena
de Dios y de toda cosa buena?»   25

Si yo mientras viviere,
de ti, Jerusalén, no me acordare
doquiera que estuviere
que ausente me hallare,
de mí me olvide yo si te olvidare.   30

Si en tal prisión y mengua
puesto, por mí canción fuere cantada,
la voz ronca y la lengua
al paladar pegada
quede, de haber cantado castigada.   35

Si tuviere contento
sin ti, Sión, mi bien y mi alegría,
con áspero tormento
pague el placer de un día
con mil años de pena el alma mía.   40

---

18 *Cantá y tañé:* formas del imperativo plural usadas en la época.
20 *cantos de Sión:* 'canciones patrióticas e himnos litúrgicos' (C. Cuevas).
21 *extremos:* 'gestos, ademanes'.
31 *mengua:* 'menoscabo, menosprecio'.

Ten, ¡oh Señor!, memoria
de los hijos de Edón en la alegría
de tu ciudad y gloria,
vengando en aquel día
su furia, crueldad y tiranía.   45

Castiga estos feroces
querreros que, venciendo no contentos,
dicen a grandes voces:
«¡Derribá los cimientos,
asolad, asolad los fundamentos!»   50

¡Oh, Babilonia triste!,
dichoso el que te diere justo pago
del mal que nos hiciste,
y dijere: «Yo hago
en nombre de Sión aqueste estrago.»   55

Y en la justa venganza
más bendito será quien más llevare
por rigor la matanza,
y los niños que hallare,
con piedras sin piedad despedazare.   60

41-43 Los edomitas (con los que el salmista identifica a los opresores
del pueblo judío en Babilonia) celebraron la destrucción de Jerusalén;
«... se establecieron a orillas del mar Muerto tras emigrar, a fines del XIV
a.C., desde el desierto de Arabia; Saúl luchó contra ellos, y David los so-
metió, pero acabaron asentándose en Palestina tras la destrucción de Je-
rusalén» (C. Cuevas).

44-45 El salmista pide al Señor que vengue la furia que mostraron los
edomitas el día de la destrucción de Jerusalén *(en aquel día*, con hipérba-
ton); «los hechos sucedieron el 9 de *Tammuz* (junio-julio) del 587 a.C.,
cuando edomitas y caldeos rompieron el muro de Jerusalén; o el 10 del
mes siguiente, cuando incendiaron el templo» (C. Cuevas).

45-50 La estrofa sigue tratando de la destrucción de Jerusalén por edo-
mitas y caldeos.

59-60 Que mate a los niños estrellándolos contra las piedras.

Fernando de Herrera
(Sevilla, 1534-1597)

Núm. 16

No hay mal que a mi mal se iguale,
ni bien tal
por quien trocase mi mal.

La gloria que en mi mal siento
es que, para merecer,   5
ha de igualar mi tormento,
cuanto más pueda crecer,
con mi alto pensamiento.
  Con esto espero tendré
cuanto merece mi fe,   10
si el Amor —juzgo— me vale,
pues sé claramente que
no hay mal que a mi mal se iguale.

No hay tormento igual al mío,
ni tan grande presunción   15
que ose lo que yo porfío,
que nunca en mi corazón
no cabe tal desvarío.

De Fernando de Herrera nos han llegado ventiséis poemas octosilá-
bicos de estilo cancioneril. Uno de ellos sigue un género muy frecuentado
por los poetas de la época: la glosa. En concreto, se trata de la glosa de un
villancico o *letra* de autor desconocido, que el poeta sevillano desarrolla
en quintillas dobles. El tema de la composición es un tópico del amor cor-
tés: el amante se complace en su extremo dolor, reputándolo por el ma-
yor bien que le es dado alcanzar.

---

5 *merecer*: 'ser digno del galardón por parte de la dama'.
6-8 Para igualarse con lo elevado de su aspiración amorosa, el tor-
mento del enamorado ha de crecer hasta donde sea posible.
17-18 O sea: mi corazón nunca consiente que otro pueda amar como
yo, esto es, siempre lleva más lejos su pasión. El posesivo *mi* (v 17) es en-
mienda habitual de los editores, ya que falta en los manuscritos que trans-
miten el poema.

Y en haciendo mi victoria
de tan honrada memoria,   20
a la estima de mi mal
no puede hallarse igual,
ni bien tal.

En el mal a que me ofrezco,
contento de ser perdido,   25
gozo el bien, porque merezco
lo que nadie ha merecido
por el dolor que padezco.
   Y nunca más pena siento
que cuando cesa el tormento,   30
porque en mi pasión mortal
no hallo ajeno contento
por quien trocase mi mal.

21-22 O sea: no hay mal que merezca ser estimado como el mío.
33 *quien* tiene como antecedente a *contento.*

Núm. 17

Osé y temí, mas pudo la osadía
tanto que desprecié el temor cobarde;
subí a do el fuego más me enciende y arde
cuanto más la esperanza se desvía.

Gasté en error la edad florida mía;   5
ahora veo el daño, pero tarde:
que ya mal puede ser que el seso guarde
a quien se entrega ciego a su porfía.

Tal vez pruebo (mas, ¿qué me vale?) alzarme
del grave peso que mi cuello oprime,   10
aunque falta a la poca fuerza el hecho.

Sigo al fin mi furor, porque mudarme
no es honra ya, ni justo que se estime
tan mal de quien tan bien rindió su pecho.

Este soneto abre *Algunas obras,* el volumen que a modo de selecto cancionero publicó el poeta en 1582. En su calidad de poema-prólogo propone una visión global de la historia amorosa, cifrándola en rasgos tópicos como la tensión entre la razón y el deseo o la conciencia del error. Pero a diferencia de Petrarca, Herrera no se plantea finalmente el arrepentimiento sino la perseverancia en la pasión como única actitud digna del amante. El amor se convierte así en una tarea titánica en la que el poeta podrá mostrar la osadía y temple de su ánimo.

9 *Tal vez:* 'De vez en vez'.
11 O sea: el intento de vencer la pasión no llega a consumarse.

Núm. 18*a*

Pensé, mas fue engañoso pensamiento,
armar de duro hielo el pecho mío,
porque el fuego de amor al grave frío
no desatase en nuevo encendimiento.

Procuré no rendirme al mal que siento,   5
y fue todo mi esfuerzo desvarío;
perdí mi libertad, perdí mi brío;
cobré un perpetuo mal, cobré un tormento.

El fuego al hielo destempló en tal suerte,
que, gastando su humor, quedó ardor hecho;   10
y es llama, es fuego todo cuanto espiro.

Este incendio no puede darme muerte,
que, cuanto de su fuerza más deshecho,
tanto más de su eterno afán respiro.

En este soneto, Herrera intensifica hasta el límite un conocido tópico
petrarquista, la contraposición hielo / fuego, pero empleándolo para ex-
presar no la pugna entre el desdén de la amada y el ardor del amante, sino
su propia lucha interior entre la razón y el deseo. Los precedentes italia-
nos no faltan en P. Bembo («Io che di viver sciolto avea pensato»), B. Tasso
(«Io credea armato di gelo il core») o B. Varchi («Ben mi credea poter gran
tempo armato»). Del soneto se conservan, por otra parte, dos versiones,
la de *Algunas obras* (1582 = *H*) y la de *Versos* (1619 = *P*). Los estudiosos dis-
cuten la filiación de una y otra, sin ponerse de acuerdo entre las diversas
posibilidades: 1) *P* es una versión primitiva, *H* la redacción final de He-
rrera; 2) *H* es la redacción auténtica, *P* una versión posterior no herreriana
o de autoría dudosa cuando menos; 3) *H* es una primera versión, *P* la re-
dacción final de Herrera.

Versión *H*.
3 *porque* seguido de subjuntivo tiene valor final.
4 *desatase:* 'deshiciese del todo'.
9 *destempló:* 'alteró'.
10 *humor:* 'humedad'.

Núm. 18*b*

Pensé, mas fue engañoso pensamiento,
armar de intensa nieve el pecho mío,
porque el rayo de amor no al lento frío
rompiese el rigor duro en vivo aliento.

Procuré no rendirme al mal que siento,   5
y fue todo mi esfuerzo desvarío;
mi libertad perdí y mi usado brío;
cobré un dolor perpetuo en mi tormento.

La llama al hielo destempló en tal suerte,
que, gastando su humor, quedó ardor hecho;   10
y es inexhausto fuego cuanto espiro.

No puede este mi incendio darme muerte,
que, cuanto de su fuerza más deshecho,
tanto más de su eterno afán respiro.

Versión *P.*

2 *intensa nieve:* 'nieve que presenta sus características propias en grado sumo'.

3-4 Para que el rayo de Amor no deshiciese *(rompiese)* a la nieve insensible *(el lento frío)* del pecho la dura frialdad *(rigor),* física y anímica, convirtiéndola en aliento cálido o vehemente (de amor, se entiende).

11 *inexhausto:* 'inagotable, inacabable'.

Núm. 19

Voz de dolor y canto de gemido
y espíritu de miedo, envuelto en ira,
hagan principio acerbo a la memoria
de aquel día fatal aborrecido
que Lusitania mísera suspira,   5
desnuda de valor, falta de gloria;
y la llorosa historia
asombre con horror funesto y triste
dende el áfrico Atlante y seno ardiente
hasta do el mar de otro color se viste,   10
y do el límite rojo de Oriente,
y todas sus vencidas gentes fieras,
ven tremolar de Cristo las banderas.

¡Ay de los que pasaron, confiados
en sus caballos y en la muchedumbre   15
de sus carros, en ti, Libia desierta,

Durante mucho tiempo, Herrera fue apreciado sobre todo por sus canciones heroicas, particularmente la que escribió celebrando la victoria de Lepanto («Cantemos al Señor, que en la llanura»). Haciendo pareja con ella, destaca esta otra inspirada por la derrota de los portugueses en Alcazarquivir (04.08.1578) a manos de los norteafricanos; allí murieron, entre otros muchos, el rey don Sebastián y el poeta Francisco de Aldana. Herrera lamenta el desastre encuadrándolo en un esquema mesiánico: la derrota es un castigo divino a la soberbia lusitana, y su venganza corresponderá a los españoles. Confieren al poema un tono de exaltada solemnidad los motivos, expresiones e imágenes inspirados en el Antiguo Testamento: la vana confianza de los israelitas en la fuerza militar (Is, 31, 1), el cedro del Líbano «como símbolo de los que se labran su propia ruina» (C. Cuevas; Dan, 4, 7-24), etc.

9-10 «Desde la cordillera del Atlas hasta el mar Rojo; el *seno ardiente* podría ser la bahía de Alhucemas» (C. Cuevas); *dende* es forma etimológica.
16 *Libia* se refiere aquí seguramente a África en general.

y en su vigor y fuerzas engañados,
no alzaron su esperanza a aquella cumbre
de eterna luz; mas con soberbia cierta
se ofrecieron la incierta   20
vitoria, y sin volver a Dios sus ojos,
con yerto cuello y corazón ufano,
sólo atendieron siempre a los despojos!
Y el santo de Israel abrió su mano,
y los dejó; y cayó en despeñadero   25
el carro y el caballo y caballero.

    Vino el día cruel, el día lleno
de indinación, de ira y furor, que puso
en soledad y en un profundo llanto
de gente, y de placer el reino ajeno.   30
El cielo no alumbró, quedó confuso
el nuevo sol, presago de mal tanto;
y, con terrible espanto,
el Señor visitó sobre sus males
para humillar los fuertes arrogantes;   35
y levantó los bárbaros no iguales,
que con osados pechos y constantes
no busquen oro, mas con crudo hierro
venguen la ofensa y cometido yerro.

    Los impíos y robustos, indinados,   40
las ardientes espadas desnudaron
sobre la claridad y hermosura
de tu gloria y valor, y no cansados

---

20 *se ofrecieron:* 'se imaginaron o prometieron a sí mismos'.

22 *yerto:* 'erguido, arrogante'.

28 *indinación:* en Herrera es habitual la reducción de los grupos con-
sonánticos; compárese *ecelsa* (v 68).

34 El Señor envió sobre ellos sus males, los castigó. Frase propia de la
Sagrada Escritura.

36 *no iguales:* 'injustos, crueles'.

37-39 Recrimina a los lusitanos su afán de ganar botín (compárese v 23),
cuando debían pensar en poner freno a la belicosidad de los norteafrica-
nos.

40 *impíos:* pronúnciese *impios;* lo mismo en v 84.

en tu muerte, tu honor todo afearon,
mezquina Lusitania sin ventura;   45
y con frente segura,
rompieron sin temor con fiero estrago
tus armadas escuadras y braveza.
La arena se tornó sangriento lago,
la llanura con muertos, aspereza;   50
cayó en unos vigor, cayó denuedo,
mas en otros desmayo y torpe miedo.

       ¿Son éstos por ventura los famosos,
los fuertes y belígeros varones
que conturbaron con furor la tierra,   55
que sacudieron reinos poderosos,
que domaron las hórridas naciones,
que pusieron desierto en cruda guerra
cuanto enfrena y encierra
el mar Indo, y feroces destruyeron   60
grandes ciudades? ¿Dó la valentía?
¿Cómo así se acabaron y perdieron
tanto heroico valor en solo un día,
y lejos de su patria derribados,
no fueron justamente sepultados?   65

       Tales fueron aquestos cual hermoso
cedro del alto Líbano, vestido
de ramos, hojas, con ecelsa alteza;
las aguas lo criaron poderoso,
sobre empinados árboles subido,   70
y se multiplicaron en grandeza
sus ramos con belleza;
y extendiendo su sombra, se anidaron
las aves que sustenta el grande cielo;
y en sus hojas las fieras engendraron,   75

---

51 *cayó en unos:* 'tocó a unos'.
56 *sacudieron:* 'golpearon, destruyeron'.
59-61 «Alusión a las conquistas portuguesas en la India...» (C. Cuevas).
70 *subido:* 'descollante'.

y hizo a mucha gente umbroso velo;
no igualó en celsitud y hermosura
jamás árbol alguno a su figura.

Pero elevóse con su verde cima,
y sublimó la presunción su pecho,   80
desvanecido todo y confiado,
haciendo de su alteza sólo estima:
por eso Dios lo derribó deshecho,
a los impíos y ajenos entregado,
por la raíz cortado,   85
que opreso de los montes arrojados,
sin ramos y sin hojas y desnudo,
huyeron dél los hombres espantados,
que su sombra tuvieron por escudo;
en su rüina y ramos, cuantas fueron,   90
las aves y las fieras se pusieron.

Tú, infanda Libia, en cuya seca arena
murió el vencido reino lusitano
y se acabó su generosa gloria,
no estés alegre y de ufanía llena,   95
porque tu temerosa y flaca mano
hubo, sin esperanza, tal vitoria,
indina de memoria;
que si el justo dolor mueve a venganza
alguna vez el español coraje,   100
despedazada con aguda lanza,
compensarás muriendo el hecho ultraje;
y Luco, amedrentado, al mar inmenso
pagará de africana sangre el censo.

---

77 *celsitud*: 'excelencia'.
80 *sublimó*: 'levantó y envaneció'.
81 *desvanecido*: 'lleno de vanagloria'.
86 Verso oscuro. Lo que dice el pasaje bíblico correspondiente es que
el tronco, una vez cortado, habría de ser atado con cadenas y dejado so-
bre la tierra.
103 *Luco*: «torrente de Marruecos que discurre por las cercanías de Al-
cazarquivir y desemboca en el Atlántico; actualmente se le llama *Lekko*»
(C. Cuevas).

Núm. 20

Canso la vida en esperar un día
de fingido placer; huyen los años,
y nacen dellos mil sabrosos daños
que esfuerzan el error de mi porfía.

Los pasos por do voy a mi alegría   5
tan desusados son y tan extraños,
que al fin van a acabarse en mis engaños,
y dellos vuelvo a comenzar la vía.

Descubro en el principio otra esperanza,
si no mayor, igual a la pasada,   10
y en el mesmo deseo persevero.

Mas luego torno a la común mudanza
de la suerte en mi daño conjurada,
y esperando contino desespero.

La reflexión del amante sobre su proceso amoroso es elemento con-
sustancial al petrarquismo. Herrera lo elabora aquí con ciertas reminis-
cencias garcilasianas *(los pasos por do voy, la suerte en mi daño conjurada)*
e inscribiendo al amante, como es habitual en él, en el círculo infinito del
deseo, entre el error y la esperanza. Términos tan genéricos, por cierto,
que permiten extrapolar la lectura del poema a cualquier campo de la ex-
periencia moral. Editamos la versión de *H,* son. XXX; hay otra con algu-
nas variantes *(P,* lib. II, son. XVIII).

---

4 *esfuerzan:* 'dan fuerzas'.
14 *contino:* 'continuamente'.

Núm. 21

No bañes en el mar sagrado y cano,
callada Noche, tu corona oscura,
antes de oír este amador ufano.

Y tú alza de la húmida hondura
las verdes hebras de la bella frente,   5
de náyades lozana hermosura.

Aquí do el grande Betis ve presente
la armada vencedora que el Egeo
manchó con sangre de la turca gente,

quiero decir la gloria en que me veo;   10
pero no cause invidia este bien mío
a quien aun no merece mi deseo.

Sosiega el curso tú, profundo río;
oye mi gloria, pues también oíste
mis quejas en tu puro asiento frío.   15

Frecuentemente considerado un poeta poco vivencial, Herrera se sin-
gulariza entre los petrarquistas por insertar en su cancionero una escena
íntima y confidencial, de amor correspondido. El relato, entre locuaz y
reticente, de la misma se ofrece en esta elegía de tema amoroso, en la que
el poeta toma por confidentes a la Noche y a las ninfas del Betis. Es sig-
nificativo, por otra parte, que el poeta haga coincidir su *gloria* con la pre-
sencia en el Guadalquivir de la flota (parte de ella, en realidad) que había
vencido (7.x.1571) en Lepanto (vv 7-9). El poema consagra, así, la equi-
paración, fundamental en Herrera, entre la heroicidad de la empresa poé-
tico-amorosa y la bélica. Los vv 19-28 fueron elogiados por Lope de Vega
(Papel de la nueva poesía) como dechado de elegancia, blandura y belleza.

1-3 El poeta pide a la Noche que espere y no se retire por el mar *cano:*
'espumoso (y por eso, blanco)'. A la Noche se la representaba coronada
de adormideras.
4-6 El poeta convoca a las ninfas del río para que salgan a oír su canto.
15 *asiento:* 'morada'.

Tú amaste, y como yo también supiste
del mal dolerte, y celebrar la gloria
de los pequeños bienes que tuviste.

Breve será la venturosa historia
de mi favor, que breve es la alegría   20
que tiene algún lugar en mi memoria.

Cuando del claro cielo se desvía
del sol ardiente el alto carro apena,
y casi igual espacio muestra el día,

con blanda voz, que entre las perlas suena,   25
teñido el rostro de color de rosa,
de honesto miedo y de amor tierno llena,

me dijo así la bella desdeñosa
que un tiempo me negaba la esperanza,
sorda a mi llanto y ansia congojosa.   30

«Si por firmeza y dulce amar se alcanza
premio de Amor, yo tener bien debo
de los males que sufro más holganza.

Mil veces, por no ser ingrata, pruebo
vencer tu amor, pero al fin no puedo,   35
que es mi pecho a sentillo rudo y nuevo.

Si en sufrir más me vences, yo te ecedo
en pura fe y afetos de terneza;
vive de hoy más ya confiado y ledo.»

No sé si oí, si fui de su belleza   40
arrebatado, si perdí el sentido;
sé que allí se perdió mi fortaleza.

22-24 Poco después del mediodía.
39 *de hoy más:* 'de hoy en adelante'; *ledo:* 'alegre'.

Turbado dije al fin: «Por no haber sido
este tan grande bien de mí esperado,
pienso que debe ser, si es bien, fingido.   45

Señora, bien sabéis que mi cuidado
todo se ocupa en vos; que yo no siento
ni pienso sino en verme más penado.

Mayor es que el humano mi tormento,
y al mayor mal igual esfuerzo tengo,   50
igual con el trabajo el sentimiento.

Las penas que por sola vos sostengo,
me dan valor, y mi firmeza crece
cuanto más en mis males me entretengo.

No quiero concederos que merece   55
mi afán tal bien que vos sintáis el daño;
más ama quien más sufre y más padece.

No es mi pecho tan rudo o tan extraño
que no conozca en el dolor primero
si, en esto que dijistes, cabe engaño.   60

Un corazón de impenetrable acero
tengo para sufrir, y está más fuerte
cuanto más el asalto es bravo y fiero.

Diome el cielo en destino aquesta suerte,
y yo la procuré, y hallé el camino   65
para poder honrarme con mi muerte.»

Lo demás que entre nos pasó, no es dino,
Noche, de oír el austro presuroso,
ni el viento de tus lechos más vecino.

---

54 *entretengo:* 'mantengo'.
68 *austro:* 'viento del sur'.
69 Puede ser Favonio, viento del occidente (pero C. Cuevas entiende que
se trata del áfrico o ábrego). Al tiempo, indica que el día se va acercando.

Mete en el ancho piélago espumoso   70
tus negras trenzas y húmido semblante,
que en tanto que tú yaces en reposo,
podrá Amor darme gloria semejante.

---

71 Nuevas alusiones a la iconografía poética de la Noche, que se re-
tira por Occidente dando paso al día.

Núm. 22

Cual de oro era el cabello ensortijado
y en mil varias lazadas dividido;
y cuanto en más figuras esparcido,
tanto de más centellas ilustrado.

Tal, de lucientes hebras coronado,   5
Febo aparece en llamas encendido;
tal discurre en el cielo esclarecido
un ardiente cometa arrebatado.

Debajo el puro, proprio y sutil velo,
Amor, gracia y valor, y la belleza   10
templada en nieve y púrpura se vía.

Pensara que se abrió esta vez el cielo
y mostró su poder y su riqueza,
si no fuera la Luz de la alma mía.

El elogio de la belleza de la dama, cifrada en la hermosura del rostro
y cabellos, alcanza frecuentemente en Herrera, imbuido de neoplato-
nismo, proporciones cósmicas y aun divinas. Pero en este caso, el mérito
del poema reside, más allá de las acertadas imágenes, en la hábil disposi-
ción de sus elementos y la perspectiva adoptada por el poeta-amante, tan
sorprendido como el propio lector de que tal belleza sea posible.

3 *figuras* se refiere aquí a la diversidad de formas y dibujos adoptados
por los cabellos.
9 *proprio* es forma etimológica.

Núm. 23

Esta rota y cansada pesadumbre,
osada muestra de soberbios pechos;
estos quebrados arcos y deshechos,
y abierto cerco de espantosa cumbre,

descubren a la ruda muchedumbre   5
su error ciego y sus términos estrechos;
y sólo yo, en mis grandes males hechos,
nunca sé abrir los ojos a la lumbre.

Pienso que mi esperanza ha fabricado
edificio más firme, y aunque veo   10
que se derriba, sigo al fin mi engaño.

¿De qué sirve el juicio a un ostinado
que la razón oprime en el deseo?
De ver su error y padecer más daño.

El tema de las ruinas había sido introducido en la poesía del XVI por Gutierre de Cetina («Excelso monte do el romano estrago»), siguiendo modelos italianos. Al igual que su predecesor, Herrera hace del tema una especie de emblema moral que le sirve para reflexionar, en tono grave, acerca de su actitud amorosa. Es probable que el soneto tome como motivo de inspiración las ruinas de Itálica, la ciudad romana situada a pocos kilómetros de Sevilla río arriba. Si esto es así, se convierte en cabeza de una rica serie de poemas sobre las mismas ruinas, a la que contribuyeron diversos ingenios sevillanos, como Arguijo, Medrano, Rioja o Rodrigo Caro con su célebre elegía.

---

1 *pesadumbre:* 'mole'.
4 Se refiere al anfiteatro *(abierto cerco)* de Itálica.
6 *términos estrechos:* 'lo limitado de la existencia'.
7 *hechos:* 'consumados'.
14 *error* es término del léxico amoroso (véase poema 17, v 5).

Núm. 24

Süave Sueño, tú, que en tardo vuelo
las alas perezosas blandamente bates,
de adormideras coronado,
por el puro, adormido y vago cielo,
ven a la última parte de Ocidente,　　　　　　5
y de licor sagrado
baña mis ojos tristes, que cansado
y rendido al furor de mi tormento,
no admito algún sosiego,
y el dolor desconorta al sufrimiento;　　　　　10
ven a mi humilde ruego,
ven a mi ruego humilde, ¡oh amor de aquella
que Juno te ofreció, tu ninfa bella!

Son cuatro las versiones que nos han llegado de este poema. La aquí
editada es la única impresa (en *Versos*, 1619) y puede ser tenida por la re-
dacción final del propio Herrera. Bajo la forma métrica de la canción, el
poema constituye una adaptación romance del himno clásico. El desti-
natario del mismo es el dios del Sueño, al que el poeta insomne invoca
para que se haga presente, le suplica, lo alaba mencionando sus atribu-
tos y virtudes; le promete, en fin, una corona floral a cambio de su ayuda.
Subyace, por otra parte, en el poema la identificación mistérica entre el
Sueño *(Hypnos)* y Cupido en su vertiente de *Hypneros* o Eros durmiente
y funerario.

---

1 *Sueño:* «hijo de la noche y del Érebo, y hermano gemelo de Tánato
(la Muerte), el Sueño —Hipno— recorre en tácito vuelo la tierra, ha-
ciendo dormir a los vivientes» (C. Cuevas).

4 *adormido:* 'sosegado'; *vago:* 'errante' (referido al movimiento de la
esfera celeste).

5 Se refiere aquí a España.

6 *licor sagrado:* «puede referirse al látex de la adormidera» (C. Cue-
vas).

10 *desconorta el sufrimiento:* 'desalienta, quita vigor a la resistencia del
ánimo'. En los textos publicados en vida de Herrera siempre aparece la
forma etimológica de esta raíz léxica: *confortar, confortamiento*.

13 «Esa ninfa no es otra que Pasitea, la más joven de las tres Gracias,
ofrecida por Juno al Sueño» (C. Cuevas); también se la conoce por Eu-
frosine.

Divino Sueño, gloria de mortales,
regalo dulce al mísero afligido,   15
Sueño amoroso, ven a quien espera
cesar del ejercicio de sus males,
y al descanso volver todo el sentido.
¿Cómo sufres que muera
lejos de tu poder quien tuyo era?   20
¿No es dureza olvidar un solo pecho
en veladora pena,
que sin gozar del bien que al mundo has hecho,
de tu vigor se ajena?
Ven, Sueño alegre; Sueño, ven dichoso;   25
vuelve a mi alma ya, vuelve el reposo.

Sienta yo en tal estrecho tu grandeza,
baja y esparce líquido el rocío,
huya la alba que en torno resplandece;
mira mi ardiente llanto y mi tristeza   30
y cuánta fuerza tiene el pesar mío,
y mi frente humedece,
que ya de fuegos juntos el sol crece.
Torna, sabroso Sueño, y tus hermosas
alas suenen ahora,   35
y huya con sus alas presurosas
la desabrida Aurora,
y lo que en mí faltó la noche fría
termine la cercana luz del día.

19 *sufres:* 'permites'.
24 *se ajena:* 'queda privado o desposeído'.
27 *estrecho:* 'situación difícil, trance'.
36-37 La iconografía de la Aurora la representaba, en efecto, con alas.
38 *faltó:* 'dejó sin acabar'; se refiere al reposo.

Una corona, ¡oh Sueño!, de tus flores   40
ofrezco; tú produce el blando efeto
en los desiertos cercos de mis ojos,
que el aire entretejido con olores
halaga, y ledo mueve en dulce afeto;
y destos mis enojos   45
destierra, manso Sueño, los despojos.
Ven, pues, amado Sueño, ven liviano,
que del rico Orïente
despunta el tierno Febo el rayo cano.
Ven ya, Sueño clemente,   50
y acabará el dolor. Así te vea
en brazos de tu cara Pasitea.

40-41 El insomne promete al dios una corona de adormideras como
ofrenda para moverlo en su favor. Recuérdese que la corona puede tener
también significado funerario.

42 *desiertos:* 'infructíferos, resecos', o quizá 'desamparados'.

43-44 El aire perfumado por la corona floral se vuelve agradable a los
sentidos *(halaga); ledo:* 'placentero' (referido a *aire).*

48-49 'que desde el rico Oriente el sol recién salido empieza a mos-
trar su blanca luz'.

52 *Pasitea:* véase nota al v 13.

Núm. 25

Dejo la más florida planta de oro,
y lloro ausente y solo aquella Lumbre
que sigo, y siento el pecho arder en fuego;
mas el estrecho lazo de la mano
me alienta, y la dulzura de la boca,   5
que puede regalar la intensa nieve.

Yo recelé la fuerza de la nieve
cuando no pude ver el árbol de oro
y perdí las palabras de su boca;
pero volvió al partir la alegre Lumbre,   10
y con el blanco yelo de la mano
todo me destempló en ardiente fuego.

La sextina es una artificiosa forma poética de origen trovadoresco.
Su cultivo por parte de Francesco Petrarca y, más tarde, Jacopo Sanna-
zaro hizo que se aclimatase y mantuviese vigente a lo largo del Renaci-
miento. En España, su cultivador más importante es precisamente Fernando
de Herrera, que escribió cuatro. La que editamos, sólo transmitida por
la edición póstuma de 1619, destaca por la fusión de tonos sensuales y
sofisticados. La amada, aquí llamada Lumbre, es figurada como un ár-
bol de oro —recuérdese que Petrarca hacía del laurel *(lauro* en italiano)
emblema de Laura— cuya belleza arrebata los sentidos del amante au-
sente; la imagen herreriana puede explicarse precisamente a partir de la
homofonía entre *lauro* y *l'auro* ('el oro'; véase Petrarca, *Canzoniere*, XXX,
37). Siguiendo con la misma tónica petrarquista, el proceso afectivo se
explica mediante las consabidas contraposiciones de fuego / nieve.

---

6 *regalar:* 'derretir'; *intensa nieve:* 'nieve que presenta sus característi-
cas propias en un grado sumo'.
10 *volvió:* 'se dio la vuelta, se vino hacia mí'.

Ardió comigo junto en dulce fuego,
y el rigor desató de fría nieve,
y el corazón me puso de su mano　　　　15
en la mía, y tendió los ramos de oro,
y, vibrando en mis ojos con su lumbre,
ambrosia y nétar espiró en su boca.

Si oyese el blando acento de su boca
y fuese de mi pecho al suyo el fuego　　　　20
que procedió a mi alma de su lumbre,
yo jamás temería ingrata nieve,
y, cogiendo las tersas hojas de oro,
crinaría mi frente con su mano.

Mas ya me hallo lejos de la mano,　　　　25
y no escucho el sonido de su boca,
ni veo la raíz luciente de oro;
¿y no me abraso todo y vuelvo en fuego,
pues crece siempre en mi dolor la nieve,
y no ofenden mis lástimas mi Lumbre?　　　　30

Abre, dulce, süave, clara Lumbre,
las nieblas, y mitiga con tu mano
mi sed, y la dureza de tu nieve
desencoge y resuelve, pues tu boca
fue la ultima causa de mi fuego,　　　　35
y contigo me enreda el tronco de oro.

Yo espero ya, flor de oro y pura Lumbre,
tocar la tierna mano; y vuestra boca
que desyele en mi fuego vuestra nieve.

---

14 *desató:* 'derritió, deshizo'.

15 *de su mano:* 'por su propia mano'.

18 *ambrosia y nétar:* 'ambrosía y néctar'. Se refiere a las amorosas palabras que despidió *(espiró)* o pronunció Lumbre.

24 *crinaría:* 'coronaría'; *con su mano:* 'con su ayuda' (sentido que parece preferible al de *mano:* 'el manojo de las hojas').

27 *raíz* es designación metafórica de Lumbre como origen de la luz.

28-30 *lástimas:* 'lamentos'. El amante se enardece, pero Lumbre permanece fría y distante.

34 *desencoge y resuelve:* 'ablanda y derrite'.

Francisco de Aldana

(Nápoles, Italia, h. 1537-
Alcazarquivir, Marruecos, 1578)

Núm. 26

«¿Cuál es la causa, mi Damón, que estando
en la lucha de amor juntos, trabados
con lenguas, brazos, pies y encadenados
cual vid que entre el jazmín se va enredando,

y que el vital aliento ambos tomando   5
en nuestros labios, de chupar cansados,
en medio a tanto bien somos forzados
llorar y suspirar de cuando en cuando?»

«Amor, mi Filis bella, que allá dentro
nuestras almas juntó, quiere en su fragua   10
los cuerpos ajuntar también, tan fuerte

que, no pudiendo, como esponja el agua,
pasar del alma al dulce amado centro,
llora el velo mortal su avara suerte.»

Soneto a modo de diálogo entre dos amantes que hablan sobre la im-
posibilidad de alcanzar una plena fusión por la vía de la unión de los cuer-
pos —un tipo de cuestión que cabe relacionar con la tradición de los *pro-
blemas* aristotélicos, abordados en la tradición literaria como *dubbi* o
preguntas sobre asuntos dudosos—. Según el esquema filográfico habi-
tual, la voz femenina (Filis) adopta el papel de discípula mientras que la
masculina (Damón) hace de maestro; ambos nombres provienen de la tra-
dición pastoril. La idea y la imagen de la esponja proceden del *Dialogo
d'amore* de Sperone Speroni (1500-1588). La sensualidad con que se aborda
el aspecto físico de la pasión resulta, por lo demás, insólita en el registro
poético de la lírica amorosa.

---

7 *en medio a:* 'en medio de'.
12-13 El amante quisiera pasar hasta el centro mismo del ser de la
amada, como hace el agua que empapa una esponja. Pero no puede.
14 *el velo mortal:* o sea, el cuerpo.

Núm. 27

Otro aquí no se ve que frente a frente
animoso escuadrón moverse guerra,
sangriento humor teñir la verde tierra,
y tras honroso fin correr la gente;

éste es el dulce son que acá se siente: 5
«¡España, Santïago, cierra, cierra!»,
y por süave olor, que el aire atierra,
humo de azufre dar con llama ardiente.

El gusto envuelto va tras corrompida
agua, y el tacto sólo apalpa y halla   10
duro trofeo de acero ensangrentado,

hueso en astilla, en él carne molida,
despedazado arnés, rasgada malla.
¡Oh sólo de hombres dino y noble estado!

La experiencia directa de la guerra y de la vida militar dio pie a algu-
nos de los poetas más importantes de la época, como Garcilaso, a tratar di-
cho tema en sus versos. El capitán Francisco de Aldana, que combatió en
Flandes y otros lugares hasta encontrar la muerte en Alcazarquivir (véase
núm. 19), ofrece en este soneto una vívida visión de la guerra mediante un
recorrido por las percepciones de cada uno de los cinco sentidos. Tras la
sombría descripción, el verso conclusivo adquiere un aire sorprendente y
equívoco: lo mismo puede entenderse como elogio, pese a todo, del estado
militar que como irónica denuncia de los estragos de la guerra.

---

1 *Otro:* 'otra cosa'.

2 O sea: 'esforzados escuadrones romper las hostilidades'.

4 La gloria, pero también la muerte. Puede haber ironía, como en
otras expresiones que siguen: *dulce son* (v 5) y *suave olor* (v 7).

6 *cierra:* 'acomete, embiste'.

7 *atierra:* 'llena de miedo, aterra'.

9-10 El sentido del gusto también se mezcla, se ve envuelto en el com-
bate reclamando agua, la cual sólo puede ser corrupta, como consecuen-
cia de la lucha.

11 *duro trofeo:* 'cruel trofeo'; son los heridos y muertos en combate.

Núm. 28

Mil veces callo que romper deseo
el cielo a gritos, y otras tantas tiento
dar a mi lengua voz y movimiento
que en silencio mortal yacer la veo.

Anda cual velocísimo correo   5
por dentro al alma el suelto pensamiento,
con alto y de dolor lloroso acento,
casi en sombra de muerte un nuevo Orfeo.

No halla la memoria o la esperanza
rastro de imagen dulce y deleitable   10
con que la voluntad viva segura.

Cuanto en mí hallo es maldición que alcanza,
muerte que tarda, llanto inconsolable,
desdén del cielo, error de la ventura.

En el presente soneto, la tradicional psicomaquia amorosa se convierte en expresión de un desasosiego vital más amplio: el poeta es como un nuevo Orfeo, pero sin Eurídice que llorar. El poeta, que intuye el abismo interior del ánimo, intensifica el patetismo de los afectos echando mano a imágenes violentas y atrevidas (vv 1-8) o expresiones de honda desesperanza vital (vv 9-14). Aldana explora los límites *románticos* de la poesía clásica.

---

2 *tiento:* 'intento'.
6 *dentro al:* 'dentro del'.
8 *casi:* 'como' (E. L. Rivers). Compara la inquietud de su ánimo con la de Orfeo, cuando hubo de descender a los infiernos *(en sombra de muerte)* en búsqueda de Eurídice. Pero en ese trance, el poeta ni siquiera encuentra el consuelo de una Eurídice (vv 9-11).
12 *alcanza:* 'llega al poeta, le toca'.

Núm. 29   *Reconocimiento de la vanidad del mundo*

En fin, en fin, tras tanto andar muriendo,
tras tanto varïar vida y destino,
tras tanto, de uno en otro desatino,
pensar todo apretar, nada cogiendo;

tras tanto acá y allá yendo y viniendo   5
cual sin aliento inútil peregrino;
¡oh Dios!, tras tanto error del buen camino,
yo mismo de mi mal ministro siendo,

hallo, en fin, que ser muerto en la memoria
del mundo es lo mejor que en él se asconde,   10
pues es la paga dél muerte y olvido,

y en un rincón vivir con la vitoria
de sí, puesto el querer tan sólo adonde
es premio el mismo Dios de lo servido.

La inquietud vital del poeta encuentra ahora consuelo y respuesta en
principios estoico-cristianos similares a los que por esos años formulaba
fray Luis: el retiro del mundo, la victoria de sí mismo y la búsqueda de
Dios. Pero la expresión tiene aquí un tono decididamente más próximo a
la lengua coloquial.

---

10 *asconde*: 'esconde'.

Núm. 30   *Carta para Arias Montano*
       sobre la contemplación de Dios y los requisitos della

Montano, cuyo nombre es la primera
estrellada señal por do camina
el sol el cerco oblicuo de la esfera;

nombrado así por voluntad divina
para mostrar que en ti comienza Apolo   5
la luz de su celeste diciplina:

Cuando Aldana redacta esta célebre epístola (ultimada a siete de septiembre de 1577, si damos fe a la data), el género ya contaba en nuestras letras con los importantes antecedentes de Garcilaso, Hurtado de Mendoza y Boscán, entre otros. Con todo, Aldana eleva el género a una altura que no habían alcanzado tan ilustres predecesores ni alcanzarán luego otros cultivadores del mismo, por más que entre ellos se cuenten Bartolomé Leonardo de Argensola, Lope de Vega o el propio Fernández de Andrada, con su célebre *Epístola moral*. El poema, que va dirigido al ilustre biblista Benito Arias Montano (1527-1598) cuando éste era bibliotecario en El Escorial, puede leerse conforme a una división en tres bloques argumentales, más un breve remate o despedida (vv 436-451). En el primero (vv 1-42) ofrece Aldana un sumario de su situación personal, caracterizándola en términos de contradictorio desasosiego en medio de la vida militar que profesaba. En el segundo (vv 43-282) aborda un tema predilecto del género epistolar, cual es el de la vida retirada y contemplativa, centrada en el cultivo del espíritu, en la consideración de las maravillas del Universo y en la búsqueda de la comunicación con Dios. Finalmente (vv 283-435), describe Aldana el lugar donde querría poner en práctica, junto con Montano, ese ideal de vida: un monte próximo al mar (probablemente pensaba en el monte Urgull, en San Sebastián). Dentro del elevado tono que mantiene la composición a lo largo de todo su desarrollo, destacan los pasajes de poesía metafísica y aliento místico en los que, con singular osadía intelectual e imaginativa, reelabora Aldana motivos o da cuerpo a sugerencias que pudo encontrar en los tratados espirituales de la época y corrientes filosóficas afines, como el platonismo. Notable es asimismo la personal visión paisajística, atenta a las variaciones del cielo y a las irisaciones de la luz en las aguas o las conchas de la playa. En resumen, uno de los poemas auténticamente mayores de la época.

1-6 «*Arias*, el nombre de Montano, es aquí *Aries*, el signo del Zodíaco en que se encuentra el Sol al empezar la primavera» (E. L. Rivers); *diciplina,* con reducción consonántica.

yo soy un hombre desvalido y solo,
expuesto al duro hado, cual marchita
hoja al rigor del descortés Eolo;

   mi vida temporal anda precita   10
dentro el infierno del común trafago
que siempre añade un mal y un bien nos quita.

   Oficio militar profeso y hago:
¡baja condenación de mi ventura
que al alma dos infiernos da por pago!   15

   Los huesos y la sangre que natura
me dio para vivir, no poca parte
dellos y della he dado a la locura,

   mientras el pecho al desenvuelto Marte
tan libre di que sin mi daño puede   20
(hablando la verdad) ser muda el arte;

   y el rico galardón que se concede
a mi —llámola así— ciega porfía
es que por ciego y porfiado quede.

   No digo más sobre esto, que podría   25
cosas decir que un mármol deshiciese
en el piadoso humor que el ojo envía,

   y callaré las causas de interese
(no sé si justo o injusto) que en alguno
hubo porque mi mal más largo fuese.   30

---

9 *Eolo* vale aquí 'viento'.

10 *precita:* 'condenada' (al Infierno).

11 *trafago* solía ser voz llana en la época.

19-21 *desenvuelto:* 'alterado, desenfrenado'. La fama de Aldana como soldado es tanta que, en verdad, no necesita ser pregonada por poetas o historiadores para ser reconocida.

27 O sea, en lágrimas.

28-30 «Aldana se refiere aquí a ciertas intrigas contra él que le perjudicaron mucho en la corte de Requesens» (E. L. Rivers); don Luis de Re-

Menos te quiero ser ora importuno
en declarar mi vida y nacimiento,
que tiempo dará Dios más oportuno:

basta decir que cuatro veces ciento
y dos cuarenta vueltas dadas miro   35
del planeta seteno al firmamento,

que en el aire común vivo y respiro,
sin haber hecho más que andar haciendo
yo mismo a mí, cruel, doblado tiro;

y con un trasgo a brazos debatiendo   40
que al cabo, al cabo, ¡ay Dios!, de tan gran rato
mi costoso sudor queda riendo.

Mas ya, ¡merced del cielo!, me desato,
ya rompo a la esperanza lisonjera
el lazo en que me asió con doble trato.   45

Pienso torcer de la común carrera
que sigue el vulgo y caminar derecho
jornada de mi patria verdadera;

entrarme en el secreto de mi pecho
y platicar en él mi interior hombre,   50
dó va, dó está, si vive o qué se ha hecho.

---

quesens era Gobernador de los Países Bajos en los años que Aldana combatió en el campo de batalla contra los rebeldes flamencos (1572-1576).

34-36 Las cuatrocientas ochenta vuelta de la luna *(planeta seteno)* arrojan unos cuarenta años de edad para el poeta.

39 *doblado:* 'fuerte, poderoso'.

40 *a brazos debatiendo:* 'forcejeando'.

42 *costoso* para el poeta, por el esfuerzo que le ha supuesto. El sujeto del verbo es *trasgo* y *sudor* el complemento directo.

45 *doble trato:* 'engaño'.

46 *torcer:* 'apartarme'.

50-51 *platicar:* 'tratar'; es transitivo aquí. «La sintaxis... es algo elíptica; quizá se debería suplir un gerundio, tal como *preguntándole,* para introducir este verso» (E. L. Rivers).

Y porque vano error más no me asombre,
en algún alto y solitario nido
pienso enterrar mi ser, mi vida y nombre;

y, como si no hubiera acá nacido,   55
estarme allá, cual Eco, replicando
al dulce son de Dios, del alma oído.

Y ¿qué debiera ser (bien contemplando)
el alma sino un eco resonante
a la eterna beldad que está llamando,   60

y, desde el cavernoso y vacilante
cuerpo, volver mis réplicas de amores
al sobrecelestial Narciso amante,

rica de sus intrínsecos favores,
con un piadoso escarnio el bajo oficio   65
burlar de los mundanos amadores?

En tierra o en árbol hoja algún bullicio
no hace que, al moverse, ella no encuentra
en nuevo y para Dios grato ejercicio;

y como el fuego saca y desencentra   70
oloroso licor por la alquitara
del cuerpo de la rosa que en ella entra,

55-57 El poeta quiere que su alma responda al sonido que oye de Dios,
como la ninfa Eco, escondida en las cavernas, lo hacía con las últimas pa-
labras de su amado Narciso.

63 *sobrecelestial,* porque el espacio de la divinidad se sitúa en la más
exterior de las esferas o cielos concéntricos (el empíreo) que componen,
según la creencia antigua, el cosmos.

67-69 Cualquier movimiento *(bullicio)* que hace una hoja, entiende
o percibe el alma *(ella ... encuentra)* que es en loor de Dios. La sintaxis del
pasaje resulta, con todo, algo confusa. Para aclararla, se ha apuntado la
necesidad de entender el verbo *encuentra* como reflexivo (E. L. Rivers).

70 *desencentra:* 'extrae del centro'.

así destilará de la gran cara
del mundo, inmaterial varia belleza
con el fuego de amor que la prepara;   75

y pasará de vuelo a tanta alteza
que, volviéndose a ver tan sublimada,
su misma olvidará naturaleza,

cuya capacidad ya dilatada
allá verná do casi ser le toca   80
en su primera causa transformada.

Ojos, oídos, pies, manos y boca,
hablando, obrando, andando, oyendo y viendo,
serán del mar de Dios cubierta roca;

cual pece dentro el vaso alto, estupendo,   85
del oceano irá su pensamiento
desde Dios para Dios yendo y viniendo.

Seréle allí quietud el movimiento,
cual círculo mental sobre el divino
centro, glorioso origen del contento,   90

que, pues el alto, esférico camino
del cielo causa en él vida y holganza,
sin que lugar adquiera peregrino,

llegada el alma al fin de la esperanza,
mejor se moverá para quietarse   95
dentro el lugar que sobre el mundo alcanza,

79-81 La facultad del alma vendrá *(verná)* a dilatarse hasta un punto
en que casi le toca ser transformada en el mismo Dios *(su primera causa)*.
    85 *alto:* 'profundo'.
    91-96 El pasaje contrasta la mera contemplación del cielo (vv 91-93)
con la beatitud del éxtasis (94-96). En el primer caso, el pensamiento no
alcanza un sitio en el cielo *(sin que lugar adquiera peregrino,* v 93), mien-
tras que sí lo hace en el segundo. El lugar de la divinidad es un centro
fijo, en el que el movimiento se hace quietud.

do llega en tanto extremo a mejorarse
(torno a decir) que en él se transfigura,
casi el velo mortal sin animarse.

No que del alma la especial natura,   100
dentro al divino piélago hundida,
cese en el Hacedor de ser hechura,

o quede aniquilada y destrüida,
cual gota de licor que el rostro enciende,
del altísimo mar toda absorbida,   105

mas como el aire en quien en luz se extiende
el claro sol, que juntos aire y lumbre
ser una misma cosa el ojo entiende.

Es bien verdad que a tan sublime cumbre
suele impedir el venturoso vuelo   110
del cuerpo la terrena pesadumbre.

Pero, con todo, llega al bajo suelo
la escala de Jacob, por do podemos
al alcázar subir del alto cielo;

que, yendo allá, no dudo que encontremos   115
favor de más de un ángel diligente
con quien alegre tránsito llevemos.

Puede del sol pequeña fuerza ardiente
desde la tierra alzar graves vapores
a la región del aire allá eminente,   120

98 *en él:* el lugar del v 96.
99 Mientras ocurre la transfiguración del alma, el cuerpo parece casi
muerto.
102 *hechura:* 'criatura' (de Dios).
104 Una lágrima o gota de sudor.
106 *en quien:* 'por el cual» (referido al *aire).*
112-114 Según se cuenta en el Génesis, 19, 12, Jacob vio en sueños
una escala que iba de la tierra al cielo, por la que subían y bajaban los
ángeles.

    ¿y tantos celestiales protectores,
para subir a Dios alma sencilla,
vernán a ejercitar fuerzas menores?

    Mas pues, Montano, va mi navecilla
corriendo este gran mar con suelta vela,   125
hacia la infinidad buscando orilla,

    quiero, para tejer tan rica tela,
muy desde atrás decir lo que podría
hacer el alma que a su causa vuela.

    Paréceme, Montano, que debría   130
buscar lugar que al dulce pensamiento,
encaminando a Dios, abra la vía,

    ado todo exterior derramamiento
cese, y en su secreto el alma entrada,
comience a examinar con modo atento,   135

    antes que del Señor fuese criada
cómo no fue, ni pudo haber salido
de aquella privación que llaman nada;

    ver aquel alto piélago de olvido,
aquel, sin hacer pie, luengo vacío,   140
tomado tan atrás, del no haber sido,

124-129 *a su causa:* esto es, Dios mismo. Son versos alusivos a la composición del poema y su dificultad. La *navecilla* viene a ser, pues, el ingenio creador, que va avanzando a merced de la inspiración *(con suelta vela);* el *gran mar* es el tema elegido y su inmensidad; la *rica tela*, finalmente, es la propia epístola.

133 *ado:* 'adonde'; *exterior derramamiento:* 'dispersión o deleite del alma en las cosas del mundo'.

137 *no fue:* 'no existió'.

140 «Es decir: aquel gran vacío donde no se puede hacer pie» (E. L. Rivers).

141 *tomado:* ¿'concebido'? En cualquier caso, el verso resulta oscuro. ¿Podría haber mala lectura de *tomado* por *tornado?*

y diga a Dios: «¡Oh causa del ser mío,
cuál me sacaste desa muerte escura,
rica del don de vida y de albedrío!»

Allí, gozosa en la mayor natura,   145
déjese el alma andar süavemente
con leda admiración de su ventura.

Húndase toda en la divina fuente
y, del vital licor humedecida,
sálgase a ver del tiempo en la corriente: 150

veráse como línea producida
del punto eterno, en el mortal sujeto
bajada a gobernar la humana vida

dentro la cárcel del corpóreo afeto,
hecha horizonte allí deste alterable   155
mundo y del otro puro y sin defeto;

donde, a su fin únicamente amable
vuelta, conozca dél ser tan dichosa
forma gentil de vida indeclinable,

y sienta que la mano dadivosa   160
de Dios cosas crió tantas y tales,
hasta la más süez, mínima cosa,

sin que las calidades principales,
los cielos con su lúcida belleza,
los coros del Impíreo angelicales   165

---

143 *cuál:* 'en qué estado, con qué condición'.
145 Esto es, gozosa el alma de reconocer su condición superior.
150 *sálgase a ver:* 'salga a verse'.
155-156 El alma es la línea del horizonte donde se juntan lo temporal
y lo eterno.
157-158 Esto es, el alma ha de estar con la vista puesta *(vuelta)* en Dios,
el único fin deseable; *dél* se refiere a *fin*.
162 *suez:* 'soez, vil'.
163 *las calidades principales:* 'los seres o entes de mayor cualidad'.
165 *Impíreo:* el cielo empíreo (véase v 63).

consigan facultad de tanta alteza
que lo más bajo y vil que asconde el cieno
puedan criar, ni hay tal naturaleza.

Enamórese el alma en ver cuán bueno
es Dios, que un gusanillo le podría   170
llamar su criador de lleno en lleno,

y poco a poco le amanezca el día
de la contemplación, siempre cobrando
luz y calor que Dios de allá le envía.

Déjese descansar de cuando en cuando   175
sin procurar subir, porque no rompa
el hilo que el amor queda tramando,

y veráse colmar de alegre pompa
de divino favor, tan ordenado
cuan libre de desmán que le interrompa.   180

Torno a decir que el pecho enamorado
la celestial, de allá rica inflüencia
espere humilde, atento y reposado,

sin dar ni recebir propia sentencia,
que en tal lugar la lengua más despierta   185
es de natura error y balbucencia.

Abra de par en par la firme puerta
de su querer, pues no tan presto pasa
el sol por la región del aire abierta,

---

168 *ni hay tal naturaleza:* es decir, que sólo Dios es Creador.
171 *de lleno en lleno:* 'enteramente'.
184 *recebir:* 'recibir'.
186 *de natura:* 'por naturaleza'; *balbucencia:* 'balbuceo'.

ni el agua universal con menos tasa   190
hinchió toda del suelo alta abertura,
bajando a la región de luz escasa,

como aquella mayor, suma Natura
hinche de su divino sentimiento
el alma cuando abrírsele procura.   195

No que de allí le quede atrevimiento
para creer que en sí mérito en cierra
con que al supremo obligue entendimiento,

pues la impotencia misma que la tierra
tiene para obligar que le dé el cielo   200
llovida ambrosia en valle, en llano, o en sierra,

o para producir flores el hielo
y plantas levantar de verde cima
desierto, estéril y arenoso suelo,

tiene el alma mejor, de más estima,   205
para obligar que en ella gracia influya
el bien que a tanta alteza la sublima.

Es don de Dios, manificencia suya,
divina autoridad que el ser abona
de nuestra indinidad que no le arguya;   210

y cuando da de gloria la corona,
es último favor que los ya hechos,
como sus propios méritos, corona.

190-192 Alusión al diluvio universal.
204 *desierto:* 'desértico'.
206 *influya:* 'comunique, otorgue'; *gracia* es el complemento directo
y el sujeto (Dios) está expresado en el verso siguiente.
209-210 Es decir: «... divina autoridad que acredita al ente [humano],
para no acusarle de nuestra [=su] falta de merecimientos» (E. L. Rivers).
213 *como sus propios méritos:* «es decir, como si los favores de Dios fue-
ran méritos propios del alma» (E. L. Rivers).

Así que el alma en los divinos pechos
beba infusión de gracia sin buscalla,   215
sin gana de sentir nuevos provechos,

que allí la diligencia menos halla
cuanto más busca, y suelen los favores
trocarse en interior nueva batalla.

No tiene que buscar los resplandores   220
del sol quien de su luz anda cercado,
ni el rico abril pedir hierbas y flores;

pues no mejor el húmido pescado
dentro el abismo está del oceano,
cubierto del humor grave y salado,   225

que el alma, alzada sobre el curso humano,
queda, sin ser curiosa o diligente,
de aquel gran mar cubierta ultramundano;

no, como el pece, sólo exteriormente,
mas dentro mucho más que esté en el fuego   230
el íntimo calor que en él se siente.

Digo que puesta el alma en su sosiego
espere a Dios, cual ojo que cayendo
se va sabrosamente al sueño ciego,

que al que trabaja por quedar durmiendo,   235
esa misma inquietud destrama el hilo
del sueño, que se da no le pidiendo.

Ella verá con desusado estilo
toda regarse y regalarse junto
de un, salido de Dios, sagrado Nilo;   240

---

223 *húmido*: 'húmedo'.
237 *no le pidiendo*: 'si no se pide'.
238-240 El alma verá como es regada y a la vez *(junto)* se hará ella

recogida su luz toda en un punto,
aquella mirará de quien es ella
indinamente imagen y trasunto

y, cual de amor la matutina estrella,
dentro el abismo del eterno día   245
se cubrirá, toda luciente y bella.

Como la hermosísima judía
que, llena de doncel, novicio espanto,
viendo Isaac que para sí venía,

dejó cubrir el rostro con el manto,   250
y decendida presto del camello,
recoge humilde al novio casto y santo,

disponga el alma así con Dios hacello
y de su presunción decienda altiva,
cubierto el rostro y reclinado el cuello,   255

y aquella sacrosanta virtud viva,
única criadora y redentora,
con profunda humildad en sí reciba.

Mas ¿quién dirá, mas quién decir agora
podrá los peregrinos sentimientos   260
que el alma en sus potencias atesora;

aquellos ricos amontonamientos
de sobrecelestiales inflüencias,
dilatados de amor descubrimientos;

---

misma agua *(verá ... regalarse)* del río de la gracia divina. La mención del
Nilo evoca un caudal generoso cuyo origen no es posible conocer.
    244 Venus, lucero de la mañana.
    246 *se cubrirá:* 'se verá revestida' (de la luz divina).
    248 *doncel:* 'virginal'.
    249 *Isaac* es complemento directo.
    251-252 *decendida:* con reducción consonántica. El matrimonio de Re-
beca con Isaac se cuenta en Génesis, 24, 64-67.

ANTOLOGÍA POÉTICA DE LOS SIGLOS XVI-XVII

    aquellas ilustradas advertencias   265
de las musas de Dios sobreesenciales,
destierro general de contingencias;

    aquellos nutrimientos divinales
de la inmortalidad fomentadores,
que exceden los posibles naturales;   270

    aquellos (¡qué diré!) colmos favores,
privanzas nunca oídas, nunca vistas,
suma especialidad del bien de amores?

    ¡Oh grandes, oh riquísimas conquistas
de las Indias de Dios, de aquel gran mundo   275
tan escondido a las mundanas vistas!

    Mas ¡ay de mí!, que voy hacia el profundo,
do no se entiende suelo ni ribera,
y si no vuelvo atrás, me anego y hundo.

    No más allá; ni puedo, aunque lo quiera.   280
Do la vista alcanzó, llegó la mano;
ya se les cierra a entrambos la carrera.

    ¿Notaste bien, dotísimo Montano,
notaste cuál salí, más atrevido
que del cretense padre el hijo insano?   285

265-267 Las enseñanzas (*advertencias*) de los ángeles (*musas de Dios*) son *ilustradas* porque las inspira o alumbra el mismo Dios; el v 267 va referido a los ángeles y desarrolla la idea expresada en *sobreesenciales*: son criaturas ajenas a las limitaciones de los seres finitos.

270 *posibles*: 'facultades'.

271 *colmos*: 'colmados, supremos'.

278 *se entiende*: 'se conoce'. Los vv 277-282 se refieren, otra vez, a la composición del poema comparándola con una travesía marítima (véase más arriba vv 124-9).

285 Es Ícaro, cuyo padre, Dédalo, construyó en Creta el famoso laberinto. Cuando trataban de huir de la isla con unas alas de cera y pluma, Ícaro cometió la imprudencia de acercarse en exceso al Sol, cayendo al mar.

Tratar en esto es sólo a ti debido,
en quien el cielo sus noticias llueve
para dejar el mundo enriquecido;

por quien de Pindo las hermanas nueve
dejan sus montes, dejan sus amadas   290
aguas, donde la sed se mata y bebe,

y en el santo Sión ya trasladadas,
al profético coro por tu boca
oyendo están, atentas y humilladas.

¡Dichosísimo aquél que estar le toca   295
contigo en bosque, monte o valle umbroso,
o encima la más alta, áspera roca!

¡Oh tres y cuatro veces yo dichoso
si fuese Aldino aquél, si aquél yo fuese
que, en orden de vivir tan venturoso,   300

juntamente contigo estar pudiese,
lejos de error, de engaño y sobresalto,
como si el mundo en sí no me incluyese!

Un monte dicen que hay sublime y alto,
tanto que, al parecer, la excelsa cima   305
al cielo muestra dar glorioso asalto,

y que el pastor, con su ganado, encima,
debajo de sus pies correr el trueno
ve dentro el nubiloso, helado clima,

289-294 Aldana elogia a Montano por haber llevado las Musas desde
el Pindo, en Tesalia, al monte Sión, en Judea; «... se refiere Aldana a las
poesías latinas de Arias Montano, en las que se unen a la forma clásica las doc-
trinas cristianas» (E. L. Rivers).
    299 *Aldino:* nombre pastoril de Aldana.
    309 *nubiloso:* 'nubloso'.

y en el puro, vital aire sereno   310
va respirando allá, libre y exento,
casi nuevo lugar, del mundo ajeno,

   sin que le impida el desmandado viento,
el trabado granizo, el suelto rayo,
ni el de la tierra grueso, húmid aliento.   315

   Todo es tranquilidad de fértil mayo,
purísima del sol templada lumbre,
de hielo o de calor sin triste ensayo.

   Pareces tú, Montano, a la gran cumbre
deste gran monte, pues vivir contigo   320
es muerte de la misma pesadumbre,

   es un poner debajo a su enemigo:
de la soberbia el trueno estar mirando
cuál va descomponiendo al más amigo,

   las nubes de la invidia descargando   325
ver de murmuraciónn duro granizo,
de vanagloria el viento andar soplando,

   y de lujuria el rayo encontradizo,
de acidia el grueso aliento y de avaricia,
con lo demás que el padre antiguo hizo;   330

   y desta turba vil que el mundo envicia
descargado, gozar cuanto ilustrare
el sol en ti de gloria y de justicia.

---

312 «Este verso parece estar en aposición con *allá* (v 311)» (E. L. Rivers).

313 *impida:* 'estorbe'.

314 *trabado:* 'condensado, congelado'.

324 *amigo* de la soberbia, se entiende.

329 *acidia:* 'pereza'; *grueso:* 'espeso'.

330 «Es decir, junto con los demás pecados capitales, a saber: la ira y la gula» (E. L. Rivers). El *padre antiguo* es Adán.

El alma que contigo se juntare
cierto reprimirá cualquier deseo   335
que contra el proprio bien la vida encare;

    podrá luchar con el terrestre Anteo
de su rebelde cuerpo, aunque le cueste
vencer la lid por fuerza y por rodeo;

    y casi vuelta un Hércules celeste,   340
sompesará de tierra ese imperfeto,
porque el favor no pase della en éste,

    tanto que el pie del sensitivo afeto
no la llegue a tocar y el enemigo
al hercúleo valor quede sujeto;   345

    de sí le apartará, junto consigo
domándole, firmado en la potencia
del pecho ejecutor del gran castigo;

    serán temor de Dios y penitencia
los brazos, coronada de diadema   350
la caridad, valor de toda esencia.

---

336 *la vida encare:* 'la vida nos ponga por delante'.

337-339 *Anteo:* «gigante, hijo de la Tierra, que recobraba fuerzas al to-
carla. Hércules pudo vencerle alzándole de ella (de ahí los vv 340-341, en
que el alma es Hércules y el cuerpo Anteo)» (R. Navarro), *rodeo:* 'maña o
astucia en la lucha'.

341-342 El alma levantará *(sompesará)* de la tierra el cuerpo *(ese im-
perfeto),* de manera que su influencia no pase de la una al otro.

344 *el enemigo:* es el apetito del v 343.

345-348 El terceto, aunque algo oscuro en su arranque, describe el
modo en que Hércules venció a Anteo afirmado o sujeto *(firmado)* sobre
el propio pecho de su ejecutor (para que no tocara la tierra).

349-350 «No parece claro el sentido de estos versos: la caridad [será]
coronada de diadema, [el] valor [será coronado] de toda esencia»
(E. L. Rivers).

351 Empieza la descripción del lugar de retiro: seguramente el monte
Urgull, en San Sebastián. Se cree que puede tratarse de ese lugar porque
«... ocho días después de fechada esta epístola, Aldana escribió al rey un
memorial en que pedía para sí la alcaldía del castillo que está en ese monte,
tan parecido al que se describe aquí» (E. L. Rivers).

Mas para conclüir tan largo tema,
quiero el lugar pintar do, con Montano,
deseo llegar de vida al hora extrema.

No busco monte excelso y soberano,   355
de ventiscosa cumbre, en quien se halle
la triplicada nieve en el verano;

menos profundo, escuro, húmido valle
donde las aguas bajan despeñadas
por entre desigual, torcida calle: 360

las partes medias son más aprobadas
de la natura, siempre frutüosas,
siempre de nuevas flores esmaltadas.

Quiero, también, Montano, entre otras cosas,
no lejos descubrir de nuestro nido   365
el alto mar con ondas bulliciosas;

dos elementos ver, uno movido
del aéreo desdén, otro fijado,
sobre su mismo peso establecido;

ver uno desigual, otro igualado,   370
de mil colores éste, aquél mostrando
el claro azul del cielo no añublado.

Bajaremos allá de cuando en cuando,
altas y ponderadas maravillas
en recíproco amor juntos tratando.   375

  Verás por las marítimas orillas
la espumosa resaca entre el arena
bruñir mil blancas conchas y lucillas,

---

362 *frutüosas*: 'fructuosas, provechosas'.
367-369 «El mar y el cielo» (R. Navarro).
378 *lucillas*: 'hacerlas lucientes'.

en quien hiriendo el sol con luz serena,
echan como de sí nuevos resoles   380
do el rayo visüal su curso enfrena.

Verás mil retorcidos caracoles,
mil bucios istrïados, con señales
y pintas de lustrosos arreboles:

los unos del color de los corales,   385
los otros de la luz que el sol represa
en los pintados arcos celestiales,

de varia operación, de varia empresa,
despidiendo de sí como centellas,
en rica mezcla de oro y de turquesa.   390

Cualquiera especie producir de aquéllas
verás (lo que en la tierra no acontece),
pequeñas en extremo y grandes dellas,

donde el secreto, artificioso pece
pegado está y en otros despegarse   395
suele y al mar salir si le parece

—por cierto cosa dina de admirarse
tan menudo animal, sin niervo y hueso,
encima tan gran máquina arrastrarse;

---

381 *el rayo visual:* «el que sale del ojo» (R. Navarro).
383 *bucio:* 'caracol marino' (italianismo); *istriados:* 'estriados'. Se sabe
que Montano gustaba de coleccionar conchas y caracoles.
386 *represa:* 'retiene, detiene'.
388 Alude a las diferentes formas de los caracoles, según la acción *(operación, empresa)* del agua y la arena.
391 *de aquéllas:* se refiere a *conchas* (v 378).
395 *en otros:* la sintaxis sería más coherente editando *en otras* (referido
a *conchas*).
398 *niervo:* 'nervio, tendón'.
399 Esto es: arrastrarse llevando encima la concha *(tan gran máquina).*

    criar el agua un cuerpo tan espeso   400
como la concha, casi fuerte muro
reparador de todo caso avieso,

    todo de fuera peñascoso y duro,
liso de dentro, que al salir injuria
no haga a su señor tratable y puro—;   405

    el nácar, el almeja y la purpuria
venera, con matices luminosos
que acá y allá del mar siguen la furia.

    ¡Ver los marinos riscos cavernosos
por alto y bajo en varia forma abiertos,   410
do encuentran mil embates espumosos;

    los peces acudir por sus inciertos
caminos, con agalla purpurina,
de escamoso cristal todos cubiertos!

    También verás correr por la marina,   415
con sus airosas tocas, sesga y presta,
la nave a lejos climas peregrina.

    Verás encaramar la comba cresta
del líquido elemento a los extremos
de la helada región al fuego opuesta;   420

    los salados abismos miraremos
entre dos sierras de agua abrir cañada,
que de temor Carón suelta sus remos.

---

406 *purpuria*: 'purpúrea, resplandeciente'.
411 *encuentran*: 'chocan'.
413 *purpurina*: 'rojiza'.
416 *tocas*: metáfora por las velas; *sesga*: 'inclinada' (la nave).
417 *lejos*: 'lejanos'.
418 *encaramar*: 'subirse'; *comba*: 'curvada'.
420 Se refiere al cielo, región alejada del fuego terráqueo.
422 La tempestad es tan fuerte que hasta Carón, el barquero infernal, se amedrenta.

Veráse luego mansa y reposada
la mar, que por sirena nos figura   425
la bien regida y sabia edad pasada,

la cual en tan gentil, blanda postura
vista del marinero, se adormece
casi a música voz, süave y pura,

y en tanto el fiero mar se arbola y crece   430
de modo que, aun despierto, ya cualquiera
remedio de vivir le desfallece.

En fin, Montano, el que temiendo espera
y velando ama, sólo éste prevale
en la estrecha, de Dios cierta carrera.   435

Mas ya parece que mi pluma sale
del término de epístola, escribiendo
a ti, que eres de mí lo que más vale;

a mayor ocasión voy remitiendo
de nuestra soledad contemplativa   440
algún nuevo primor que della entiendo.

Tú, mi Montano, así tu Aldino viva
contigo en paz dichosa esto que queda
por consumir de vida fugitiva,

y el cielo cuanto pides te conceda,   445
que nunca de su todo se desmiembre
ésta tu parte y siempre serlo pueda.

425-426 Esto es: que la Antigüedad clásica nos representa como una
sirena, para indicar el carácter seductor y traicionero del mar.

430 *arbola:* 'encabrita'.

431 Hay que suplir la preposición *a* ante *cualquiera*.

434 *prevale:* 'sobresale'.

442 *Tú:* no hay continuidad sintáctica entre este pronombre y las fra-
ses que siguen.

446-447 «Es decir, que nunca me separe yo *(ésta tu parte)* de ti *(su
todo)* y que siempre pueda ser parte tuya» (E. L. Rivers).

Nuestro Señor en ti su gracia siembre
para coger la gloria que promete.
De Madrid, a los siete de setiembre,   450
mil y quinientos y setenta y siete.

San Juan de la Cruz

(Fontiveros, Ávila, 1542-Úbeda, Jaén, 1591)

CONTEXTO - ÉGLOGA DE POSTORAL

PRIMH VEZ - ESE DISTINCIÓN

Núm. 31   *Canciones entre el alma y el Esposo*

= DECLARACIÓN

ESPOSA

¿Adónde te escondiste,   *> FORMA DE BÚSQUEDA*
Amado, y me dejaste con gemido?   *buscar lugar culto*
Como el ciervo huiste,   *VERBO CON MÁS*
habiéndome herido;   *INTENSIDAD*
salí tras ti clamando, y eras ido.   5

IMPOCACIÓN

Pastores los que fuerdes   *TÉRMINO DE LA LÍRICA PASTORIL*
allá por las majadas al otero,
si por ventura vierdes
aquel que yo más quiero,
decilde que adolezco, peno y muero. - *general poesía como generales*   10

Esta cumbre de la poesía mística española y aun universal es el resultado de un largo proceso de elaboración (entre 1576/1578 y 1584, por lo menos), que comporta la redacción de dos versiones del poema más un comentario explicativo. Aquí se edita la segunda de esas versiones (conocida como *Cántico B),* que aparte de una ordenación diferente, presenta una estrofa más (la núm. 11). Concebido a manera de égloga espiritual dialogada, el *Cántico* adopta como modelo fundamental el *Cantar de los Cantares* de Salomón, cuya característica ambigüedad y falta de ilación lógica inspira las estrofas inconexas y las enigmáticas imágenes delirantes con las que san Juan intenta trasladar una experiencia irracional y de suyo indecible; todo ello, sin olvidar las concomitancias que también se han detectado con la mística sufí en el manejo de ciertos símbolos. No menos sorprendente es el atinado uso que hace el poeta de la tradición literaria de la época, combinando el sustrato lingüístico y métrico de la poesía italianizante (con Garcilaso como referente básico) con elementos retóricos y expresivos de la poesía cancioneril, del romancero y de la lírica tradicional. El resultado es un poema que, si bien aparece enraizado en su época, la rebasa decididamente y se deja leer también como anticipo de algunas corrientes contemporáneas, tales como el simbolismo o el surrealismo.

----

5 *eras ido:* 'ya no estabas'.
6 *fuerdes:* 'fuereis'; con síncopa, como *vierdes* en el v 8.
10 *decilde:* 'decilde', con metátesis; *adolezco:* 'enfermo'.

    Buscando mis amores
iré por esos montes y riberas;
ni cogeré las flores,
ni temeré las fieras,
y pasaré los fuertes y fronteras.   15

    ¡Oh bosques y espesuras
plantadas por la mano del Amado!
¡Oh prado de verduras
de flores esmaltado!,
decid si por vosotros ha pasado.   20

    Mil gracias derramando
pasó por estos sotos con presura;
y yéndolos mirando,
con sola su figura
vestidos los dejó de hermosura.   25

    ¡Ay!, ¿quién podrá sanarme?
Acaba de entregarte ya de vero;
no quieras enviarme
de hoy más ya mensajero,
que no saben decirme lo que quiero.   30

    Y todos cuantos vagan
de ti me van mil gracias refiriendo,
y todos más me llagan,
y déjame muriendo
un no sé qué que quedan balbuciendo.   35

---

15 *fuertes:* 'fortalezas'.

18 *verduras*, por el color de las hierbas y plantas.

21-25 *figura:* 'rostro'. La tradición interpretativa nacida en la *Declaración* del propio san Juan considera esta estrofa como la respuesta de las criaturas a la pregunta formulada en el v 20; resulta, entonces, llamativo que no se emplee el pronombre de primera persona sino el de tercera *(yéndolos, los dejó)*.

27 *de vero:* 'de verdad'.

29 *de hoy más:* 'de hoy en adelante'.

31 El verso parece referirse a los pastores que van de un lado a otro por los campos con sus rebaños.

Mas ¿cómo perseveras,
¡oh vida!, no viviendo donde vives,
y haciendo por que mueras
las flechas que recibes
de lo que del Amado en ti concibes?   40

¿Por qué, pues has llagado
aqueste corazón, no le sanaste?
Y pues me le has robado,
¿por qué así le dejaste,
y no tomas el robo que robaste?   45

Apaga mis enojos,
pues que ninguno basta a deshacellos,
y véante mis ojos,
pues eres lumbre dellos,
y sólo para ti quiero tenellos.   50

Descubre tu presencia,
y máteme tu vista y hermosura;
mira que la dolencia
de amor, que no se cura
sino con la presencia y la figura.   55

¡Oh cristalina fuente,
si en esos tus semblantes plateados
formases de repente
los ojos deseados
que tengo en mis entrañas dibujados!   60

¡Apártalos, Amado,
que voy de vuelo!

---

37 *no viviendo donde vives:* 'sin vivir donde vives (o sea, en el Amado)'.

38-40 El sujeto implícito de *haciendo* es *flechas*. Tales saetas tienen su origen en la imagen del Amado que está grabada en las potencias interiores de la amante (véase más abajo v 60).

46-47 *basta a:* 'es bastante para'; nadie sino el Amado puede mitigar la pena de la amante.

52 *tu vista* puede significar tanto 'el verte' como 'que tú me veas'; *máteme* tiene como sujeto a *vista y hermosura*.

Esposo

Vuélvete, paloma,
que el ciervo vulnerado
por el otero asoma
al aire de tu vuelo, y fresco toma.   65

Esposa

Mi Amado, las montañas,
los valles solitarios nemorosos,
las ínsulas extrañas,
los ríos sonorosos,
el silbo de los aires amorosos;   70

la noche sosegada
en par de los levantes del aurora,
la música callada,
la soledad sonora,
la cena que recrea y enamora.   75

Cazadnos las raposas,
que está ya florecida nuestra viña,
en tanto que de rosas
hacemos una piña,
y no parezca nadie en la montiña.   80

---

63 *vulnerado:* 'herido' (cultismo).

67 *nemorosos*, latinismo por 'boscosos'.

68 *ínsulas:* arcaísmo por 'islas'; el término era frecuente en los libros de caballerías.

72 *en par de:* 'lindando con'.

76 El sujeto de *cazadnos* queda indeterminado.

80 *parezca:* 'aparezca'; *montiña:* 'tierra montuosa y arbolada', término conocido en la lírica tradicional y el romancero.

Detente, cierzo muerto;
ven, austro, que recuerdas los amores,
aspira por mi huerto,
y corran tus olores,
y pacerá el Amado entre las flores.   85

¡Oh ninfas de Judea!,
en tanto que en las flores y rosales
el ámbar perfumea,
morá en los arrabales,
y no queráis tocar nuestros umbrales.   90

Escóndete, Carillo,
y mira con tu haz a las montañas,
y no quieras decillo;
mas mira las compañas
de la que va por ínsulas extrañas.   95

ESPOSO

A las aves ligeras,
leones, ciervos, gamos saltadores,
montes, valles, riberas,
aguas, aires, ardores
y miedos de las noches veladores,   100

---

82 El verso atribuye al viento del sur *(austro)* la cualidad de despertar
(recordar) los afectos amorosos.

89 *morá:* 'morad'.

91 *Carillo:* apelativo pastoril del amado.

92 *haz:* 'faz, rostro'. Aunque el verso resulta algo oscuro, parece una
invitación al Amado para que se interne en las montañas.

94 *compañas:* 'compañías, acompañantes'.

96-100 *veladores:* 'que impiden dormir'. La enumeración que forma
el pasaje puede ser el desarrollo del término *compañas* (v 94). La estrofa
en conjunto es una llamada o conjuro que dirige el Amado a las criatu-
ras. Por eso cabe preguntarse si no resulta preferible editar *Ah,* como ex-
clamación de llamada, en lugar de la preposición *A,* que es la lectura ha-
bitual en las ediciones de san Juan.

por las amenas liras
y canto de serenas, os conjuro
que cesen vuestras iras
y no toquéis al muro,
porque la esposa duerma más seguro.   105

Entrado se ha la esposa
en el ameno huerto deseado,
y a su sabor reposa,
el cuello reclinado
sobre los dulces brazos del Amado.   110

Debajo del manzano,
allí conmigo fuiste desposada;
allí te di la mano,
y fuiste reparada
donde tu madre fuera violada.   115

Esposa

Nuestro lecho florido,
de cuevas de leones enlazado,
en púrpura tendido,
de paz edificado,
de mil escudos de oro coronado.   120

---

102 *serenas:* 'sirenas'.

111-115 *violada:* 'mancillada'. La estrofa evoca, con variaciones, diversos elementos del relato bíblico del pecado original.

116 *florido:* 'hecho de flores'.

117 *enlazado*, quizá haya que interpretarlo como 'rodeado'. El verso vendría a significar que el lecho de los amantes está muy recóndito y protegido.

118 Parece significar 'extendido sobre púrpura' (que era el tejido que antiguamente se utilizaba para las túnicas de los reyes).

120 *escudos* se refiere aquí al arma defensiva, no a la moneda.

A zaga de tu huella
las jóvenes discurren al camino;
al toque de centella,
al adobado vino,
emisiones de bálsamo divino.   125

En la interior bodega
de mi Amado bebí, y cuando salía
por toda aquesta vega
ya cosa no sabía,
y el ganado perdí que antes seguía.   130

Allí me dio su pecho,
allí me enseñó ciencia muy sabrosa,
y yo le di de hecho
a mí, sin dejar cosa;
allí le prometí de ser su esposa.   135

Mi alma se ha empleado
y todo mi caudal en su servicio.
Ya no guardo ganado,
ni ya tengo otro oficio,
que ya sólo en amar es mi ejercicio.   140

Pues ya si en el ejido
de hoy más no fuere vista ni hallada,
diréis que me he perdido;
que andando enamorada
me hice perdidiza, y fui ganada.   145

---

122 *discurren:* 'afluyen'.
124 *adobado:* 'cocido con especias diversas'.
125 Tales efluvios *(emisiones)* son la respuesta de la esposa al *toque* y
vino precedentes.
130 *seguía:* 'acompañaba, frecuentaba'.
133-134 *cosa:* 'nada'. La esposa consumó su entrega total al amado.
137 *caudal:* 'capacidad anímica e intelectiva'.
145 *me hice perdidiza:* 'me dejé perder a sabiendas'.

De flores y esmeraldas,
en las frescas mañanas escogidas,
haremos las guirnaldas,
en tu Amor florecidas
y en un cabello mío entretejidas.   150

En solo aquel cabello
que en mi cuello volar consideraste,
mirástele en mi cuello,
y en él preso quedaste,
y en uno de mis ojos te llagaste.   155

Cuando tú me mirabas,
su gracia en mí tus ojos imprimían;
por eso me adamabas,
y en eso merecían
los míos adorar lo que en ti vían.   160

No quieras despreciarme,
que si color moreno en mí hallaste,
ya bien puedes mirarme
después que me miraste,
que gracia y hermosura en mí dejaste.   165

ESPOSO

La blanca palomica
al arca con el ramo se ha tornado;
y ya la tortolica
al socio deseado
en las riberas verdes ha hallado.   170

---

158 *«Adamar* es mucho amar; es más que amar simplemente; es como amar duplicadamente» (san Juan de la Cruz en el *Comentario);* es término documentado en el romancero.

159-160 *vían:* 'veían'. El sentido es que la mirada del Amado hace digna a la esposa del amor de aquél.

166-170 La *palomica* evoca el relato bíblico del diluvio universal; la *tortolica* aparece en la lírica tradicional como ejemplo de la lealtad amorosa.

169 *socio:* 'compañero'.

En soledad vivía
y en soledad ha puesto ya su nido,
y en soledad la guía
a solas su querido,
también en soledad de amor herido.   175

Esposa

Gocémonos, Amado,
y vámonos a ver en tu hermosura
al monte y al collado,
do mana el agua pura;
entremos más adentro en la espesura.   180

Y luego a las subidas
cavernas de la piedra nos iremos,
que están bien escondidas;
y allí nos entraremos,
y el mosto de granadas gustaremos.   185

Allí me mostrarías
aquello que mi alma pretendía;
y luego me darías
allí tú, vida mía,
aquello que me diste el otro día.   190

El aspirar del aire,
el canto de la dulce Filomena,
el soto y su donaire
en la noche serena,
con llama que consume y no da pena.   195

---

177 El amor ha transformado a la esposa en su Amado, por eso cuando
se miran los amantes uno y otro ven la hermosura del Amado.

192 *Filomena* es designación poética del ruiseñor.

190-195 La estrofa desarrolla lo que antes se ha anunciado como *aquello que me diste el otro día* (v 190).

Que nadie lo miraba,
Aminadab tampoco parecía;
y el cerco sosegaba,
y la caballería
a vista de las aguas descendía.   200

---

196 'Que nadie reparaba en ello'; el pronombre *lo* parece referirse, pues, a la vivencia íntima de la unión amorosa.

197 *parecía:* 'se mostraba'. *Aminadab,* nombre de un demonio en la *Vulgata;* aquí es enemigo de la felicidad de la esposa.

198-200 Versos enigmáticos en los que el lenguaje bélico *(cerco, caballería)* transmite la idea de paz y sosiego: el asedio va aflojando, los caballos bajan hasta las aguas.

— voz feminina.

Núm. 32
*Canciones del alma que se goza
de haber llegado al alto estado de la perfección,
que es la unión con Dios,
por el camino de la negación espiritual*

caos

En una noche oscura, *— sin luz — oscura*
con ansias en amores inflamada,
¡oh dichosa ventura!,
salí sin ser notada,
estando ya mi casa sosegada.   5

A escuras y segura
por la secreta escala, disfrazada, *— tiempo de secreto*
¡oh dichosa ventura!,
a escuras y en celada,
estando ya mi casa sosegada.   10

En la noche dichosa,
en secreto, que nadie me veía,
ni yo miraba cosa,   *la noche / venunción*
sin otra luz y guía   *>> permite*
sino la que en el corazón ardía.   *LA LUZ DEL CORAZON* 15
                                    A CONVERTIR EN LA guía

Aquésta me guiaba
más cierto que la luz del mediodía
adonde me esperaba
quien yo bien me sabía,
en parte donde nadie parecía.   20

Entre los diversos símbolos que maneja san Juan, el de la noche os-
cura es el más elaborado de todos en su prosa doctrinal. En este intenso
poema, compuesto h. 1579, se nos muestra, por así decirlo, en toda su mis-
teriosa desnudez erótica. Esto permite apreciar mejor, al tiempo, un rasgo
que también está presente en el *Cántico*: la fuerza y consistencia expresi-
vas de un sujeto lírico que se identifica y proyecta como femenino.

---

2 Se refiere al alma.
7 *disfrazada:* 'disimulada'; también se refiere al alma.
9 *en celada:* 'sigilosamente'.

¡Oh noche que guiaste!,
¡oh noche, amable más que el alborada!,
¡oh noche que juntaste
Amado con amada,
amada en el Amado transformada!   25

En mi pecho florido,
que entero para él solo se guardaba,
allí quedó dormido,
y yo le regalaba,
y el ventalle de cedros aire daba.   30

El aire del almena,
cuando yo sus cabellos esparcía,
con su mano serena
en mi cuello hería,
y todos mis sentidos suspendía.   35

Quedéme y olvidéme,
el rostro recliné sobre el Amado;
cesó todo y dejéme,
dejando mi cuidado
entre las azucenas olvidado.   40

---

29 *regalaba*: 'acariciaba'.
30 *ventalle*: 'abanico'.
33-34 Se entiende que la *mano* que da *(hiere)* en el cuello es, por personificación, del *aire*.

Núm. 33 *Otras del mismo a lo divino*

> *Tras de un amoroso lance*
> *y no de esperanza falto,*
> *volé tan alto, tan alto,*
> *que le di a la caza alcance.*

> Para que yo alcance diese 5
> a aqueste lance divino,
> tanto volar me convino,
> que de vista me perdiese;
> y con todo, en este trance,
> en el vuelo quedé falto; 10
> mas el amor fue tan alto,
> *que le di a la caza alcance.*

> Cuando más alto subía
> deslumbróseme la vista,
> y la más fuerte conquista 15
> en escuro se hacía;
> mas, por ser de amor el lance,
> di un ciego y oscuro salto,
> y fui tan alto, tan alto,
> *que le di a la caza alcance.* 20

El tratamiento o *rifacimento a lo divino* de la poesía profana es una constante en los Siglos de Oro. En este caso, san Juan parte de un poemilla amoroso contemporáneo, del que toma casi literalmente la cabeza de la composición y el tema de la cetrería o altanería ('la caza que se hace con halcones y todo género de volatería') como caza de amor (divino): el trance místico se compara, pues, con un lance de cetrería en el que al alma le corresponde el papel activo. Desde el punto de vista métrico, la composición sigue el esquema de la canción trovadoresca, desarrollando la cabeza en coplas de ocho versos (de ahí el *Otras* [coplas] del título). También son del gusto cancioneril los recursos retóricos (antítesis, paradojas, poliptotos, etc.).

---

1 *Tras de:* 'en pos de'.

Cuanto más alto llegaba
de este lance tan subido,
tanto más bajo y rendido
y abatido me hallaba;
    dije: No habrá quien alcance;   25
y abatíme tanto, tanto,
que fui tan alto, tan alto,
que le di a la caza alcance.

Por una extraña manera
mil vuelos pasé de un vuelo,   30
porque esperanza de cielo
tanto alcanza cuanto espera;
    esperé solo este lance
y en esperar no fui falto,
pues fui tan alto, tan alto,   35
que le di a la caza alcance.

---

26 *abatirse* era, en efecto, término propio de la caza de altanería. De-
signaba la acción del halcón que, después de elevarse, se dejaba caer re-
pentinamente sobre su presa.

30 *de un vuelo:* 'prontamente, sin parar'.

Núm. 34   *Cantar del alma que se huelga*
de conocer a Dios por fe

Que bien sé yo la fonte que mana y corre,
aunque es de noche

Aquella eterna fonte está escondida,
que bien sé yo do tiene su manida,
aunque es de noche   5

Su origen no lo sé, pues no le tiene,
mas sé que todo origen della viene,
aunque es de noche.

Sé que no puede ser cosa tan bella,
y que cielos y tierra beben de ella,   10
aunque es de noche.

Bien sé que suelo en ella no se halla,
y que ninguno puede vadealla,
aunque es de noche.

Su claridad nunca es escurecida,
y sé que toda luz de ella es venida,   15
aunque es de noche.

La poderosa creatividad de san Juan alcanza también a sus poemas *menores,* como éste de la *fonte* (dialectalismo occidental por *fuente),* en el que la sucesión de los pareados de endecasílabos, rematados con el estribillo *aunque es de noche,* crea un efecto que es a la vez devocional e hipnótico. El trasfondo doctrinal del poema es el misterio de la Trinidad y el sacramento de la Eucaristía.

4 *manida:* 'morada estancia'.

Sé ser tan caudalosos sus corrientes,
que infiernos, cielos riegan, y las gentes,
aunque es de noche.   20

El corriente que nace de esta fuente
bien sé que es tan capaz y omnipotente,
aunque es de noche.

El corriente que de estas dos procede,
sé que ninguna de ellas le precede,   25
aunque es de noche.

Aquesta eterna fonte está escondida
en este vivo pan por darnos vida,
aunque es de noche.

Aquí se está llamando a las criaturas   30
y desta agua se hartan, aunque a escuras,
porque es de noche.

Aquesta viva fuente que deseo,
en este pan de vida yo la veo,
aunque es de noche.   35

---

18 *corriente* es aquí voz masculina.
19 *gentes:* 'naciones'.
24-25 Se refieren al Espíritu Santo. Para que el v 24 haga sentido, es
preciso sobreentender *personas* (de la Trinidad).

Núm. 35   *Otras canciones a lo divino*
                                        de Cristo y el alma

    Un pastorcico solo está penado,
ajeno de placer y de contento,
y en su pastora puesto el pensamiento,
y el pecho del amor muy lastimado.

    No llora po haberle amor llagado,   5
que no le pena verse así afligido,
aunque en el corazón está herido;
mas llora por pensar que está olvidado.

    Que sólo de pensar que está olvidado
de su bella pastora, con gran pena,   10
se deja maltratar en tierra ajena,
el pecho del amor muy lastimado.

    Y dice el pastorcico: ¡Ay, desdichado
de aquel que de mi amor ha hecho ausencia,
y no quiere gozar la mi presencia,   15
y el pecho por su amor muy lastimado!

    Y a cabo de un gran rato se ha encumbrado
sobre un árbol, do abrió sus brazos bellos,
y muerto se ha quedado, asido dellos,
el pecho del amor muy lastimado.   20

    En esta nueva composición *a lo divino,* conocida como *El pastorcico,*
san Juan extrae de un poema contemporáneo los tonos más delicados y
melancólicos de la poesía pastoril de la época, para infundirle, con unos
pocos retoques, un sentido trascendente. Por otra parte, la composición
constituye, al igual que su modelo, un ejemplo temprano del empleo del
cuarteto de endecasílabos como estrofa independiente (aunque con repi-
tición de la misma rima en el primer y cuarto verso de todos ellos).

---

11 *se deja maltratar:* 'consiente en penar'.

Luis de Góngora y Argote

(Córdoba, 1561-1627)

Núm. 36

Hermana Marica,
mañana, que es fiesta,
no irás tú a la amiga
ni yo iré a la escuela.

Pondráste el corpiño   5
y la saya buena,
cabezón labrado,
toca y albanega;

y a mí me pondrán
mi camisa nueva,   10
sayo de palmilla,
media de estameña;

A los romances se debe buena parte de la popularidad alcanzada por
el joven Góngora desde su aparición en la escena literaria en el momento
mismo que se está fraguando el romancero *nuevo*. El presente romanci-
llo, fechado en 1580, explota con maestría una de las posibilidades más
interesantes del género: la creación de diferentes voces poéticas, más allá
del recurrente yo lírico de la poesía amorosa. Quien habla aquí es un
niño (de hecho estamos ante «... la primera composición de la literatura
española en la que se encuentra un narrador infantil»; Micó y Pérez Las-
heras), y su voz, perfectamente imitada por el poeta, va desarrollando las
expectativas que un muchacho, algo pilluelo, siente ante la llegada de un
día de fiesta. La composición, que sin duda tiene trasfondo folclórico, al-
canzó tanta fama que consagró la pareja de Perico (cuyo nombre no se
da aquí) y Marica como personajes habituales en poemas de corte jocoso
o satírico.

---

1 *Hermana* indica el parentesco real existente entre los personajes
(véase v 37).

3 *amiga*: 'miga, escuela de niñas'.

7 *cabezón*: 'cuello'.

8 *albanega*: 'redecilla para el pelo'.

11 *sayo*: 'casaca sin botones'; *palmilla:*'cierta clase de paño, habitual-
mente de color azul'.

12 *estameña*: 'lana basta'.

y si hace bueno
trairé la montera
que me dio la Pascua   15
mi señora abuela,

y el estadal rojo
con lo que le cuelga,
que trajo el vecino
cuando fue a la feria.   20

Iremos a misa,
veremos la iglesia,
darános un cuarto
mi tía la ollera.

Compraremos de él   25
(que nadie lo sepa)
chochos y garbanzos
para la merienda;

y en la tardecica,
en nuestra plazuela,   30
jugaré yo al toro
y tú a las muñecas

con las dos hermanas,
Juana y Madalena,
y las dos primillas,   35
Marica y la tuerta;

y si quiere madre
dar las castañetas,
podrás tanto de ello
bailar en la puerta;   40

---

14 *trairé:* 'traeré'.
17 *estadal:* 'cinta bendita para colgársela al cuello'.
23 *cuarto:* 'moneda de escaso valor'.
27 *chochos:* 'altramuces'.
39 *tanto de ello:* 'cuanto quieras'.

y al son del adufe
cantará Andrehuela:
No me aprovecharon,
madre, las hierbas;

y yo de papel   45
haré una librea,
teñida con moras
porque bien parezca,

y una caperuza
con muchas almenas;   50
pondré por penacho
las dos plumas negras

del rabo del gallo
que acullá en la huerta
anaranjeamos   55
las Carnestolendas;

y en la caña larga
pondré una bandera
con dos borlas blancas
en sus tranzaderas;   60

---

41 *adufe:* 'pandero'.

43-44 Versos de un cantar tradicional: «No me aprovecharon, / ma-
dre, las hierbas, / no me aprovecharon / y derramélas ('las esparcí')».

46 *librea:* 'vestimenta de los caballeros en la fiestas de cañas o máscaras'. El niño se disfraza como para *correr cañas,* divertimento caballeresco que consistía en una especie de torneo en grupos o cuadrillas.

49-50 La *caperuza* era, normalmente, un tipo de gorro terminado en punta, pero aquí tiene *almenas,* o sea, recortes formando esa figura.

55-56 «En carnaval *(carnestolendas)* se corrían gallos de diversas maneras; la menos sangrienta consistía en apedrearlos con naranjas» (A. Carreira).

60 *tranzaderas:* 'cordones o trencillas' (de los que cuelgan las borlas).

        y en mi caballito
        pondré una cabeza
        de guadamecí,
        dos hilos por riendas,

        y entraré en la calle   65
        haciendo corvetas;
        yo y otros del barrio,
        que son más de treinta,

        jugaremos cañas
        junto a la plazuela   70
        porque Barbolilla
        salga acá y nos vea:

        Bárbola, la hija
        de la panadera,
        la que suele darme   75
        tortas con manteca,

        porque algunas veces
        hacemos yo y ella
        las bellaquerías
        detrás de la puerta.   80

---

62 *guadamecí*: 'cuero repujado'.
71 *Barbolilla*: diminutivo de Bárbola o Bárbara.
79 *bellaquerías*: 'picardías'.

Núm. 37

> *Ándeme yo caliente*
> *y ríase la gente.*

> Traten otros del gobierno
> del mundo y sus monarquías,
> mientras gobiernan mis días   5
> mantequillas y pan tierno,
> y las mañanas de invierno
> naranjada y aguardiente,
> *y ríase la gente.*

> Coma en dorada vajilla   10
> el Príncipe mil cuidados,
> como píldoras dorados;
> que yo en mi pobre mesilla
> quiero más una morcilla
> que en el asador reviente,   15
> *y ríase la gente.*

En esta letrilla de 1581 Góngora se aplica con desenfado juvenil a proponer una versión jocosa de un tema que —como ya se ha visto en estas páginas— contaba con importante tradición en la poesía áurea: el retiro estoico o, en un sentido más amplio, el *menosprecio de corte y alabanza de aldea*. Aunque el poema no deja de expresar algunos de los valores morales propios del estoicismo (caso de la indiferencia para con el poder, la riqueza o el amor), lo que hace Góngora es subrayar el disfrute de lo sencillo y natural —un elemento epicúreo asociado tradicionalmente al tema que aborda—, y esto, además, con un espíritu antiheroico y apegado a los placeres más cotidianos, conforme al refrán que sirve de cabeza, documentado ya en la recopilación de Hernán Núñez (1555). Todo ello va bosquejando una actitud vital y estética que se distancia de los ideales abstractos de su tiempo, tanto en su formulación social como en su expresión literaria.

---

5 *gobiernan:* 'sustentan'.
8 *naranjada:* 'conserva de naranja'.
14 *quiero más:* 'prefiero'.

Cuando cubra las montañas
de blanca nieve el enero,
tenga yo lleno el brasero
de bellotas y castañas,   20
y quien las dulces patrañas
del Rey que rabió me cuente,
y ríase la gente.

Busque muy en hora buena
el mercader nuevos soles;   25
yo conchas y caracoles
entre la menuda arena,
escuchando a Filomena
sobre el chopo de la fuente,
y ríase la gente.   30

Pase a media noche el mar
y arda en amorosa llama
Leandro por ver su dama;
que yo más quiero pasar
del golfo de mi lagar   35
la blanca o roja corriente,
y ríase la gente.

21-22 «La mención de las patrañas del rey que rabió es un recurso pro-
pio de los cuentos de tradición oral» (Micó y Pérez Lasheras).

25 *nuevos soles:* 'nuevos países'.

28 *Filomena* es el ruiseñor.

31-33 «Leandro pasaba a nado todas las noches el Helesponto para ver
a su amada Hero, pero una noche pereció ahogado y Hero se mató ti-
rándose desde la torre donde lo esperaba» (D. Alonso). Góngora dio tra-
tamiento burlesco a la leyenda en un par de romances.

36 Según el vino fuese tinto o blanco.

Pues amor es tan cruel,
que de Píramo y su amada
hace tálamo una espada   40
do se junten ella y él,
sea mi Tisbe un pastel
y la espada sea mi diente,
y ríase la gente.

38-40 «Píramo se mató con su espada, por creer muerta a Tisbe, y ella, al encontrar su cadáver, se suicidó también arrojándose sobre él» (A. Carreira). También esta leyenda fue objeto de burla en dos romances gongorinos.

41 El *pastel* era una especie de empanada de carne.

Núm. 38

　　Mientras por competir con tu cabello
oro bruñido al sol relumbra en vano;
mientras con menosprecio en medio el llano
mira tu blanca frente el lilio bello;

　　mientras a cada labio, por cogello,　　　　　　　　5
siguen más ojos que al clavel temprano,
y mientras triunfa con desdén lozano
del luciente cristal tu gentil cuello,

　　goza cuello, cabello, labio y frente,
antes que lo que fue en tu edad dorada　　　　　　10
oro, lilio, clavel, cristal luciente,

　　no sólo en plata o vïola troncada
se vuelva, mas tú y ello juntamente
en tierra, en humo, en polvo, en sombra, en nada.

　　El presente soneto, de 1582, supone un claro intento de tratar el *carpe diem* en franca competición o emulación con antecedentes tan ilustres como los de B. Tasso y Garcilaso de la Vega (véase nota al poema 5). La elaborada *arquitectura* del poema (anáforas, correlación, enumeración), el tono hiperbólico y, por lo común, intelectualista de la descripción de la joven, el contraste enfático y virtuosista entre la belleza juvenil y la destrucción que comporta la muerte, son rasgos que remiten al manierismo juvenil del poeta.

---

　　4 *lilio:* 'lirio'.
　　7-8 *triunfa … del:* 'vence … al'.
　　12 *troncada:* 'tronchada'. Sobre la *viola,* véase núm. 7, v 30.
　　14 *humo:* «dentro de la mentalidad clásica que domina en estos poemas, puede aludir a la incineración» (A. Carreira).

Núm. 39

Amarrado al duro banco
de una galera turquesca,
ambas manos en el remo
y ambos ojos en la tierra,

un forzado de Dragut,   5
en la playa de Marbella,
se quejaba al ronco son
del remo y de la cadena:

«¡Oh sagrado mar de España,
famosa playa serena,   10
teatro donde se han hecho
cien mil navales tragedias!:

pues eres tú el mismo mar
que con tus crecientes besas
las murallas de mi patria,   15
coronadas y soberbias,

En el marco del romancero nuevo, Góngora fue el creador de un sub-
género conocido como *de cautivos y forzados,* por tener como protagonis-
tas a cristianos forzados al remo por los piratas berberiscos: «Los roman-
ces de este tipo están vagamente relacionados con el romancero morisco
o fronterizo. Se trata, lo mismo que entonces, de frontera con el Islam,
pero la frontera puede decirse ahora que es el Mediterráneo» (D. Alonso).
Esta composición de 1583 —una de las dos que conforman el *ciclo de Dra-
gut*— es un buen ejemplo de la fusión entre lirismo y referencialidad his-
tórica característica del género.

---

5 *Dragut:* «corsario griego que estuvo al servicio de los turcos y mu-
rió en Malta (1565)» (A. Carreira).
6 *playa:* 'mar cercano a la costa'.
14 *crecientes:* 'mareas'.

tráeme nuevas de mi esposa,
y dime si han sido ciertas
las lágrimas y suspiros
que me dice por sus letras;   20

    porque si es verdad que llora
mi captiverio en tu arena,
bien puedes al mar del Sur
vencer en lucientes perlas.

    Dame ya, sagrado mar,   25
a mis demandas repuesta,
que bien puedes, si es verdad
que las aguas tienen lengua;

    pero, pues no me respondes,
sin duda alguna que es muerta,   30
aunque no lo debe ser,
pues que vivo yo en su ausencia.

    Pues he vivido diez años
sin libertad y sin ella,
siempre al remo condenado,   35
a nadie matarán penas».

    En esto se descubrieron
de la Religión seis velas,
y el cómitre mandó usar
al forzado de su fuerza.   40

---

20 *letras:* 'cartas'.
23 El *mar del Sur* es el océano Pacífico, famoso por sus perlas.
28 La *lengua* del mar es la orilla.
38 Seis barcos de la Orden de Malta, «cuyas galeras perseguían a los
piratas berberiscos» (A. Carreira).

Núm. 40

La dulce boca que a gustar convida
un humor entre perlas distilado,
y a no invidiar aquel licor sagrado
que a Júpiter ministra el garzón de Ida,

amantes, no toquéis, si queréis vida,   5
porque entre un labio y otro colorado
Amor está, de su veneno armado,
cual entre flor y flor sierpe escondida.

No os engañen las rosas, que a la Aurora
diréis que, aljofaradas y olorosas,   10
se le cayeron del purpúreo seno;

manzanas son de Tántalo, y no rosas,
que después huyen del que incitan ahora,
y sólo del Amor queda el veneno.

Sin duda es perceptible la imitación de Torquato Tasso («Quel labbro che le rose han colorito») en este soneto de 1584. Se trata de una advertencia sobre los peligros del amor sensual, modelada sobre la imagen, de ascendencia virgiliana, de la serpiente que se oculta entre las hierbas. Aunque dirigida genéricamente a los *amantes*, la convención petrarquista impone que los destinatarios de la advertencia sean los galanes. Por otra parte, llama la atención la sensualidad con la que el soneto pone en primer plano el atractivo físico de la boca femenina, en contraste con el desengaño final.

---

2 *humor:* 'humedad'; *perlas:* 'dientes'.

3 *licor sagrado:* 'néctar'.

4 *ministra:* 'sirve'; el *garzón de Ida* es Ganimedes, hermoso joven al que raptó Zeus y lo convirtió en copero de los dioses.

9 *rosas* se refiere de nuevo a los labios (mejor que a las mejillas).

10 *aljofaradas:* 'cubiertas de perlas menudas, como (metafóricamente) las del rocío'.

12 Tántalo estaba condenado a pasar hambre y sed rodeado de fruta y agua: cuando pretendía alcanzarlas, se le escapaban de las manos.

14 Entiéndase: 'del amor sólo queda el veneno'.

Núm. 41

Cosas, Celalba mía, he visto extrañas:
cascarse nubes, desbocarse vientos,
altas torres besar sus fundamentos,
y vomitar la tierra sus entrañas;

duras puentes romper, cual tiernas cañas,   5
arroyos prodigiosos, ríos violentos,
mal vadeados de los pensamientos
y enfrenados peor de las montañas;

los días de Noé, gentes subidas
en los más altos pinos levantados,   10
en las robustas hayas más crecidas.

Pastores, perros, chozas y ganados
sobre las aguas vi, sin forma y vidas,
y nada temí más que mis cuidados.

El soneto, seguramente inspirado en la crecida del Guadalquivir del
año 1596, describe mediante una prolongada enumeración un paisaje que
impresiona por lo violento y caótico. Pero al mismo tiempo es una con-
fesión amorosa, sólo explícita en el último verso, dirigida a una mujer de
nombre *Celalba* (documentado, por cierto, en algún romance morisco
de la época). La sorprendente manera de conjugar ambos aspectos con-
fiere al poema un aire ambiguo, entre patético y jocoso.

---

7 'que apenas se podían vadear ni con el pensamiento'.
9 *los días de Noé:* 'los cuarenta del diluvio'.
14 *cuidados:* 'cuitas amorosas'.

Núm. 42

¡Qué de invidiosos montes levantados,
de nieves impedidos,
me contienden tus dulces ojos bellos!
¡Qué de ríos, del hielo tan atados,
del agua tan crecidos,   5
me defienden el ya volver a vellos!
¡Y qué, burlando de ellos,
el noble pensamiento
por verte viste plumas, pisa el viento!

Ni a las tinieblas de la noche obscura   10
ni a los hielos perdona,
y a la mayor dificultad engaña;
no hay guardas hoy de llave tan segura
que nieguen tu persona,
que no desmienta con discreta maña;   15
ni emprenderá hazaña
tu esposo, cuando lidie,
que no la registre él, y yo no invidie.

Esta canción, de 1600, es un magnífico ejemplo de cómo, trabajando
con materiales provenientes del petrarquismo y de la tradición del epita-
lamio o canto conyugal, Góngora llega a un resultado diferente. La voz
poética es la de un enamorado que siente la separación de su amada, ca-
sada con otro, y con el pensamiento asiste al encuentro conyugal de los
esposos. Dicha voz se va dirigiendo sucesivamente a la amada (1-18), a su
propio pensamiento (19-42), a la pareja de esposos (43-45) y a la misma
canción (55-57), creando así un efecto de distanciamiento paulatino
(frente a la efusión sentimental del petrarquismo), subrayado por la perí-
frasis con que designa al sujeto poético en el verso final.

---

2 *impedidos:* 'cargados, cubiertos'.
3 *me contienden:* 'se disputan conmigo'.
6 *me defienden:* 'me impiden'.
7 *qué:* 'cómo, de qué manera'.
13-15 *guardas* se refiere al dibujo que forman tanto la llave como la ce-
rradura y que, acoplándose, permite la apertura de una puerta; *nieguen:*
'oculten'; *desmienta:* 'venza, supere'.
17 *lidie:* 'luche' (en sentido amoroso, claro)

Allá vueles, lisonja de mis penas,
que con igual licencia   20
penetras el abismo, el cielo escalas;
y mientras yo te aguardo en las cadenas
de esta rabiosa ausencia,
al viento agravien tus ligeras alas.
Ya veo que te calas   25
donde bordada tela
un lecho abriga y mil dulzuras cela.

Tarde batiste la invidiosa pluma,
que en sabrosa fatiga
vieras (muerta la voz, suelto el cabello)   30
la blanca hija de la blanca espuma,
no sé si en brazos diga
de un fiero Marte, o de un Adonis bello;
ya anudada a su cuello
podrás verla dormida,   35
y a él casi trasladado a nueva vida.

Desnuda el brazo, el pecho descubierta,
entre templada nieve
evaporar contempla un fuego helado,

---

19 El poeta se dirige a su pensamiento.

24 *agravien:* «por ser más rápidas» (A. Carreira).

25 *te calas:* 'te lanzas dejándote caer' (es término que se aplica a las aves).

28-31 De no haber llegado tarde, el pensamiento habría podido contemplar a la dama (a la que iguala con Venus) en el momento de la culminación amorosa.

33 «Puesto que la dama es tan bella como Venus, nacida de la espuma, su valiente y bello esposo se parecerá a Marte o a Adonis, los más celebres amantes de la diosa» (Micó y Pérez Lasheras).

37 «Con el brazo desnudo, con el pecho descubierto' (acusativo griego).

37-38 *contempla:* imperativo dirigido al pensamiento. Los dos versos se refieren al cuerpo sudoroso de la dama.

y al esposo, en figura casi muerta,   40
que el silencio le bebe
del sueño con sudor solicitado.
Dormid, que el dios alado,
de vuestras almas dueño,
con el dedo en la boca os guarda el sueño.   45

Dormid, copia gentil de amantes nobles,
en los dichosos nudos
que a los lazos de amor os dio Himeneo;
mientras yo, desterrado, de estos robles
y peñascos desnudos   50
la piedad con mis lágrimas granjeo.
Coronad el deseo
de gloria, en recordando;
sea el lecho de batalla campo blando.

Canción, di al pensamiento   55
que corra la cortina
y vuelva al desdichado que camina.

41 'que está sumido en el silencio'.
46 *copia:* 'pareja' (italianismo).
48 *Himeneo:* dios del matrimonio.
53 *en recordando:* 'al despertar'.

Núm. 43

En un pastoral albergue,
que la guerra entre unos robres
lo dejó por escondido
o lo perdonó por pobre,

do la paz viste pellico   5
y conduce entre pastores
ovejas del monte al llano
y cabras del llano al monte,

mal herido y bien curado,
se alberga un dichoso joven,   10
que sin clavarle Amor flecha,
lo coronó de favores.

La difusión en España del *Orlando furioso* (1ª ed. 1516, pero la defi-
nitiva es de 1532), de Ludovico Ariosto, dejó abundante huella en nues-
tras letras, particularmente en el romancero desde 1560 en adelante. Entre
los romances de tema ariostesco, este gongorino de 1602 es seguramente
el más logrado de todos. Toma como asunto el episodio de los amores
de Angélica, la heroína pretendida por muchos caballeros a los que des-
deñó, con Medoro, un humilde soldado norteafricano (canto XIX, 16-37),
episodio cuya enorme difusión permite al poeta la búsqueda del toque
personal mediante una recreación bastante libre en ciertos aspectos y una
cuidadosa elaboración estilística, llena de sutilezas verbales y conceptua-
les. El poema nos transporta a un tiempo mítico, preservado de los es-
tragos del presente histórico, en el que los afectos amorosos de los dos
jóvenes se expresan libremente y encuentran la mejor acogida por parte
del mundo natural y sus pobladores. Y una última observación sobre An-
gélica: «... en estos idilios *naturales* de Góngora, la iniciativa es de la mu-
jer» (A. Carreira).

─────────

5 El *pellico* es la zamarra de pieles característica del atuendo pastoril.
El verso remite, pues, al mundo mítico de la Edad de Oro.
9-12 Es Medoro.

Las venas con poca sangre,
los ojos con mucha noche,
lo halló en el campo aquella   15
vida y muerte de los hombres.

Del palafrén se derriba,
no porque al moro conoce,
sino por ver que la hierba
tanta sangre paga en flores.   20

Límpiale el rostro, y la mano
siente al Amor que se esconde
tras las rosas, que la muerte
va violando sus colores.

Escondióse tras las rosas   25
porque labren sus arpones
el diamante del Catay
con aquella sangre noble.

Ya le regala los ojos,
ya le entra, sin ver por dónde,   30
una piedad mal nacida
entre dulces escorpiones.

Ya es herido el pedernal,
ya despide el primer golpe
centellas de agua. ¡Oh piedad,   35
hija de padres traidores!

15-16 Es Angélica, que encontró malherido a Medoro.

17 *se derriba*: 'se desmonta'.

21-24 Angélica siente la punzada del Amor al contemplar el rostro de
Medoro, cuyas mejillas muestran la lividez de la muerte inminente.

25-28 Era creencia antigua que el diamante sólo podía ablandarse con
sangre (de macho cabrío, concretamente). Eso explica que el Amor haya
untado sus flechas con la de Medoro, para poder ablandar, así, el duro co-
razón de Angélica, a la que llama *diamante del Catay* por ser hija de su rey.

29-32 El gusto de contemplar a Medoro hace que Angélica sienta por
él afecto nacido entre los venenos o desazones del amor.

33-36 Las chispas que despide el duro corazón de Angélica son a la

Hierbas aplica a sus llagas,
que si no sanan entonces,
en virtud de tales manos
lisonjean los dolores.   40

Amor le ofrece su venda,
mas ella sus velos rompe
para ligar sus heridas:
los rayos del sol perdonen.

Los últimos nudos daba   45
cuando el cielo la socorre
de un villano en una yegua
que iba penetrando el bosque.

Enfrénanlo de la bella
las tristes piadosas voces,   50
que los firmes troncos mueven
y las sordas piedras oyen;

y la que mejor se halla
en las selvas que en la corte,
simple bondad, al pío ruego   55
cortésmente corresponde.

Humilde se apea el villano,
y sobre la yegua pone
un cuerpo con poca sangre,
pero con dos corazones;   60

---

vez de fuego y de agua, porque son lágrimas. Su afecto ha nacido, sin ella
darse cuenta, de la seductora belleza de Medoro y de la traición de sus
propios ojos al contemplarla.

38-40 *sanan* y *lisonjean* ('dan alivio') tienen como sujeto a *hierbas.*

41 La venda sobre los ojos con la que la iconografía de la época representaba a Cupido.

44 Porque Angélica ha descubierto sus ojos.

53-56 El villano acude a socorrer a Angélica con la sencilla bondad más propia del campo que de la corte.

60 El de Medoro y el de Angélica.

a su cabaña los guía,
que el sol deja su horizonte
y el humo de su cabaña
les va sirviendo de Norte.

Llegaron temprano a ella, 65
do una labradora acoge
un mal vivo con dos almas,
y una ciega con dos soles.

Blando heno en vez de pluma
para lecho les compone, 70
que será tálamo luego
do el garzón sus dichas logre.

Las manos, pues, cuyos dedos
de esta vida fueron dioses,
restituyen a Medoro 75
salud nueva, fuerzas dobles,

y le entregan, cuando menos,
su beldad y un reino en dote,
segunda invidia de Marte,
primera dicha de Adonis. 80

Corona un lascivo enjambre
de Cupidillos menores
la choza, bien como abejas
hueco tronco de alcornoque.

---

67 *un mal vivo:* 'un casi muerto'.
68 El amor ha cegado a Angélica; *soles:* 'ojos'.
73-74 Porque lo han salvado de la muerte.
79-80 La belleza de Angélica es superior a la de Venus. Esto sería causa de envidia en Marte (que ya la sintió cuando su esposa Venus se enamoró de Adonis); el mancebo, por su parte, se habría sentido todavía más feliz teniendo amores con Angélica.
81 *corona:* 'rodea, guarnece'; *lascivo:* 'juguetón'.

¡Qué de nudos le está dando   85
a un áspid la Invidia torpe,
contando de las palomas
los arrullos gemidores!

¡Qué bien la destierra Amor,
haciendo la cuerda azote,   90
porque el caso no se infame
y el lugar no se inficione!

Todo es gala el africano,
su vestido espira olores,
el lunado arco suspende,   95
y el corvo alfanje depone.

Tórtolas enamoradas
son sus roncos atambores,
y los volantes de Venus
sus bien seguidos pendones.   100

Desnuda el pecho anda ella,
vuela el cabello sin orden;
si lo abrocha, es con claveles,
con jazmines si lo coge.

El pie calza en lazos de oro,   105
porque la nieve se goce,
y no se vaya por pies
la hermosura del orbe.

85-88 La Envidia está contando las caricias de los amantes por medio
de los nudos que hace en una serpiente (que es atributo de aquélla).

89-92 Pero el Amor la expulsa azotándola con la misma serpiente de
los nudos. Así evita que la envidia infame este amor con sus murmura-
ciones o lo eche a perder con su veneno.

94 *espira:* 'exhala'.

99-100 Los pendones —tras los que van numerosos soldados *(bien se-
guidos)*— de Medoro son ahora los velos que emplea Venus en el adorno
de su cabeza *(volantes).*

101 Angélica va 'con el pecho desnudo' (acusativo griego).

105-108 *se goce:* quizá 'se preserve en buen estado', ya que el calzado

Todo sirve a los amantes:
plumas les baten, veloces,   110
airecillos lisonjeros,
si no son murmuradores;

los campos les dan alfombras,
los árboles pabellones,
la apacible fuente sueño,   115
música los ruiseñores;

los troncos les dan cortezas
en que se guarden sus nombres,
mejor que en tablas de mármol
o que en láminas de bronce;   120

no hay verde fresno sin letra,
ni blanco chopo sin mote;
si un valle «Angélica» suena,
otro «Angélica» responde;

cuevas do el silencio apenas   125
deja que sombras las moren
profanan con sus abrazos,
a pesar de sus horrores.

Choza, pues, tálamo y lecho,
cortesanos labradores,   130
aires, campos, fuentes, vegas,
cueva, troncos, aves, flores,

---

protege el pie *(la nieve)*. Pero al mismo tiempo, por ser de oro, impide a
Angélica escaparse: «Chiste de Góngora: *irse por pies* era frase familiar que
significa huir, lo que ha solido hacer Angélica durante todo el *Orlando*,
gracias a su anillo mágico» (A. Carreira).

111-112 Lisonjear y murmurar es, en efecto, propio de los servidores
en la corte.

121-122 *letra... mote:* expresiones de amor en pocas palabras o versos.

130 *cortesanos:* 'que se portan con el respeto y decoro exigible'.

131 *vegas* es el único término de esta recolección que no ha sido ex-
plícitamente mencionado antes.

>   fresnos, chopos, montes, valles,
>   contestes de estos amores,
>   el cielo os guarde, si puede,   135
>   de las locuras del Conde.

---

134 *contestes:* 'testigos coincidentes'.

135 «El Conde por antonomasia es Orlando, señor de Anglante, que
en el canto XXIII, 102 va a parar a los lugares donde consumaron su amor
Angélica y Medoro, descubre sus huellas, enloquece, arranca árboles, des-
truye rebaños, mata pastores y campesinos, y sigue errante y desnudo va-
rios meses hasta que en XXXIX, 57 recobra la razón» (A. Carreira).

Núm. 44

En los pinares de Júcar
vi bailar unas serranas
al son del agua en las piedras
y al son del viento en las ramas.

No es blanco coro de ninfas   5
de las que aposenta el agua,
o las que venera el bosque,
seguidoras de Dïana:

serranas eran de Cuenca,
honor de aquella montaña,   10
cuyo pie besan dos ríos
por besar de ellas las plantas.

Alegres corros tejían
dándose las manos blancas,
de amistad quizá temiendo   15
no la truequen las mudanzas.

    ¡Qué bien bailan las serranas!
    ¡Qué bien bailan!

Romance con estribillo y rematado por «una letra asonantada para cantar» (A. Carreira), en versos hexasílabos a partir del v 45; data de 1603. Es una refinada combinación de materiales, procedentes unos de la lírica tradicional y otros de la tradición culta. El resultado es una visión idealizada, sí, del mundo rústico, pero enriquecida con toques populares y *realistas*. Y lo más importante, que dicha visión no se ofrece en contraposición al mundo cortesano sino que resulta ser autónoma: se justifica por sí sola.

---

1 *de Júcar:* en este régimen preposicional no se empleaba el artículo ante nombres de río; recuérdese, por ejemplo, *Lazarillo de Tormes*.
16 El *no* que seguía a verbos o expresiones de temor era pleonástico; *mudanzas:* 'cambios de fortuna, especialmente en amores' y 'ciertos movimientos de la danza'.

El cabello en crespos nudos
luz da al sol, oro a la Arabia,   20
cuál de flores impedido,
cuál de cordones de plata.

Del color visten del cielo,
si no son de la esperanza,
palmillas que menosprecian   25
al zafiro y la esmeralda.

El pie, cuando lo permite
la brújula de la falda,
lazos calza, y mirar deja
pedazos de nieve y nácar.   30

Ellas, en su movimiento
honestamente levantan
el cristal de la columna
sobre la pequeña basa,

> *¡Qué bien bailan las serranas!*   35
> *¡Qué bien bailan!*

Una entre los blancos dedos
hiriendo negras pizarras,
instrumento de marfil
que las musas le invidiaran,   40

---

19 *en crespos nudos:* 'rizado y trenzado'.

21-22 Una serranas llevaban el cabello recogido o sujeto *(impedido)* con flores, otras con cintas de plata.

25 *palmillas:* tipo de paño, que podía ser azul o verde.

28 La *brújula* era 'el agujerito o resquicio por donde se mira algo'. Parece decir, por tanto, que el movimiento de las faldas dejaba algún resquicio para ver el pie de las serranas.

31-34 Las serranas elevan el cuerpo en la danza, empinándose sobre los pies.

38 Chocando tejoletas o trozos de pizarra para que suenen.

39-40 Las musas querrían para sí las tejoletas como si fueran de marfil.

las aves enmudeció
y enfrenó el curso del agua;
no se movieron las hojas
por no impedir lo que canta:

«*Serranas de Cuenca*   45
iban al pinar,
unas por piñones,
y otras por bailar.

Bailando y partiendo
las serranas bellas   50
un piñón con otro,
si ya no es con perlas,

de Amor las saetas
huelgan de trocar,
unas por piñones,   55
y otras por bailar.

Entre rama y rama,
cuando el ciego dios
pide al sol los ojos
por verlas mejor,   60

los ojos del sol
las veréis pisar,
unas por piñones,
y otras por bailar.»

51 El *otro* piñón es el diente.
53-54 O sea: «juegan con las saetas de amor, menospreciando su peli-
gro» (A. Carreira).
61 *ojos del sol:* «los círculos soleados que la luz forma en el suelo al pa-
sar entre el follaje» (A. Carreira).

Núm. 45

Valladolid, de lágrimas sois valle,
y no quieros deciros quién las llora,
valle de Josafat, sin que en vos hora,
cuanto más día de jüicio se halle.

Pisado he vuestros muros calle a calle,   5
donde el engaño con la corte mora,
y cortesano sucio os hallo ahora,
siendo villano un tiempo de buen talle.

Todos sois Condes, no sin nuestro daño;
dígalo el andaluz, que en un infierno   10
debajo de una tabla escrita posa.

No encuentra al de Buendía en todo el año;
al de Chinchón sí ahora, y el invierno
al de Niebla, al de Nieva, al de Lodosa.

Valladolid fue corte entre 1601 y 1606. Como tantos otros, allí acude
Góngora, que plasmará su disgusto en poemas como este soneto de 1603.
Sus quejas apuntan, sobre todo, al mal clima de la ciudad y a los malos alo-
jamientos, objetivo que ingeniosamente cumple mencionando los títulos de
diversos condes que, en efecto, pasaron por la ciudad en aquellos años.

1-2 Versos equívocos, según entendamos *lágrimas* en sentido propio
(y entonces son las del poeta, a disgusto en la corte) o, metafóricamente,
como 'inmundicias' que corrían por las calles hasta llegar al río Esgueva.
3-4 *valle de Josafat:* en él tendrá lugar, según la *Biblia,* el Juicio Final.
«Por la confusión de gentes, la ciudad parece un valle de Josafat, pero no
del *juicio* (del Juicio Final), pues no se encuentra *juicio* o sentido común
allí, en ningún momento» (D. Alonso).
5 *vuestros muros:* 'la ciudad' (sinécdoque).
7-8 Valladolid sólo fue reconocida como ciudad poco antes del tras-
lado de la corte; antes era villa. Los versos aluden, pues, a lo mal que le
ha sentado el cambio.
10-11 El *andaluz* es el propio Góngora, alojado en una incómoda po-
sada (de ahí la mención de la *tabla escrita* o rótulo que anunciaba el hos-
pedaje).
13 Porque el verano favorece la proliferación de chinches.

Núm. 46

> *Las flores del romero,*
> *niña Isabel,*
> *hoy son flores azules.*
> *mañana serán miel.*

Celosa estás, la niña,   5
celosa estás de aquel
dichoso, pues lo buscas,
ciego, pues no te ve,

ingrato, pues te enoja,
y confiado, pues   10
no se disculpa hoy
de lo que hizo ayer.

Enjuguen esperanzas
lo que lloras por él,
que celos entre aquellos   15
que se han querido bien
hoy son flores azules,
mañana serán miel.

Aurora de ti misma,
que cuando a amanecer   20
a tu placer empiezas,
te eclipsan tu placer:

Este romancillo de 1608 es otra muestra de fina reelaboración de la
lírica tradicional mediante la aplicación de los recursos léxicos, sintácticos
y estilísticos de la poesía culta. El estribillo llegó a ser tradicional, pero
quizá lo fuera como consecuencia de la difusión del poema gongorino.
Lope de Vega lo volvió a lo divino (véase poema núm. 61) y F. García
Lorca lo recreó en la «Cancioncilla sevillana» de su libro *Canciones*.

---

3 El color azul se consideraba señal de los celos.
19 Porque la niña es como un sol.

serénense tus ojos,
y más perlas no des,
porque al Sol le está mal   25
lo que a la Aurora bien.

Desata como nieblas
todo lo que no ves,
que sospechas de amantes
y querellas después,   30
hoy son flores azules,
mañana serán miel.

---

26 Es propio de la Aurora derramar rocío, como la niña derrama lágrimas.
27 *Desata:* 'disipa' (es lo que hace el sol con la niebla).
30 *querellas:* 'quejas'.

Núm. 47

Anacreonte español, no hay quien os tope,
que no diga con mucha cortesía,
que ya que vuestros pies son de elegía,
que vuestras suavidades son de arrope.

¿No imitaréis al terenciano Lope,   5
que al de Belerofonte cada día
sobre zuecos de cómica poesía
se calza espuelas, y le da un galope?

Con cuidado especial vuestros antojos
dicen que quieren traducir al griego,   10
no habiéndolo mirado vuestros ojos.

La enemistad personal y literaria entre Góngora y Quevedo dio lugar
a episodios diversos desde 1603 en adelante. El presente soneto toma como
pretexto las versiones de Anacreonte (o más bien de un conjunto de tex-
tos helenísticos entonces atribuidos al poeta de Teos) difundidas por Que-
vedo en 1609. Y de camino le dirige también un dardo a Lope (vv 4-8).
La réplica de Quevedo puede leerse en el núm. 82.

---

1 *Anacreonte:* moteja al traductor de borracho y lascivo, dado que los
temas de la tradición anacreóntica son el vino y los placeres del amor,
tanto homo como heterosexual.

3 *pies:* 'versos', en principio. Pero el pasaje es de significado complejo:
«raro caso de trisemia; *pies de elegía* suena pies de lejía (es decir, versos ás-
peros o mordaces), antítesis con *suavidades de arrope,* mientras designa
uno de los metros anacreónticos, el dístico elegíaco, formado por un he-
xámetro y un pentámetro (...); esto a su vez, tomando *pies* en su sentido
propio, alude a la cojera de Quevedo» (A. Carreira).

4 *arrope:* 'mosto espeso'. Lo tacha, pues, de excesivamente meloso y
hasta pegajoso.

5 *terenciano* vale aquí comediógrafo, pues Terencio lo era.

6-8 Se refiere a Pegaso, el caballo alado cuyo dueño era Belerofonte.
El pasaje alude a la prolífica actividad de Lope como autor de comedias,
de ahí la mención de los *zuecos,* que se asocian con tal género de escritura
(como el coturno con la tragedia).

9-11 *antojos:* 'caprichos' y 'lentes' (disemia; recuérdese que Quevedo
usaba anteojos). Góngora dice haber oído que Quevedo pretendía tradu-
cir a Anacreonte *(al griego)* sin haber estudiado esa lengua.

Prestádselos un rato a mi ojo ciego,
porque a luz saque ciertos versos flojos,
y entenderéis cualquier gregüesco luego.

---

14 *gregüesco:* especie de calzones anchos. Pero al mismo tiempo hay
juego implícito de sentido con *griego*.

Núm. 48

Larache, aquel africano
fuerte, ya que no galán,
al glorioso San Germán,
rayo militar cristiano,
se encomendó, y no fue en vano,   5
pues cristianó luego al moro,
y por más pompa y decoro,
siendo su compadre él mismo,
diez velas llevó al baptismo
con muchos escudos de oro.   10

A la española el marqués
lo vistió, y dejar le manda
cien piezas, que aunque de Holanda,
cada una un bronce es.

Góngora dedicó varios poemas a la toma de Larache, «... una empresa poco gloriosa del reinado de Felipe III. Comenzó con las tentativas del segundo marqués de Santa Cruz en 1608 y de D. Juan Maldonado en 1609, y concluyó en 1610 por acuerdo con el rey de Fez, Muley Jeque, a quien se entregaron (...) 120.000 ducados y 4.000 arcabuces para ayudarle a recuperar el reino usurpado por su hermano» (A. Carreira). El poema, seguramente de 1610-1611, constituye un buen ejemplo de compleja alegoría humorística.

1-2 *africano fuerte:* disemia, porque ambos términos funcionan como sustantivo y como adjetivo.
3 Nombra por su título de conde de San Germán al militar que estuvo al frente de la expedición, don Juan de Mendoza, capitán general de la Artillería de la Armada.
6 *cristianó:* 'bautizó'.
8 *compadre:* 'padrino'.
9 *velas:* 'cirios' y 'barcos' (dilogía).
10 «En los bautizos era costumbre que el padrino arrojase monedas» (A. Carreira). Se refiere, claro está, a los escudos del pacto.
13-14 Porque las *piezas* son de tela (de la fina de Holanda, en concreto) y a la vez, 'cañones'.

De ellas les hizo después   15
a sus lienzos guarnición,
y viendo que era razón
que un lienzo espirase olores,
oliendo los dejó a flores,
si mosquetes flores son.   20

---

16 O sea, adorno para las telas y defensa para las murallas (ya que
lienzo designa un trozo de muralla).

18 Que una tela estuviese perfumada.

20 *mosquetes:* «arcabuces reforzados (y flores por homofonía con *mos-
quetas)*» (Micó y Pérez Lasheras).

Núm. 49
Fábula de Polifemo y Galatea
Al Conde de Niebla

Estas que me dictó rimas sonoras,
culta sí, aunque bucólica, Talía,
¡oh excelso conde!, en las purpúreas horas
que es rosas la alba y rosicler el día,
ahora que de luz tu Niebla doras,   5
escucha, al son de la zampoña mía,
si ya los muros no te ven, de Huelva,
peinar el viento, fatigar la selva.

La *Fábula de Polifemo y Galatea* constituye, junto con las *Soledades*, el mayor esfuerzo creativo de Góngora. Se trata de un largo poema narrativo y descriptivo que tiene como punto de partida la versión ovidiana de la historia del cíclope *(Metamorfosis,* XIII, 738-897), personaje homérico (del libro IX de la *Odisea)* que aparece ya enamorado de la ninfa en el idilio XI de Teócrito; en la literatura española existía un precedente muy próximo: la *Fábula de Acis y Galatea* del también cordobés Luis Carrillo y Sotomayor. El desarrollo del poema es como sigue: 1) Introducción: elogio del mecenas y solicitud de su atención (vv 1-24). 2) Descripción de Polifemo y de su vida en Sicilia (vv 25-96). 3) Descripción de Galatea y de los efectos que su belleza causa entre los pobladores, dioses o mortales, de la isla (vv 97-176). 4) Narración del encuentro que hubo un mediodía entre Acis y Galatea y de la escena amorosa que siguió (vv 177-336). 5) Canto de Polifemo, al atardecer de ese mismo día, expresando su amor por Galatea (vv 337-464). 6) Conclusión: Polifemo descubre a los amantes escondidos y aplasta con un peñasco al joven Acis, que se transforma en río (vv 465-504). Es fundamental en el poema la coexistencia del tema mitológico con motivos de índole rústico-pastoril y otros piscatorios y náuticos. Junto a la exaltación del mundo natural, también resulta decisiva la presencia de escenas amatorias, descritas con morosa sensualidad. La variedad de la composición le permite a Góngora, en definitiva, desplegar todo lo que había aprendido en sus lecturas de los

---

2 *Talía:* musa de la poesía pastoril.

6 *zampoña:* instrumento musical pastoril, del tipo de la flauta o la gaita.

7-8 Alusión a la caza de cetrería y a la de montería. El poeta imagina, pues, que el conde podía estar recogido en Niebla o ejercitando la caza en los alrededores de Huelva.

     Templado, pula en la maestra mano
el generoso pájaro su pluma,   10
o tan mudo en la alcándara, que en vano
aun desmentir al cascabel presuma;
tascando haga el freno de oro, cano,
del caballo andaluz la ociosa espuma;
gima el lebrel en el cordón de seda,   15
y al cuerno, al fin, la cítara suceda.

     Treguas al ejercicio sean robusto
ocio atento, silencio dulce, en cuanto
debajo escuchas de dosel augusto,
del músico jayán el fiero canto.   20
Alterna con las Musas hoy el gusto,
que si la mía puede ofrecer tanto
clarín, y de la Fama no segundo,
tu nombre oirán los términos del mundo.

---

clásicos y de los poetas contemporáneos, tanto españoles como italianos, pero siempre con el espíritu de un creador empeñado en potenciar al máximo las posibilidades estéticas y expresivas de la tradición que le sirve de sustento. Consecuencia de semejante osadía fue la polémica recepción del poema, ya desde su difusión a mediados de 1613. Algunos contemporáneos, presos de un clasicismo anquilosado, fueron incapaces, en efecto, de entender y dar por buena la novedad de un poema que fundía lo heroico (por el tema mitológico y la estrofa), con lo lírico (por la temática amorosa) y lo bucólico. Poco tardó el *Polifemo* en afirmarse, sin embargo, como lo que es: la culminación de una tradición poética y un excelso ejemplo de poesía descriptiva.

   9-12 Que el halcón, aun estando preparado para salir de caza *(templado),* se quede en la mano del adiestrador componiendo sus plumas, o quieto en la percha, como si quisiera desmentir que lleva un cascabel.
   16 Que la caza dé paso a la poesía.
   18 *en cuanto:* 'mientras'.
   20 *jayán:* 'gigante' (sust.). Es Polifemo.
   22-24 El poeta espera inmortalizar al conde en un poema futuro, si es que su musa puede hacer sonar un clarín digno del personaje.

    Donde espumoso el mar sicilïano   25
el pie argenta de plata al Lilibeo,
bóveda o de las fraguas de Vulcano
o tumba de los huesos de Tifeo,
pálidas señas cenizoso un llano,
cuando no del sacrílego deseo,   30
del duro oficio da. Allí una alta roca
mordaza es a una gruta, de su boca.

    Guarnición tosca de este escollo duro
troncos robustos son, a cuya greña
menos luz debe, menos aire puro   35
la caverna profunda, que a la peña;
caliginoso lecho, el seno obscuro
ser de la negra noche nos lo enseña
infame turba de nocturnas aves,
gimiendo tristes y volando graves.   40

    De este, pues, formidable de la tierra
bostezo el melancólico vacío
a Polifemo, horror de aquella sierra,
bárbara choza es, albergue umbrío
y redil espacioso donde encierra   45
cuanto las cumbres ásperas cabrío
de los montes esconde: copia bella
que un silbo junta y un peñasco sella.

25-28 *Lilibeo:* monte de Sicilia, isla que, según la tradición, era sede de las fraguas de Vulcano. También se ubicaba en ella (bajo el Etna, concretamente), la tumba de Tifeo, el último de los gigantes que se rebeló contra Zeus (acción referida en el v 30 como *sacrílego deseo*).

37-40 Las bandadas de murciélagos que allí habitan hacen ver que la gruta *(seno obscuro)* es el lecho tenebroso *(caliginoso)* de la noche.

42 *bostezo:* es la cueva, «metáfora ya lexicalizaa en el lat. *hiatus*» (A. Carreira).

46-47 El rebaño de cabras *(cabrío)* de Polifemo es tan numeroso que cubre las cimas de los montes; *copia:* 'abundancia'.

Un monte era de miembros eminente
este (que, de Neptuno hijo fiero,   50
de un ojo ilustra el orbe de su frente,
émulo casi del mayor lucero)
cíclope, a quien el pino más valiente,
bastón, le obedecía tan ligero,
y al grave peso junco tan delgado,   55
que un día era bastón y otro cayado.

Negro el cabello, imitador undoso
de las obscuras aguas del Leteo,
al viento que lo peina proceloso
vuela sin orden, pende sin aseo;   60
un torrente es su barba impetuoso
que, adusto hijo de este Pirineo,
su pecho inunda, o tarde, o mal, o en vano
surcada aun de los dedos de su mano.

No la Trinacria en sus montañas, fiera   65
armó de crueldad, calzó de viento,
que redima feroz, salve ligera
su piel manchada de colores ciento:
pellico es ya la que en los bosques era
mortal horror al que con paso lento   70
los bueyes a su albergue reducía,
pisando la dudosa luz del día.

---

51 *orbe:* 'órbita, y a la vez esfera, mundo' (A. Carreira).

56 Porque quedaba encorvado por el peso. Los cayados de los pasto-
res lo eran en su parte superior para poder enganchar con ellos el ganado.

58 *Leteo:* río del Hades cuyas aguas causaban el olvido.

62 *adusto:* 'requemado'. «Continuando la comparación de Polifemo
con una montaña, lo llama ahora *Pirineo* (es decir, 'monte de fuego', de
ahí el adjetivo *adusto*)...» (Micó y Pérez Lasheras).

65 *Trinacria:* Sicilia, así llamada por sus tres promontorios.

70-71 *reducía:* 'hacía volver'; el retorno al albergue del pastor y su ga-
nado tiene lugar al atardecer.

Cercado es, cuanto más capaz, más lleno,
de la fruta, el zurrón, casi abortada
que el tardo otoño deja al blando seno   75
de la piadosa hierba encomendada:
la serba, a quien le da rugas el heno;
la pera, de quien fue cuna dorada
la rubia paja y, pálida tutora,
la niega avara y pródiga la dora.   80

Erizo es el zurrón, de la castaña
y, entre el membrillo o verde o datilado,
de la manzana hipócrita, que engaña
a lo pálido no, a lo arrebolado,
y de la encina (honor de la montaña,   85
que pabellón al siglo fue dorado)
el tributo, alimento, aunque grosero,
del mejor mundo, del candor primero.

Cera y cáñamo unió (que no debiera)
cien cañas, cuyo bárbaro rüido   90
de más ecos que unió cáñamo y cera
albogues duramente es repetido;

73-76 *cercado:* 'huerto pequeño'; *casi abortada:* «al derramarse el zu-
rrón, colmado a rebosar, deja caer fruta verde y no madura, es decir, caída
antes de tiempo» (A. Vilanova, citado por A. Carreira). El pasaje se refiere
a la fruta inverniza, que, después de cogida, se resguarda entre paja o heno
hasta que madure.

81 *Erizo* (y también *zurrón*) se llama el envoltorio espinoso en que
fructifica y madura la castaña. Aquí se refiere al zurrón de Polifemo, re-
pleto de castañas, membrillos, manzanas y bellotas.

83-84 Porque, a diferencia de los hipócritas, que engañan con su co-
lor maciliento, la manzana lo hace mostrando los colores de la madurez,
sin tenerla.

85-88 La bellota *(de la encina ... el tributo)* es alimento emblemático
de la Edad de Oro.

89 *Cera y cáñamo* es sujeto múltiple tanto de *unió* como de *debiera;*
lo mismo en el v 91.

92 *albogues* (complemento directo de *unió)* se refiere aquí a los tubos
de caña con que el cíclope fabricó su descomunal zampoña.

la selva se confunde, el mar se altera,
rompe Tritón su caracol torcido,
sordo huye el bajel a vela y remo: 95
¡tal la música es de Polifemo!

    Ninfa de Doris hija, la más bella,
adora que vio el reino de la espuma;
Galatea es su nombre, y dulce en ella
el terno Venus de sus Gracias suma.   100
Son una y otra luminosa estrella
lucientes ojos de su blanca pluma:
si roca de cristal no es de Neptuno,
pavón de Venus es, cisne de Juno.

    Purpúreas rosas sobre Galatea   105
la Alba entre lilios cándidos deshoja:
duda el Amor cuál más su color sea,
o púrpura nevada o nieve roja.
De su frente la perla es, eritrea,
émula vana; el ciego dios se enoja   110
y, condenado su esplendor, la deja
pender en oro al nácar de su oreja.

---

94 *Tritón:* dios marino, hijo de Neptuno. El verso podría significar que
Tritón revienta su caracol en su intento de acallar con él la música de Po-
lifemo.
    95 «Quizá Góngora usó *sordo* en ambos sentidos ('atronado' y 'sigi-
loso')» (D. Alonso).
    97 *Doris:* hija de Océano y esposa de Nereo, madre de las nereidas.
    101-104 Encomio de la belleza de los ojos de Galatea y de la blancura
de su piel (sugerida en el mismo nombre, que etimológicamente remite a
gálactos 'leche'), atributos que comparte con un cristal de roca marino,
con un pavo real (animal consagrado a Juno) que fuera blanco como la
espuma, o con un cisne (animal consagrado a Venus) que tuviera en sus
plumas ojos como el pavo real.
    106 *lilios:* 'azucenas'.
    109 *eritrea:* 'del mar Rojo o Eritreo'.
    110-112 «El ciego dios de amor se enoja de ver el atrevimiento de la
perla, y, condenando su esplendor, la relega, engastada en el oro de un
zarcillo, a pender de la nacarada oreja de la muchacha» (D. Alonso).

Invidia de las ninfas y cuidado
de cuantas honra el mar deidades era;
pompa del marinero niño alado   115
que sin fanal conduce su venera.
Verde el cabello, el pecho no escamado,
ronco sí, escucha a Glauco la ribera
inducir a pisar la bella ingrata,
en carro de cristal, campos de plata.   120

Marino joven, las cerúleas sienes
del más tierno coral ciñe Palemo,
rico de cuantos la agua engendra bienes,
del Faro odioso al promontorio extremo;
mas en la gracia igual, si en los desdenes   125
perdonado algo más que Polifemo,
de la que, aún no lo oyó, y, calzada plumas,
tantas flores pisó como él espumas.

Huye la ninfa bella, y el marino
amante nadador ser bien quisiera,   130
ya que no áspid a su pie divino,
dorado pomo a su veloz carrera;

---

113 *cuidado*, en el sentido amoroso del término.

115-116 Es Cupido, que por ser ciego no necesita farol para pilotar la concha de Venus, cuyos remos mueven los enamorados.

118-120 *Glauco:* deidad marina con forma de pez de cintura para abajo. Está *ronco* de pedir en vano a Galatea que venga con él a surcar los mares (*campos de plata*) en su carro de cristal.

121-122 *cerúleas:* 'de color azul oscuro'. Se creía que el coral era blando mientras permanecía en el agua.

124 El Faro de Mesina, lugar donde se situaban los monstruos Escila y Caribdis, y el Lilibeo son los puntos extremos E. y O. de Sicilia.

127-128 *calzada plumas* es latinismo sintáctico. Apenas oídos los requerimientos de Palemo, Galatea huye como si tuviese alas en los pies.

131-132 *pomo:* 'manzana'. Palemo querría ser, ya que no áspid «... como el que mordió a Eurídice cuando huía de Aristeo, al menos manzana de oro como las que Hipómenes arrojó para entretener a Atalanta y vencerla en la carrera» (A. Carreira).

mas, ¿cuál diente mortal, cuál metal fino
la fuga suspender podrá ligera
que el desdén solicita? ¡Oh cuánto yerra   135
delfín que sigue en agua corza en tierra!

    Sicilia, en cuanto oculta, en cuanto ofrece,
copa es de Baco, huerto de Pomona:
tanto de frutas ésta la enriquece,
cuanto aquél de racimos la corona.   140
En carro que estival trillo parece,
a sus campañas Ceres no perdona,
de cuyas siempre fértiles espigas
las provincias de Europa son hormigas.

    A Pales su viciosa cumbre debe   145
lo que a Ceres, y aún más, su vega llana,
pues si en la una granos de oro llueve,
copos nieva en la otra mil de lana.
De cuantos siegan oro, esquilan nieve
o en pipas guardan la exprimida grana,   150
bien sea religión, bien amor sea,
deidad, aunque sin templo, es Galatea.

    Sin aras, no, que el margen donde para
del espumoso mar su pie ligero,
al labrador, de sus primicias ara,   155
de sus esquilmos es al ganadero;
de la copia (a la tierra, poco avara)
el cuerno vierte el hortelano, entero,
sobre la mimbre que tejió, prolija
si artificiosa no, su honesta hija.   160

135: *solicita*: 'provoca'.
137 *oculta*: entiéndase «en trojes y bodegas» (A. Carreira)
142 *no perdona*: 'no da descanso'.
145 *Pales* diosa del pastoreo; *viciosa*: 'amena, lozana'.
150 *pipas*: 'toneles para el vino'.
155-156 *primicias*: 'primeros frutos'; *esquilmos*: «productos obtenidos
de la leche de cabras y ovejas» (A. Carreira).
157-158 Alude a la cornucopia o cuerno de la abundancia.
159 *prolija*: 'con largo trabajo'.

Arde la juventud, y los arados
peinan las tierras que surcaron antes,
mal conducidos, cuando no arrastrados
de tardos bueyes, cual su dueño errantes;
sin pastor que los silbe, los ganados   165
los crujidos ignoran resonantes
de las hondas, si, en vez del pastor pobre,
el Céfiro no silba, o cruje el robre.

Mudo la noche el can, el día, dormido,
de cerro en cerro y sombra en sombra yace.   170
Bala el ganado; al mísero balido,
nocturno el lobo de las sombras nace,
cébase y, fiero, deja humedecido
en sangre de una lo que la otra pace.
¡Revoca, Amor, los silbos, o a su dueño   175
el silencio del can sigan y el sueño!

La fugitiva ninfa, en tanto, donde
hurta un laurel su tronco al sol ardiente,
tantos jazmines cuanta hierba esconde
la nieve de sus miembros, da a una fuente.   180
Dulce se queja, dulce le responde
un ruiseños a otro, y dulcemente
al sueño da sus ojos la armonía,
por no abrasar con tres soles al día.

---

168 El único silbido o chasquido que oyen los rebaños es el causado
por el viento o por el roble, y no el del pastor y su honda. La estrofa des-
cribe los efectos del amor entre los jóvenes de Sicilia, que, obsesionados
con Galatea, realizan con desgana sus tareas habituales o las abandonan
del todo.

175-176 *Revoca:* 'devuelve'. «La exhortación con que se cierra la octava
es una de las más célebres dificultades del *Polifemo:* el poeta pide al Amor
que haga que los silbidos vuelvan a sonar o que el sueño y el silencio del
perro sigan al pastor (que el can acompañe a su amo en sus lamentacio-
nes, o que el pastor pueda, como el animal, descansar)» (Micó y Pérez
Lasheras).

177-180 «Galatea se tumba sobre la hierba, a la sombra de un laurel,
y su cuerpo blanquísimo *(jazmines)* se refleja en el agua de una fuente»
(Micó y Pérez Lasheras). Pero no es la única interpretación posible de este
controvertido pasaje.

        Salamandria del Sol, vestido estrellas,   185
    latiendo el can del cielo estaba, cuando
    (polvo el cabello, húmidas centellas,
    si no ardientes aljófares, sudando)
    llegó Acis, y, de ambas luces bellas
    dulce occidente viendo al sueño blando,   190
    su boca dio, y sus ojos cuanto pudo,
    al sonoro cristal, al cristal mudo.

        Era Acis un venablo de Cupido,
    de un fauno, medio hombre, medio fiera,
    en Simetis, hermosa ninfa, habido,   195
    gloria del mar, honor de su ribera.
    El bello imán, el ídolo dormido
    que acero sigue, idólatra venera,
    rico de cuanto el huerto ofrece pobre,
    rinden las vacas y fomenta el robre.   200

        El celestial humor recién cuajado
    que la almendra guardó entre verde y seca,
    en blanca mimbre se lo puso al lado,
    y un copo, en verdes juncos, de manteca;

185-186 *latiendo:* 'ladrando'. Pero todo el pasaje tiene valor metafórico: «El *can del cielo* debe de ser la constelación del can mayor donde está la estrella Sirio, o Canícula, oculta por el sol a fines de julio. El can es, así, como una salamandra, animal que no se quemaba en el fuego, según se creía, y sus latidos o ladridos son los calores estivales» (A. Carreira).

189-192 Viendo a Galatea traspuesta en el sueño (como si los ojos de la ninfa fueran dos soles en su ocaso), Acis bebió con su boca del agua de la fuente y con sus ojos de la blancura de aquélla.

198-200 Cuando Acis, que sigue a Galatea como el acero al imán, la encuentra dormida, la honra con los modestos dones de su huerto, su ganado y sus colmenas (lo que *fomenta el robre*).

201-202 «... Góngora alude al mito frigio acerca del origen del almendro (...): Zeus durante el sueño emitió esperma (= *celestial humor*) que al fecundar la tierra dio origen a Agdistis, genio hermafrodita. Los dioses, asustados, le cortaron sus órganos viriles y en el lugar donde cayeron nació un almendro con los frutos ya en sazón» (A. Carreira).

en breve corcho, pero bien labrado,   205
un rubio hijo de una encina hueca,
dulcísimo panal, a cuya cera
su néctar vinculó la primavera.

Caluroso, al arroyo da las manos,
y con ellas las ondas a su frente,   210
entre dos mirtos que, de espuma canos,
dos verdes garzas son de la corriente.
Vagas cortinas de volantes vanos
corrió Favonio lisonjeramente
a la (de viento cuando no sea) cama   215
de frescas sombras, de menuda grama.

La ninfa, pues, la sonorosa plata
bullir sintió del arroyuelo apenas,
cuando, a los verdes márgenes ingrata,
seguir se hizo de sus azucenas.   220
Huyera; mas tan frío se desata
un temor perezoso por sus venas,
que a la precisa fuga, al presto vuelo,
grillos de nieve fue, plumas de hielo.

---

212 La espuma que Acis provoca al refrescarse la cara enblanquece los mirtos y los asemeja a garzas (aunque verdes). Tanto la planta como el ave estaban consagradas a a Venus.

213-216 «La brisa corrió unas cortinas alrededor de aquel lecho de sombras y hierbas (aunque no de viento, pues *cama de viento* se llamaba una especie de catre hecho de lienzo)» (Micó y Pérez Lasheras).

220 Verso controvertido desde el punto de vista textual. La mayoría de los editores modernos optan por *segur* (interpretada como 'hoz', pero véase más abajo v 356), entendiendo que el súbito levantarse de la ninfa es como un golpe de hoz o guadaña que siega de entre la hierba la blanca hermosura de su cuerpo (*sus azucenas*). La otra opción (mayoritaria en los testimonios antiguos) es *seguir,* dando a entender que Galatea se levantó llevándose consigo la blancura de las azucenas que adornaban la ribera del arroyo.

223 *precisa:* 'repentina', y quizá a la vez, 'cortada en seco'.

Fruta en mimbres halló, leche exprimida   225
en juncos, miel en corcho, mas sin dueño,
si bien al dueño debe, agradecida,
su deidad culta, venerado el sueño.
A la ausencia mil veces ofrecida,
este de cortesía no pequeño   230
indicio la dejó, aunque estatua helada,
más discursiva y menos alterada.

No al cíclope atribuye, no, la ofrenda;
no a sátiro lascivo, ni a otro feo
morador de las selvas, cuya rienda   235
el sueño aflija que aflojó el deseo.
El niño dios, entonces, de la venda,
ostentación gloriosa, alto trofeo
quiere que al árbol de su madre sea
el desdén hasta allí de Galatea.   240

Entre las ramas del que más se lava
en el arroyo mirto levantado,
carcaj de cristal hizo, si no aljaba,
su blanco pecho de un arpón dorado.
El monstro de rigor, la fiera brava,   245
mira la ofrenda ya con más cuidado,
y aun siente que a su dueño sea, devoto,
confuso alcaide más el verde soto.

225 *leche exprimida:* es la manteca mencionada en el v 204.
228 O sea: el culto a su deidad, la veneración de su sueño.
229 Según la costumbre de la ninfa de esquivar a sus pretendientes.
235-236 *aflija:* 'dañe, rompa'. Es decir, Galatea no atribuye «... el ob-
sequio a ninguno de los feos moradores de las selvas cuya rienda, aflojada
ya por el deseo, pueda ser afligida o rota por el sueño de una ninfa» (Micó
y Pérez Lasheras).
240 Enamorándose de su desconocido devoto, el desdén que usaba
hasta ahora Galatea quedará como trofeo en el mirto de Venus.
243-244 Cupido dejó en el blanco pecho de Galatea una flecha de oro,
esto es, de las que despertaban el amor (frente a las de plomo, que mo-
vían al desdén).
248 O sea: que el bosque oculte o resguarde por más tiempo a Acis.

Llamáralo, aunque muda, mas no sabe
el nombre articular que más querría,   250
ni lo ha visto, si bien pincel süave
lo ha bosquejado ya en su fantasía.
Al pie (no tanto ya del temor grave)
fía su intento, y, tímida, en la umbría
cama de campo y campo de batalla,   255
fingiendo sueño al cauto garzón halla.

El bulto vio y, haciéndolo dormido,
librada en un pie toda sobre él pende,
urbana al sueño, bárbara al mentido
retórico silencio que no entiende: 260
no el ave reina así el fragoso nido
corona inmóvil, mientras no desciende,
rayo con plumas, al milano pollo
que la eminencia abriga de un escollo,

como la ninfa bella, compitiendo   265
con el garzón dormido en cortesía,
no sólo para, mas el dulce estruendo
del lento arroyo enmudecer querría.
A pesar luego de las ramas, viendo
colorido el bosquejo que ya había   270
en su imaginación Cupido hecho
con el pincel que le clavó su pecho,

---

251 El *pincel* es la misma flecha de Cupido.
253 *grave:* 'pesado'.
255 *campo de batalla* es aquí alusión a futuros encuentros amorosos.
257-260 Creyéndolo *(haciéndolo)* dormido, la ninfa se acerca al joven
y, haciendo equilibrio sobre un pie *(librada en un pie)* se empina para
verlo, respetuosa *(urbana)* para con el sueño, pero ignorante *(bárbara)* del
fingido *(retórico)* silencio que guarda para engañarla.
261-268 El pasaje compara la cautela con que el águila se pone en po-
sición de atacar su presa con el cuidado de la ninfa acercándose al dur-
miente.
270 *colorido:* 'coloreado'.
272 *clavó:* 'atravesó'.

de sitio mejorada, atenta mira
en la disposición robusta aquello
que si por lo süave no la admira,   275
es fuerza que la admire por lo bello.
Del casi tramontado sol aspira
a los confusos rayos, su cabello;
flores su bozo es, cuyas colores,
como duerme la luz, niegan las flores.   280

En la rústica greña yace oculto
el áspid, del intonso prado ameno,
antes que del peinado jardín culto
en el lascivo, regalado seno:
en lo viril desata de su vulto   285
lo más dulce el Amor, de su veneno;
bébelo Galatea, y da otro paso
por apurarle la ponzoña al vaso.

Acis aún más de aquello que dispensa
la brújula del sueño vigilante,   290
alterada la ninfa esté o suspensa,
Argos es siempre atento a su semblante,
lince penetrador de lo que piensa,
cíñalo bronce o múrelo diamante:
que en sus paladïones Amor ciego,   295
sin romper muros, introduce fuego.

277-278 «El cabello de Acis aspira a igualar en el color los rayos del
Sol poco antes de la puesta» (D. Alonso). O sea, el cabello de Acis no era
ni oscuro ni claro, sino castaño.

279-280 *niegan:* 'ocultan'. Como Acis tiene los ojos cerrados, falta luz
para que se vean las tonalidades de su bozo.

284 *lascivo:* 'refinado'.

285-286 El amor deslíe *(desata)* su más dulce veneno por el viril ros-
tro *(vulto)* de Acis.

290 *brújula:* 'resquicio'.

292 *Argos:* personaje mitológico que, por tener el cuerpo cubierto de
ojos, simboliza la vigilancia.

295 En la época de Góngora se llamó *Paladión* al caballo de Troya.

El sueño de sus miembros sacudido,
gallardo el joven la persona ostenta,
y al marfil luego de sus pies rendido,
el coturno besar dorado intenta.   300
Menos ofende el rayo prevenido
al marinero, menos la tormenta
prevista le turbó o pronosticada:
Galatea lo diga, salteada.

Más agradable y menos zahareña,   305
al mancebo levanta venturoso,
dulce ya concediéndole y risueña
paces no al sueño, treguas sí al reposo.
Lo cóncavo hacía de una peña
a un fresco sitïal dosel umbroso,   310
y verdes celosías unas hiedras,
trepando troncos y abrazando piedras.

Sobre una alfombra que imitara en vano
el tirio sus matices (si bien era
de cuantas sedas ya hiló, gusano,   315
y, artífice, tejió la primavera)
reclinados, al mirto más lozano
una y otra lasciva, si ligera,
paloma se caló, cuyos gemidos
(trompas de amor) alteran sus oídos.   320

---

300 En la Antigüedad «... *coturno* designaba dos calzados distintos:
uno alto, propio de la tragedia, y otro bajo, usado por los cazadores y atri-
buido a las divinidades» (D. Alonso).

304 El repentino sobresalto de Galatea ilustra, por tanto, la idea de
que los males imprevistos son los más difíciles de tolerar.

308 *treguas sí al reposo:* «... es decir, que interrumpiese su descanso para
estar con ella» (D. Alonso).

314 *tirio:* «de Tiro, ciudad fenicia famosa por sus tintes de púrpura»
(Micó y Pérez Lasheras)».

317-319 La collera de palomas, encelada, pero no por ello torpe de mo-
vimientos *(lasciva, si ligera)* se abatió *(se caló)* sobre el mirto; «... el mirto
es el arbusto de Venus y las palomas tiran de su carro: la confluencia de
estos elementos no pueden dejar duda sobre el carácter erótico de lo que
va a seguir» (D. Alonso).

El ronco arrullo al joven solicita,
mas con desvíos Galatea suaves
a su audacia los términos limita,
y el aplauso al concento de las aves.
Entre las ondas y la fruta, imita   325
Acis al siempre ayuno en penas graves:
que en tanta gloria infierno son no breve
fugitivo cristal, pomos de nieve.

No a las palomas concedió Cupido
juntar de sus picos los rubíes,   330
cuando al clavel el joven atrevido
las dos hojas le chupa carmesíes.
Cuantas produce Pafo, engendra Gnido,
negras vïolas, blancos alhelíes,
llueven sobre el que amor quiere que sea   335
tálamo de Acis ya y de Galatea.

Su aliento humo, sus relinchos fuego,
si bien su freno espumas, ilustraba
las columnas Etón que erigió el griego
do el carro de la luz sus ruedas lava,   340
cuando, de amor el fiero jayán ciego,
la cerviz oprimió a una roca brava
que a la playa, de escollos no desnuda,
linterna es ciega y atalaya muda.

---

321 *solicita:* 'incita'.

324 Galatea se resiste a dar su plena aprobación al canto armonioso *(concento)* de las palomas; aunque el significado se hace más complejo si se acepta que Góngora pudo tener en cuenta que *aplauso,* como latinismo, podía designar el batir de alas y picos de las aves en el arrullo.

325-328 El pasaje compara a Acis con Tántalo, condenado en el infierno a pasar hambre y sed rodeado de agua y frutos (elementos aquí representados por los blancos miembros y senos de Galatea).

329 *No:* 'no bien, apenas'.

333 *Pafo* y *Gnido* eran ciudades consagradas a Venus.

337-340 Estaba próximo el atardecer. El carro del sol se acercaba a las columnas de Hércules *(el frigio),* o sea, al estrecho de Gibraltar; por eso el freno hacía echar espuma de la boca de *Etón* (uno de los cuatro caballos que tiran de dicho carro).

342 La roca sobre la que se sentó Polifemo es faro sin luz y vigía *(atalaya)* silencioso de la costa.

Árbitro de montañas y ribera,   345
aliento dio en la cumbre de la roca
a los albogues que agregó la cera
el prodigioso fuelle de su boca;
la ninfa los oyó, y ser más quisiera
breve flor, hierba humilde, tierra poca,   350
que de su nuevo tronco vid lasciva,
muerta de amor y de temor no viva.

Mas (cristalinos pámpanos sus brazos)
amor la implica, si el temor la anuda,
al infelice olmo que pedazos   355
la segur de los celos hará aguda.
Las cavernas en tanto, los ribazos
que ha prevenido la zampoña ruda
el trueno de la voz fulminó luego:
¡referidlo, Piérides, os ruego!   360

«¡Oh bella Galatea, más süave
que los claveles que tronchó la aurora;
blanca más que las plumas de aquel ave
que dulce muere y en las aguas mora;
igual en pompa al pájaro que, grave,   365
su manto azul de tantos ojos dora
cuantas el celestial zafiro estrellas!
¡Oh tú, que en dos incluyes las más bellas!:

Deja las ondas, deja el rubio coro
de las hijas de Tetis, y el mar vea,   370
cuando niega la luz un carro de oro,
que en dos la restituye Galatea.

---

351 *lasciva:* 'lozana'. Era tópica la comparación entre el enredarse de
la vid con el olmo y el abrazo de los amantes.
354 *implica:* 'enreda'.
360 *Piérides:* las Musas. La exhortación da paso al canto de Polifemo.
361 *suave:* 'fragante'.
363-364 Es el cisne.
370 *Tetis:* esposa de Océano y madre de las oceánides.
372 Los ojos de Galatea, que son como dos soles.

Pisa la arena, que en la arena adoro
cuantas el blanco pie conchas platea,
cuyo bello contacto puede hacerlas,   375
sin concebir rocío, parir perlas.

Sorda hija del mar, cuyas orejas
a mis gemidos son rocas al viento:
o dormida te hurten a mis quejas
purpúreos troncos de corales ciento,   380
o al disonante número de almejas
(marino, si agradable no, instrumento)
coros tejiendo estés, escucha un día
mi voz por dulce, cuando no por mía.

Pastor soy, mas tan rico de ganados,   385
que los valles impido más vacíos,
los cerros desparezco levantados
y los caudales seco de los ríos;
no los que, de sus ubres desatados
o derivados de los ojos míos,   390
leche corren y lágrimas, que iguales
en número a mis bienes son mis males.

Sudando néctar, lambicando olores,
senos que ignora aun la golosa cabra
corchos me guardan, más que abeja flores   395
liba inquïeta, ingenïosa labra;

---

376 Lo dice conforme a la creencia antigua de que las perlas se en-
gendraban en las conchas por el rocío.
    381-383 Polifemo imagina a Galatea bailando *(coros tejiendo)* al ritmo
(número) de almejas entrechocadas.
    386 *impido:* 'ocupo'.
    387 *desparezco:* 'hago desaparecer'.
    391 El sujeto de *corren* es *caudales,* mientras que *leche* y *lágrimas* son
sus complementos.
    393 *lambicando:* 'destilando'.
    394-395 *senos:* 'escondrijos'; es sujeto de *guardan,* y *corchos* ('colmenas')
el complemento.

troncos me ofrecen árboles mayores,
cuyos enjambres, o el abril los abra
o los desate el mayo, ámbar distilan
y en ruecas de oro rayos del sol hilan.   400

Del Júpiter soy hijo de las ondas,
aunque pastor; si tu desdén no espera
a que el monarca de esas grutas hondas,
en trono de cristal te abrace nuera,
Polifemo te llama, no te escondas,   405
que tanto esposo admira la ribera
cual otro no vio Febo más robusto
del perezoso Volga al Indo adusto.

Sentado a la alta palma no perdona
su dulce fruto mi robusta mano;   410
en pie, sombra capaz es mi persona
de innumerables cabras el verano.
¿Qué mucho, si de nubes se corona
por igualarme la montaña en vano,
y en los cielos desde esta roca puedo   415
escribir mis desdichas con el dedo?

Marítimo alciön roca eminente
sobre sus huevos coronaba, el día
que espejo de zafiro fue luciente
la playa azul, de la persona mía: 420
miréme, y lucir vi un sol en mi frente,
cuando en el cielo un ojo se veía;
neutra el agua dudaba a cuál fe preste,
o al cielo humano o al cíclope celeste.

---

400 Metáforas por la cera de los panales y por la miel.
401 Llama a Neptuno, su padre, *Júpiter ... de las ondas*.
408 El Volga es *perezoso* por el hielo que ralentiza su corriente; el Indo,
adusto, por discurrir por una región de ardiente clima.
413 *Qué mucho*: '¿qué tiene de extraño?'.
417-420 Polifemo aprovechó un día en que la mar estaba en calma
para mirarse en ella como en un espejo; antiguamente se creía que el ave
marina llamada alción sólo anidaba en días tales.
423-424 El brillo del único ojo de Polifemo hace estar al agua inde-

    Registra en otras puertas el venado   425
sus años, su cabeza colmilluda
la fiera cuyo cerro levantado
de helvecias picas es muralla aguda:
la humana suya el caminante errado
dio ya a mi cueva, de piedad desnuda,   430
albergue hoy por tu causa al peregrino,
do halló reparo, si perdió el camino.

    En tablas dividida, rica nave
besó la playa miserablemente,
de cuantas vomitó riquezas grave   435
por las bocas del Nilo el Orïente.
Yugo aquel día, y yugo bien süave,
del fiero mar a la sañuda frente
imponiéndole estaba (si no al viento
dulcísimas coyundas) mi instrumento,   440

    cuando entre globos de agua entregar veo
a las arenas ligurina haya
en cajas los aromas del Sabeo,
en cofres las riquezas de Cambaya:
delicias de aquel mundo, ya trofeo   445
de Escila, que, ostentando en nuestra playa,
lastimoso despojo fue dos días
a las que esta montaña engendra arpías.

---

cisa *(neutra)* entre tomar por cielo al cíclope o a la bóveda celeste (cuyos
atributos se entrecruzan en el verso final).
    425 *registra:* 'muestra, deja ver'. Por la cornamenta se conoce, en
efecto, la edad del venado.
    428 Compara el espinazo cerdoso del jabalí con una formación de pi-
queros suizos *(esguízaros* los llamaban en la época).
    429-430 En otro tiempo Polifemo adornó la entrada de su cueva con
las cabezas que cortaba a los caminantes perdidos.
    435 *grave:* 'cargada' (la nave).
    437-444 Un día, Polifemo trataba con su música de aquietar las aguas
marinas y el viento, cuando de pronto naufragó una nave genovesa *(ligu-
rina haya)* cargada de productos orientales: aromas de Saba (en Arabia) y
riquezas de Cambaya (en la India).
    446 *Escila:* célebre escollo (junto con Caribdis) del peligroso estrecho
de Mesina, y nombre del monstruo mítico allí radicado.
    448 Llama *arpías* a los ladrones sicilianos.

Segunda tabla a un ginovés mi gruta
de su persona fue, de su hacienda;   450
la una reparada, la otra enjuta,
relación del naufragio hizo horrenda.
Luciente paga de la mejor fruta
que en hierbas se recline, o en hilos penda,
colmillo fue del animal que el Ganges   455
sufrir muros lo vio, romper falanges:

arco, digo, gentil, bruñida aljaba,
obras ambas de artífice prolijo,
y de malaco rey a deidad java
alto don, según ya mi huésped dijo.   460
De aquél la mano, de ésta el hombro agrava;
convencida la madre, imita al hijo:
serás a un tiempo en estos horizontes
Venus del mar, Cupido de los montes».

Su horrenda voz, no su dolor interno,   465
cabras aquí le interrumpieron, cuantas
(vagas el pie, sacrílegas el cuerno)
a Baco se atrevieron en sus plantas;
mas, conculcado el pámpano más tierno
viendo el fiero pastor, voces él tantas   470
y tantas despidió la honda piedras,
que el muro penetraron de las hiedras.

453-456 *sufrir* 'soportar el peso'; se refiere a las torretas de madera emplazadas sobre lomos de elefante que permitían a los soldados acometer
los escuadrones *(falanges)* enemigos. El genovés pagó, pues, la hospitalidad de Polifemo (representada aquí por las frutas invernizas) con un colmillo (un arco y una aljaba, especifica luego) de elefante.

459 *malaco:* 'malayo'; *java:* de la isla así llamada.

461-464 *agrava:* 'carga'. Una vez concluido el breve relato del naufragio, Polifemo ofrece a Galatea el arco y la aljaba, instándola a que los haga
suyos para convertirse en *Cupido de los montes,* de la misma manera que
la madre de éste ya la ha aceptado por *Venus del mar.*

467 Acusativo griego o de parte. Las cabras vagaban de un lado para
otro destrozando las vides con sus cuernos.

469 *conculcado:* 'pisoteado, dañado'.

472 Se refiere al muro vegetal que celaba a Galatea y Acis.

De los nudos, con esto, más süaves
los dulces dos amantes desatados,
por duras guijas, por espinas graves   475
solicitan el mar con pies alados:
tal, redimiendo de importunas aves
incauto meseguero sus sembrados,
de liebres dirimió copia así amiga
que vario sexo unió y un surco abriga.   480

Viendo el fiero jayán con paso mudo
correr al mar la fugitiva nieve
(que a tanta vista el líbico desnudo
registra el campo de su adarga breve)
y al garzón viendo, cuantas mover pudo   485
celoso trueno, antiguas hayas mueve:
tal, antes que la opaca nube rompa,
previene rayo fulminante trompa.

Con violencia desgajó infinita
la mayor punta de la excelsa roca,   490
que al joven, sobre quien la precipita,
urna es mucha, pirámide no poca.

---

476 *solicitan*: 'buscan'.

477-480 *meseguero*: 'el guardián de las mieses'; *dirimió*: 'separó'; *copia*:
'pareja'; *vario*: 'diferente'. «No de otro modo, a veces, un labrador que
quiere ahuyentar de su campos una bandada de aves dañinas, insospe-
chadamente separa de pronto una pareja de amigas liebres, a las que unió
su distinto sexo y un surco dio abrigo» (D. Alonso).

483-484 *líbico*: 'libio', y por extensión, 'africano'; *registra*: 'muestra'.
Así que la vista de Polifemo es tan aguda que alcanza a ver desde Sicilia
los escudos de los africanos.

486-489 Llama *celoso trueno* al grito atronador de Polifemo, y lo con-
sidera anuncio de inminente rayo o descarga de la cólera celosa del gi-
gante. La chocante idea de que el trueno (*fulminante trompa*) precede al
rayo también aparece en algunos textos antiguos.

490 *excelsa*: 'elevada'.

492 Al aplastar a Acis, la roca «... le sirve de urna funeraria o de pi-
rámide» (A. Carreira).

Con lágrimas la ninfa solicita
las deidades del mar, que Acis invoca:
concurren todas, y el peñasco duro   495
la sangre que exprimió, cristal fue puro.

Sus miembros lastimosamente opresos
del escollo fatal fueron apenas,
que los pies de los árboles más gruesos
calzó el líquido aljófar de sus venas.   500
Corriente plata al fin sus blancos huesos,
lamiendo flores y argentando arenas,
a Doris llega, que, con llanto pío,
yerno lo saludó, lo aclamó río.

---

493 *solicita:* 'invoca pidiendo ayuda'.
496 *cristal ... puro:* 'agua cristalina'. Acis se metamorfosea en río.
500 *calzó:* 'cubrió, bañó'.
503 *Doris:* por metonimia, el mar; véase v 97.

Núm. 50   *Inscripción para el sepulcro de Domínico Greco*

Esta en forma elegante, oh peregrino,
de pórfido luciente dura llave
el pincel niega al mundo más süave,
que dió espíritu a leño, vida a lino.

Su nombre, aun de mayor aliento dino   5
que en los clarines de la Fama cabe,
el campo ilustra de ese mármol grave.
Venéralo, y prosigue tu camino.

Yace el Griego: heredó Naturaleza
arte y el Arte estudio, Iris colores,   10
Febo luces, si no sombras Morfeo.

Tanta urna, a pesar de su dureza,
lágrimas beba y cuantos suda olores
corteza funeral de árbol sabeo.

    Góngora rinde tributo de admiración al Greco (†1614) con este so-
neto funeral, seguramente de ese mismo año. Conforme a una conven-
ción frecuente en el género, el poema va dirigido al caminante que pasa
junto a la tumba, le comunica los méritos del difunto y le solicita que se
duela de su muerte y que ofrende incienso en su honor. El primer terceto,
que contiene la inscripción o epitafio propiamente dicho, proclama, por
su parte, que la obra del Greco ha enriquecido a la Naturaleza con el arte
y al Arte con el estudio.

---

    2 *llave:* es el sepulcro.
    3 *el pincel:* metonimia por el pintor; *niega:* 'oculta, encierra'.
    4 *leño ... lino:* metonimia por la tabla o el lienzo.
    7 *el campo:* 'la superficie'.
    10-11 *Iris ... Febo ... Morfeo:* las divinidades del arco iris, del sol y del
sueño, respectivamente.
    12 *Tanta urna:* 'sepulcro tan grande'.
    14 El *árbol* aludido es el del incienso, originario de Saba, cuya corteza
se empleaba para producir el preparado aromático.

Núm. 51   *De una dama que, quitándose una sortija*
se picó con un alfiler

Prisión del nácar era articulado,
de mi firmeza un émulo luciente,
un dïamante, ingenïosamente
en oro también él aprisionado.

Clori, pues, que su dedo apremïado   5
de metal aun precioso no consiente,
gallarda un día, sobre impacïente,
lo redimió del vínculo dorado.

Mas ay, que insidïoso latón breve
en los cristales de su bella mano   10
sacrílego divina sangre bebe:

púrpura ilustró menos indïano
marfil; invidïosa, sobre nieve
claveles deshojó la Aurora en vano.

En la poesía barroca son frecuentes las composiciones dedicadas a un tema circunstancial, en sí mismo intrascendente. Góngora elige aquí el pinchazo que se dio con un alfiler una dama al quitarse una sortija, cantándolo desde la perspectiva galante del enamorado. El incidente da pie, así, a un extraordinario despliegue de palabras e imágenes que acaban por convertirlo en una mínima tragedia. Los comentaristas destacan, por otra parte, el uso continuado de la diéresis métrica a lo largo del poema, fechado en 1620.

1 *Prisión:* 'grillo'; *nácar... articulado:* metáfora por el dedo de la dama.
4 El diamante está engastado en oro; el amante, preso en la red que tejen los rubios cabellos de la dama.
7 *sobre:* 'además de'.
8 *redimió:* 'liberó' (al dedo).
9 *latón breve:* el alfiler.
12 *ilustró:* 'adornó, coloreó'; *indiano:* 'de la India'.

Núm. 52   *A un pintor flamenco, haciendo*
                               el retrato de donde se copió el
                               que va al principio deste libro

Hurtas mi vulto, y cuanto más le debe
a tu pincel, dos veces peregrino,
de espíritu vivaz el breve lino
en las colores que sediento bebe,

vanas cenizas temo al lino breve,   5
que émulo del barro lo imagino,
a quien, ya etéreo fuese, ya divino,
vida le fió muda esplendor leve.

El tema de la pintura (muchas veces definida como «poesía muda»)
es frecuente entre los poetas del XVII. En este soneto de 1620, Góngora
toma como punto de partida el retrato suyo que compuso un descono-
cido pintor flamenco; o más bien, el proceso mismo de composición del
cuadro, como se ve en el v 9, en el que el poeta, como si estuviese po-
sando en ese momento, anima al pintor a proseguir la tarea. El tema da
pie a una reflexión desengañada: mientras más vida va cobrando el retrato
gracias al arte, más teme el poeta su destrucción por obra del tiempo. De
la pintura, hoy perdida, ha quedado como testimonio el grabado que hay
al frente del manuscrito *Chacón;* existe, por otra parte, un famoso retrato
de Góngora, obra de Velázquez.

---

1 *vulto:* 'rostro'.
2 Por extranjero y por fuera de lo común.
3 *de espíritu vivaz* depende de *cuanto más* (v 1); *lino:* 'el lienzo'; *breve:*
'pequeño' y 'fugaz' (dilogía).
5-8 *a quien* se refiere a *barro; etéreo* se refiere a *esplendor* 'fuego' (tén-
gase en cuenta que *éter* podía designar en astronomía la esfera o cielo del
fuego); *fió:* 'otorgó'. El pasaje viene a decir: «... temo ver el lienzo redu-
cido a cenizas por el mismo fuego divino que dio vida al barro. Alude al
mito de Prometeo, que modeló en barro al primer hombre...» (A. Ca-
rreira). *vida... muda* es, por tanto, complemento de *fió* y, aunque se re-
fiere en principio a la criatura de Prometeo, también evoca la pintura
(siendo entonces *esplendor* el color empleado en el retrato).

Belga gentil, prosigue al hurto noble;
que a su materia perdonará el fuego,   10
y el tiempo ignorará su contextura.

Los siglos que en sus hojas cuenta un roble,
árbol los cuenta sordo, tronco ciego;
quien más ve, quien más oye, menos dura.

---

11 *ignorará:* 'no dañará'.
12 «Tantos siglos como hojas (hipérbole)» (A. Carreira).

Núm. 53   *En persona del Marqués de Flores de Ávila,*
                                              estando enfermo

    Aprended, Flores, en mí
lo que va de ayer a hoy,
que ayer maravilla fui,
y hoy sombra mía aun no soy.

    La aurora ayer me dio cuna,   5
la noche ataúd me dio;
sin luz muriera si no
me la prestara la Luna:
pues de vosotras ninguna
deja de acabar así,   10
aprended, Flores, en mí, etc.

    Consuelo dulce el clavel
es a la breve edad mía,
pues quien me concedió un día,
dos apenas le dio a él: 15
efímeras del vergel,
yo cárdena, él carmesí.
Aprended, Flores, en mí, etc.

    La brevedad de la vida es el tema de esta letrilla, de 1621, dedicada a don Pedro Zúñiga, marqués de Flores de Ávila. Góngora saca lustre a tan trillado tema haciendo que el sujeto implícito del discurso poético sea la flor de la maravilla, de la que se decía que duraba un solo día; por añadidura, la flor no se queja sino que se muestra orgullosa de su corta, pero lucida vida. El concepto dilógico originado en el apellido del dedicatario aporta un toque más de sutileza al poema.

---

    3 *maravilla:* la flor de ese nombre y, al tiempo, cosa maravillosa.

Flor es el jazmín, si bella,
no de las más vividoras,   20
pues dura pocas más horas
que rayos tiene de estrella;
si el ámbar florece, es ella
la flor que él retiene en sí.
Aprended, Flores, en mí, etc.   25

El alhelí, aunque grosero
en fragancia y en color,
más días ve que otra flor,
pues ve los de un Mayo entero:
morir maravilla quiero   30
y no vivir alhelí.
Aprended, Flores, en mí, etc.

A ninguna, al fin, mayores
términos concede el Sol
que al sublime girasol,   35
Matusalén de las flores:
ojos son aduladores
cuantas en él hojas vi.
Aprended, Flores, en mí, etc.

---

21 *horas:* 'días'. Los pétalos del jazmín son cinco.
23 *ámbar:* 'pasta de olor suave'; compara, pues, el perfume del ámbar
con el del jazmín.
35 *sublime:* 'alto'.
36 *Matusalén* es la figura emblemática de la longevidad.
37-38 Por girar conforme al discurrir del sol, el girasol representa al
cortesano que más prospera: el adulador.

Núm. 54   *Infiere, de los achaques de la vejez, cercano*
                    el fin a que católico se alienta.

En este occidental, en este, oh Licio,
climatérico lustro de tu vida,
todo mal afirmado pie es caída,
toda fácil caída es precipicio.

¿Caduca el paso? Ilústrese el jüicio.   5
Desatándose va la tierra unida;
¿qué prudencia, del polvo prevenida,
la rüina aguardó del edificio?

La piel no sólo sierpe venenosa,
mas con la piel los años se desnuda,   10
y el hombre, no. ¡Ciego discurso humano!

¡Oh aquel dichoso, que la ponderosa
porción depuesta en una piedra muda,
la leve da al zafiro soberano!

Este soneto es uno de los varios poemas del año 1623 que «... nos re-
velan a un Góngora bastante afín al Quevedo metafísico» (Micó y Pérez
Lasheras). En él encontramos una reflexión sobre la vejez y la inminencia
de la muerte, rematada con la esperanza en la liberación final del alma.
La comparación entre la vejez del cuerpo y la ruina de un edificio pro-
viene de Séneca (véase núm. 73). El vocativo *Licio* es nombre que fun-
ciona a la vez como *alter ego* del poeta y como designación impersonal,
válida para cualquier individuo.

---

1 *occidental:* 'caduco, como el sol en el ocaso'.
2 *climatérico:* «crítico, aciago, como se consideraban los años múlti-
plos de 7, en especial el 63, en el que Góngora entró en julio de 1623» (A.
Carreira).
11 El hombre es ciego en su deseo de volver a la juventud, capacidad
que se atribuía a la serpiente. Se impone, pues, la idea ascética de la
muerte como liberación.
12-14 O sea: dichoso el que, una vez muerto y enterrado, da su alma
al cielo; *ponderosa:* 'pesada' (se refiere al cuerpo, por oposición al alma *(la
leve);* *depuesta;* 'depositada'; *muda:* o sea, sin inscripción funeraria.

Núm. 55   *De la brevedad engañosa de la vida*

Menos solicitó veloz saeta
destinada señal, que mordió aguda;
agonal carro por la arena muda
no coronó con más silencio meta,

que presurosa corre, que secreta   5
a su fin nuestra edad. A quien lo duda,
fiera que sea de razón desnuda,
cada sol repetido es un cometa.

Confiésalo Cartago, ¿y tú lo ignoras?
Peligro corres, Licio, si porfías   10
en seguir sombras y abrazar engaños.

Este famoso soneto, compuesto el 29 de agosto de 1623 (diez días después del anterior), insiste en la misma temática y planteamiento discursivo, «... recordando también viejas ideas senequianas (el *quotidie morimur*, por ejemplo), y aludiendo a motivos que, como el de la destrucción
de Cartago, fueron evocados con frecuencia por la llamada poesía de las
ruinas, tan característica del barroco» (Micó y Pérez Lasheras). Desde el
punto de vista formal destacan, entre diversos y sutiles recursos, la compleja correlación de los versos iniciales y el sentencioso terceto final, sabiamente articulado mediante la anadiplosis.

---

1 *solicitó*: 'procuró alcanzar'; el sujeto es *saeta*.
3-4 *agonal*: 'de carrera o certamen'; *coronó*: 'rodeó'; «la biga o cuadriga
corría por la arena del circo siete vueltas, girando cada una dos veces en
torno a las metas ['especie de columnitas'] situadas a los extremos de la
spina, peligrosa maniobra que provocaba el silencio del público» (A. Carreira).
6 *edad*: 'tiempo'. Aquí concluye una doble comparación correlativa:
la vida pasa más presurosa que la saeta cuando vuela hasta la diana y con
más sigilo que el carro agonal cuando rodea la meta.
7 La frase tiene valor concesivo: 'aunque sea...'.
8 'cada día que pasa es como un presagio'; además de la idea de fugacidad, *cometa* conlleva la de advertencia, pues se creía que dicho astro
era anuncio de desgracias.

   Mal te perdonarán a ti las horas,
las horas que limando están los días,
los días que royendo están los años.

12-14 Es posible que tras el verbo *perdonar* (empleado con el valor que
tenía *parcere* 'dejar sin daño' en latín) se esconda una alusión a las Parcas,
cuyo nombre se explicaba, por antífrasis, porque no perdonan. En ese
caso, el trío *horas, días, años* sirve como actualización de las tres hilande-
ras mitológicas.

Lope de Vega
(Madrid, 1562-1635)

Núm. 56

«Mira, Zaide, que te aviso
que no pases por mi calle
ni hables con mis mujeres,
ni con mis cautivos trates,

    ni preguntes en qué entiendo   5
ni quién viene a visitarme,
qué fiestas me dan contento
o qué colores me aplacen;

    basta que son por tu causa
las que en el rostro me salen,   10
corrida de haber mirado
moro que tan poco sabe.

    Confieso que eres valiente,
que hiendes, rajas y partes
y que has muerto más cristianos   15
que tienes gotas de sangre;

Lope fue, junto con Góngora, uno de los principales impulsores del romancero nuevo por los años de 1580 en adelante. Gran popularidad alcanzaron sus romances moriscos, que a veces ofrecían, bajo el disfraz literario, una versión poética de las aventuras amorosas de su autor. Es el caso del presente, que tiene como trasfondo los apasionados y espinosos amores de Lope *(Zaide)* con Elena Osorio *(Zaida);* hay una réplica del mismo Lope, que principia: «Di, Zaida, ¿de qué me avisas? / ¿Quieres que muera y calle?» Se sigue el texto del *Segundo cuaderno de varios romances* (Valencia, 1593).

---

8 *aplacen:* 'agradan'. Puede referirse al deseo del galán de vestir tales colores o de mandar a la dama algún presente de los mismos.
15 *has muerto:* 'has matado'.

que eres gallardo jinete,
que danzas, cantas y tañes,
gentil hombre, bien criado
cuanto puede imaginarse;   20

blanco, rubio por extremo,
señalado por linaje,
el gallo de las bravatas,
la nata de los donaires,

y pierdo mucho en perderte   25
y gano mucho en amarte,
y que si nacieras mudo,
fuera posible adorarte;

y por este inconviniente
determino de dejarte,   30
que eres pródigo de lengua
y amargan tus libertades,

y habrá menester ponerte
quien quisiere sustentarte
un alcázar en el pecho   35
y en los labios un alcaide.

Mucho pueden con las damas
los galanes de tus partes,
porque los quieren briosos,
que rompan y que desgarren;   40

23-24 'el campeón de las valentonadas, el más agraciado hablador'.
31 *pródigo de lengua:* 'locuaz en exceso'. Se dice, en efecto, que la lo-
cuacidad de Lope divulgando en romances y canciones sus amores con
Elena Osorio fue una de las causas de su ruptura.
38   *de tus partes:* 'de tus prendas'.

    mas tras esto, Zaide amigo,
si algún convite te hacen
al plato de sus favores
quieren que comas y calles.

    Costoso fue el que te hice;   45
venturoso fueras, Zaide,
si conservarme supieras
como supiste obligarme.

    Apenas fusite salido
de los jardines de Tarfe   50
cuando heciste de la tuya
y de mi desdicha alarde.

    A un morito mal nacido
me dicen que le enseñaste
la trenza de los cabellos   55
que te puse en el turbante.

    No quiero que me la vuelvas
ni quiero que me la guardes,
mas quiero que entiendas, moro,
que en mi desgracia la traes.   60

    También me certificaron
cómo le desafiaste
por las verdades que dijo,
que nunca fueran verdades.

---

45 El complemento de *hice* es *convite* (v 42).
48 *obligarme:* 'rendirme', en términos amorosos.
50 *Tarfe:* Atarfe (Granada).
57 *vuelvas:* 'devuelvas'.
60 *traes:* 'llevas'.
64 Frase desiderativa.

De mala gana me río;   65
¡qué donoso disparate!
No guardas tú tu secreto
¿y quieres que otri le guarde?

No quiero admitir disculpa;
otra vez vuelvo a avisarte   70
que esta será la postrera
que me hables y te hable.»

Dijo la discreta Zaida
a un altivo bencerraje
y al despedirlo repite: 75
«Quien tal hace, que tal pague».

---

68 *otri:* forma arcaica y popular de *otro*.
74 Los *bencerrajes* o abencerrajes eran una familia de la aristocracia
nazarí.

Núm. 57

> Hortelano era Belardo
> de las huertas de Valencia,
> que los trabajos obligan
> a lo que el hombre no piensa.

> Pasado el hebrero loco,   5
> flores para mayo siembra,
> que quiere que su esperanza
> dé fruto a la primavera.

> El trébol para las niñas
> pone a un lado de la huerta,   10
> porque la fruta de amor
> de las tres hojas aprenda.

> Albahacas amarillas,
> a partes verdes y secas,
> trasplanta para casadas   15
> que pasan ya de los treinta,

El romancero pastoril es otra de las ramas fecundas del romancero nuevo. Lope lo cultiva con un espíritu en parte similar al morisco, esto es, como cauce para la fabulación autobiográfica y la proliferación de diversas voces poéticas. En este romance nos encontramos con el omnipresente *Belardo*, trasunto literario del poeta; sus circunstancias transparentan, en efecto, las de Lope desterrado en Valencia desde principios de 1589. Hacia la mitad de la composición el poeta se desdobla irónicamente en un espantapájaros, a quien apostrofa (en versos hexasílabos) recordándole sus andanzas de galán cortesano. La fama de la composición queda atestiguada, entre otras cosas, por el hecho de que los vv 3-4 se convirtieron en proverbiales..

3-4 *trabajos:* 'penalidades'. Estos dos versos llegaron a hacerse proverbiales.

5 *hebrero* alternaba con *febrero*.

9-12 El trébol es símbolo de la inocencia y la esperanza en el amor.

13-16 Quizá porque a la albahaca se le atribuía, entre otras propiedades, la de acrecentar la leche materna y combatir el exceso de humor melancólico.

y para las viudas pone
muchos lirios y verbena,
porque lo verde del alma
encubre la saya negra.   20

Toronjil para muchachas
de aquellas que ya comienzan
a deletrear mentiras,
que hay poca verdad en ellas.

El apio a las opiladas,   25
y a las preñadas almendras,
para melindrosas cardos
y ortigas para las viejas.

Lechugas para briosas,
que cuando llueve se queman,   30
mastuerzo para las frías
y asenjos para las feas.

De los vestidos que un tiempo
trujo en la corte, de seda,
ha hecho para las aves   35
un espantajo de higuera.

17-18 Eran plantas útiles en la menstruación y trastornos de la matriz.

21-24 Entre los beneficios que se reconocían al toronjil estaba el de combatir las imaginaciones y perturbaciones producidas por el humor melancólico.

25 *opiladas:* 'pálidas por sufrir la opilación u obstrucción de los conductos por donde fluyen los humores corporales'; en este caso se refiere a la menstruación.

27-28 El cardo estaba considerado, sobre todo, como una planta depurativa y tonificante; la ortiga, por su lado, se juzgaba estimulante de la actividad sexual.

29-31 *se queman:* 'se echan a perder'. De la lechuga se decía que aplacaba la lujuria; y del mastuerzo, por el contrario, que la estimulaba.

32 *asenjos:* 'ajenjos'. Quizá porque esa planta depuraba el humor colérico y prevenía la embriaguez.

34 *trujo:* 'llevó puestos'.

Las lechuguillazas grandes,
almidonadas y tiesas,
y el sombrero boleado
que adorna cuello y cabeza,   40

y sobre un jubón de raso
la más guarnecida cuera,
sin olvidarse las calzas
españolas y tudescas.

Andando regando un día,   45
vióle en medio de la higuera
y riéndose de velle,
le dice desta manera:

«¡Oh ricos despojos
de mi edad primera
y trofeos vivos   50
de esperanzas muertas!

¡Qué bien parecéis
de dentro y de fuera,
sobre que habéis dado   55
fin a mi tragedia!

¡Galas y penachos
de mi soldadesca,
un tiempo colores
y agora tristeza!   60

---

37 *lechuguillazas:* aumentativo de *lechuguilla,* 'cuello de tela plegada
en ondas'.

39 Es el sombrero de copa redonda.

41-42 El *jubón* era una vestidura ajustada que cubría de los hombros
a la cintura; la *cuera,* una especie de chaquetilla ceñida, habitualmente de
cuero.

44 *tudescas:* 'alemanas'.

55 *sobre que:* 'sin contar que'.

58 Lope se alistó, en efecto, en la Armada Invencible (1588).

Un día de Pascua
os llevé a mi aldea,
por galas costosas,
invenciones nuevas.

Desde su balcón   65
me vio una doncella
con el pecho blanco
y la ceja negra.

Dejóse burlar,
caséme con ella,   70
que es bien que se paguen
tan honrosas deudas.

Supo mi delito
aquella morena
que reinaba en Troya   75
cuando fue mi reina.

Hizo de mis cosas
una grande hoguera,
tomando venganza
en plumas y letras.»   80

---

64 *invenciones:* 'atavíos'.

69-72 En mayo de 1588 Lope se casó por poderes con Isabel de Ur-
bina, *Belisa*.

73-76 Alusión a Elena Osorio, tocaya de la Helena griega que Paris
raptó y llevó a Troya. Pero la ciudad está recordada aquí por el incendio
que la destruyó, que el poeta compara implícitamente con el fuego amo-
roso que asola su corazón.

80 *letras:* 'escritos, cartas'. Las *plumas* pueden ser los adornos propios
de un soldado, como los *penachos* del v 57.

Núm. 58

Ir y quedarse, y con quedar partirse,
partir sin alma, y ir con alma ajena,
oír la dulce voz de una sirena
y no poder del árbol desasirse;

arder como la vela y consumirse   5
haciendo torres sobre tierna arena;
caer de un cielo, y ser demonio en pena,
y de serlo jamás arrepentirse;

hablar entre las mudas soledades,
pedir prestada, sobre fe, paciencia,   10
y lo que es temporal llamar eterno;

creer sospechas y negar verdades,
es lo que llaman en el mundo ausencia,
fuego en el alma y en la vida infierno.

Este soneto es uno de los doscientos publicados por Lope en *La hermosura de Angélica con otras diversas Rimas* (Madrid, 1602). Entra en el subgénero poético de las *definiciones;* en este caso se trata de definir la ausencia amorosa, recurriendo, entre otras cosas, al arsenal de las antítesis y paradojas provenientes de la lírica cancioneril y petrarquista. La composición gozó de gran popularidad, sobre todo su arranque.

---

1 *con quedar:* 'aun quedándose'.

2 Porque el alma del amante vive en la persona amada.

3-4 *árbol:* 'mástil del navío'. "Alusión a la fábula de Ulises, que se ató al mástil de su navío para poder oír a las sirenas sin correr peligro. El amante se siente atraído, pero no puede acudir junto a su amada" (Pedraza Jiménez).

7 *demonio en pena:* expresión ponderativa del sufrimiento calcada sobre la de *alma en pena.* La *pena* aludida es la que los teólogos llaman *de daño,* consistente en la imposibilidad de ver a Dios (en este caso, la dama).

9 *soledades:* 'parajes solitarios'.

10 *sobre fe:* 'poniendo como prenda su amor'. El amante ausente tiene que armarse de paciencia sacando fuerzas de su amor *(fe).*

11 Puede referirse tanto a la ausencia como al propio amor.

Núm. 59   *A Lupercio Leonardo*

> Pasé la mar cuando creyó mi engaño
> que en él mi antiguo fuego se templara;
> mudé mi natural, porque mudara
> naturaleza el uso, y curso el daño.
>
> En otro cielo, en otro reino extraño,   5
> más trabajos se vieron en mi cara,
> hallando, aunque otra tanta edad pasara,
> incierto el bien y cierto el desengaño.
>
> El mismo amor me abrasa y atormenta,
> y de razón y libertad me priva.   10
> ¿Por qué os quejáis del alma que le cuenta?

El presente soneto, también perteneciente a las *Rimas*, es seguramente la
respuesta a otro, no conservado, de Lupercio Leonardo de Argenso-
la (1559-1613), en el que éste se quejaría de la costumbre de Lope de con-
vertir sus vivencias sentimentales en tema de sus versos. Lope aprovecha
la ocasión para ofrecer una esquemática autobiografía y, tras ella, dar una
sucinta poética, cifrada en la fusión de vida y literatura. El arranque del
poema se hace eco de la advertencia horaciana sobre la inutilidad de cam-
biar meramente de lugar sin mudar el ánimo.

---

1 "Quizá aluda a la participación del poeta en la expedición a las Azo-
res (1583) o en la Invencible (1588)" (Pedraza Jiménez).
3-4 O sea, que el uso o costumbre de vivir fuera otro y que la enfer-
medad amorosa cambiara de curso.
5 "Alude al destierro en el reino de Valencia, fuera de su Castilla na-
tal" (Pedraza Jiménez).
7 *otra tanta edad pasara:* 'cumpliera otra vez los mismos años que
tengo'.
9-10 Después de luchar tantos años con su inclinación amorosa, Lope
se reconoce preso nuevamente de ella. Seguramente alude a su amor por
Camila Lucinda.
11 *os* se refiere a Lupercio Leonardo.

¿Que no escriba, decís, o que no viva?
Haced vos con mi amor que yo no sienta,
que yo haré con mi pluma que no escriba.

Núm. 60

Suelta mi manso, mayoral extraño,
pues otro tienes de tu igual decoro;
deja la prenda que en el alma adoro,
perdida por tu bien y por mi daño.

Ponle su esquila de labrado estaño,   5
y no le engañen tus collares de oro;
toma en albricias este blanco toro,
que a las primeras yerbas cumple un año.

Si pides señas, tiene el vellocino
pardo encrespado, y los ojuelos tiene   10
como durmiendo en regalado sueño.

Si piensas que no soy su dueño, Alcino,
suelta, y verásle si a mi choza viene:
que aún tienen sal las manos de su dueño.

Este soneto, el más famoso de las *Rimas*, es el último de una serie de tres conocida como de los *mansos* (pero uno de ellos sólo circuló manuscrito). Lope se vale en ella del mundo poético pastoril para aludir en clave a sus amores con Elena Osorio. En este caso concreto, Lope se queja de su ruptura con Elena, que lo dejó por el rico y poderoso don Francisco Perrenot Granvela, el *mayoral extraño* del poema, más tarde transfigurado como don Bela en *La Dorotea* (1632).

---

1 *manso:* 'carnero que guía el rebaño'.

2 O sea: que merece la misma estimación o respeto *(decoro)* que tú. Seguramente es frase irónica.

7 *en albricias:* 'en pago' (por la devolución del manso a su legítimo dueño).

8 El toro cumplirá un año en primavera.

9 *vellocino:* alude metafóricamente a la cabellera de Elena.

10 *pardo:* 'castaño oscuro'.

14 Que un animal coma la sal en las manos de alguien es señal de amistad y confianza.

Núm. 61

> *Las pajas del pesebre,*
> *niño de Belén,*
> *hoy son flores y rosas,*
> *mañana serán hiel.*

> Lloráis entre las pajas   5
> de frío que tenéis,
> hermoso Niño mío,
> y de calor también.
> Dormid, Cordero santo;
> mi vida, no lloréis,   10
> que si os escucha el lobo,
> vendrá por vos, mi bien.
> Dormid entre las pajas,
> que aunque frías las veis,
> *hoy son flores y rosas,*   15
> *mañana serán hiel.*

> Las que para abrigaros
> tan blandas hoy se ven
> serán mañana espinas
> en corona cruel.   20
> Mas no quiero deciros,
> aunque vos lo sabéis,
> palabras de pesar
> en días de placer.

Este romance heptasilábico con estribillo forma parte de *Pastores de Belén* (1612). Es la vuelta a lo divino de una composición gongorina, «Las flores del romero, / niña Isabel...» (ver núm. 46). La composición funde con particular encanto el tema navideño con los presagios de la Pasión de Cristo.

Que aunque tan grandes deudas   25
en pajas las cobréis,
hoy son flores y rosas,
mañana serán hiel.

Dejad el tierno llanto
divino Emanüel,   30
que perlas entre pajas
se pierden sin por qué.
No piense vuestra madre
que ya Jerusalén
previene sus dolores,   35
y llore con José.
Que aunque pajas no sean
corona para Rey,
hoy son flores y rosas,
mañana serán hiel.   40

25-26 Las *deudas* son los pecados de la humanidad.

33-35 Los dolores de la Virgen a causa de la Pasión del Redentor, que tuvo como escenario Jerusalén y sus alrededores.

Núm. 62

¿Qué tengo yo que mi amistad procuras?
¿Qué interés se te sigue, Jesús mío,
que a mi puerta cubierto de rocío
pasas las noches del invierno escuras?

¡Oh cuánto fueron mis entrañas duras,   5
pues no te abrí! ¡Qué extraño desvarío,
si de mi ingratitud el yelo frío
secó las llagas de tus plantas puras!

¡Cuántas veces el Ángel me decía:
«Alma, asómate agora a la ventana,   10
verás con cuánto amor llamar porfía!»

¡Y cuántas, hermosura soberana,
«Mañana le abriremos», respondía,
para lo mismo responder mañana!

Este soneto, uno de los más famosos de su autor, fue publicado en las
Rimas sacras (1614), libro que da testimonio de la profunda crisis personal
y espiritual del escritor por los años de 1612-1614. Lope consigue aquí her-
manar con toda naturalidad la expresión dolorida de la conciencia del pe-
cado con la presencia próxima y cálida de lo sobrenatural. La idea tiene su
origen en San Agustín *(Confesiones,* VIII, 12). El motivo del amante que
espera a la puerta de su amada se encuentra ya en la poesía greco-latina.

6-8 El desconcierto reside en que las heridas que recibió el Redentor
no le fueron sanadas por el amor o la devoción, sino por la ingratitud.

Núm. 63   *A la muerte de Carlos Félix*

Este de mis entrañas dulce fruto,
con vuestra bendición, oh Rey eterno,
ofrezco humildemente a vuestras aras;
que si es de todos el mejor tributo
un puro corazón humilde y tierno,   5
y el más precioso de las prendas caras,
no las aromas raras
entre olores fenicios
y licores sabeos,
os rinden mis deseos,   10
por menos olorosos sacrificios,
sino mi corazón, que Carlos era:
que en el que me quedó, menos os diera.

Diréis, Señor, que en daros lo que es vuestro
ninguna cosa os doy, y que querría   15
hacer virtud necesidad tan fuerte,
y que no es lo que siento lo que muestro,
pues anima su cuerpo el alma mía,
y se divide entre los dos la muerte.

Carlos Félix, hijo de Lope y de su esposa Juana de Guardo, había na-
cido en 1605 y murió a principios del verano de 1612. El suceso dio pie a
esta reflexiva elegía fúnebre escrita en el cauce de la canción petrarquista,
que se imprimió en las *Rimas sacras*. El esquema de la composición es el
siguiente: exordio (vv 1-13), lamento del padre (vv 14-91), elogio del niño
difunto (vv 92-143) y consolación final (vv 144-195). Destaca en el poema
la naturalidad con que se juntan los afectos y vivencias familiares con la
meditación religiosa sobre el sentido de la existencia.

---

6 'Y el más precioso (tributo) entre las pertenencias queridas'.
8-9 *sabeos:* 'de Saba», región oriental de donde era originario el árbol
del incienso, al que se refieren esos versos.
10 *rinden:* 'ofrendan'.
18-19 Conforme a la idea de la transformación de los amantes, el alma
del padre anida en el cuerpo del hijo, por lo que al morir éste, aquél par-
ticipa de su muerte.

Confieso que de suerte   20
vive a la suya asida,
que cuanto a la vil tierra,
que el ser mortal encierra,
tuviera más contento de su vida;
mas cuanto al alma, ¿qué mayor consuelo   25
que lo que pierdo yo me gane el cielo?

Póstrese nuestra vil naturaleza
a vuestra voluntad, imperio sumo,
autor de nuestro límite, Dios santo;
no repugne jamás nuestra bajeza,   30
sueño de sombra, polvo, viento y humo,
a lo que vos queréis, que podéis tanto;
afréntese del llanto
injusto, aunque forzoso,
aquella inferior parte   35
que a la sangre reparte
materia de dolor tan lastimoso,
porque donde es inmensa la distancia,
como no hay proporción, no hay repugnancia.

Quiera yo lo que vos, pues no es posible   40
no ser lo que queréis, que no quiriendo,
saco mi daño a vuestra ofensa junto.
Justísimo sois vos; es imposible
dejar de ser error lo que pretendo,
pues es mi nada indivisible punto.   45

---

22 *cuanto a:* 'en lo referente a'.
26 El alma de Carlos ha sido ganada por el cielo y, a la vez, gana el
cielo para su padre.
29 *autor de nuestro límite:* «autor de nuestra vida y nuestra muerte»
(José M. Blecua).
30 *repugne:* 'ofrezca resistencia'.
38-39 La diferencia entre perder la vida corporal y ganar la del alma
es tanta que no cabe oponerse a los designios divinos.
41-42 *no ser:* 'que no ocurra'; *quiriendo:* con variación vocálica. Opo-
niéndose a los planes divinos lo único que consigue es ofender a Dios y
condenarse a un tiempo.

Si a los cielos pregunto
vuestra circunferencia
inmensa, incircunscrita,
pues que sólo os limita
con margen de piedad vuestra clemencia;   50
¡oh guarda de los hombres!, yo ¿qué puedo
adónde tiembla el serafín de miedo?

    Amábaos yo, Señor, luego que abristes
mis ojos a la luz de conoceros,
y regalóme el resplandor süave.   55
Carlos fue tierra; eclipse padecistes,
divino Sol, pues me quitaba el veros,
opuesto como nube densa y grave.
Gobernaba la nave
de mi vida aquel viento   60
de vuestro auxilio santo
por el mar de mi llanto
al puerto del eterno salvamento,
y cosa indigna, navegando, fuera
que rémora tan vil me detuviera.   65

    ¡Oh cómo justo fue que no tuviese
mi alma impedimentos para amaros,
pues ya por culpas proprias me detengo!
¡Oh cómo justo fue que os ofreciese
este cordero yo para obligaros,   70
sin ser Abel, aunque envidiosos tengo!

_____

    46-48 Para hacerse una idea aproximada de la inmensidad ilimitada
(incircunscrita) de Dios, el poeta ha de poner sus ojos en los orbes del cos-
mos.
    58 *opuesto:* 'puesto de frente (al sol), interpuesto'.
    65 *rémora:* se llamaba a un pez pequeño del que se decía que era capaz
de detener el curso de un navío en el mar; aquí alude al amor por el hijo.
    66 *cómo:* 'cuán'.
    70 *obligaros:* 'moveros en mi favor'. «La discordia que produce la en-
vidia de Caín surge porque Abel ofrecía a Dios el cordero mejor de sus
rebaños, y este agradecido se los multiplicaba» (A. Carreño).

Tanto, que a serlo vengo
yo mismo de mí mismo,
pues ocasión como ésta
en un alma dispuesta   75
la pudiera poner en el abismo
de la obediencia, que os agrada tanto,
cuanto por loco amor ofende el llanto.

     ¡Oh quién como aquel padre de las gentes,
el hijo solo en sacrificio os diera,   80
y los filos al cielo levantara!
No para que, con alas diligentes,
ministro celestial los detuviera,
y el golpe al corderillo trasladara,
mas porque calentara   85
de rojo humor la peña,
y en vez de aquel cordero,
por quien corrió el acero,
y cuya sangre humedeció la leña,
muriera el ángel, y, trocando estilo,   90
en mis entrañas comenzara el filo.

     Y vos, dichoso niño, que en siete años
que tuvistes de vida, no tuvistes
con vuestro padre inobediencia alguna,
corred con vuestro ejemplo mis engaños,   95
serenad mis paternos ojos tristes,
pues ya sois sol donde pisáis la luna;

     72-78 El poeta se desdobla y siente envidia de sí mismo por la oca-
sión que Dios le brinda de convertirse a su amor (aunque su alma no pa-
rece todo lo dispuesta que fuera preciso para aprovecharla).
     80-81 *hijo solo:* 'hijo único'; *filos:* 'cuchillo'. «Alude al mandato divino
que le impone Jehová a Abraham *(aquel padre de las gentes)* de sacrificar,
como prueba de su fe y obediencia, a su hijo Isaac. A la hora de llevar a
cabo el sacrificio, un ángel sustituye a Isaac por un cordero (Génesis 72,
9-14)» (A. Carreño).
     86 *rojo humor:* 'sangre'.
     91 *filo:* 'corte'. El poeta sí habría matado a su propio hijo *(el ángel,
mis entrañas).*
     95 *corred ... mis engaños:* 'haced que me avergüence de mis mentiras'.
     97 Por haber subido al cielo.

de la primera cuna
a la postrera cama
no distes sola un hora   100
de disgusto, y agora
parece que le dais, si así se llama
lo que es pena y dolor de parte nuestra,
pues no es la culpa, aunque es la causa, vuestra.

    Cuando tan santo os vi, cuando tan cuerdo,   105
conocí la vejez que os inclinaba
a los fríos umbrales de la muerte;
luego lloré lo que ahora gano y pierdo,
y luego dije: «Aquí la edad acaba,
porque nunca comienza desta suerte.»   110
¿Quién vio rigor tan fuerte,
y de razón ajeno,
temer por bueno y santo
lo que se amaba tanto?
Mas no os temiera yo por santo y bueno,   115
si no pensara el fin que prometía
quien sin el curso natural vivía.

    Yo para vos los pajarillos nuevos,
diversos en el canto y las colores,
encerraba, gozoso de alegraros;   120
yo plantaba los fértiles renuevos
de los árboles verdes, yo las flores,
en quien mejor pudiera contemplaros,
pues a los aires claros
del alba hermosa apenas   125
salistes, Carlos mío,
bañado de rocío
cuando, marchitas las doradas venas,
el blanco lirio convertido en hielo,
cayó en la tierra, aunque traspuesto al cielo.   130

116-117 El padre intuía la temprana muerte de Carlos, por su condi-
ción de 'niño viejo' *(puer senex)*.
    122-123 *quien* se refiere a *flores*. La contemplación a la que alude el
verso no es una mera visión material sino ante todo la consideración de
la verdadera naturaleza del niño, cuya vida será breve como la de una flor.

  ¡Oh qué divinos pájaros agora,
Carlos, gozáis, que con pintadas alas
discurren por los campos celestiales
en el jardín eterno, que atesora
por cuadros ricos de doradas salas   135
más hermosos jacintos orientales,
adonde a los mortales
ojos la luz excede!
¡Dichoso yo, que os veo
donde está mi deseo   140
y donde no tocó pesar, ni puede;
que sólo con el bien de tal memoria
toda la pena me trocáis en gloria!

  ¿Qué me importa a mí que os viera puesto
a la sombra de un príncipe en la tierra,   145
pues Dios maldice a quien en ellos fía,
ni aun ser el mismo príncipe compuesto
de aquel metal del sol, del mundo guerra,
que tantas vidas consumir porfía?
La breve tiranía,   150
la mortal hermosura,
la ambición de los hombres
con títulos y nombres,
que la lisonja idolatrar procura,
al expirar la vida, ¿en qué se vuelven,   155
si al fin en el principio se resuelven?

  Hijo, pues, de mis ojos, en buen hora
vais a vivir con Dios eternamente
y a gozar de la patria soberana.
¡Cuán lejos, Carlos venturoso, agora   160
de la impiedad de la ignorante gente
y los sucesos de la vida humana!

---

135 *cuadros:* 'espacios de forma cuadrada'. Lope figura el jardín celestial como formado por [estancias] cuadradas.

156 Los bienes mundanos, al fin, vienen a dar en la nada, origen de todo lo creado (*en el principio se resuelven*).

Sin noche, sin mañana,
sin vejez siempre enferma,
que hasta el sueño fastidia,   165
sin que la fiera envidia
de la virtud a los umbrales duerma,
del tiempo triunfaréis, porque no alcanza
donde cierran la puerta a la esperanza.

   La inteligencia que los orbes mueve   170
a la celeste máquina divina
dará mil tornos con su hermosa mano,
fuego el León, el Sagitario nieve;
y vos, mirando aquella esencia trina,
ni pasaréis invierno ni verano,   175
y desde el soberano
lugar que os ha cabido,
los bellísimos ojos,
paces de mis enojos,
humillaréis a vuestro patrio nido;   180
y si mi llanto vuestra luz divisa,
los dos claveles bañaréis en risa.

   Yo os di la mejor patria que yo pude
para nacer, y agora, en vuestra muerte,
entre santos dichosa sepultura;   185
resta que vos roguéis a Dios que mude
mi sentimiento en gozo, de tal suerte,

---

   169 *donde:* 'desde donde', con valor separativo. El verso se refiere al
infierno, lugar donde reside la envidia. La interpretación queda confir-
mada por el recuerdo dantesco: «Lasciate ogni speranza voi ch'entrate»
(«Perded toda esperanza los que entráis», Dante, *Inferno*, III, 9). Otra op-
ción (que me parece peor) es entender que el verso se refiere al cielo, como
lugar donde ya se han cumplido todas las esperanzas.
   170-172 *tornos:* 'giros'. Es la visión tradicional del cosmos *(máquina
divina)*, formado por una serie de cielos concéntricos *(orbes)* movidos por
Dios como causa primera.
   173 Se sucederán los veranos y los inviernos.
   181-182 El sujeto de *divisa* es luz; los *claveles* son los labios del niño.
   184 Carlos nació en Madrid, en 1605.

que, a pesar de la sangre que procura
cubrir de noche escura
la luz de esta memoria,   190
viváis vos en la mía;
que espero que algún día
la que me da dolor me dará gloria,
viendo al partir de aquesta tierra ajena,
que no quedáis adonde todo es pena.   195

Núm. 64

Juana, mi amor me tiene en tal estado,
que no os puedo mirar, cuando no os veo;
ni escribo ni manduco ni paseo,
entretanto que duermo sin cuidado.

Por no tener dineros no he comprado   5
(¡oh Amor cruel!) ni manta, ni manteo;
tan vivo me derrienga mi deseo
en la concha de Venus amarrado.

De Garcilaso es este verso, Juana:
todos hurtan, paciencia, yo os le ofrezco.   10
Mas volviendo a mi amor, dulce tirana,

tanto en morir y en esperar merezco,
que siento más el verme sin sotana,
que cuanto fiero mal por vos padezco.

_____

Buena parte de la última lírica de Lope está recogida en las *Rimas humanas y divinas del licenciado Tomé de Burguillos* (1634), libro de tono jocoso que tiene como sujeto poético a un *alter ego* literario del autor: un estudiante o licenciado pobre que, entre otros diversos temas, canta en sus versos a una lavandera de nombre Juana. El resultado de esa sección es una especie de cancionero burlesco que pone en solfa los tópicos de la poesía amorosa de la época. El presente soneto, además, saca punta a una cita de Garcilaso: el v 8 es el 35 de la oda *A la flor de Gnido*.

_____

3 *ni manduco:* 'ni como'.
6 El *manteo* podía ser tanto la capa de los eclesiásticos y estudiantes como una especie de enaguas. Aquí creo preferible el segundo sentido, de manera que *ni manta, ni manteo* vendrían a ser ejemplos de regalos vulgares por parte de un amante para su amada.
7-8 *tan vivo me derrienga:* 'me maltrata vivamente los riñones o lomos', frase que contrasta por su carácter coloquial con la cita garcilasiana que le sigue. La relación con los versos anteriores puede entenderse así: Tomé menciona su propósito (frustrado) de hacer regalos a su amada como prueba irrefutable de la fuerza con que lo acucia el deseo.
10 *todos* los poetas, porque se apropian de versos ajenos.
13 La *sotana* también formaba parte de la indumentaria estudiantil.

Núm. 65

¡Oh, qué secreto, damas; oh galanes,
qué secreto de amor; oh, qué secreto,
qué ilustre idea, qué sutil conceto!
¡Por Dios que es hoja de *me fecit Ioanes!*

Hoy cesan los melindres y ademanes,   5
todo interés, todo celoso efeto;
de hoy más Amor será firme y perfeto,
sin ver jardines, ni escalar desvanes.

No es esto filosófica fatiga,
trasmutación sutil o alquimia vana,   10
sino esencia real, que al tacto obliga.

Va de secreto, pero es cosa llana
que quiere el buen letor que se le diga:
pues váyase con Dios hasta mañana.

No faltan entre las burlas de Tomé Burguillos aciertos de gran finura, como el que ofrece este desenfadado soneto en sus vv 9-11. Jorge Guillén los empleó como lema para «Aquí mismo», la sección cuarta de su *Cántico*.

---

4 *me fecit Ioanes:* 'Juan me hizo'. Es alusión a la costumbre de poner en la hoja de las espadas el nombre del artífice: «... Juan o Juanes de la Orta, espadero sevillano muy famoso» (José M. Blecua).

7 *de hoy más:* 'de hoy en adelante'.

12-14 El terceto parece decir que el secreto del amor está en la paciencia. El texto podría puntuarse de otra manera: «Va de secreto, pero es cosa llana. / ¿Que quiere el buen letor que se le diga? / Pues váyase con Dios hasta mañana.»

Núm. 66   *Cánsase el poeta de la dilación de su esperanza*

¡Tanto mañana, y nunca ser mañana!
Amor se ha vuelto cuervo, o se me antoja.
¿En qué región el sol su carro aloja
desta imposible aurora tramontana?

Sígueme inútil la esperanza vana,   5
como nave zorrera o mula coja;
porque no me tratara Barbarroja
de la manera que me tratas, Juana.

Juntos Amor y yo buscando vamos
esta mañana. ¡Oh dulces desvaríos!   10
Siempre mañana, y nunca mañanamos.

Pues si vencer no puedo tus desvíos,
sáquente cuervos destos verdes ramos
los ojos. Pero no, ¡que son los míos!

Esta broma sobre la resistencia de Juana a concederle un encuentro
a Tomé ofrece un buen ejemplo tanto de la inventiva verbal de Lope como
de su capacidad para mantener la coherencia del personaje creado. Por eso
Tomé de Burguillos es, más que un simple *alter ego,* el primer heterónimo
de la literatura española.

---

2 *se me antoja:* 'me lo parece'. «Asociación entre Amor convertido en
cuervo y el grajear de este pájaro, cuyo sonido sordo *(cras, cras)* semeja al
vocablo latino *cras:* mañana» (A. Carreño).
3-4 Alusión al amanecer de ese día que nunca llega.
5-6 *zorrera:* 'rezagada, trasera'; se decía, en efecto, de la embarcación
más lenta que las demás. La *nave de la esperanza* era imagen tópica.
7 *Barbarroja:* el pirata turco que fundó el Estado de Argel y disputó
a Carlos V el control del Mediterráneo. Su nombre se convirtió en el de
un enemigo por antonomasia de la Cristiandad.
11 *mañanamos:* 'llegamos al día de mañana' (neologismo jocoso).

Núm. 67

A mis soledades voy,
de mis soledades vengo,
porque para andar conmigo
me bastan mis pensamientos.

No sé qué tiene el aldea   5
donde vivo, y donde muero,
que con venir de mí mismo,
no puedo venir más lejos.

Ni estoy bien ni mal conmigo;
mas dice mi entendimiento   10
que un hombre que todo es alma
está cautivo en su cuerpo.

Entiendo lo que me basta,
y solamente no entiendo
cómo se sufre a sí mismo   15
un ignorante soberbio.

De cuantas cosas me cansan,
fácilmente me defiendo;
pero no puedo guardarme
de los peligros de un necio.   20

Famosísimo romance recogido en *La Dorotea* (1632); concretamente, lo canta en la escena IV del Acto I Don Fernando, *alter ego* del Lope juvenil. Pero el poema rezuma toda la melancolía y hondura vital alcanzada por el escritor en su última vejez. De manera que frente a lo narrativo y anecdótico de los romances juveniles, predomina en éste la introspección, tomando como anclaje temático el tópico del retiro mundano. Jose M. Blecua lo juzga «el romance sentencioso más bello de toda nuestra literatura».

---

8 *más lejos:* se sobreentiende *desde*. Se refiere al secreto de su alma.

Él dirá que yo lo soy,
pero con falso argumento;
que humildad y necedad
no caben en un sujeto.

La diferencia conozco,   25
porque en él y en mí contemplo
su locura en su arrogancia,
mi humildad en mi desprecio.

O sabe naturaleza
más que supo en este tiempo,   30
o tantos que nacen sabios
es porque lo dicen ellos.

«Sólo sé que no sé nada»,
dijo un filósofo, haciendo
la cuenta con su humildad,   35
adonde lo más es menos.

No me precio de entendido,
de desdichado me precio;
que los que no son dichosos,
¿cómo pueden ser discretos?   40

No puede durar el mundo,
porque dicen, y lo creo,
que suena a vidro quebrado
y que ha de romperse presto.

Señales son del jüicio   45
ver que todos le perdemos,
unos por carta de más,
otros por carta de menos.

---

28 De sí mismo, quiere decir.
34 La sentencia se atribuye a Sócrates.
43 *vidro:* 'vidrio'.
45-46 Dilogía entre *juicio:* 'razón' y 'Juicio Final'.

Dijeron que antiguamente
se fue la verdad al cielo; 50
tal la pusieron los hombres,
que desde entonces no ha vuelto.

En dos edades vivimos
los propios y los ajenos:
la de plata los extraños, 55
y la de cobre los nuestros.

¿A quién no dará cuidado,
si es español verdadero,
ver los hombres a lo antiguo,
y el valor a lo moderno? 60

Todos andan bien vestidos,
y quéjanse de los precios,
de medio arriba romanos,
de medio abajo romeros.

Dijo Dios que comería 65
su pan el hombre primero
en el sudor de su cara
por quebrar su mandamiento;

y algunos, inobedientes
a la vergüenza y al miedo, 70
con las prendas de su honor
han trocado los efetos.

---

50 Alusión a la subida a los cielos de Astrea (identificada habitual-
mente con la Justicia), hecho que marca el final de la Edad de Oro.

55-56 Se refiere al declive económico español en el contexto europeo.

59-60 La expresión *hombres a lo antiguo* no me parece que cuadre con
el discurso del poema sobre la decadencia del presente. Me pregunto, por
ello, si no habrá errata por *nombres,* dando a entender que de los antiguos
españoles valerosos sólo quedan los nombres.

63-64 'de cintura para arriba severos como romanos, de cintura para
abajo casquivanos como romeros'. La severidad que afectan es, pues, pura
fachada.

65-68 Génesis, 3, 19.

71-72 Porque viven de los sudores de sus esposas.

Virtud y filosofía
peregrinan como ciegos;
el uno se lleva al otro,   75
llorando van y pidiendo.

Dos polos tiene la tierra,
universal movimiento:
la mejor vida, el favor,
la mejor sangre, el dinero.   80

Oigo tañer las campanas,
y no me espanto, aunque puedo,
que en lugar de tantas cruces
haya tantos hombres muertos.

Mirando estoy los sepulcros,   85
cuyos mármoles eternos
están diciendo sin lengua
que no lo fueron sus dueños.

¡Oh, bien haya quien los hizo,
porque solamente en ellos   90
de los poderosos grandes
se vengaron los pequeños!

Fea pintan a la envidia;
yo confieso que la tengo
de unos hombres que no saben   95
quién vive pared en medio.

Sin libros y sin papeles,
sin tratos, cuentas ni cuentos,
cuando quieren escribir
piden prestado el tintero.   100

───────────────

79-80 La dicha reside en ser favorecido por un poderoso; la nobleza
se adquiere con dinero.

83-84 Las órdenes de caballería (cuyos miembros ostentaban la cruz
en el pecho) están llenas de hombres inútiles, son cementerios del valor.

98 *cuento:* aparte de otros sentidos tenía el de 'millón'.

Sin ser pobres ni ser ricos,
tienen chimenea y huerto;
no los despiertan cuidados,
ni pretensiones ni pleitos;

ni murmuraron del grande,   105
ni ofendieron al pequeño;
nunca, como yo, firmaron
parabién, ni Pascuas dieron.

Con esta envidia que digo,
y lo que paso en silencio,   110
a mis soledades voy,
de mis soledades vengo.

107-108 *firmaron parabién:* 'felicitaron a alguno por algo'.

Núm. 68

> *Ésta sí que es siega de vida,*
> *ésta sí que es siega de flor.*
>
> Hoy, segadores de España,
> vení a ver a la Moraña
> trigo blanco y sin argaña,   5
> que de verlo es bendición.
> *Ésta sí que es siega de vida;*
> *ésta sí que es siega de flor.*
>
> Labradores de Castilla,
> vení a ver a maravilla   10
> trigo blanco y sin neguilla,
> que de verlo es bendición.
> *Ésta sí que es siega de vida;*
> *ésta sí que es siega de flor.*

El teatro de Lope de Vega ofrece numerosas piezas líricas susceptibles de una lectura autónoma. De esa rica cantera seleccionamos aquí dos composiciones de tono tradicional. Esta primera está sacada de *El vaquero de Moraña,* obra publicada por primera vez en la *Parte VIII* de las comedias de Lope (Madrid, 1617). Se trata de un cantar de siega en forma de zéjel. Se supone que canta Tirreno (que según la acotación lleva «una cruz hecha de espigas») y los demás segadores corean el estribillo. La Morana, Moraina o Moraña se ubica en la región del Somontano, entre Zaragoza y Soria. El Marqués de Santillana situó allí la segunda de sus serranillas, contribuyendo así a la difusión literaria del topónimo.

---

4 *vení:* venid.
5 *argaña:* 'paja'.
11 *neguilla:* es el ajenuz o arañuela.

Núm. 69

> *Río de Sevilla,*
> *¡quién te pasase*
> *sin que la mi servilla*
> *se me mojase!*

Salí de Sevilla   5
a buscar mi dueño,
puse al pie pequeño
dorada servilla.
    Como estoy a la orilla
mi amor mirando,   10
digo suspirando:
¡quién te pasase
sin que la mi servilla
se me mojase!

De la comedia *Amar, servir y esperar* (impresa en la *Parte XXII,* Madrid, 1635). «Cantan la seguidilla don Diego (caballero), Esperanza (esclava) y Andrés (criado). El canto va acompañado de un baile» (A. Carreño). La seguidilla constituyó, con su cambiante forma métrica, la gran novedad en el campo de la lírica musical a finales del XVI y principios del XVII. La que aquí sirve de arranque a la composición circulaba ya impresa antes de 1600.

---

3 *servilla:* 'zapatilla con la suela fina usada por las mozas de servicio'.

Andrés Fernández de Andrada
(¿Sevilla?, h. 1575-¿Huehuetoca, México, 1648?)

Fabio, las esperanzas cortesanas
prisiones son do el ambicios muere
y donde al más activo nacen canas.

El que no las limare o las rompiere,
ni el nombre de varón ha merecido,
ni subir al honor que pretendiere.

El ánimo plebeyo y abatido
elija, en sus intentos temeroso,
primero estar suspenso que caído;

5

Aunque sabemos que no es el único que escribió, lo cierto es que el capitán Andrés Fernández de Andrada es para nosotros poeta de un solo poema: esta espléndida epístola moral compuesta antes de 1613 y que representa la culminación del género en las letras áureas. Concurre en ella otra circunstancia excepcional: su valoración constante como obra de singular mérito desde el XVII hasta hoy, por encima de los cambios del gusto y de la estética. La clave de todo ello puede residir (como en el caso de las *Coplas* manriqueñas) en la certera formulación de un arsenal de eminentes lugares comunes, a los que Andrada logra infundir vibración personal. El hilo conductor de la epístola es la invitación que el poeta dirige a Fabio, un amigo indeterminado (pero que un manuscrito identifica con don Alonso Tello de Guzmán, nombrado corregidor de México en 1612) para que abandone la afanosa vida del pretendiente cortesano y venga, como el poeta, a retirarse y seguir el camino de la virtud. Como señala don Alonso, el desarrollo de la idea sigue este esquema: argumentos para mover a Fabio a cambiar de vida (vv 1-114); programa de la vida virtuosa (115-186); reconsideración del programa vital y confianza en su realización (vv 187-201); conclusión (vv 202-205). Las coordenadas semánticas del texto vienen dadas por el horacianismo y el estoicismo, territorio que habían ido ganando para la poesía española autores tan destacados como Garcilaso, Boscán, Hurtado de Mendoza, fray Luis, Aldana, Medrano o los Argensola. Entre tales nombres, la voz de Andrada sobresale por la desnudez expresiva, la falta de énfasis o artificio aparente, la justeza del tono. Pero si hay un rasgo destacado en el poema es la perfecta adecuación entre la andadura del pensamiento, de la sintaxis y del verso, equilibrio que se plasma en tercetos que se sostienen por sí mismos o se enlazan con naturalidad en breves secuencias de dos o tres estrofas.

7-9 Es decir: es propio del cortesano de ánimo plebeyo debatirse entre temores antes que aceptar su caída en desgracia.

que el corazón entero y generoso   10
al caso adverso inclinará la frente
antes que la rodilla al poderoso.

Más triunfos, más coronas dio al prudente
que supo retirarse, la fortuna,
que al que esperó obstinada y locamente.   15

Esta invasión terrible e importuna
de contrarios sucesos nos espera
desde el primer sollozo de la cuna.

Dejémosla pasar como a la fiera
corriente del gran Betis, cuando airado   20
dilata hasta los montes su ribera.

Aquel entre los héroes es contado
que el premio mereció, no quien le alcanza
por vanas consecuencias del estado.

Peculio propio es ya de la privanza   25
cuanto de Astrea fue, cuanto regía
con su temida espada y su balanza.

El oro, la maldad, la tiranía
del inicuo, precede, y pasa al bueno:
¿qué espera la virtud o qué confía?   30

Ven y reposa en el materno seno
de la antigua Romúlea, cuyo clima
te será más humano y más sereno;

---

24 *estado:* 'la situación o circunstancia social de cada uno'.

25-27 *peculio:* 'patrimonio'. La virgen Astrea, personificación de la justicia, presidía la vida de los hombres en la Edad de Oro.

28-29 Ha de entenderse que *precede* no lleva complemento: «El oro..., del inicuo, es lo que tiene la precedencia y así, en la corte, supera a la virtud del honesto» (D. Alonso).

32 «Sevilla era entre los romanos Hispalis, colonia Julia Romula» (D. Alonso).

adonde, por lo menos, cuando oprima
nuestro cuerpo la tierra, dirá alguno   35
«¡Blanda le sea!», al derramarla encima;

donde no dejarás la mesa ayuno,
cuando en ella te falte el pece raro
o cuando su pavón nos niegue Juno.

Busca, pues, el sosiego dulce y caro,   40
como en la oscura noche del Egeo
busca el piloto el eminente faro;

que si acortas y ciñes tu deseo,
dirás: «Lo que desprecio he conseguido,
que la opinión vulgar es devaneo».   45

Más quiere el ruiseñor su pobre nido
de plumas y leves pajas, más sus quejas
en el bosque repuesto y escondido,

que agradar lisonjero las orejas
de algún príncipe insigne, aprisionado   50
en el metal de las doradas rejas.

Triste de aquel que vive destinado
a esa antigua colonia de los vicios,
augur de los semblantes del privado.

Cese el ansia y la sed de los oficios,   55
que acepta el don, y burla del intento,
el ídolo a quien haces sacrificios.

38-39 En Sevilla, a Fabio no le faltarán alimentos, aunque *(cuando)*
no sean el pez exquisito o el pavo real (ave asociada a Juno).

44-45 La sentencia paradójica viene a decir que, frente a la errada opi-
nión vulgar, la renuncia es la forma más genuina de dominio.

48 *repuesto:* 'apartado'.

54 El cortesano se ve obligado a interpretar qué pueden significar los
cambios de expresión en la cara del privado, al que poco más abajo llama
ídolo (v 57).

Iguala con la vida el pensamiento,
y no le pasarás de hoy a mañana,
ni quizá de un momento a otro momento.   60

Casi no tienes ni una sombra vana
de nuestra grande Itálica, ¿y esperas?
¡Oh error perpetuo de la suerte humana!

Las enseñas grecianas, las banderas
del senado y romana monarquía,   65
murieron, y pasaron sus carreras.

¿Qué es nuestra vida más que un breve día,
do apenas sale el sol, cuando se pierde
en las tinieblas de la noche fría?

¿Qué más que el heno, a la mañana verde,   70
seco a la tarde? ¡Oh ciego desvarío!
¿Será que de este sueño se recuerde?

¿Será que pueda ver que me desvío
de la vida, viviendo, y que está unida
la cauta muerte al simple vivir mío?   75

Como los ríos, que en veloz corrida
se llevan a la mar, tal soy llevado
al último suspiro de mi vida.

De la pasada edad ¿qué me ha quedado?
O ¿qué tengo yo, a dicha, en la que espero,   80
sin alguna noticia de mi hado?

---

72 '¿Será posible despertarse de este sueño?'
78 «Los versos 76-78 son una clarísima referencia a la copla manri-
queña que comienza: "Nuestras vidas son los ríos / que van a dar a la mar,
/ que es el morir"» (D. Alonso).
80-81 Es decir: «¿qué puedo llamar, por ventura, mío, en los [años]
que aún espero, pues no tengo noticia alguna de cuál es el destino que me
aguarda?» (D. Alonso).

    ¡Oh si acabase, viendo cómo muero,
de aprender a morir antes que llegue
aquel forzoso término postrero:

    antes que aquesta mies inútil siegue   85
de la severa muerte dura mano,
y a la común materia se la entregue!

    Pasáronse las flores del verano,
el otoño pasó con sus racimos,
pasó el invierno con sus nieves cano;   90

    las hojas que en las altas selvas vimos,
cayeron, ¡y nosotros a porfía
en nuestro engaño inmóviles vivimos!

    Temamos al Señor, que nos envía
las espigas del año y la hartura,   95
y la temprana pluvia y la tardía.

    No imitemos la tierra siempre dura
a las aguas del cielo y al arado,
ni la vid cuyo fruto no madura.

    ¿Piensas acaso tú que fue criado   100
el varón para el rayo de la guerra,
para sulcar el piélago salado,

    para medir el orbe de la tierra
y el cerco por do el sol siempre camina?
¡Oh, quien así lo entiende, cuánto yerra!   105

---

91 *selvas:* 'bosques'.
95 Nótese la aspiración de la *h-* en *hartura.*
96 *pluvia:* cultismo ortográfico por *lluvia.*
102 *sulcar:* 'surcar'.
103 *orbe:* 'círculo'; *medir:* probablemente 'conocer viajando', más que 'calcular la medida'.

Esta nuestra porción alta y divina
a mayores acciones es llamada
y en más nobles objetos se termina.

Así aquella que a solo el hombre es dada
sacra razón y pura me despierta,   110
de esplendor y de rayos coronada;

y en la fría región, dura y desierta,
de aqueste pecho enciende nueva llama,
y la luz vuelve a arder que estaba muerta.

Quiero, Fabio, seguir a quien me llama,   115
y callado pasar entre la gente,
que no afecto los nombres ni la fama.

El soberbio tirano del Oriente,
que maciza las torres de cien codos,
del cándido metal puro y luciente,   120

apenas puede ya comprar los modos
del pecar. La virtud es más barata:
ella consigo misma ruega a todos.

¡Mísero aquel que corre y se dilata
por cuantos son los climas y los mares,   125
perseguidor del oro y de la plata!

Un ángulo me basta entre mis lares,
un libro y un amigo, un sueño breve,
que no perturben deudas ni pesares.

Esto tan solamente es cuanto debe   130
naturaleza al parco y al discreto,
y algún manjar común, honesto y leve.

---

108 *se termina:* 'encuentra su meta o fin propio'.
117 *afecto:* 'apetezco, procuro'.
119-120 «Que maciza de plata las torres de cien codos» (D. Alonso).
127 *ángulo:* latinismo por 'rincón'.

No, porque así te escribo, hagas conceto
que pongo la virtud en ejercicio:
que aun esto fue difícil a Epicteto.   135

Basta, al que empieza, aborrecer el vicio,
y el ánimo enseñar a ser modesto;
después le será el cielo más propicio.

Despreciar el deleite no es supuesto
de sólida virtud, que aun el vicioso   140
en sí propio le nota de molesto.

Mas no podrás negarme cuán forzoso
este camino sea al alto asiento,
morada de la paz y del reposo.

No sazona la fruta en un momento   145
aquella inteligencia que mensura
la duración de todo a su talento:

flor la vimos primero, hermosa y pura;
luego, materia acerba y desabrida;
y perfecta después, dulce y madura.   150

Tal la humana prudencia es bien que mida
y comparta y dispense las acciones
que han de ser compañeras de la vida.

No quiera Dios que siga los varones
que moran nuestras plazas, macilentos,   155
de la virtud infames histrïones;

---

133 *no... hagas conceto:* 'no vayas a pensar'.
135 Epicteto (50-h. 125), escritor y pensador romano que pasó parte
de su vida como esclavo y llegó a ser uno de los representantes más des-
tacados del estoicismo.
139 *supuesto:* 'fundamento'.
141 *nota:* 'achaca'.

esos inmundos trágicos y atentos
al aplauso común, cuyas entrañas
son infaustos y oscuros monumentos.

¡Cuán callada que pasa las montañas   160
el aura, respirando mansamente!
¡Qué gárrula y sonante por las cañas!

¡Qué muda la virtud por el prudente!
¡Qué redundante y llena de rüido
por el vano, ambicioso y aparente!   165

Quiero imitar al pueblo en el vestido,
en las costumbres sólo a los mejores,
sin presumir de roto y mal ceñido.

No resplandezca el oro y los colores
en nuestro traje, ni tampoco sea   170
igual al de los dóricos cantores.

Una mediana vida yo posea,
un estilo común y moderado,
que no le note nadie que le vea.

En el plebeyo barro mal tostado,   175
hubo ya quien bebió tan ambicioso
como en el vaso múrrino preciado;

y alguno tan ilustre y generoso
que usó como si fuera vil gaveta,
del cristal transparente y luminoso.   180

---

159 *monumentos:* 'sepulcros'. El trecho desde el v 154 pudiera ser alu-
sión a los frailes.
171 O sea*:* que el traje de virtuoso no sea tan humilde como el de los
rústicos pastores. «Puede haber aquí una referencia a los cantores y pas-
tores bucólicos de Teócrito» (D. Alonso).
177 *múrrino:* «Murra o *myrra* (...) se llamaba en latín un mineral que
investigaciones modernas identifican con el espato de flúor» (D. Alonso).
180 La comparación con la gaveta o cajón del verso anterior induce a

Sin la templanza ¿viste tú perfeta
alguna cosa? ¡Oh muerte!, ven callada
como sueles venir en la saeta;

no en la tonante máquina preñada
de fuego y de rumor, que no es mi puerta   185
de doblados metales fabricada.

Así, Fabio, me muestra descubierta
su esencia la verdad, y mi albedrío
con ella se compone y se concierta.

No te burles de ver cuánto confío,   190
ni al arte de decir, vana y pomposa,
el ardor atribuyas de este brío.

¿Es por ventura menos poderosa
que el vicio la virtud, o menos fuerte?
No la arguyas de flaca y temerosa.   195

La codicia en las manos de la suerte
se arroja al mar, la ira a las espadas,
y la ambición se ríe de la muerte.

¿Y no serán siquiera tan osadas
las opuestas acciones, si las miro   200
de más ilustres genios ayudadas?

---

pensar ahora en un recipiente hecho de cristal de roca, material que se empleaba, por ejemplo, en la fabricación de copas y vasos.

186 *doblados:* 'reforzados'.

195 *arguyas de:* 'taches, o tildes, o califiques de' (D. Alonso).

199-201 Téngase en cuenta «... que para los romanos cada hombre tenía su genio tutelar, el cual presidía sus acciones; pero también cada acción podía tener su genio particular. Andrada acaba de hablar de las acciones del mercader, del iracundo, del ambicioso; y al preguntarse ahora si no se atreverán a tanto las del desinteresado, del pacífico, del que nada desea, añade que bien podrán, ayudadas, como corresponde, por genios más ilustres» (D. Alonso).

Ya, dulce amigo, huyo y me retiro
de cuanto simple amé: rompí los lazos.
Ven y sabrás al grande fin que aspiro,
antes que el tiempo muera en nuestros brazos.   205

---

203 *simple:* 'sin pensar'.
205 «La lengua castiza traduciría [el verso] por "antes de que se nos
paren los pulsos"» (Juan F. Alcina y F. Rico). Luego, el verso pone en pa-
rangón el pulso humano con los latidos de los astros, cuyo curso marca
el devenir temporal. La idea subyacente es la tradicional del hombre como
microcosmos.

Francisco de Quevedo y Villegas
(Madrid, 1580-
Villanueva de los Infantes, Ciudad Real, 1645)

Núm. 71

Madre, yo al oro me humillo;
él es mi amante y mi amado,
pues, de puro enamorado,
de contino anda amarillo;
que pues, doblón o sencillo,   5
hace todo cuanto quiero,
poderoso caballero
es don Dinero.

Dos versiones se conservan de esta letrilla satírica. La primera figura
en las *Flores de poetas ilustres* de Pedro Espinosa (Valladolid, 1605). La se-
gunda (que es la que aquí se edita) es resultado de una revisión posterior,
en fecha no determinada; ésta es la que se imprimió en *El Parnaso espa-
ñol* (Madrid, 1648), concretamente en la musa V, *Terpsíchore* («Canta poe-
sías que se cantan y bailan»). La principal diferencia entre ambas, aparte
de otras variantes menores, es que en la primera faltan las estrofas tercera,
sexta, séptima y novena. El poema aborda uno de los temas predilectos
del autor: la denuncia del dinero y de su poder igualador, discurso puesto
en boca de una joven en el papel de amante interesada que hace confi-
dencias a su madre. Primero traza la genealogía de su amado don Dinero
y luego refiere los efectos que tiene en diferentes tipos sociales. La rup-
tura con la visión idealizada del amor en cualquiera de sus vertientes (lí-
rica tradicional, petrarquismo) está, pues, en la base del poema, que es al
mismo tiempo una buena muestra de la agudeza verbal del autor; a este
respecto, destacan los juegos de doble sentido con los nombres de las mo-
nedas.

---

4 La amarillez es uno de los signos tópicos de la pasión amorosa.
5 *doblón o sencillo:* dilogía entre el valor monetario de los dos térmi-
nos y la caracterización psicológica del amante *(doblón:* 'con doblez'; *sen-
cillo:* 'ingenuo').

Nace en las Indias honrado,
donde el mundo le acompaña;   10
viene a morir en España,
y es en Génova enterrado.
Y pues quien le trae al lado
es hermoso, aunque sea fiero,
poderoso caballero   15
es don Dinero.

Es galán y es como un oro,
tiene quebrado el color,
persona de gran valor,
tan cristiano como moro.   20
Pues que da y quita el decoro
y quebranta cualquier fuero,
poderoso caballero
es don Dinero.

Son sus padres principales,   25
y es de nobles descendiente,
porque en las venas de Oriente
todas las sangres son reales;
y pues es quien hace iguales
al duque y al ganadero,   30
poderoso caballero
es don Dinero.

---

12 Quiere decir que acababa en las arcas de los banqueros genoveses, que financiaban con sus préstamos las campañas militares de la Monarquía española.

14 *fiero:* 'de aspecto horrible'.

17 *como un oro:* «Frase hecha que se aplica a lo que es excelso, ahora empleada en su sentido literal, deshaciendo el modismo» (Jauralde Pou).

18 *quebrado el color:* 'macilento'. A las personas de este rasgo «... se les achacaba un carácter malicioso, engañoso, soberbio y traidor» (J. O. Crosby).

20 Verso equívoco. El dinero desordena la sociedad rompiendo las distinciones raciales o religiosas. Pero al mismo tiempo, el *valor* de un rico puede ser, como el de la moneda, tan verdadero *(cristiano)* como falso *(moro)*.

27-28 Chiste dilógico sobre el doble sentido de *venas* (del cuerpo y del mineral) y de *reales* (referido al Rey o la moneda del mismo nombre).

        Mas ¿a quién no maravilla
ver en su gloria sin tasa
que es lo menos de su casa   35
doña Blanca de Castilla?
Pero, pues da al bajo silla
y al cobarde hace guerrero,
poderoso caballero
es don Dinero.   40

        Sus escudos de armas nobles
son siempre tan principales,
que sin sus escudos reales
no hay escudos de armas dobles;
y pues a los mismos robles   45
da codicia su minero,
poderoso caballero
es don Dinero.

        Por importar en los tratos
y dar tan buenos consejos,   50
en las casas de los viejos
gatos le guardan de gatos.

---

34 *sin tasa*: 'sin medida, incalculable'.

36 La *blanca* era la moneda de menos valor. «Doña Blanca de Casti-
lla fue princesa que llegó a reina, pues casó con Luis VIII de Francia. El
chiste se origina por la mucha nobleza de doña Blanca de Castilla: el di-
nero es tan preciado que la más pequeña moneda *(lo menos de su casa)* es
nada menos que Blanca de Castilla» (Pozuelo Yvancos). Pero quizá el texto
no apunta a ningún personaje histórico en particular, sino que se vale de
una expresión que sonaba entre altisonante y ridícula.

41-44 El pasaje juega con el doble sentido de *escudo* como término
monetario ('la moneda de más valor después del doblón') y heráldico ('es-
cudo de armas'); el concepto parte del hecho de que los *escudos* se llama-
ban así por llevar grabadas las armas reales. *Escudos de armas dobles*: «... el
escudo valía medio doblón, de manera que un escudo doble era un do-
blón...» (J. O. Crosby).

45-46 *robles*: 'barcos' (por la madera con que se hacían); *minero*: di-
logía entre 'mina' (del mineral) y 'origen de un manantial' (sentido que
casa con el propio de *robles*). El pasaje alude, en definitiva, a las navega-
ciones en busca de riquezas.

52 *gatos*: 'bolsas para guardar el dinero' y 'ladrones'.

Y pues él rompe recatos
y ablanda al juez más severo,
poderoso caballero   55
es don Dinero.

    Y es tanta su majestad
(aunque son sus duelos hartos),
que con haberle hecho cuartos,
no pierde su autoridad;   60
pero, pues da calidad
al noble y al pordiosero,
poderoso caballero
es don Dinero.

    Nunca vi damas ingratas   65
a su gusto y afición;
que a las caras de un doblón
hacen sus caras baratas;
y pues las hace bravatas
desde una bolsa de cuero,   70
poderoso caballero
es don Dinero.

59-60 «Se hacía *cuartos* ... a los condenados a muerte vil, para dejar-
los a la entrada de las ciudades, como ejemplo de lo que aguardaba a los
delincuentes. El *cuarto,* por otro lado, era 'la cuarta parte de un real', es
decir, moneda de poco valor» (Jauralde Pou).

67-68 Aunque queda claro que el pasaje se refiere a la venalidad de
las mujeres, la frase resulta equívoca, ya que hay dilogía múltiple: *doblón*
puede tomarse en su sentido monetario o como adjetivo ('falso'); *caras,*
además de su sentido propio, puede tener el de adjetivo ('cosas preciadas');
y *baratas* puede entenderse como adjetivo o como sustantivo ('trueques
maliciosos, estafas'). En este segundo caso, el sujeto de *hacen* tendría que
ser *sus caras.*

69-70 «Puede entenderse de dos maneras: que don Dinero es tan po-
deroso que desde el interior de una bolsa de cuero, puede decir a las da-
mas fanfarronadas, valentonadas y amenazas (...); o que desde la misma
bolsa, puede convertir a las damas en *bravatas* ('valentonas, personas des-
caradas y fanfarronas'...)» (J. O. Crosby).

Más valen en cualquier tierra
(mirad si es harto sagaz)
sus escudos en la paz   75
que rodelas en la guerra.
Y pues al pobre le entierra
y hace proprio al forastero,
poderoso caballero
es don Dinero.   80

Núm. 72   *El reloj de arena*

> ¿Qué tienes que contar, reloj molesto,
> en un soplo de vida desdichada
> que se pasa tan presto;
> en un camino que es una jornada,
> breve y estrecha, de este al otro polo,   5
> siendo jornada que es un paso solo?
> Que, si son mis trabajos y mis penas,
> no alcanzarás allá, si capaz vaso
> fueses de las arenas
> en donde el alto mar detiene el paso.   10
> Deja pasar las horas sin sentirlas,
> que no quiero medirlas,
> ni que me notifiques de esa suerte
> los términos forzosos de la muerte.
> No me hagas más guerra;   15
> déjame, y nombre de piadoso cobra,
> que harto tiempo me sobra
> para dormir debajo de la tierra.

La silva, subgénero de los más representativos de la poética barroca, fue asiduamente cultivada por Quevedo, quien al parecer proyectó publicar una recopilación independiente de las suyas. De ésta se conocen dos versiones, una anterior a 1611 conservada, por ejemplo, en las *Flores de poetas* que recopiló el antequerano Agustín Calderón, y otra posterior que fue impresa en las *Las tres musas últimas castellanas* (Madrid, 1670; en la musa *VIII, Calíope),* que es la que aquí se edita. El poema tiene como sujeto lírico a un amante desconsolado que siente la fugacidad de la vida y la inminencia de la muerte (compárese más abajo núm. 77). El punto de partida del discurso es la contemplación del reloj de arena, objeto simbólico que funciona como un emblema en que se resume la situación vital del enamorado. Y como perspectiva final del poema aparece la idea de que otro reloj de arena será pronto urna de las cenizas del amante ya difunto, una imagen cuya difusión puede deberse a Jerónimo Amalteo (1507-1574), que la empleó tanto en su poesía latina como italiana.

---

5 *de este al otro polo:* «figuradamente, del nacer al morir» (J. O. Crosby).

8-10 *si:* con valor adversativo, «aunque»; *alto:* 'profundo'.

  Pero si acaso por oficio tienes
el contarme la vida,   20
presto descansarás, que los cuidados
mal acondicionados,
que alimenta lloroso
el corazón cuitado y lastimoso,
y la llama atrevida   25
que amor, ¡triste de mí!, arde en mis venas
(menos de sangre que de fuego llenas),
no sólo me apresura
la muerte, pero abréviame el camino;
pues, con pie doloroso,   30
mísero peregrino,
doy cercos a la negra sepultura.
Bien sé que soy aliento fugitivo;
ya sé, ya temo, ya también espero
que he de ser polvo, como tú, si muero,   35
y que soy vidro, como tú, si vivo.

---

26 *arde:* 'hace arder'.

28-29 *me apresura ... me abraza* tienen como sujeto a *los cuidados* (v 21)
y *la llama* (v 25), pero conciertan sólo con el término más próximo.

36 *vidro:* 'vidrio'; lo dice por la fragilidad.

Núm. 73   *A Roma sepultada en sus ruinas*

Buscas a Roma en Roma, ¡oh, peregrino!,
y en Roma misma a Roma no la hallas:
cadáver son las que ostentó murallas,
y tumba de sí proprio el Aventino.

Yace donde reinaba el Palatino;   5
y limadas del tiempo, las medallas
más se muestran destrozo a las batallas
de las edades que blasón latino.

Sólo el Tibre quedó, cuya corriente,
si ciudad la regó, ya sepoltura,   10
la llora con funesto son doliente.

El tema de las ruinas, que había entrado en la lírica española del XVI
de la mano de Gutierre de Cetina y Herrera (véase núm. 23), tiene abun-
dante tratamiento en el siglo XVII como emblema de la vanidad de las co-
sas ante el paso del tiempo y el poder de la muerte (recuérdese, por ejem-
plo, la célebre *Canción a las ruinas de Itálica* de Rodrigo Caro). La Roma
antigua, cuyos restos permanecían en muchos casos visibles, sirvió a di-
versos autores como referente concreto sobre el que elaborar esa desenga-
ñada reflexión; al parecer, Quevedo —quien viajó a Roma al menos una
vez, en 1617— se inspira concretamente (al igual que otros, como Joachim
Du Bellay) en un epigrama latino de Janus Vitalis. El poema se incluyó,
curiosamente, en la musa I *(Clío),* del *Parnaso,* esto es, entre las compo-
siciones de tema heroico o celebrativo, cuando por su espíritu meditativo
se asemeja a las de tema moral reunidas en la musa *Polimnia.* El terceto
final ahonda agudamente en la paradójica percepción barroca del tiempo.

---

4 *Aventino:* la que está más al sur de las siete colinas de Roma.
5 *Palatino:* la colina en la que, según la tradición, fundó Rómulo la
ciudad.
6 *medallas:* en el sentido escultórico del término, esto es, 'bajorrelie-
ves ovalados o redondos de carácter celebrativo'.
9 *Tibre:* el Tíber.
11 *funesto:* 'fúnebre'.

¡Oh, Roma!, en tu grandeza, en tu hermosura,
huyó lo que era firme, y solamente
lo fugitivo permanece y dura.

Núm. 74   *Represéntase la brevedad de lo que se vive*
                          y cuán nada parece lo que se vivió

«¡Ah de la vida!»… ¿Nadie me responde?
¡Aquí de los antaños que he vivido!
La Fortuna mis tiempos ha mordido;
las Horas mi locura las esconde.

   ¡Que sin poder saber cómo ni adónde   5
la salud y la edad se hayan huido!
Falta la vida, asiste lo vivido,
y no hay calamidad que no me ronde.

   Ayer se fue; mañana no ha llegado;
hoy se está yendo sin parar un punto: 10
soy un fue, y un será, y un es cansado.

El sentido de este famosísimo soneto, inspirado en diversos motivos senequistas, queda perfectamente glosado en estas palabras de Quevedo, en carta a Manuel Serrano del Castillo, del 16 de agosto de 1635: «Hoy cuento yo cincuenta y dos años, y en ellos cuento otros tantos entierros míos. Mi infancia murió irrevocablemente; murió mi niñez, murió mi juventud, murió mi mocedad; ya también falleció mi edad varonil. ¿Pues cómo llamo vida una vejez que es sepulcro, donde yo propio soy entierro de cinco difuntos que he vivido?». Editado entre los poemas morales de la musa II *(Polimnia),* hoy se tiende a leerlo como poema metafísico, expresivo de una honda angustia existencial.

---

1 *¡Ah de la vida!:* fórmula de presentación y de llamada construida sobre expresiones coloquiales como *¡Ah de la casa!.*
2 Llama el poeta a los años ya vividos *(los antaños).*
3-4 *mordido:* 'desgastado'. El poeta se lamenta de haber perdido su vida de manera poco razonable, cegado por la ambición de los bienes de fortuna (o quizá simplemente por los azares de la existencia) y entregado al devaneo *(locura),* sin haber asesado. Pero no es la única lectura posible: «La personificación de la Fortuna como devoradora del tiempo logra plasticidad en la imagen de *morder.* El verso 4 debe interpretarse en relación con lo dicho: es locura esconder las horas a esa fiera…» (Pozuelo Yvancos).
7 *asiste:* 'se hace presente'; compárese vv 13-14.
10 *un punto:* 'un instante'.

En el hoy y mañana y ayer, junto
pañales y mortaja, y he quedado
presentes sucesiones de difunto.

---

13 *he quedado:* 'soy, me he convertido en'.

Núm. 75a   *Salmo XVII*

    Miré los muros de la patria mía,
si un tiempo fuertes, ya desmoronados,
de larga edad y de vejez cansados,
dando obediencia al tiempo en muerte fría.

    Salíme al campo y vi que el sol bebía   5
los arroyos del yelo desatados,
y del monte quejosos los ganados,
porque en sus sombras dio licencia al día.

    Entré en mi casa; vi que, de cansada,
se entregaba a los años por despojos;   10
hallé mi espada de la misma suerte;

Editamos las dos versiones conocidas del soneto. La primera, trans-
mitida por diversos manuscritos (como el llamado *Cancionero de 1628,* por
ejemplo), corresponde al poemario que el autor tituló *Heráclito cristiano*
en 1613. La segunda está recogida en la musa *Polimnia* del *Parnaso.* En
opinión de José M. Blecua, el cuarto verso de la primera versión es supe-
rior al de la definitiva, pero ésta mejora mucho los tercetos y le dan al so-
neto un significado más general. El poema desarrolla el tema neoestoico
del desengaño motivado por la fugacidad del tiempo (de hecho, la fuente del
poema está en la epístola XII de Séneca a Lucilio). Tanto la fuente como
la versión primitiva dejan claro que la idea está referida, en principio, a la
vejez que castiga el cuerpo del poeta, comparado con un edificio en rui-
nas, pero a partir de ahí el texto se abre a otras interpretaciones de tipo
histórico-político. Por otra parte, los dos versos finales son eco directo de
Ovidio *(Tristia,* I, 11, 23).

Versión primitiva

    1 *muros de la patria:* «sintagma plurisignificativo que ha dado lugar a
diversas interpretaciones, como referencia a la decadencia política de Es-
paña, o referencia a la patria chica de Quevedo, al cuerpo humano o al
motivo barroco tradicional de las ruinas» (Schwartz y Arellano).
    6-7 *desatados* alude al deshielo primaveral. El sol secaba, pues, los
arroyos
    8 *licencia:* 'permiso para entrar'. El sol, al subir en el horizonte, achicó
las sombras gratas al ganado.

mi vestidura, de servir, gastada;
y no hallé cosa en que poner los ojos
donde no viese imagen de mi muerte.

Núm. 75*b*   *Enseña cómo todas las cosas avisan de la muerte*

  Miré los muros de la patria mía,
si un tiempo fuertes, ya desmoronados,
de la carrera de la edad cansados,
por quien caduca ya su valentía.

  Salíme al campo, vi que el sol bebía   5
los arroyos del yelo desatados,
y del monte quejosos los ganados,
que con sombras hurtó su luz al día.

  Entré en mi casa; vi que, amancillada,
de anciana habitación era despojos;   10
mi báculo, más corvo y menos fuerte;

  vencida de la edad sentí mi espada.
Y no hallé cosa en que poner los ojos
que no fuese recuerdo de la muerte.

Versión definitva

 3 *la carrera de la edad:* 'el curso del tiempo'.
 4 *quien* se refiere a *edad* (v 3); *valentía:* 'fuerza, vigor'.
 5-8 En la versión primitiva este cuarteto pintaba un estío desolador, imagen antitética del *locus amoenus* bucólico. Ahora parece, en cambio, que el texto pretende, más que elaborar una estampa, mostrar la fugacidad del tiempo: los hielos invernales, apenas derretidos por el sol, ya se van secando; los ganados, por su parte, se quejan de la brevedad del día.
 9 *amancillada:* 'afeada, deteriorada'.
 10 *habitación:* 'morada'.
 12 *vencida:* 'torcida, ladeada'.

Núm. 76   *[Desde La Torre]*

Retirado en la paz de estos desiertos,
con pocos, pero doctos libros juntos,
vivo en conversación con los difuntos
y escucho con mis ojos a los muertos.

Si no siempre entendidos, siempre abiertos,   5
o enmiendan, o fecundan mis asuntos;
y en músicos callados contrapuntos
al sueño de la vida hablan despiertos.

Las grandes almas que la muerte ausenta,
de injurias de los años vengadora,   10
libra, ¡oh gran don Iosef!, docta la emprenta.

El epígrafe completo que puso González de Salas en el *Parnaso* (musa *Polimnia*) reza así: «Algunos años antes de su prisión última me envió este excelente soneto desde la Torre.» Se alude ahí a su encarcelamiento en San Marcos de León desde finales de 1639 hasta 1643; por otro lado, La Torre de Juan Abad, pequeño pueblo al sur de Ciudad Real, fue lugar predilecto de retiro para el escritor. El poema debió de componerse en fecha tardía (de 1635 en adelante) y de él se conserva un borrador autógrafo en las hojas de guarda de un libro que fue de Quevedo, actualmente en la *British Library*. Sobre el fondo tópico del retiro mundano, propone el soneto una reflexión, no exenta de paradojas, sobre otra idea tradicional: la perduración de la vida en la palabra escrita (impresa, de hecho, según el encomio de la imprenta que apunta el v 11). Por ahí se llega sin dificultad a concebir la lectura como diálogo enriquecedor entre los vivos y los muertos, idea que tiene raigambre en Séneca, concretamente en la núm. 67 de sus *Epístolas morales*.

---

6 Los libros corrigen o enriquecen los temas sobre los que el escritor discurre o reflexiona.

7 *músicos:* 'melodiosos, rítmicos'; *contrapuntos:* término musical que se refiere al juego concordante de dos o más voces o instrumentos. La concordancia nace, pues, de una música silenciosa (la de la palabra escrita), pero que tiene el poder de resonar armónicamente en el silencio del que va leyendo.

8 La expresión *sueño de la vida* hace pensar en la muerte, según el tópico antiguo que hacía del sueño imagen de la muerte. Como si los difuntos estuviesen más vivos que los mortales.

9-11 *ausenta:* 'hace desaparecer'. La imprenta *(emprenta),* vengadora de

En fuga irrevocable huye la hora;
pero aquélla el mejor cálculo cuenta
que en la lección y estudio nos mejora.

---

los daños *(injurias)* ocasionados por el paso del tiempo, libera a las almas
de los grandes autores del poder de la muerte. Otra posibilidad es editar:
«de injurias de los años, vengadora, / libra...», entendiendo que *de inju-
rias* depende de *libra*. El autógrafo quevediano trae, sin embargo, en el
v 11: *restituye, don Juan,* que responde bien al *ausenta* del v 9.

13 *cálculo:* 'piedrecita'; es sujeto de *cuenta*. «... los antiguos solían se-
ñalar y recordar los días afortunados con una piedrecilla blanca, y los me-
nos afortunados con una negra» (J. O. Crosby).

14 *lección:* 'lectura'.

Num. 77   *Epístola satírica y censoria contra las*
costumbres presentes de los castellanos,
escrita a Don Gaspar de Guzmán,
Conde de Olivares, en su valimiento

No he de callar, por más que con el dedo,
ya tocando la boca, o ya la frente,
silencio avises, o amenaces miedo.

¿No ha de haber un espíritu valiente?
¿Siempre se ha de sentir lo que se dice?   5
¿Nunca se ha de decir lo que se siente?

Quevedo compuso este poema hacia 1625, en un momento en que
trataba de ganarse la confianza y protección del Conde-Duque, valido de
Felipe IV desde 1621 e impulsor por los años de 1623-25 de una política
de reformas. Se trata de una epístola, en tercetos encadenados, de tema
moral con fuerte componente satírico (de ahí, *censoria*) que reelabora y
adapta a las circunstancias contemporáneas diversos tópicos de la litera-
tura latina, tomados en particular de Horacio en sus odas cívicas y de Ju-
venal en la VI de sus sátiras. El desarrollo del poema es como sigue: 1) In-
troducción (vv 1-30): el poeta anuncia su intención de decir la verdad,
amparado en la libertad presente. 2) Elogio de las costumbres de los es-
pañoles antiguos (vv 31-110), valiéndose de los tópicos de la literatura la-
tina sobre las virtudes de la Roma primitiva. 3) Crítica de los españoles
contemporáneos (vv 111-65), de acuerdo con los ideales antes expuestos. 4)
Exhortación al Conde-Duque, entre elogios a su política, para que res-
taure los antiguos valores de la nación (vv 166-205). La epístola consti-
tuye, pues, un exponente significativo del pensamiento político de Que-
vedo, al tiempo que un compendio de su severo moralismo en materia
social —de hecho, se publicó en la musa *Polimnia* del *Parnaso*.

1-3 En estos versos y los que siguen hasta el 24, el poeta no se dirige
al Conde-Duque sino a un destinatario impersonal que le advirtiese so-
bre los riesgos de hablar libremente; por eso emplea aquí el tuteo clásico,
frente al tratamiento de *Señor Excelentísimo* del v 25. El poeta echa mano
de los tópicos de la sátira para preparar el ánimo de su receptor y dejar
claro el tipo de discurso que va a desarrollar.

5-6 *sentir*: 'lamentar'; *se siente*: 'se opina'.

Hoy, sin miedo que, libre, escandalice,
puede hablar el ingenio, asegurado
de que mayor poder le atemorice.

En otros siglos pudo ser pecado   10
severo estudio y la verdad desnuda,
y romper el silencio el bien hablado.

Pues sepa quien lo niega, y quien lo duda,
que es lengua la verdad de Dios severo,
y la lengua de Dios nunca fue muda.   15

Son la verdad y Dios, Dios verdadero,
ni eternidad divina los separa,
ni de los dos alguno fue primero.

Si Dios a la verdad se adelantara,
siendo verdad, implicación hubiera   20
en ser, y en que verdad de ser dejara.

La justicia de Dios es verdadera,
y la misericordia, y todo cuanto
es Dios, todo ha de ser verdad entera.

Señor Excelentísimo, mi llanto   25
ya no consiente márgenes ni orillas:
inundación será la de mi canto.

Ya sumergirse miro mis mejillas,
la vista por dos urnas derramada
sobre las aras de las dos Castillas.   30

---

7 Sin miedo de escandalizar por hablar con libertad.

8-9 *asegurado:* 'sin recelo'; *mayor poder:* el del gobierno de Olivares,
que permite expresarse con libertad.

12 *el bien hablado:* o sea, la persona entregada al estudio y al cultivo
de la virtud y de la elocuencia.

20 *implicación:* 'contradicción'.

29 *urnas:* «en la acepción latina de "vasija para sacar agua de un pozo"»
(A. Rey); es metáfora por los ojos llorosos.

Yace aquella virtud desaliñada,
que fue, si rica menos, más temida,
en vanidad y en sueño sepultada.

Y aquella libertad esclarecida,
que en donde supo hallar honrada muerte, 35
nunca quiso tener más larga vida.

Y pródiga de la alma, nación fuerte,
contaba, por afrentas de los años,
envejecer en brazos de la suerte.

Del tiempo el ocio torpe, y los engaños 40
del paso de las horas y del día,
reputaban los nuestros por extraños.

Nadie contaba cuánta edad vivía,
sino de qué manera: ni aún un hora
lograba sin afán su valentía. 45

La robusta virtud era señora,
y sola dominaba al pueblo rudo;
edad, si mal hablada, vencedora.

El temor de la mano daba escudo
al corazón, que, en ella confiado, 50
todas las armas despreció desnudo.

---

31 *desaliñada*: 'descuidada de su apariencia'; hay hipálage del adjetivo,
ya que éste se refiere propiamente no a la virtud, sino a quienes la sus-
tentaban.

37 *pródiga de la alma*: 'generosa en el valor'. El verso establece una
analogía implícita entre los viejos castellanos y Roma, a la que el poeta Si-
lio Itálico caracterizó como «Pródiga gens animae».

40-42 Los antiguos castellanos eran enemigos de la molicie *(el ocio
torpe)* con quien pretenden engañar el paso del tiempo.

44-45 'ni una hora disfrutaba su vigor sin emplearse en algo'.

48 *si mal hablada*: 'aunque de lenguaje poco cuidado'.

49 *El temor de la mano*: el miedo que despertaba en los enemigos el
valor de los castellanos.

Multiplicó en escuadras un soldado
su honor precioso, su ánimo valiente,
de sola honesta obligación armado.

Y debajo del cielo, aquella gente,   55
si no a más descansado, a más honroso
sueño entregó los ojos, no la mente.

Hilaba la mujer para su esposo
la mortaja, primero que el vestido;
menos le vio galán que peligroso.   60

Acompañaba el lado del marido
más veces en la hueste que en la cama;
sano le aventuró, vengóle herido.

Todas matronas, y ninguna dama:
que nombres del halago cortesano   65
no admitió lo severo de su fama.

Derramado y sonoro el Oceano
era divorcio de las rubias minas
que usurparon la paz del pecho humano.

Ni los trujo costumbres peregrinas   70
el áspero dinero, ni el Oriente
compró la honestidad con piedras finas.

52-53 El sentido del honor y el valor hacían que un soldado valiese
por una escuadra.

60 *peligroso:* 'metido en peligros, arrojado'.

63 *le aventuró:* 'le hizo ponerse en peligro'.

64 *matrona:* 'honrada madre de familia', figura de ascendencia ro-
mana que se contrapone aquí a la dama cortesana de los tiempos moder-
nos.

67-69 El Atlántico *(Oceano)* servía como separación *(divorcio)* de las
minas de oro. El desconocimiento de la navegación en busca de riquezas
extrañas era rasgo propio de la Edad de Oro.

70-71 *los:* 'a ellos' (loísmo); *peregrinas:* 'extrañas, de otras tierras'; *ás-
pero:* 'de reciente acuñación» (y, por eso, todavía no alisado por el uso).

   Joya fue la virtud pura y ardiente;
gala el merecimiento y alabanza;
sólo se cudiciaba lo decente.   75

   No de la pluma dependió la lanza,
ni el cántabro con cajas y tinteros
hizo el campo heredad, sino matanza.

   Y España, con legítimos dineros,
no mendigando el crédito a Liguria,   80
más quiso los turbantes que los ceros.

   Menos fuera la pérdida y la injuria,
si se volvieran Muzas los asientos;
que esta usura es peor que aquella furia.

   Caducaban las aves en los vientos,   85
y expiraba decrépito el venado:
grande vejez duró en los elementos.

---

   76 Las armas imperaban, pues, sobre las letras.
   77-78 *el cántabro* encarnaba desde antiguo la valentía hispana; *cajas:* 'escritorios portátiles'. «El sentido del pasaje es, pues: «los cántabros, muchos de los cuales hoy son burócratas y escribanos, eran soldados: usaban el campo para luchar y matar a los enemigos, y no para ganarlo y aprovechar sus rendimientos gracias a sus tareas burocráticas»» (Schwartz y Arellano).
   79 *legítimos dineros:* «Según la vieja mentalidad feudal, los que no se habían obtenido con tratos mercantiles o bancarios, signo de la nueva sociedad burguesa, siempre contemplados con suspicacia por los ideólogos conservadores, con Quevedo a la cabeza» (Jauralde Pou).
   80 *Liguria:* antigua provincia romana, «... aquí designa por metonimia a los genoveses, banqueros y financieros muy satirizados en el Siglo de Oro» (Schwartz y Arellano).
   81 Se preocupó más de combatir a los moros que de negociar préstamos.
   83 'Si se convirtieran en cabecillas moros los contratos de préstamo'; *Muza,* general árabe que pasó a la península Ibérica en el 709, convertido en nombre de caudillo árabe por antonomasia.
   85 *Caducaban:* 'morían de viejas'.
   87 «Se refiere a los cuatro *elementos:* tierra, aire, agua y fuego. Por lo demás, la evocación de la España antigua la presenta como una utópica Edad de Oro en la que no existían la caza ni la pesca golosa» (Schwartz y Arellano).

Que el vientre, entonces bien diciplinado,
buscó satisfación, y no hartura,
y estaba la garganta sin pecado.   90

Del mayor infanzón de aquella pura
república de grandes hombres, era
una vaca sustento y armadura.

No había venido al gusto lisonjera
la pimienta arrugada, ni del clavo   95
la adulación fragrante forastera.

Carnero y vaca fue principio y cabo,
y con rojos pimientos, y ajos duros,
tan bien como el señor, comió el esclavo.

Bebió la sed los arroyuelos puros;   100
después mostraron del carquesio a Baco
el camino los brindis mal seguros.

El rostro macilento, el cuerpo flaco
eran recuerdo del trabajo honroso,
y honra y provecho andaban en un saco.   105

Pudo sin miedo un español velloso
llamar a los tudescos bacanales,
y al holandés, hereje y alevoso.

---

88 *diciplinado:* 'disciplinado, regulado'.

91 *infanzón:* 'hidalgo, noble'.

93 Porque se empleaba el pellejo para hacer escudos y otras armas defensivas.

94-96 *fragrante:* 'olorosa'. El disfrute de las especias traídas de Oriente se origina en el siglo XV.

97 Es decir: que la comida se componía de un solo plato.

101-102 *carquesio:* 'vaso para sacrificar a Baco' (J. M. Blecua). O sea: más tarde los brindis de efectos embriagadores *(mal seguros)* mostraron el camino que va desde el empleo ritual del vino *(el carquesio)* hasta la embriaguez *(a Baco)*.

105 *en un saco:* 'confundidos'; o sea, que no había entonces provecho sin honra.

107 Era tópico tildar a los alemanes *(tudescos)* de borrachos *(bacanales)*.

Pudo acusar los celos desiguales
a la Italia; pero hoy, de muchos modos,   110
somos copias, si son originales.

Las descendencias gastan muchos godos,
todos blasonan, nadie los imita:
y no son sucesores, sino apodos.

Vino el betún precioso que vomita   115
la ballena, o la espuma de las olas,
que el vicio, no el olor, nos acredita.

Y quedaron las huestes españolas
bien perfumadas, pero mal regidas,
y alhajas las que fueron pieles solas.   120

Estaban las hazañas mal vestidas,
y aún no se hartaba de buriel y lana
la vanidad de fembras presumidas.

A la seda pomposa siciliana,
que manchó ardiente múrice, el romano   125
y el oro hicieron áspera y tirana.

109-110 «... porque los italianos son acusados de sodomitas» (Schwartz
y Arellano); de manera que *desiguales* vendría a significar 'torpes'.

112 Los descendientes actuales desbaratan o desdoran *(gastan)* los li-
najes del más rancio abolengo *(godos)*.

113 *blasonan:* 'se jactan de su abolengo'.

114 Porque los nombres de las familias nobles suenan ridículos en sus
actuales portadores.

115-117 *betún:* 'ámbar gris', producto que empezó entonces a ser muy
apreciado para perfume; *nos acredita:* 'hace bueno entre nosotros'.

119 *mal regidas,* porque perdieron la austeridad en el comer, beber o
vestir.

120 Las pieles usadas otro tiempo como indumentaria sencilla se con-
virtieron *(quedaron,* v 118) en prendas de valor *(alhajas).*

122-123 Las mujeres de entonces se conformaban con vestir paños bur-
dos, como el *buriel,* que las de ahora rechazan; *fembras* es forma arcaizante
ya en la época.

124-126 *múrice:* cierto molusco que empleaban los antiguos para fa-
bricar el tinte de púrpura. Los romanos trabajaron la seda (originaria de
Sicilia) con hilos de oro, haciéndola así menos suave pero más deseada por
quienes querían ostentar lujo.

Nunca al duro español supo el gusano
persuadir que vistiese su mortaja,
intercediendo el Can por el verano.

Hoy desprecia el honor al que trabaja,   130
y entonces fue el trabajo ejecutoria,
y el vicio gradüó la gente baja.

Pretende el alentado joven gloria
por dejar la vacada sin marido,
y de Ceres ofende la memoria.   135

Un animal a la labor nacido,
y símbolo celoso a los mortales,
que a Jove fue disfraz, y fue vestido;

que un tiempo endureció manos reales,
y detrás de él los cónsules gimieron,   140
y rumia luz en campos celestiales,

---

128 La *mortaja* del gusano es el capullo de seda.
129 Esto es*: ni aun en la época de mayor calor; el *Can* es la constela-
ción celeste que rige en los días más calurosos del año o caniculares.
131 *ejecutoria: '*carta de hidalguía'.
132 *graduó la gente baja:* 'confirió título de vileza a quien lo merecía
(por sus vicios)'.
133-135 *alentado:* 'denodado', pero también 'valentón'. El pasaje se re-
fiere a las fiestas de toros, por cuya causa muchos de esos animales dejan
de servir con su trabajo a Ceres, diosa de la agricultura. Quevedo atribuye
al toro características propias del buey.
137 No queda claro si el celo se refiere al esfuerzo en la labor o al ím-
petu de procreación del animal. Pero hay otras posibilidades*: «*Por los
cuernos» (Jauralde Pou).
138 Júpiter se transformó en toro para raptar a la ninfa Europa.
139-140 «Quevedo reelabora nuevamente un *topos* de la representación
de Roma primitiva, en la que hasta sus gobernantes trabajaban con las
manos. El verso 139, por enálage, se refiere realmente al arado, que es el
que endurece las manos de los cónsules romanos, que no desdeñan las ta-
reas agrícolas» (Schwartz y Arellano).
141 Alusión metafórica a la constelación de Tauro.

¿por cuál enemistad se persuadieron
a que su apocamiento fuese hazaña,
y a las mieses tan grande ofensa hicieron?

¡Qué cosa es ver un infanzón de España   145
abreviado en la silla a la jineta,
y gastar un caballo en una caña!

Que la niñez al gallo le acometa
con semejante munición apruebo;
mas no la edad madura y la perfeta.   150

Ejercite sus fuerzas el mancebo
en frentes de escuadrones; no en la frente
del útil bruto la asta del acebo.

El trompeta le llame diligente
dando fuerza de ley al viento vano,   155
y al son esté el ejército obediente.

¡Con cuánta majestad llena la mano
la pica, y el mosquete carga el hombro,
del que se atreve a ser buen castellano!

Con asco, entre las otras gentes, nombro   160
al que de su persona, sin decoro,
más quiere nota dar, que dar asombro.

---

143 *apocamiento*: 'envilecimiento'; o quizá 'aniquilación'.

146 *abreviado*: 'como encogido', por montar con las piernas recogidas
en los estribos *(a la jineta)*.

146 *una caña*: el juego de cañas era un simulacro de combate muy en
boga, al igual que el de toros, en la época.

148-149 *munición*: de guerra, se entiende, esto es, 'arma ofensiva o de-
fensiva'. Es alusión al juego de gallos, propio de muchachos por las fies-
tas de Carnaval. De las varias modalidades que presentaba, Quevedo pa-
rece referirse a la de matar un gallo colgado usando como arma una caña.
Por lo que dice el texto, el juego también fue practicado por adultos.

152 *frentes*: 'primeras líneas de una formación militar'.

162 *nota*: 'motivo de censura'. Se refiere a los jugadores de cañas, frente
al miedo *(asombro)* que causa el militar.

Jineta y cañas son contagio moro;
restitúyanse justas y torneos,
y hagan paces las capas con el toro.   165

Pasadnos vos de juegos a trofeos,
que sólo grande rey y buen privado
pueden ejecutar estos deseos.

Vos, que hacéis repetir siglo pasado,
con desembarazarnos las personas   170
y sacar a los miembros de cuidado;

vos distes libertad con las valonas,
para que sean corteses las cabezas,
desnudando el enfado a las coronas.

Y pues vos enmendastes las cortezas,   175
dad a la mejor parte medicina:
vuélvanse los tablados fortalezas.

---

164 Aboga el poeta por la recuperación de antiguos pasatiempos ca-
ballerescos consistentes en simulacros de combate singular *(justas)* o en
grupos *(torneos)*.

166 Pide el poeta al Conde-Duque *(vos)* que ponga fin al tiempo de
los juegos para pasar al de las victorias militares *(trofeos)*.

169 *siglo pasado:* 'otro tiempo'.

169-174 El pasaje alude a la pragmática de 1623 sobre la reforma de la
vestimenta, entre otras medidas contra el lujo. En ella se prohibieron las
lechuguillas o cuellos grandes, rizados y rígidos, cuya incomodidad pon-
dera aquí Quevedo. En su lugar se promovieron las *valonas* (v 172), tipo
de cuello más sencillo consistente en un trozo de lienzo que colgaba por
la espalda y el pecho. Entre sus ventajas señala Quevedo que los castella-
nos tienen ahora movilidad corporal suficiente para reverenciar como es
debido a las personas dignas de tal tratamiento *(las coronas),* que de este
modo deberán prescindir de su aire molesto; pero no puede descartarse
que haya dilogía con las *coronas* o 'coronillas', liberadas por fin de la mo-
lestia *(enfado)* de los cuellos grandes.

175-176 *las cortezas* vale aquí por lo relativo a los cuerpos, frente al
alma *(la mejor parte)*.

177 *tablados:* los que se levantaban, por ejemplo, para contemplar los
juegos de cañas y toros.

Que la cortés estrella, que os inclina
a privar sin intento y sin venganza,
milagro que a la invidia desatina,   180

tiene por sola bienaventuranza
el reconocimiento temeroso,
no presumida y ciega confianza.

Y si os dio el ascendiente generoso
escudos, de armas y blasones llenos,   185
y por timbre el martirio glorïoso,

mejores sean por vos los que eran buenos
Guzmanes, y la cumbre desdeñosa
os muestre, a su pesar, campos serenos.

Lograd, señor, edad tan venturosa;   190
y cuando nuestras fuerzas examina
persecución unida y belicosa,

la militar valiente disciplina
tenga más platicantes que la plaza:
descansen tela falsa y tela fina.   195

---

179 Sin haber hecho de ello un propósito deliberado *(sin intento)*, Olivares ha llegado a gobernar en calidad de privado *(privar)*.

182 Verso equívoco, ya que *temeroso* puede significar tanto 'que causa miedo o respeto' como 'miedoso o respetuoso'. Por su parte el *reconocimiento* podría ser del rey o del pueblo.

186 *timbre:* insignia colocada sobre el escudo de armas para distinguir los grados de nobleza y, metafóricamente, cualquier acción gloriosa que ennoblece a su autor. El pasaje alude al linaje de los Guzmanes representándolo en un antepasado de Olivares, don Alonso Pérez de Guzmán, *el Bueno,* que, siendo alcaide de Tarifa, durante el cerco de la plaza en 1293 por los moros aliados con el infante rebelde don Juan, consintió la muerte de su propio hijo, preso del Infante, antes que rendir la plaza.

188-189 Que la cima del poder *(desdeñosa* porque no mira en sus ocupantes) le resulte llana y transitable, librándose así de los peligros que amenazan a quienes quieren llegar tan alto.

192 Los enemigos de la Monarquía española.

193-194 Que sean más los que se ejercitan *(platicantes)* en la guerra que en los juegos.

195 Que se acaben los juegos de armas y lujos vestimentarios; *tela* era el sitio dispuesto para fiestas, certámenes públicos y otros espectáculos.

Suceda a la marlota la coraza,
y si el Corpus con danzas no los pide,
velillos y oropel no hagan baza.

El que en treinta lacayos los divide,
hace suerte en el toro, y con un dedo   200
la hace en él la vara que los mide.

Mandadlo ansí, que aseguraros puedo
que habéis de restaurar más que Pelayo;
pues valdrá por ejércitos el miedo,
y os verá el cielo administrar su rayo.   205

---

196 *marlota:* especie de sayo largo y ceñido que se usaba en ciertas fiestas; era de origen morisco.

197-198 Que el velillo ('tela fina para los velos, con adornos de hilos de plata') y el oropel sólo triunfen *(hagan baza)* en las celebraciones y danzas del Corpus Christi, las más importantes del calendario festivo de entonces.

199-201 «El que reparte *velillos y oropel* ... entre los lacayos que le acompañan en la lidia del toro, *hace suerte* ('clava el rejón') en el animal, pero el *dedo* del mercader que le vende la tela para las libreas hace suerte en el caballero ('lo hiere o lo mata al dejarlo sin dinero') y no con el rejón, sino con la *vara* de medir las telas» (Schwartz y Arellano).

203 Como iniciador de la Reconquista, don Pelayo puede ser considerado restaurador de la Monarquía de los godos; por su parte, Olivares podrá restaurar el Imperio.

205 El *rayo* es atributo de Zeus o Júpiter que significa su poder justiciero sobre la humanidad.

Núm. 78   *Afectos varios de su corazón fluctuando*
                              en las ondas de los cabellos de Lisi

En crespa tempestad del oro undoso,
nada golfos de luz ardiente y pura
mi corazón, sediento de hermosura,
si el cabello deslazas generoso.

Leandro, en mar de fuego proceloso,   5
su amor ostenta, su vivir apura;
Ícaro, en senda de oro mal segura,
arde sus alas por morir glorioso.

En su poesía amorosa, que tiene como núcleo el cancionero dedicado
a *Lisi* (sección segunda de la musa IV, *Erato),* Quevedo es el último, cro-
nológicamente hablando, de los grandes petrarquistas de nuestra lírica áu-
rea. El presente soneto es una variante de los que tratan del retrato de la
dama *(descriptio puellae),* ya que el poeta centra su atención exclusiva-
mente en los cabellos y en el efecto que su contemplación causa en el
amante; similarmente lo hicieron, por ejemplo, Herrera (véase núm. 22),
Góngora o Lope. Quevedo recurre a la tópica comparación de la cabellera
con un mar (de oro líquido) y convierte al corazón en la barquilla que va
a la deriva *(fluctuando,* como dice el epígrafe) por él. La insatisfacción del
amante por su pasión no correspondida se explica mediante la mención
de diversos personajes mitológicos que son otros tantos emblemas del de-
seo heroico o perpetuo, al tiempo que frustrado. Es notable la conexión
sintáctica y lógica de todo el poema, basada en la aposición *(Leandro,*
Ícaro, Tántalo lo son respecto de *corazón)* y el paralelismo.

---

1 *undoso:* 'ondeante, que fluye como el agua'.
2 *golfos:* 'mares' (sinécdoque).
4 *generoso:* 'abundante'; es predicativo de *cabello.*
5-6 O sea*:* mi corazón, como Leandro, muestra su amor y remata o
purifica *(apura)* su vida... Leandro perdió la vida cuando, inflamado de
amor, quiso atravesar a nado el Helesponto para encontrarse con su amada
Hero, convirtiéndose así en dechado de fidelidad. Es la pasión de Lean-
dro la que hace que el mar sea *de fuego.*
7-8 *arde:* 'hace arder, se le queman'. Ícaro, hijo de Dédalo, echó a vo-
lar con unas alas de plumas y cera que perdió al acercarse al sol, cayendo
al mar; quedó por ello como ejemplo de osadía.

   Con pretensión de fénix encendidas
sus esperanzas, que difuntas lloro,   10
intenta que su muerte engendre vidas.

   Avaro y rico y pobre, en el tesoro,
el castigo y la hambre imita a Midas,
Tántalo en fugitiva fuente de oro.

   9-11 El corazón querría quemarse en los cabellos de la amada para re-
nacer de sus cenizas como el ave fénix, pero no lo consigue.
   13 *Midas:* hombre rico que padeció hambre porque, en su avaricia, al-
canzó de Baco que todo lo que tocase habría de convertirse en oro. El co-
razón del amante lo imita en ser *avaro* del tesoro que contempla (los ca-
bellos de la amada), *rico* en el castigo (porque allá donde pone los ojos ve
a la amada) y *pobre* en su deseo siempre insatisfecho.
   14 Como *Tántalo,* condenado a sufrir hambre y sed en el Hades, el
amante no puede saciar su sed en el cabello *(fuente de oro)* de la amada.
En el terceto, la aposición primaria *(Midas)* y la secundaria *(Tántalo)* se
fusionan en cierto modo: por ser como Midas, el corazón del amante su-
fre el castigo de Tántalo.

Núm. 79   *Retrato de Lisi que traía en una sortija*

En breve cárcel traigo aprisionado,
con toda su familia de oro ardiente,
el cerco de la luz resplandeciente,
y grande imperio del Amor cerrado.

Traigo el campo que pacen estrellado   5
las fieras altas de la piel luciente;
y a escondidas del cielo y del Oriente,
día de luz y parto mejorado.

Traigo todas las Indias en mi mano,
perlas que, en un diamante, por rubíes,   10
pronuncian con desdén sonoro yelo;

Otra variante sobre el tema del retrato de la dama: se trata ahora de
uno en miniatura y engastado en un anillo *(breve cárcel)*. Pero a apartir de
esa mínima realidad, el poeta pone en juego un arsenal de imágenes tó-
picas que involucran el cosmos en toda su inmensidad y riqueza. El re-
sultado es un poema lleno de sutilezas conceptistas y adornado con ha-
llazgos expresivos como el del penúltimo verso, que, si bien es de raíz
renacentista, evoca resonancias más modernas para el lector de hoy.

2-3 *cerco*: metáfora dilógica: el sol (que es, a la vez, la dama), por un
lado, y el camafeo del retrato, por otro. «Quevedo monta una metáfora
sobre una metonimia» (Pozuelo Yvancos). El pasaje alude, finalmente, a
la dama y a la hermosura de sus cabellos.
    4 'y (traigo) encerrado todo el poder del Amor'.
    5-6 El cielo con todas sus constelaciones, aunque podría referirse de
manera más específica a la de Tauro, que marca la primaveral estación del
amor. En la imaginería petrarquista *cielo* y *estrellas* solían representar la
cara y los ojos de la dama.
    7-8 Si el día es parto del Oriente, la dama es día de luz más exqui-
sita, desconocida o robada del cielo (por estar guardada en el anillo).
    9 *las Indias:* metonimia por sus tesoros o riquezas.
    10-11 *perlas* y *rubíes* son imágenes petrarquistas lexicalizadas por 'dien-
tes' y 'labios', de manera que los versos aluden a las palabras frías y des-
deñosas que pronunció la amada. El diamante, por su proverbial dureza,

    y razonan tal vez fuego tirano
relámpagos de risa carmesíes,
auroras, gala y presunción del cielo.

---

designa aquí a la boca que habla desdenes, y por extensión a la dama misma. Como algunos explicaban la formación del diamante por un proceso de congelación, el pasaje juega con la oposición entre el hielo del diamante y el fuego asociado con el rubí.

12-14 De vez en cuando *(tal vez),* las sonrisas de la amada (que son como relámpagos que, cual auroras, adornan el cielo) dicen o expresan el fuego de amor que tiraniza al amante; el adjetivo *carmesíes* deriva de la imagen de los labios como rubíes. Hay una dificultad sintáctica en el pasaje: no queda del todo claro si el sujeto de *razonan* es *perlas* (v 10) o *relámpagos* (v 13). Nuestro texto va puntuado conforme a la segunda opción.

Núm. 80   *Amor constante más allá de la muerte*

Cerrar podrá mis ojos la postrera
sombra que me llevare el blanco día,
y podrá desatar esta alma mía
hora a su afán ansioso lisonjera;

mas no, de esotra parte en la ribera,   5
dejará la memoria, en donde ardía:
nadar sabe mi llama la agua fría,
y perder el respeto a ley severa.

Alma a quien todo un dios prisión ha sido,
venas que humor a tanto fuego han dado,   10
medulas que han gloriosamente ardido,

Este soneto sobre la perduración del amor más allá de la muerte está
considerado como uno de los mejores poemas de su autor. En la tradición
petrarquista, el poeta dedicaba a la amada poemas *in morte*. Quevedo, por
su parte, invierte la perspectiva: «aquí es el poeta-amante quien se ima-
gina ya muerto y declara que su amor por Lisi será eterno» (Schwartz y
Arellano); algo parecido había hecho ya Garcilaso en su égloga III, vv 9-16.
En su conjunto, el poema se nutre de imágenes y motivos provenientes
del mundo antiguo y, en particular, de los elegíacos latinos; así, es posi-
ble que haya que leer el terceto final en conjunción con la práctica pa-
gana de la cremación del cadáver.

---

2 *el blanco día* es complemento directo de *me llevare* ('me arrebate').
4 *hora* es sujeto de *podrá*. Se refiere a la hora de la muerte, agradable
(lisonjera) porque complace el afán del alma por separarse del cuerpo.
5-6 El alma no dejará el recuerdo de su amada *(en donde ardía)* en las
riberas del otro mundo, esto es, a orillas del río Leteo, cuya *agua fría*
(v 7) causaba el olvido en las almas que llegaban al Hades.
8 *ley severa*: la del olvido que impone la muerte.
10 *humor*: 'líquido' (en este caso, la sangre).
11 *medulas*, que se pronunciaba como llana en la época, se refiere pro-
bablemente a los huesos. Era término usado por los poetas amorosos la-
tinos *(medulla)*.

su cuerpo dejará, no su cuidado;
serán ceniza, mas tendrá sentido;
polvo serán, mas polvo enamorado.

12-14 Cada verso de este terceto está en correlación con el correspon-
diente del anterior, de manera que *alma*, *venas* y *medulas* son sujetos, res-
pectivamente, de *dejará* (v 12), *serán* (v 13) y *serán* (v 14). Muchas edicio-
nes desde la *princeps* traen *dejarán* en el v 12, error sagazmente enmendado
por José M. Blecua.

13 *sentido:* la ceniza no habrá perdido las potencias racionales, como
la memoria.

Núm. 81   *A una nariz*

Érase un hombre a una nariz pegado,
érase una nariz superlativa,
érase una nariz sayón y escriba,
érase un peje espada muy barbado;

El que seguramente es el poema burlesco más conocido de Quevedo
se lee habitualmente (y aquí también) en la versión que recogió González
de Salas en el *Parnaso* (musa VI, *Talía*). José M. Blecua ha señalado, sin
embargo, que ese texto constituye en realidad la redacción primitiva de
un poema reelaborado una y otra vez por su autor, especialmente en el se-
gundo terceto, cuya redacción final es la que se copia en el ms. 3795 de la
Biblioteca Nacional de Madrid («érase un naricísimo infinito, / frisón ar-
chinariz, caratulera, / sabañón garrafal, morado y frito» *[frisón:* 'corpu-
lento'; *caratulera:* probablemente, 'el molde de hacer las caretas'; *garrafal:*
'de tamaño excesivo']). El tema de la composición, con antecedentes en-
tre los epigramatistas griegos, pertenece «... a una larga tradición de bur-
las a deformidades corporales o rasgos caricaturescos» (Schwartz y Arellano),
pero Quevedo lo actualiza mediante las alusiones al judaísmo desde las
coordenadas ideológicas de su tiempo. El soneto constituye, por otro lado,
un cumplido ejemplo del conceptismo quevediano y de su capacidad para
ofrecer una visión grotesca de la realidad.

1-2 *hombre* vale desde ahora como sujeto sobre el que recaen las di-
versas atribuciones introducidas por *éra(se)*, de tal manera que el texto
trata, en verdad, de un hombre-nariz.

3 *sayón:* 'verdugo de Cristo'; *escriba:* 'doctor en la ley hebraica'. La na-
riz era, pues, tan grande como la que el tópico atribuía a los judíos. Por
otra parte, no cabe desechar la dilogía de *sayón* como aumentativo de *saya*
ni la de *escriba* como alusión a la postura inclinada del escribiente.

4 *peje:* 'pez'; *barbado:* además del sentido habitual, tiene aquí el rela-
tivo al pez 'dotado de aletas o cartílagos llamados barbas'.

era un reloj de sol mal encarado,   5
érase una alquitara pensativa,
érase un elefante boca arriba,
era Ovidio Nasón más narizado.

Érase un espolón de una galera,
érase una pirámide de Egito,   10
las doce tribus de narices era;

érase un naricísimo infinito,
muchísimo nariz, nariz tan fiera
que en la cara de Anás fuera delito.

---

5 O sea: «parece un reloj de sol cuya aguja sigue una dirección anó-
mala; es además, de mala cara, por causa de semejante nariz» (Schwartz y
Arellano).

6 *alquitara:* 'alambique'. El término evoca, claro está, el goteo que le
es propio; téngase en cuenta, además, que este instrumento disponía de
un canal de destilación llamado precisamente *pico* o *nariz*. El adjetivo *pen-
sativa* parece alusión a la postura cabizbaja con la que solía representarse
a la persona en actitud reflexiva: como si el peso de la nariz tirase hacia
abajo de la cabeza.

7 El hombre era tan deforme como un elefante boca arriba; y a la
vez, de la boca para arriba, era como un elefante.

8 La condición de narigudo del poeta Publio Ovidio Naso (43 a. C.-
18 d. C.) se había hecho tópica a partir de su nombre; *narizado* puede ser
neologismo quevediano.

11 Como si se hubieran juntado en una las narices de las doce tribus
de Israel.

12 *naricísimo:* superlativo ingenioso derivado de *nariz* como si fuese
un adjetivo y continuado con el *muchísimo nariz* que sigue.

13 *fiera:* 'descomunal'.

14 Esa nariz resultaría excesiva en la cara del propio Anás, sumo pon-
tífice de los judíos en los años 6-15 d. C., y por ello nombrado aquí como
arquetipo de judío. Por otra parte, puede haber un chiste basado en la
falsa etimología: *a-nas* 'sin nariz'.

Núm. 82   *Prefiere la hartura y sosiego mendigo*
a la inquietud magnífica de los poderosos

Mejor me sabe en un cantón la sopa,
y el tinto con la mosca y la zurrapa,
que al rico, que se engulle todo el mapa,
muchos años de vino en ancha copa.

Bendita fue de Dios la poca ropa,   5
que no carga los hombros y los tapa;
más quiero menos sastre que más capa,
que hay ladrones de seda, no de estopa.

Llenar, no enriquecer, quiero la tripa;
lo caro trueco a lo que bien me sepa;   10
somos Píramo y Tisbe yo y mi pipa.

«El soneto puede leerse como una versión paródica del tópico *beatus
ille,* con cierta frecuencia expuesto por los pícaros, que elogian su vida li-
bre frente a las preocupaciones de los cortesanos y poderosos» (Schwartz
y Arellano). El vulgarismo coloquial y callejero (pero no exento de cier-
tas notas cultas) del texto queda eficazmente subrayado por la cuidadosa
elección de las palabras en posición de rima. Esta muestra de ingenio hace
pensar en «... reuniones académicas y situaciones semejantes, en las que se
imponían tales alardes» (Jauralde Pou).

---

1 *cantón:* 'esquina'. Parece alusión a la sopa boba de los conventos.
2 Puede haber dilogía, ya que *zurrapa,* además del sentido propio, te-
nía el de 'prostituta'.
4 *muchos años de vino:* 'vino añejo'.
7-8 O sea: vistiendo de estopa el pícaro evita, primero, tratar con sas-
tres (que tenían fama de ladrones) y, además, que lo asalten los *capeado-
res* o ladrones de capas.
10 *lo caro:* entre bebedores, el vino de mayor calidad y por ello de más
precio; *trueco a:* 'cambio por'.
11 *pipa:* 'tonel de vino'. La alusión mitológica (véase núm. 37, vv 37-
40) indica que el mendigo y su tonel son inseparables.

FRANCISCO DE QUEVEDO Y VILLEGAS

Más descansa quien mira que quien trepa;
regüeldo yo cuando el dichoso hipa,
él asido a la Fortuna, yo a la cepa.

---

13 *hipa:* 'pasa ansias, se fatiga'. *Regoldar* se consideraba voz más vulgar
y malsonante que otras similares.

Núm. 83   *A Apolo siguiendo a Dafne*

Bermejazo platero de las cumbres,
a cuya luz se espulga la canalla,
la ninfa Dafne, que se afufa y calla,
si la quieres gozar, paga y no alumbres.

Si quieres ahorrar de pesadumbres,   5
ojo del cielo, trata de compralla;
en confites gastó Marte la malla,
y la espada en pasteles y en azumbres.

Volvióse en bolsa Júpiter severo;
levantóse las faldas la doncella   10
por recogerle en lluvia de dinero.

Quevedo funde en este soneto burlesco dos tradiciones diferentes. De
un lado, una moda poética bien arraigada en el siglo XVII: el tratamiento
jocoso de la materia mitológica, aquí centrada en el mito de Apolo y
Dafne, con una larga tradición poética como emblema del amor imposi-
ble (véase núm. 4). De otro, la sátira contra la mujer, a la que nuestro au-
tor contribuyó con numerosas piezas y que aquí se concreta en su carac-
terización como amante venal e interesada (compárese núm. 71). Sobre
ese cañamazo despliega Quevedo su reconocida capacidad para la agudeza
conceptista.

---

1 Llama al sol *platero* «... porque con su luz dora las cumbres, como
los plateros doran los metales» (Schwartz y Arellano). Y, al tildarlo des-
pectivamente de pelirrojo *(bermejazo),* lo asocia con el malvado por an-
tonomasia, Judas, al que tradicionalmente se le adjudicaba ese color.
3 *ninfa:* además del sentido mitológico, toma aquí el de 'prostituta',
que tenía en la lengua de germanía; *se afufa:* 'huye', en la misma jerga.
7-8 *malla:* 'cota de malla' (arma defensiva); *pasteles:* 'empanadas de
carne'; *azumbres,* de vino, se entiende (el azumbre hacía unos dos litros).
Es alusión burlesca a los amores de Marte y Venus, que narra Ovidio en
el libro IV de las *Metamorfosis.*
9-11 Júpiter se transformó en lluvia de oro para poseer a Dánae, en-
cerrrada en una torre por su padre.

Astucia fue de alguna dueña estrella,
que de estrella sin dueña no lo infiero:
Febo, pues eres sol, sírvete de ella.

---

13 *dueña* funciona como adjetivo de discurso de *estrella,* como diciendo 'astucia ... de alguna estrella alcahueta'.

14 *ella* se refiere a la *dueña estrella.* Febo, rey de las estrellas por su identificación con el sol, hará bien en utilizar los servicios de una estrella alcahueta, si quiere gozar a Dafne.

Núm. 84

Yo te untaré mis obras con tocino,
porque no me las muerdas, Gongorilla,
perro de los ingenios de Castilla,
docto en pullas, cual mozo de camino.

Apenas hombre, sacerdote indino,   5
que aprendiste sin *christus* la cartilla;
chocarrero de Córdoba y Sevilla,
y, en la Corte, bufón a lo divino.

¿Por qué censuras tú la lengua griega
siendo sólo rabí de la judía,   10
cosa que tu nariz aun no lo niega?

En el marco de su polémica personal y literaria con Góngora, Quevedo
escribió diversos poemas ridiculizando el estilo gongorino y otros a modo
de sátiras personales. En esta segunda categoría entra el presente soneto,
cuyo argumento central es la acusación de chocarrero y judío contra su opo-
nente. El poema está escrito, como se deduce del v 9, en réplica a otro de
Góngora, «Anacreonte español, no hay quien os tope» (véase núm. 47), por
lo que puede fecharse en torno a 1610. En la época se difundió manuscrito,
sin llegar a incluirse en las obras impresas de su autor.

---

2 *muerdas:* disemia entre el sentido propio del término y el figurado
'murmures, satirices'.

3 «... parodia de la expresión *príncipe de los ingenios, príncipe de los po-
etas,* etc.» (J. O. Crosby).

6 El *christus* era una cruz que figuraba al principio de la cartilla de
primeras letras, como para indicar que todas las cosas había que empe-
zarlas en el nombre de Cristo. Góngora, pues, aprendió en una cartilla
que no era de cristianos.

7 *chocarrero:* 'bufón'.

8 *a lo divino:* por su condición de clérigo.

10 *rabí:* 'rabino'.

11 *aun no:* 'ni siquiera'. Sobre la asociación satírica entre la nariz
grande y el judío, véase poema núm. 81, en cuyo v 3 se mencionan, ade-
más, las figuras del sayón y del escriba que ahora siguen.

No escribas versos más, por vida mía;
aunque aquesto de escribas se te pega,
por tener de sayón la rebeldía.

Núm. 85   *Burla el poeta de Medoro, y Medoro de los Pares*

> Quitándose está Medoro
> del jubón y la camisa,
> al sol de marzo, una tarde,
> algunas puntadas vivas;
>
> las uñas más matadoras   5
> que los ojos de su amiga,
> hecho un paladín Roldán
> por las costuras arriba.

La derivación del romancero hacia lo burlesco se convirtió en tendencia poética reconocible y perdurable desde finales del siglo XVI. Objeto preferente de las parodias y burlas fueron los temas elevados de la tradición literaria, tales como los personajes mitológicos (así, los dos que Góngora dedicó a Leandro y Hero, de 1589 y 1610 respectivamente) o los héroes histórico-legendarios. Esto último es lo que ocurre en el presente caso, un romance recogido en la musa VI *(Talía)* del *Parnaso,* pero que circulaba impreso desde 1643. Quevedo parodia aquí la tradición del romancero ariostesco, esto es, el que versaba sobre los personajes y temas del *Orlando furioso* y sus derivaciones (asunto al que dedicó h. 1626-1628 el extenso *Poema heroico de las necedades y locuras de Orlando el Enamorado).* En concreto, fija su atención en los amores de Angélica y Medoro (véase núm. 43, la versión gongorina del tema). El episodio, que no siempre fue visto con buenos ojos por los poetas españoles, se degrada aquí hasta límites exagerados: Angélica aparece caracterizada como mujer venal que se entrega al holgazán Medoro por las caballerizas. El moro, por su lado, se jacta de su habilidad como conquistador, al tiempo que se burla de los caballeros y sus ideales de heroísmo amoroso.

---

2 *jubón:* especie de chaquetilla ajustada, rematada por abajo con algo de vuelo.

3 *al sol de marzo:* de acuerdo con ciertos refranes, la frase «... sugiere la holgazanería de Medoro» (Schwartz y Arellano).

4 *puntadas vivas:* son los piojos, comparando su comezón con los pinchazos de la aguja al coser.

7 *Roldán:* héroe francés, sobrino de Carlomagno y uno de los doce Pares. En España fue bien conocido por los cantares y romances sobre Roncesvalles.

Después de haberse rascado
con notable valentía,   10
con aquellas blancas manos
que quitaron tantas vidas,

a la margen de un pajar
y a sombras de una pollina,
por falta de buena voz,   15
en lugar de cantar, chilla:

«Bella reina del Catay,
heredera de la China,
por quien hoy andan enhiestas
tanta lanza y tanta pica;   20

no supo lo que se hizo
Rodamonte, aunque más digan,
que el andar a coscorrones
ni es regalo ni caricia.

A una mujer que se espanta   25
de ver una lagartija,
una dádiva de muertos
es una cosa muy linda.

11-12 Alude a las *vidas* de los parásitos que ha matado. Estos dos versos son los primeros de un romance copiado en el ms. 3880, ff. 76-77, de la Biblioteca Nacional de Madrid, que trata sobre Angélica y Medoro. Hay alguna posibilidad de que su autor sea Lope de Vega. En ese poema, son las manos de Angélica las que cuidan las heridas de Medoro.

17-18 *Catay:* nombre antiguo de la China. El pasaje se refiere, con aparente incongruencia, a Angélica.

19-20 Se refiere, con doble sentido malicioso, a los caballeros que pugnan por conseguirla.

22 *Rodamonte:* «guerrero moro, violento y fanfarrón, que aparece en los poemas caballerescos italianos» (Schwartz y Arellano).

27-28 Se refiere irónicamente a los cadáveres que Rodamonte ofrece como presente *(dádiva)* para conseguir el amor de Angélica.

Ándase Orlando el furioso
saltando de viga en viga,   30
juntando para traerla
calaveras y ternillas.

¡Miren qué hará una chicota
que tiembla de una sangría,
viendo partir un gigante   35
de la mollera a las tripas!

Esto ha tenido la bella
desde que era tamañita:
que quiere más que un valiente
cualquier dinero gallina.   40

Yo solo la di en el chiste
y, mientras ellos se arpillan,
a lo cobarde la gozo
por estas caballerizas.

Más me ha valido ser zambo   45
que a ellos sus valentías,
pues yo la tengo preñada
y ellos me tienen invidia.

29-32 «Los versos parecen señalar que Orlando va como las brujas que toman forma de animal —pájaro, gato, etc.— *de viga en viga,* buscando amuletos, huesos *(ternillas* también lo son), para conseguir el amor de Angélica por hechizos» (Jauralde Pou).

33-34 La *chicota* es Angélica; la *sangría:* era práctica médica habitual, consistente en realizar una incisión en la vena para dejar salir cierta cantidad de sangre.

38 *tamañita:* 'pequeñita'.

41 *la di en el chiste:* 'supe entenderla, le cogí el punto'; el contexto aclara que la frase tiene, además, connotación sexual.

42 *se arpillan:* 'se arañan'.

45 «Parece ser que, según consejas, mientras las *zambas* se consideraban estériles, los *zambos* llevaban fama de genesíacos» (José M. Blecua).

Deshacer encantamentos
es menos que hacer basquiñas;   50
y es más pagar una joya
que ganar una provincia.

¡Quién viera en una mohatra
al buen Palmerín de Oliva,
y con el ciento por ciento   55
andar a la rebatiña!

¡Quién viera a don Belianís
en una sombrerería
dándole vueltas al casco
y alabando la toquilla;   60

y en poder de un escribano
a la lanza de Argalía,
ahogada en el tintero,
soltando la tarabilla!».

49-50 *basquiña:* 'especie de faldas con pliegues desde la cintura y an-
chas de vuelo por abajo'; mientras los demás caballeros se enfrentan a las
artimañas *(encantamentos)* de los magos, Medoro se dedica a *hacer bas-
quiñas,* expresión que puede interpretarse como costear esa prenda para
regalársela a Angélica.

53-56 *mohatra:* genéricamente, 'fraude, estafa', pero aquí más precisa-
mente 'usura'; *Palmerín de Oliva:* el protagonista de la novela de caballe-
rías así titulada (1511); *andar a la rebatiña:* 'porfiar por coger algo arreba-
tándoselo a otro'. «Todo el pasaje viene a decir: un caballero idealista y
esforzado como Palmerín, metido en estos negocios de damas que son
siempre asuntos de dinero, no sabría qué hacer: imagínense al tal caba-
llero metido a usurero y andar disputando los intereses de los préstamos»
(Schwartz y Arellano).

57 *don Belianís:* el protagonista de la *Historia de Belianís de Grecia*
(1547), de Jerónimo Fernández.

59-60 *casco:* 'copa del sombrero'; *toquilla:* 'cinta para adornar el som-
brero'. Don Belianís no sabría, pues, comportarse como un galán.

62-64 *tarabilla:* «la lengua, porque a los que hablan mucho les llaman
tarabillas, como hoy» (José M. Blecua); «... la lanza de Argalía era má-
gica y derribaba al enemigo con sólo tocarle, pero frente a un escribano
nada podría hacer: la usaría para escribir sus alegatos de charlatán» (Sch-
wartz y Arellano).

En esto, por un repecho,   65
vio subir a sus costillas
un vecino de sus carnes,
convidado de ellas mismas.

En su seguimiento parte,
a cinco uñas camina,   70
y, cansado de matar,
entre los dedos le hila.

---

70 *a cinco uñas:* expresión ingeniosa que sugiere rapidez evocando la
frase *a uña de caballo.*

72 *le hila:* ¿'lo tuerce como un hilo'? Probablemente, en relación con
las *puntadas* del v 4.

Núm. 86   *Carta de Escarramán a la Méndez*

Ya está guardado en la trena
tu querido Escarramán,
que unos alfileres vivos
me prendieron sin pensar.

Andaba a caza de gangas,   5
y grillos vine a cazar,
que en mí cantan como en haza
las noches de por San Juan.

La *jácara* es, en principio, un romance festivo que trata sobre la vida
y ambiente de los *jaques* o rufianes, desde la óptica aberrante de un exhi-
bicionismo amoral; frecuentemente se escribe en primera persona (el que
habla es un jaque o una daifa), lo que facilita la incorporación al texto de
la *germanía,* la jerga característica de ese mundo marginal surgido en las
urbes de la época. Con frecuencia se incorporaron al espectáculo teatral,
cantándose con acompañamiento de guitarra y baile; también existió una
variedad dialogada *(jácara entremesada).* Quevedo fue uno de los autores
que más contribuyó al perfeccionamiento estilístico del género en los pri-
meros años del xvii. La presente jácara (impresa en la musa V, *Terpsícore,*
del Parnaso) se compuso hacia 1610-1612 y el personaje de Escarramán,
que es su protagonista y locutor póetico, llegó a ser divulgadísimo (Cer-
vantes, por ejemplo, lo saca a escena en el *Rufián viudo).* El poema se
construye como una carta que el jaque, radicado en Sevilla por más se-
ñas, remite desde la cárcel a su *protegida,* la Méndez, contándole las cir-
cunstancias de su prisión y la condena que ha recibido, para terminar des-
pidiéndose de ella y otros compañeros de la mala vida. Quevedo escribió
también la *Respuesta de la Méndez a Escarramán.*

---

1 *trena:* 'cárcel'.
3-4 *alfileres:* 'corchetes, ministros inferiores de la justicia' (porque
prenden).
4 *sin pensar:* 'cuando menos me lo esperaba'.
5-6 La *ganga* era un pájaro parecido a la perdiz, fácil de cazar. La frase
viene a significar: 'Estaba de ronda, por si caía algo'. En *grillos,* además de
la dilogía evidente, hay que tener en cuenta «... que *andar a caza de gri-
llos* es expresión análoga con valor sinónimo al de *andar a caza de gan-
gas...*» (Pozuelo Yvancos).
7-8 *haza:* 'porción de tierra de labor o sembradura'. La noche de san
Juan marcaba el inicio del estío en el calendario tradicional.

Entrándome en la bayuca,
llegándome a remojar   10
cierta pendencia mosquito,
que se ahogó en vino y pan,

al trago sesenta y nueve,
que apenas dije «Allá va»,
me trujeron en volandas   15
por medio de la ciudad.

Como al ánima del sastre
suelen los diablos llevar,
iba en poder de corchetes
tu desdichado jayán.   20

Al momento me embolsaron,
para más seguridad,
en el calabozo fuerte
donde los godos están.

Hallé dentro a Cardeñoso,   25
hombre de buena verdad,
manco de tocar las cuerdas
donde no quiso cantar.

---

9 *bayuca:* 'taberna'.

11-12 *pendencia mosquito:* 'pelea insignificante y molesta', «Pero alu-
diendo también a que el vino solía atraer a los mosquitos. La disputa ter-
mina, en todo caso, bebiendo y comiendo en la taberna» (Jauralde Pou).

13 Si el número encierra alguna alusión o simbolismo, no está claro
cuál puede ser.

15 *trujeron:* 'trajeron'.

20 *jayán:* 'rufián de mucho respeto'.

24 *godos:* 'rufianes principales'.

25 *Cardeñoso* recuerda la expresión *hombre de la carda:* 'jaque, valen-
tón'.

27-28 Cardeñoso había quedado manco por no confesar *(cantar)* du-
rante el tormento conocido como trato de cuerdas, consistente en ligar
estrechamente los brazos del reo con cuerdas y apretarlas, con riesgo de
descoyuntamiento.

Remolón fue hecho cuenta
de la sarta de la mar   30
porque desabrigó a cuatro
de noche en el Arenal.

Su amiga la Coscolina
se acogió con Cañamar,
aquel que, sin ser San Pedro,   35
tiene llave universal.

Lobrezno está en la capilla;
dicen que le colgarán
sin ser día de su santo,
que es muy bellaca señal.   40

Sobre el pagar la patente
nos venimos a encontrar
yo y Perotudo el de Burgos:
acabóse la amistad.

Hizo en mi cabeza tantos   45
un jarro que fue orinal,
y yo con medio cuchillo
le trinché medio quijar.

29-30 Esto es, fue condenado a galeras. La imagen puede derivar de
la costumbre de trasladar a los reos encadenados en fila, como se lee en
Quijote, I, 32. El nombre de *Remolón* evoca a un tiempo la mala disposi-
ción para el trabajo y la habilidad para *remolar* o cargar los dados.
    31-32 *desabrigó:* 'dejó sin capa'; el *Arenal:* zona de Sevilla próxima al
río donde radicaba la mancebía pública.
    34 *se acogió con:* 'buscó la protección de'.
    36 Es la llave maestra.
    37-40 «Porque el día del santo o cumpleaños solían regalar unas ca-
denillas que se colgaban al cuello» (J. M. Blecua). El nombre de *Lobrezno*
connota 'ladrón' y 'borracho'.
    41 *la patente:* 'dinero que tenía que pagar el recién llegado a los vete-
ranos'.
    45 *tantos:* 'añicos'.
    48 *quijar:* 'quijada'.

Supiéronlo los señores,
que se lo dijo el guardián,   50
gran saludador de culpas,
un fuelle de Satanás.

Y otra mañana a las once,
víspera de San Millán,
con chilladores delante   55
y envaramiento detrás,

a espaldas vueltas me dieron
el usado centenar,
que sobre los recibidos
son ochocientos y más.   60

Fui de buen aire a caballo,
la espalda de par en par,
cara como del que prueba
cosa que le sabe mal;

inclinada la cabeza   65
a monseñor cardenal,
que el rebenque, sin ser papa,
cría por su potestad.

---

49 *señores*: 'jueces'.

51-52 Un soplón. Los *saludadores* curaban con ciertos ensalmos y soplando sobre el paciente.

54 La fiesta de San Millán se celebraba el 12 de noviembre.

55-56 Los *chilladores* son los pregoneros que voceaban los delitos del reo cuando era expuesto a la pública afrenta por las calles, montado en un burro, mientras el verdugo lo azotaba. El *envaramiento* alude probablemente a los representantes de la justicia que seguían al reo detrás, identificándolos por sus varas o insignias; no puede descartarse, sin embargo, que se refiera al verdugo o al instrumento de los azotes.

58 De azotes, se entiende. Era la condena habitual por hurtos y robos.

61-62 Escarramán hace gala de la jactancia habitual en los jaques: iba de tan buen ver *(de buen aire)* como un jinete a caballo (pero él iba en burro), y sin encogerse pese al catigo *(la espalda de par en par)*.

67-68 El Papa nombra cardenales y el rebenque tiene el poder de causarlos.

A puras pencas se han vuelto
cardo mis espaldas ya,   70
por eso me hago de pencas
en el decir y el obrar.

Agridulce fue la mano;
hubo azote garrafal;
el asno era una tortuga,   75
no se podía menear.

Sólo lo que tenía bueno
ser mayor que un dromedal,
pues me vieron en Sevilla
los moros de Mostagán.   80

No hubo en todos los ciento
azote que echar a mal;
pero a traición me los dieron:
no me pueden agraviar.

69-70 Dilogía entre *pencas* como 'látigo' y 'hojas carnosas de un cardo'.

71-72 *me hago de pencas:* 'me hago de rogar'. El v 72 resulta oscuro. Podría haber un chiste escatológico en *obrar:* 'actuar' y 'exonerar el vientre' (por efecto del miedo, se entiende). O sea, que Escarramán, como jaque curtido, ni confiesa ni se asusta fácilmente.

73-74 Sigue la jactancia del jaque*:* la tanda o serie de azotes *(mano)* fue agridulce porque hubo algunos más fuertes que los otros (y ésos eran los dulces, ya que *garrafales* se decía de unas guindas más grandes y dulces que las ordinarias). De fondo, claro, la asociación entre el color rojo de la guinda y el de la sangre.

76 «El castigo duraba lo que el *paseo* público*:* cuando el burro iba lento, el castigo se alargaba» (Jauralde Pou).

78 *dromedal:* 'dromedario'.

80 *Mostagán:* ciudad en Berbería, cercana a Orán (Argelia).

82 *echar a mal:* 'desestimar, despreciar'. Aunque algunos fueron mejores (vv 73-74), lo cierto es que ninguno de los azotes fue malo.

Porque el pregón se entendiera   85
con voz de más claridad,
trujeron por pregonero
las sirenas de la mar.

Invíanme por diez años,
(¡sabe Dios quién los verá!),   90
a que, dándola de palos,
agravie toda la mar.

Para batidor de el agua
dicen que me llevarán,
y a ser de tanta sardina   95
sacudidor y batán.

Si tienes honra, la Méndez,
si me tienes voluntad,
forzosa ocasión es ésta
en que lo puedes mostrar.   100

Contribúyeme con algo,
pues es mi necesidad
tal, que tomo del verdugo
los jubones que me da,

que tiempo vendrá, la Méndez,   105
que alegre te alabarás
que a Escarramán por tu causa
le añudaron el tragar.

---

88 *sirenas de la mar:* «se evocan porque las sirenas cantaban con voz
que atraía a los navegantes; aquí alude a que el pregonero anuncia que el
reo ha sido condenado a galeras (va a irse al mar)» (Schwartz y Arellano).

91-92 Los *palos* son los golpes de los remos en el agua.

96 Un *batán:* era un molino de agua cuya rueda giraba por efecto de
unos mazos que, al ser impulsados por la corriente, golpeaban sobre el agua.

104 *jubones:* 'vestiduras ajustadas de los hombros a la cintura' y, en
germanía, 'señales de los azotes'.

108 O *sea:* le ahorcaron. En el futuro, la Mendéz presumirá de haber
sido la protegida de un jaque tan renombrado como Escarramán.

A la Pava del cercado,
a la Chirinos, Guzmán,   110
a la Zolla y a la Rocha,
a la Luisa y la Cerdán;

a mama y a taita el viejo,
que en la guarda vuestra están,
y a toda la gurullada,   115
mis encomiendas darás.

Fecha en Sevilla, a los ciento
de este mes que corre ya,
el menor de tus rufianes
y el mayor de los de acá.   120

---

109 La *Pava* y demás nombres que siguen designan a otras tantas prostitutas de la mancebía *(cercado)*.

113-114 *taita* era «... la palabra infantil para designar al padre. (Aquí *mama* y *taita* son los *padres* de la mancebía; los que la explotaban y regían)» (J. M. Blecua).

115-116 *gurullada:* 'tropa de corchetes y alguaciles'. Les manda saludos *(encomiendas)* por su trato frecuente con los hampones.

17-118 «Se fecha el día burlescamente *a los ciento* (azotes) que acaba de recibir ese mes» (Jauralde Pou).

119-120 El verso «... parodia la frase usual de despedida epistolar *el menor de los criados o servidores*, etc.» (Schwartz y Arellano).

Sor Juana Inés de la Cruz
(San Miguel Nepantla, México, ¿1651?-
Amecameca, México, 1695)

Arguye de inconsecuentes el gusto
y la censura de los hombres que
en las mujeres acusan lo que causan

Hombres necios que acusáis
a la mujer sin razón,
sin ver que sois la ocasión
de lo mismo que culpáis:

si con ansia sin igual   5
solicitáis su desdén,
¿por qué queréis que obren bien
si las incitáis al mal?

Combatís su resistencia
y luego, con gravedad,   10
decís que fue liviandad
lo que hizo la diligencia.

Cuando sor Juana escribe estas redondillas, la defensa de la dignidad de la mujer es un tema que ya cuenta con una larga tradición, desde la literatura pro feminista de finales de la Edad Media. Pero su poema destaca por la pasión razonadora y polemista con que la escritora desmonta los tópicos masculinos (fácilmente documentables en la literatura de los Siglos de Oro) sobre la conducta amorosa de las mujeres. La indignación por la dignidad ofendida da empaque y tono de sátira a la composición; la métrica y la elocuencia hacen pensar, por su lado, en un parlamento de personaje de comedia. El poema se publicó en *Inundación Castálida*, Madrid, 1689.

---

6 *solicitáis:* 'soliviantáis'.

Parecer quiere el denuedo
de vuestro parecer loco,
al niño que pone el coco   15
y luego le tiene miedo.

Queréis, con presunción necia,
hallar a la que buscáis,
para pretendida, Tais,
y en la posesión, Lucrecia.   20

¿Qué humor puede ser más raro
que el que, falto de consejo,
él mismo empaña el espejo,
y siente que no esté claro?

Con el favor y el desdén   25
tenéis condición igual,
quejándoos, si os tratan mal,
burlándoos, si os quieren bien.

Opinión, ninguna gana;
pues la que más se recata,   30
si no os admite, es ingrata,
y si os admite, es liviana.

Siempre tan necios andáis
que, con desigual nivel,
a una culpáis por cruel   35
y a otra por fácil culpáis.

---

13 *Parecer:* 'parecerse'.
15 *pone el coco:* 'hace una mueca espantosa, como de mona'.
19-20 *Tais* y *Lucrecia* son por antonomasia la mujer cortesana y la ho-
nesta casada.
21 *humor:* 'índole o condición de una persona'.
29 *Opinión:* 'buen nombre'.
34 'con distinto rasero'.

¿Pues cómo ha de estar templada
la que vuestro amor pretende,
si la que es ingrata, ofende,
y la que es fácil, enfada?   40

Mas, entre el enfado y pena
que vuestro gusto refiere,
bien haya la que no os quiere
y quejaos en hora buena.

Dan vuestras amantes penas   45
a sus libertades alas,
y después de hacerlas malas
las queréis hallar muy buenas.

¿Cuál mayor culpa ha tenido
en una pasión errada: 50
la que cae de rogada
o el que ruega de caído?

¿O cuál es más de culpar,
aunque cualquiera mal haga:
la que peca por la paga,   55
o el que paga por pecar?

Pues ¿para qué os espantáis
de la culpa que tenéis?
Queredlas cual las hacéis
o hacedlas cual las buscáis.   60

Dejad de solicitar,
y después, con más razón,
acusaréis la afición
de la que os fuere a rogar.

---

40 *enfada*: 'cansa'.
50-51 '... la que se pierde a fuerza de ruegos, o el que ruega por ser un perdido?'.

Bien con muchas armas fundo   65
que lidia vuestra arrogancia,
pues en promesa e instancia
juntáis diablo, carne y mundo.

65-66 La arrogancia de los hombres hace la guerra por muchos me-
dios a las mujeres; *bien ... fundo:* 'bien ... sustentó'.
    67 O sea: prometiendo y suplicando.
    68 Los tres enemnigos del alma, según el catecismo católico.

Núm. 88

Verde embeleso de la vida humana,
loca Esperanza, frenesí dorado,
sueño de los despiertos intrincado,
como de sueños, de tesoros vana;

alma del mundo, senectud lozana,   5
decrépito verdor imaginado;
el hoy de los dichosos esperado
y de los desdichados el mañana:

sigan tu sombra en busca de tu día
los que, con verdes vidrios por anteojos,   10
todo lo ven pintado a su deseo;

que yo, más cuerda en la fortuna mía,
tengo en entrambas manos ambos ojos
y solamente lo que toco veo.

Los temas morales de carácter abstracto y general que tan frecuentes
son en la poesía barroca encuentran en sor Juana un tratamiento perso-
nal. Aquí se trata de la esperanza, a cuya ilusoria y contradictoria condi-
ción renuncia la escritora para sustituirla, prudentemente, por la atención
a lo real tangible. La imagen que cierra el poema de la mano que ve es un
motivo frecuente en la emblemática. El poema se ha transmitido como
inscripción para un retrato de la autora en la Contaduría del convento de
S. Jerónimo (México), donde sor Juana había profesado en 1669.

---

1 Recuérdese a propósito del arranque y otros versos del poema, que
el verde es color simbólico de la esperanza.
4 Los tesoros de la esperanza son vanos, como hechos de sueños.
12 *fortuna:* 'incertidumbre, peligro'.

Núm. 89

Que contiene una fantasía
contenta con amor decente

    Detente, sombra de mi bien esquivo,
imagen del hechizo que más quiero,
bella ilusión por quien alegre muero,
dulce ficción por quien penosa vivo.

    Si al imán de tus gracias, atractivo,   5
sirve mi pecho de obediente acero,
¿para qué me enamoras lisonjero
si has de burlarme luego fugitivo?

    Mas blasonar no puedes, satisfecho,
de que triunfa de mí tu tiranía: 10
que aunque dejas burlado el lazo estrecho

    que tu forma fantástica ceñía,
poco importa burlar brazos y pecho
si te labra prisión mi fantasía.

Publicado en el *Segundo volumen de las obras* (Sevilla, 1692), este conocido soneto lleva a sus límites extremos el viejo tópico del amor como experiencia interior del amante, entregado a la contemplación de la imagen mental o *fantasma* del amado: éste ya es aquí pura ilusión o ficción creada por el sujeto lírico (femenino, por más señas). Ciertas expresiones (por ejemplo, *forma fantástica)* e imágenes (como la del imán) también contribuyen a darle, aunque no sean en realidad nuevas, un aire de notable modernidad.

Núm. 90   *Lamenta con todos la muerte de la*
Señora Marquesa de Mancera

Mueran contigo, Laura, pues moriste,
los afectos que en vano te desean,
los ojos a quien privas de que vean
la hermosa luz que a un tiempo concediste.

Muera mi lira infausta en que influiste   5
ecos, que lamentables te vocean,
y hasta estos rasgos mal formados sean
lágrimas negras de mi pluma triste.

Muévase a compasión la misma Muerte
que, precisa, no pudo perdonarte;   10
y lamente el Amor su amarga suerte,

pues si antes, ambicioso de gozarte,
deseó tener ojos para verte,
ya le sirvieran sólo de llorarte.

«La virreina marquesa de Mancera murió el 21 de abril de 1674 cuando, terminado el mandato de su marido, iba con él camino de Veracruz para embarcar rumbo a España» (Sainz de Medrano). Sor Juana, que había gozado de la protección de los marqueses en su juventud, dedicó a la muerte de la virreina tres sonetos, publicados en *Inundación castálida*. El que aquí se edita es el tercero de la serie.

---

4 La Marquesa iluminó con su luz la época que le tocó vivir.
5-6 '... que llorosos te llaman a voces'. La Marquesa alentó las primeras actividades poéticas de la joven Juana.
7 Se refiere a los *rasgos* o trazos decorativos de la escritura.
10 *precisa:* 'puntual'; *perdonarte:* 'dejarte sin daño'.
13 Recuérdese que, según la iconografía tópica, el Amor es ciego.

Núm. 91   *Primero sueño, que así intituló y compuso*
la Madre Juana Inés de la Cruz,
imitando a Góngora

Piramidal, funesta, de la tierra
nacida sombra, al Cielo encaminaba
de vanos obeliscos punta altiva,
escalar pretendiendo las Estrellas;
si bien sus luces bellas   5
—exentas siempre, siempre rutilantes—
la tenebrosa guerra

La obra poética de sor Juana —y con ella, la poesía áurea— culmina
en esta extensa silva, menos descriptiva que filosófica, publicada en el *Se-*
gundo volumen de las obras (Sevilla, 1692). El cauce literario consagrado
por Góngora en sus *Soledades* sirve a sor Juana para elaborar un poema
que se singulariza por la ambición y originalidad de su planteamiento: poe-
tizar el deseo absoluto del conocimiento. La personal vocación de saber
—apasionadamente defendida por la autora en su *Respuesta a Sor Fi-*
lotea— toma aquí la forma del enfrentamiento entre una inteligencia so-
litaria, elevada a categoría de alma universal, y la inmensidad del cosmos,
mediante el trámite del reposo nocturno. El sueño permite al alma, tras
liberarse de los lastres materiales, emprender su viaje a la búsqueda del sa-
ber, periplo en el que —sin recibir ayuda sobrenatural alguna— tiene pri-
mero una visión intuitiva del Cosmos como totalidad inabarcable para la
razón. A esta primera fase sigue luego un intento de ascender racional-
mente por la escala o *gran cadena del ser,* tarea que se compara con la de
Faetón: condenada al fracaso, pero heroica en sí misma. Cuando el ama-
necer va llegando, se produce el despertar de la durmiente, todavía insa-
tisfecha en su deseo de conocimiento. Y ahí están, a modo de sello per-
sonal de la autora, las palabras finales: «... quedando a luz más cierta / el
mundo iluminado, y yo despierta».

1-4 «Una sombra funesta (o fúnebre) y piramidal, que parecía nacer
de la tierra, encaminaba hacia el Cielo la altiva punta de sus vanos obe-
liscos *(vanos* por ser de sombra y por fallar su intento), como si preten-
diese subir hasta las Estrellas» (Méndez Plancarte). Se trata, más que de
una descripción física, de una imagen simbólica de la corrupción terrenal,
conforme a la tradición hermética (compárese el pasaje con la pirámide
de luz de la que se habla más abajo, vv 340-411).
6 *exentas:* 'libres' (de la amenaza de la sombra).

que con negros vapores le intimaba
la pavorosa sombra fugitiva
burlaban tan distantes,   10
que su atezado ceño
al superior convexo aun no llegaba
del orbe de la Diosa
que tres veces hermosa
con tres hermosos rostros ser ostenta,   15
quedando sólo dueño
del aire que empañaba
con el aliento denso que exhalaba;
y en la quietud contenta
del imperio silencioso,   20
sumisas sólo voces consentía

El *Sueño* expone, a modo de un discurso poético, una visión del cosmos y del hombre conforme al escolasticismo del siglo XVII, por lo que sus ideas cosmográficas, médicas o sobre las facultades del entendimiento no se corresponden, en su conjunto, con los avances científicos producidos en su tiempo (y de los que ella pudo tener noticia cierta). Ahora bien, en sor Juana el saber de cuño aristotélico va acompañado de conceptos provenientes del neoplatonismo y de la tradición hermética del Renacimiento, lo que se traduce, como ha subrayado O. Paz, en una actitud más moderna: la monja intuye el carácter abismal y desasosegante de un Universo descentrado e infinito. En su empeño por convertir la ciencia en poesía y por ofrecer una imagen integradora del Universo, la autora recurre a tradiciones literarias diversas: las visiones del ultramundo y del cosmos, los mitos y sus interpretaciones, la emblemática, etc. Todo ello expresado en un estilo ciertamente difícil que combina la complejidad sintáctica y la riqueza verbal, la vistosidad descriptiva (en contados momentos) y la aguda visión conceptista de la mejor tradición barroca —y en esto Góngora es el referente primordial— con el lenguaje técnico y abstracto de la ciencia (cosmografía, medicina, filosofía, etc.). Destaca, por otra parte, la cui-

---

8 *le intimaba:* 'les proclamaba' (la sombra a las luces).
11-15 «El ennegrecido ceño de la sombra aún no llegaba a la superficie exterior de la esfera de la luna, esa diosa tres veces hermosa por sus tres hermosas fases o rostros (de Diana, de Hécate y de Proserpina)» (R. Asún). En el sistema de Tolomeo, el orbe lunar tiene un borde *convexo,* que es el que linda con la siguiente esfera (la de Mercurio), y otro *cóncavo,* que es el más próximo a la Tierra.
16 *dueño:* se refiere al oscuro *ceño* (v 11) de la sombra.
19 *contenta:* 'contenida, limitada'.

de las nocturnas aves,
tan obscuras, tan graves,
que aun el silencio no se interrumpía.

   Con tardo vuelo y canto, del oído   25
mal, y aun peor del ánimo, admitido,
la avergonzada Nictimene acecha
de las sagradas puertas los resquicios,
o de las claraboyas eminentes
los huecos más propicios   30
que capaz a su intento le abren brecha,
y sacrílega llega a los lucientes
faroles sacros de perenne llama

---

dada articulación interna del poema, moroso en su ritmo, pero certero en
su avance discursivo. De las varias propuestas críticas que han tratado de
explicar la estructuración del texto, nos quedaremos aquí con la de Oc-
tavio Paz, que propone una división tripartita: el dormir, el viaje y el
despertar. Y añade: «Estas tres partes se subdividen en siete, que son los
elementos básicos del poema. La primera parte se desdobla en *El dor-
mir del mundo* [1-150] y *El dormir del cuerpo* [151-265]; la tercera, a su
vez, se bifurca en *El despertar del cuerpo* [827-886] y *El despertar del
mundo* [887-975]; la segunda, el viaje o sueño propiamente, se subdivide
en tres: *La visión* [266-559], *Las categorías* [560-780] y *Faetón* [781-826].
Hay una perfecta correspondencia entre la primera sección y la séptima,
entre la segunda y la sexta: el dormir y el despertar respectivamente del
mundo y del cuerpo humano. En el interior de esta suerte de reloj de arena
que forman estas cuatro partes el viaje del alma traza un triángulo: el as-
censo del alma y su visión, su caída y su tentativa por trepar la pirámide
del conocimiento peldaño tras peldaño, sus dudas y el ejemplo del héroe
Faetón» *(sor Juana Inés de la Cruz o las trampas de la fe*, págs. 483-484; he
añadido en la cita los paréntesis cuadrados con las referencias).

---

   27 Nictimene, hija del rey de Lesbos, avergonzada de un amor inces-
tuoso con su padre, huyó al bosque, donde Atenea, compadeciéndose de
ella, la transformó en lechuza.
   28-31 Los templos e iglesias son uno de los refugios preferidos de las
lechuzas.
   32-38 La lechuza se acerca a las lámparas sacras y extingue su llama (si
es que no las ofende con otras irreverencias) bebiéndose el aceite que dio
(sudó ... rindió), estrujado *(agravado)* en las prensas, el fruto del olivo
(árbol de Minerva).

que extingue, si no infama,
en licor claro la materia crasa   35
consumiendo, que el árbol de Minerva
de su fruto, de prensas agravado,
congojoso sudó y rindió forzado.

    Y aquellas que su casa
campo vieron volver, sus telas hierba,   40
a la deidad de Baco inobedientes
—ya no historias contando diferentes,
en forma sí afrentosa transformadas—,
segunda forman niebla,
ser vistas aun temiendo en la tiniebla,   45
aves sin pluma aladas:
aquellas tres oficïosas, digo,
atrevidas Hermanas,
que el tremendo castigo
de desnudas les dio pardas membranas,   50
alas tan mal dispuestas
que escarnio son aun de las más funestas:
éstas, con el parlero
ministro de Plutón un tiempo, ahora
supersticioso indicio al agorero,   55
solos la no canora
componían capilla pavorosa,

39-50 Se refiere a las laboriosas *(oficiosas)* hermanas Mineidas, que Baco transformó en murciélagos porque, en lugar de acudir al culto divino, preferían continuar sus labores de hilar y bordar, al tiempo que contaban historias diversas.
52 Hasta las aves más horribles se mofan de las alas sin plumas de los murciélagos.
53-54 Proserpina convirtió en búho a Ascálafo, un sirviente *(ministro)* de Plutón que la delató por haberse comido siete granos de una granada, denuncia que obligó a aquélla a permanecer en el Infierno como esposa de Plutón.
56-57 *capilla*: musical, se entiende, pero poco melodiosa *(no canora)* en este caso.

máximas, negras, longas entonando,
y pausas más que voces, esperando
a la torpe mensura perezosa   60
de mayor proporción tal vez, que el viento
con flemático echaba movimiento,
de tan tardo compás, tan detenido,
que en medio se quedó tal vez dormido.

    Este, pues, triste son intercadente   65
de la asombrada turba temerosa,
menos a la atención solicitaba
que al sueño persuadía;
antes sí, lentamente,
su obtusa consonancia espacïosa   70
al sosiego inducía
y al reposo los miembros convidaba
—el silencio intimando a los vivientes,
uno y otro sellando labio obscuro
con indicante dedo,   75
Harpócrates, la noche, silencioso;
a cuyo, aunque no duro,
si bien imperïoso
precepto, todos fueron obedientes—.

58-64 Las aves nocturnas entonan las notas de mayor duración en la
escala musical, con una cadencia hecha más de pausas que de voces, a la
espera del ritmo *(mensura)* perezoso, aún más pausado *(de mayor proporción)*,
que de vez en vez *(tal vez)* iba marcando el viento con flemático soplar,
tanto que, entre golpe y golpe, se quedó alguna que otra vez dormido.

65 *intercadente:* 'entrecortado por pausas'.

66 *asombrada:* 'sombría', y a la vez 'pasmada'; *temerosa:* 'que causa
miedo'.

70 La armonía boba, nada aguda, y ralentizada del canto.

73-76 La noche es como Harpócrates, dios egipcio del silencio que se
representaba como un joven con el dedo en los labios.

77-79 Aunque el sentido no ofrece problemas en lo sustancial, la sin-
taxis resulta algo confusa. La solución podría ser editar *si* en el v 78, en-
tendiendo que *bien* modifica a *imperioso*.

El viento sosegado, el can dormido,   80
éste yace, aquél quedo
los átomos no mueve,
con el susurro hacer temiendo leve,
aunque poco, sacrílego rüido,
violador del silencio sosegado.   85
El mar, no ya alterado,
ni aun la instable mecía
cerúlea cuna donde el Sol dormía;
y los dormidos, siempre mudos, peces,
en los lechos lamosos   90
de sus obscuros senos cavernosos,
mudos eran dos veces;
y entre ellos, la engañosa encantadora
Alcïone, a los que antes
en peces transformó, simples amantes,   95
transformada también, vengaba ahora.

En los del monte senos escondidos,
cóncavos de peñascos mal formados
—de su aspereza menos defendidos
que de su obscuridad asegurados—,   100
cuya mansión sombría
ser puede noche en la mitad del día,

---

82 *átomos:* 'corpúsculos casi imperceptibles que flotan en el aire'.

88 *cerúlea:* 'del color azulado del cielo o de las aguas cuando lo reflejan'.

93-96 Versos quizá referidos a Alcione, «la hermosa hija de Eolo, que metafóricamente había transformado en peces (cautivándolos en las redes de su amor) a sus sencillos amantes, y que luego, esposa de Céix o Ceico, rey de Tracia, se arrojó desde la costa sobre su cadáver náufrago y fue metamorfoseada, igual que él, en Alción o Martín Pescador» (Méndez Plancarte). Pero el pasaje resulta oscuro (seguramente por deturpación del texto), ya que habla de Alcione metamorfoseada en pez, y no en ave, que es lo que dice Ovidio, *Metamorfosis,* XI, 710-748; además, no le cuadra a esta Alcione el rasgo de *engañosa encantadora* de sus amantes.

98 *cóncavos* se refiere a *peñascos.*

99-100 Es la oscuridad, sobre todo, la que hace de las grutas del monte un abrigo seguro para los animales.

incógnita aún al cierto
montaraz pie del cazador experto
—depuesta la fiereza   105
de unos, y de otros el temor depuesto—
yacía el vulgo bruto,
a la Naturaleza
el de su potestad pagando impuesto,
universal tributo;   110
y el rey, que vigilancias afectaba,
aun con abiertos ojos no velaba.

El de sus mismos perros acosado,
monarca en otro tiempo esclarecido,
tímido ya venado,   115
con vigilante oído,
del sosegado ambiente
al menor perceptible movimiento
que los átomos muda,
la oreja alterna aguda   120
y el leve rumor siente
que aun lo altera dormido.
Y en la quietud del nido,
que de brozas y lodo instable hamaca
formó en la más opaca   125
parte del árbol, duerme recogida
la leve turba, descansando el viento
del que le corta, alado movimiento.

_____

103 *cierto:* 'certero y seguro en su caminar'.
105-107 Los animales, tanto los de presa como sus víctimas, yacían dormidos.
110-111 El león, aunque fingía velar, también dormía.
113-115 Acteón, hijo del rey Cadmo de Tebas (pero no rey él mismo), y famoso cazador, fue convertido en ciervo por Diana, enfurecida porque aquél la vio mientras se bañaba, y luego sus propios perros lo devoraron.
120 «... aguza alternativamente sus orejas» (R. Asún).
127 La *leve turba* de las aves (por lo livianas y ligeras).
124 *instable:* 'inestable'.

De Júpiter el ave generosa
—como al fin Reina—, por no darse entera   130
al descanso, que vicio considera
si de preciso pasa, cuidadosa
de no incurrir de omisa en el exceso,
a un solo pie librada fía el peso,
y en otro guarda el cálculo pequeño   135
—despertador reloj del leve sueño—,
porque, si necesario fue admitido,
no pueda dilatarse continuado,
antes interrumpido
del regio sea pastoral cuidado.   140
¡Oh de la Majestad pensión gravosa,
que aun el menor descuido no perdona!
Causa, quizá, que ha hecho misteriosa,
circular, denotando, la corona,
en círculo dorado,   145
que el afán es no menos continuado.

El sueño todo, en fin, lo poseía;
todo, en fin, el silencio lo ocupaba:
aun el ladrón dormía;
aun el amante no se desvelaba.   150

El conticinio casi ya pasando
iba, y la sombra dimidiaba, cuando
de las diurnas tareas fatigados
—y no sólo oprimidos

129-136 Sor Juana atribuye aquí al águila una costumbre que desde
antiguo se decía propia de la grulla: dormir sobre una sola pata y soste-
niendo en la otra una piedrecilla *(cálculo)* que hacía de despertador al caér-
sele.

133 *omisa:* 'floja, descuidada'.

139-140 El sueño del águila será interrumpido por el regio deber que
tiene de tutelar a las demás aves.

143-146 Ésta es la secreta *(misteriosa)* causa de que la corona sea cir-
cular, como para indicar con su dorado círculo que nunca tiene fin los
cuidados de quien gobierna.

151 *conticinio:* 'hora de la noche en que reina el silencio'.

152 *dimidiaba:* 'demediaba, se reducía a la mitad'.

del afán ponderoso   155
del corporal trabajo, mas cansados
del deleite también (que también cansa
objeto continuado a los sentidos
aun siendo deleitoso:
que la Naturaleza siempre alterna   160
ya una, ya otra balanza,
distribuyendo varios ejercicios,
ya al ocio, ya al trabajo destinados,
en el fiel infiel con que gobierna
la aparatosa máquina del mundo)—;   165
así, pues, de profundo
sueño dulce los miembros ocupados,
quedaron los sentidos
del que ejercicio tienen ordinario
—trabajo, en fin pero trabajo amado,   170
si hay amable trabajo—,
si privados no, al menos suspendidos,
y cediendo al retrato del contrario
de la vida, que —lentamente armado—
cobarde embiste y vence perezoso   175
con armas soñolientas,
desde el cayado humilde al cetro altivo,
sin que haya distintivo
que el sayal de la púrpura discierna:
pues su nivel, en todo poderoso,   180
gradúa por exentas
a ningunas personas,
desde la de a quien tres forman coronas
soberna tïara,
hasta la que pajiza vive choza;   185

---

155 *ponderoso:* 'pesado'.
164 *infiel:* 'inestable, oscilante' (entre el trabajo y el ocio).
173-174 Es el sueño, considerado como imagen o *retrato* de la muerte.
180-182 El sueño tiene para todos el mismo rasero, sin exención o privilegio.
183-184 Se refiere al Papa.
185 *vive:* 'habita'.

desde la que el Danubio undoso dora,
a la que junco humilde, humilde mora;
y con siempre igual vara
(como, en efecto, imagen poderosa
de la muerte) Morfeo   190
el sayal mide igual con el brocado.

   El alma, pues, suspensa
del exterior gobierno —en que ocupada
en material empleo,
o bien o mal da el día por gastado—,   195
solamente dispensa
remota, si del todo separada
no, a los de muerte temporal opresos
lánguidos miembros, sosegados huesos,
los gajes del calor vegetativo,   200
el cuerpo siendo, en sosegada calma,
un cadáver con alma,
muerto a la vida y a la muerte vivo,
de lo segundo dando tardas señas
el del reloj humano   205
vital volante que, si no con mano,
con arterial concierto, unas pequeñas
muestras, pulsando, manifiesta lento
de su bien regulado movimiento.

186-187 O sea: «... desde el Emperador (cuyo palacio dora el cauda-
loso Danubio) hasta el ínfimo pescador que pernocta bajo un techo de
pobres juncos» (Méndez Plancarte). Entiendo, entonces, que es el sun-
tuoso palacio el que dora las aguas del Danubio al reflejarse en ellas.
   188-191 *Morfeo:* dios del sueño, que, como la muerte, también trata
por igual al humilde y al poderoso.
   192-200 Durante el sueño, el alma suspende su actividad sensitiva y
—como distanciada del cuerpo— solamente le proporciona los dones *(ga-
jes)* del calor vital que aquél necesita.
   204-209 *volante:* 'cuerda del reloj'; es el corazón, que, a falta de ma-
necillas, se manifiesta latiendo *(pulsando)* pausadamente durante el sueño.

    Este, pues, miembro rey y centro vivo   210
de espíritus vitales,
con su asociado respirante fuelle
—pulmón, que imán del viento es atractivo,
que en movimientos nunca desiguales
o comprimiendo ya, o ya dilatando   215
el musculoso, claro arcaduz blando,
hace que en él resuelle
el que lo circunscribe fresco ambiente
que impele ya caliente,
y él venga su expulsión haciendo activo   220
pequeños robos al calor nativo,
algún tiempo llorados,
nunca recuperados,
si ahora no sentidos de su dueño,
que, repetido, no hay robo pequeño—;   225
éstos, pues, de mayor, como ya digo,
excepción, uno y otro fiel testigo,
la vida aseguraban,
mientras con mudas voces impugnaban
la información, callados los sentidos   230
—con no replicar sólo defendidos—,
y la lengua que, torpe, enmudecía,
con no poder hablar los desmentía.

    Y aquella del calor más competente
científica oficina,   235

210-211 El corazón es la sede de los *espíritus* vitales, que, según las teo-
rías fisiológicas de la Antigüedad, eran unos corpúsculos o vapores muy
sutiles engendrados por la combustión de los alimentos en la sangre
    216 Son los conductos respiratorios.
    220 *él:* se refiere al aire que sale caliente en la expiración.
    222 La frase tiene valor de futuro: 'que serán llorados algún día'.
    226-228 El corazón y los pulmones, como testigos intachables *(de ma-
yor ... excepción)* y fieles, daban por cierta *(aseguraban)* la vida del durmiente.
Ésta es la *información* (v 230) que contradicen los sentidos y la lengua.
    234-235 Pasa ahora a tratar del hígado y la función digestiva (aunque
los comentaristas vienen interpretando hasta ahora que el pasaje se refiere
al estómago). El hígado constituye, junto con el corazón y el cerebro, el
trío de órganos vitales, según la medicina galénica.

próvida de los miembros despensera,
que avara nunca y siempre diligente,
ni a la parte prefiere más vecina
ni olvida a la remota,
y en ajustado natural cuadrante   240
las cuantidades nota
que a cada cuál tocarle considera,
del que alambicó quilo el incesante
calor, en el manjar que —medianero
piadoso— entre él y el húmedo interpuso   245
su inocente substancia,
pagando por entero
la que, ya piedad sea, o ya arrogancia,
al contrario voraz, necio, lo expuso
—merecido castigo, aunque se excuse,   250
al que en pendencia ajena se introduce—;
ésta, pues, si no fragua de Vulcano,
templada hoguera del calor humano,
al cerebro enviaba
húmedos, mas tan claros los vapores   255
de los atemperados cuatro humores,
que con ellos no sólo no empañaba

---

236 *próvida:* 'cuidadosa'.

240 *cuadrante:* 'tabla numérica'.

243 *quilo:* 'secreción intestinal derivada del alimento ya hecho sustancia digestiva'. Al hígado compete la misión de filtrarlo, depurarlo y, ya incorporado a la sangre, repartirlo a los diversos órganos y miembros del organismo.

244-51 Los alimentos reciben su merecido (aunque es castigo para el que no falta justificación) por querer mediar en la batalla que el calor y la humedad corporales libran en el aparato digestivo.

255-256 Los *vapores* o espíritus vitales correspondientes a los cuatro humores: sangre, flema, bilis amarilla o cólera y bilis negra o melancolía. Los cuales van *atemperados:* 'mutuamente templados'.

257-266 Se refiere al proceso de trabajo de los llamados sentidos interiores, con sede en el cerebro: *estimativa* ('sentido común o terminal de los cinco sentidos exteriores'), *imaginativa* ('imaginación'), *memoria* y *fantasía*. Pues bien, durante el sueño, la llegada al cerebro de los espíritus vitales, transportados por la sangre, no ofuscaba las imágenes diurnas elaboradas por los sentidos interiores y aun dejaban lugar para que la fantasía crease otras nuevas.

los simulacros que la estimativa
dio a la imaginativa
y aquésta, por custodia más segura,   260
en forma ya más pura
entregó a la memoria que, oficiosa,
grabó tenaz y guarda cuidadosa,
sino que daban a la fantasía
lugar de que formase   265
imágenes diversas. Y del modo
que en tersa superficie, que de Faro
cristalino portento, asilo raro
fue, en distancia longísima se vían
(sin que ésta le estorbase)   270
del reino casi de Neptuno todo
las que distantes lo surcaban naves
—viéndose claramente
en su azogada luna
el número, el tamaño y la fortuna   275
que en la instable campaña transparente
arresgadas tenían,
mientras aguas y vientos dividían
sus velas leves y sus quillas graves—:
así ella, sosegada, iba copiando   280
las imágenes todas de las cosas,
y el pincel invisible iba formando
de mentales, sin luz, siempre vistosas
colores, las figuras

266-272 Compara la fantasía con el Faro de Alejandría, al que la le-
yenda atribuía la capacidad de reflejar los navíos que surcaban el mar más
allá de la línea del horizonte. Considerado una de las *siete maravillas del
mundo,* medía unos 200 m. y tenía en su remate un enorme espejo de vi-
drio, ante el que ardía una gran hoguera.

268 *asilo:* 'amparo, protección' (porque el Faro avisaba de la llegada
de los enemigos).

277 *arresgadas:* 'arriesgadas, puestas en riesgo' (se refiere a las naves
durante sus travesías marítimas).

278-279 El sujeto de *dividían* es *velas* y *quillas.*

280 *ella:* la fantasía, actuando como intermediario entre el mundo
sensible y el espiritual.

no sólo ya de todas las criaturas   285
sublunares, mas aun también de aquellas
que intelectuales claras son Estrellas,
y en el modo posible
que concebirse puede lo invisible,
en sí, mañosa, las representaba   290
y al alma las mostraba.

    La cual, en tanto, toda convertida
a su inmaterial ser y esencia bella,
aquella contemplaba,
participada de alto Ser, centella   295
que con similitud en sí gozaba;
y juzgándose casi dividida
de aquella que impedida
siempre la tiene, corporal cadena,
que grosera embaraza y torpe impide   300
el vuelo intelectual con que ya mide
la cuantidad inmensa de la Esfera,
ya el curso considera
regular, con que giran desiguales
los cuerpos celestiales   305
—culpa si grave, merecida pena
(torcedor del sosiego riguroso)
de estudio vanamente judicioso—,
puesta, a su parecer, en la eminente

285-286 El mundo sublunar es la Tierra. Las *intelectuales ... Estrellas*
«... son aquí los conceptos espirituales (con algún sabor, en tal metáfora,
de las platónicas *ideas subsistentes...*)» (Méndez Plancarte); pero parece que
se trata, más bien, de las inteligencias celestes que mueven a los astros, en
la tradición neoplatónica.
    292-293 *convertida a:* 'poniendo toda su atención, reconcentrada en'.
    294-296 El alma contempla en sí misma la chispa o centella divina
que alberga, idea de resonancias neoplatónicas.
    305-308 Alusión a la posible derivación por parte del alma desde la as-
trología *natural* a la *judiciaria,* que pretendía adivinar el porvenir en el es-
tudio de los astros. Sor Juana la descalifica como vana, como quebranto
(torcedor) riguroso del ánimo y como error digno de ser penado.
    309 *puesta:* se refiere al *alma.*

cumbre de un monte a quien el mismo Atlante   310
que preside gigante
a los demás, enano obedecía,
y Olimpo, cuya sosegada frente,
nunca de aura agitada
consintió ser violada,   315
aun falda suya ser no merecía:
pues las nubes —que opaca son corona
de la más elevada corpulencia,
del volcán más soberbio que en la tierra
gigante erguido intima al cielo guerra—,   320
apenas densa zona
de su altiva eminencia,
o a su vasta cintura
cíngulo tosco son, que —mal ceñido—
o el viento lo desata sacudido,   325
o vecino el calor del sol lo apura.

    A la región primera de su altura
(ínfima parte, digo, dividiendo
en tres su continuado cuerpo horrendo),
el rápido no pudo, el veloz vuelo   330
del águila —que puntas hace al Cielo
y al Sol bebe los rayos pretendiendo
entre sus luces colocar su nido—
llegar; bien que esforzando
más que nunca el impulso, ya batiendo   335

---

310 *Atlante:* gigante al que se atribuía sostener sobre su hombros los
cielos; se identifica con el monte Atlas.
313 *Olimpo:* monte de Tesalia donde moraban los dioses principales.
320 *intima:* 'declara'. El pasaje evoca la rebelión de los gigantes con-
tra Júpiter.
321-326 Con respecto al monte en cuya cima se imagina el alma
(vv 309-310), las nubes no llegan a formar más que una densa faja o franja
(zona) que los rayos del sol consumen, o un cíngulo que el viento sacude
y desata.
328 *ínfima:* 'más baja, inferior' (aclara el sentido de *primera* en el v
anterior).
331 *puntas hace:* 'quiere competir' (en altura, se entiende).

las dos plumadas velas, ya peinando
con las garras el aire, ha pretendido,
tejiendo de los átomos escalas,
que su inmunidad rompan sus dos alas.

Las Pirámides dos —ostentaciones   340
de Menfis vano, y de la Arquitectura
último esmero, si ya no pendones
fijos, no tremolantes—, cuya altura
coronada de bárbaros trofeos
tumba y bandera fue a los Ptolomeos,   345
que al viento, que a las nubes publicaba
(si ya también al Cielo no decía)
de su grande, su siempre vencedora
ciudad —ya Cairo ahora—
las que, porque a su copia enmudecía,   350
la Fama no cantaba
gitanas glorias, ménficas proezas,
aun en el viento, aun en el Cielo impresas:

éstas —que en nivelada simetría
su estatura crecía   355
con tal diminución, con arte tanto,
que (cuanto más al Cielo caminaba)
a la vista, que lince la miraba,
entre los vientos desparecía,
sin permitir mirar la sutil punta   360

340-343 *Menfis*: antigua capital del Alto Egipto, también llamada He-
liópolis. Más abajo (v 349) se propone erróneamente su identificación con
El Cairo. El primoroso labrado de las dos pirámides hace de ellas estan-
dartes de piedra de la arquitectura. Empieza aquí una larguísima digre-
sión (340-411) acerca de las pirámides como símbolo, en la tradición her-
mética, del alma y su deseo de alcanzar la luz (frente a la pirámide de
sombra que abre el poema).

345 «En rigor, las alzaron los Faraones de la IV Dinastía: 2900-2750
a. C. muchísimo antes» (Méndez Plancarte).

350-352 La Fama no cantaba las glorias egipcias *(gitanas)* ni las proe-
zas de Menfis porque enmudecía ante su abundancia *(a su copia)*.

356 *diminución*: 'disminución, reducción'.

SOR JUANA INÉS DE LA CRUZ

que al primer Orbe finge que se junta,
hasta que fatigada del espanto,
no descendida, sino despeñada
se hallaba al pie de la espaciosa basa,
tarde o mal recobrada   365
del desvanecimiento
que pena fue no escasa
del visüal alado atrevimiento—,
cuyos cuerpos opacos
no al Sol opuestos, antes avenidos   370
con sus luces, si no confederados
con él (como, en efecto, confinantes),
tan del todo bañados
de su resplandor eran, que —lucidos—
nunca de calorosos caminantes   375
al fatigado aliento, a los pies flacos,
ofrecieron alfombra
aun de pequeña, aun de señal de sombra:

    éstas, que glorias ya sean gitanas,
o elaciones profanas,   380
bárbaros jeroglíficos de ciego
error, según el Griego
ciego también, dulcísimo Poeta
—si ya, por las que escribe

---

361 *primer Orbe:* primero de los círculos concéntricos que forman la
máquina del Universo; lo ocupa la Luna.

364 *basa:* 'base'.

366 *desvanecimiento:* 'vértigo'.

369-378 Otra noticia fabulosa: que la particular disposición de las pi-
rámides con respecto a los rayos solares hacía que no diesen ni la más pe-
queña sombra.

379-381 *elaciones:* «en su doble sentido, físico y moral: elevación y so-
berbia» (Méndez Plancarte). El pasaje deja en la indeterminación si las pi-
rámides fueron monumentos civiles *(glorias)* o de carácter idolátrico.

382-390 Alusión a Homero y sus dos célebres epopeyas, la *Ilíada* y la
Odisea, obras que le permitirían enriquecer, más en gloria que en número
(ya que él vale por muchos), el canon *(catálogo)* de los historiadores. La in-
terpretación homérica del simbolismo de las pirámides —no documen-
tada, por cierto, en ningún texto suyo conocido— se expone en v 399 ss.

aquileyas proezas   385
o marciales de Ulises sutilezas,
la unión no lo recibe
de los historiadores, o lo acepta
(cuando entre su catálogo lo cuente)
que gloria más que número le aumente—,   390
de cuya dulce serie numerosa
fuera más fácil cosa
al temido Tonante
el rayo fulminante
quitar, o la pesada   395
a Alcides clava herrada,
que un hemistiquio solo
de los que le dictó propicio Apolo;

     según de Homero, digo, la sentencia,
las Pirámides fueron materiales
tipos solos, señales exteriores   400
de las que, dimensiones interiores,
especies son del alma intencionales:
que como sube en piramidal punta
al Cielo la ambiciosa llama ardiente,   405
así la humana mente
su figura trasunta,
y a la Causa Primera siempre aspira
—céntrico punto donde recta tira
la línea, si ya no circunferencia,   410
que contiene, infinita, toda esencia—.

---

391 *numerosa:* 'abundante» y 'armoniosa'; se refiere, pues, a los versos
homéricos.

393-396 Son Júpiter y Hércules respectivamente, identificados con sus
atributos caracterísitcos, el rayo y la maza *(clava)* reforzada con hierro.

401 *tipos:* 'moldes'.

403 *especies ... intencionales:* 'representaciones intelectuales de los ob-
jetos que se ofrecen al entendimiento'. Hay, por tanto, analogía entre la
figura de la pirámide y la actividad del alma.

406-408 La mente imita *(trasunta)* la figura de la llama en su deseo
de llegar a Dios *(Causa Primera)*.

409-411 *tira:* 'tiende a, se dirige a'. Dios podría definirse o como cen-
tro de convergencia del Universo o como la circunferencia infinita que lo
contiene todo.

Estos, pues, montes dos artificiales
(bien maravillas, bien milagros sean),
y aun aquella blasfema altiva Torre
de quien hoy dolorosas son señales   415
—no en piedras, sino en lenguas desiguales,
porque voraz el tiempo no las borre—
los idiomas diversos que escasean
el socïable trato de las gentes
(haciendo que parezcan diferentes   420
los que unos hizo la Naturaleza,
de la lengua por sólo la extrañeza),
si fueran comparados
a la mental pirámide elevada
donde —sin saber cómo— colocada   425
el Alma se miró, tan atrasados
se hallaran, que cualquiera
gradüara su cima por esfera:
pues su ambicioso anhelo,
haciendo cumbre de su propio vuelo,   430
en la más eminente
la encumbró parte de su propia mente,
de sí tan remontada, que creía
que a otra nueva región de sí salía.

En cuya casi elevación inmensa,   435
gozosa mas suspensa,
suspensa pero ufana,
y atónita aunque ufana, la suprema
de lo sublunar Reina soberana,
la vista perspicaz, libre de anteojos,   440
de sus intelectuales bellos ojos

---

418 *escasean:* 'hacen más raro, dificultan'.

427-428 Cualquiera interpretaría que la cima de la *mental pirámide* (v 424) alcanzaba la altura de los orbes celestiales. *Graduar* es verbo de la jerga universitaria y de la geometría.

433 *de sí tan remontada:* 'tan elevada sobre sí misma'.

439 Es el alma.

(sin que distancia tema
ni de obstáculo opaco se recele
de que interpuesto algún objeto cele),
libre tendió por todo lo criado: 445
cuyo inmenso agregado,
cúmulo incomprehensible,
aunque a la vista quiso manifiesto
dar señas de posible,
a la comprehensión no, que —entorpecida   450
con la sobra de objetos, y excedida
de la grandeza de ellos su potencia—
retrocedió cobarde.

Tanto no, del osado presupuesto,
revocó la intención arrepentida,   455
la vista que intentó descomedida
en vano hacer alarde
contra objeto que excede en excelencia
las líneas visüales
—contra el Sol, digo, cuerpo luminoso,   460
cuyos rayos castigo son fogoso,
que fuerzas desiguales
despreciando, castigan rayo a rayo
el confïado, antes atrevido
y ya llorado ensayo   465
(necia experiencia que costosa tanto
fue, que Ícaro ya, su propio llanto
lo anegó enternecido)—,
como el entendimiento, aquí vencido

---

445 El complemento de *tendió* es *vista* (v 440).
448-449 El universo se ofreció manifiesto a la vista dándole señales de tener existencia algo tan difícil de concebir.
459 *línea visual* es la que, imaginariamente, va derecha desde el ojo hasta el objeto.
467-468 Al encarar el sol, la vista se convierte en nuevo Ícaro que se anega en su propio llanto. Sobre Ícaro, véase núm. 78, vv 6-7.
469 *como* hace correlación con *Tanto no* (v 454) y se completa luego en *cedió* (v 475). En resumen: «El ojo, pues, que osó clavarse en el Sol, no

no menos de la inmensa muchedumbre   470
de tanta maquinosa pesadumbre
(de diversas especies conglobado
esférico compuesto),
que de las cualidades
de cada cual, cedió: tan asombrado,   475
que —entre la copia puesto,
pobre con ella, en las neutralidades
de un mar de asombros la elección confusa—,
equívoco las ondas zozobraba;
y por mirarlo todo, nada vía,   480
ni discenir podía
(bota la facultad intelectiva
en tanta, tan difusa
incomprehensible especie que miraba
desde el un eje en que librada estriba   485
la máquina voluble de la esfera,
al contrapuesto polo)
las partes, ya no sólo,
que al universo todo considera
serle perfeccionantes,   490
a su ornato, no más, pertenecientes;
mas ni aun las que integrantes
miembros son de su cuerpo dilatado,
proporcionadamente competentes.

---

desistió tán rápido de su osadía, como aquí se rindió el Entendimiento...»
(Méndez Plancarte).
    471 Es el Universo.
    476-478 La capacidad de elección quedaba neutralizada por la ingente
cantidad *(copia)* de maravillas que se ofrecían a la vista.
    479 La anómala construcción de *zozobrar* como transitivo induce a
pensar que el verso pide una enmienda: ... *en las ondas...*; *equívoco:* 'sin
acertar adónde dirigirse'.
    482 *bota:* 'embotada'.
    485 *librada:* 'a salvo', y también 'contrapesada' (cult.).
    486 *voluble:* 'giratoria'; la *Esfera,* del firmamento, se entiende.
    494 Alude a la armoniosa adecuación de las partes entre sí.

Mas como al que ha usurpado   495
diuturna obscuridad, de los objetos
visibles los colores,
si súbitos le asaltan resplandores,
con la sobra de luz queda más ciego
—que el exceso contrarios hace efectos   500
en la torpe potencia, que la lumbre
del Sol admitir luego
no puede por la falta de costumbre—,
y a la tiniebla misma, que antes era
tenebroso a la vista impedimento,   505
de los agravios de la luz apela,
y una vez y otra con la mano cela
de los débiles ojos deslumbrados
los rayos vacilantes,
sirviendo ya —piadosa medianera—   510
la sombra de instrumento
para que recobrados
por grados se habiliten,
porque después constantes
su operación más firmes ejerciten   515
—recurso natural, innata ciencia
que confirmada ya de la experiencia,
maestro quizá mudo,
retórico ejemplar, inducir pudo
a uno y otro galeno   520
para que del mortífero veneno,
en bien proporcionadas cantidades
escrupulosamente regulando
las ocultas nocivas cualidades,
ya por sobrado exceso   525
de cálidas o frías,
o ya por ignoradas simpatías

496 *diuturna:* 'prolongada'.
509 Son las *líneas visuales* (v 459) que salen de los ojos.
513 *por grados:* 'gradualmente'.
519 *retórico* es sustantivo: 'orador'.
520 *uno y otro galeno:* 'muchos médicos'.

o antipatías con que van obrando
las causas naturales su progreso
(a la admiración dando, suspendida,   530
efecto cierto en causa no sabida,
con prolijo desvelo y remirada
empírica atención, examinada
en la bruta experiencia,
por menos peligrosa),   535
la confección hicieran provechosa,
último afán de la apolínea ciencia,
de admirable trïaca,
¡que así del mal el bien tal vez se saca!—:

     no de otra suerte el Alma, que asombrada   540
de la vista quedó de objeto tanto,
la atención recogió, que derramada
en diversidad tanta, aun no sabía
recobrarse a sí misma del espanto
que portentoso había   545
su discurso calmado,
permitiéndole apenas
de un concepto confuso
el informe embrïón que, mal formado,
inordinado caos retrataba   550
de confusas especies que abrazaba

533-535 Se refiere a la experimentación de los remedios y antídotos en
los animales (los *brutos*).
536 El sujeto es *uno y otro galeno* (v 520).
537 La *apolínea ciencia* es la Medicina.
538 *triaca:* 'antídoto del veneno'.
539 *tal vez:* 'a veces'.
540 Empieza ahora el segundo miembro de la comparación propuesta
en el v 495.
542 *derramada:* 'dispersa'.
544-546 La maravillosa visión del Universo había dejado en suspenso
(calmado) el discurrir intelectual del alma.
551 *confusas:* 'revueltas'; para *especies*, véase v 403.

Antología poética de los siglos XVI-XVII

—sin orden avenidas,
sin orden separadas,
que cuanto más se implican combinadas
tanto más se disuelven desunidas,   555
de diversidad llenas—,
ciñendo con violencia lo difuso
de objeto tanto a tan pequeño vaso
(aun al más bajo, aun al menor, escaso).

    Las velas, en efecto, recogidas,   560
que fió inadvertidas
traidor al mar, al viento ventilante
—buscando, desatento,
al mar fidelidad, constancia al viento—,
mal le hizo de su grado   565
en la mental orilla
dar fondo, destrozado,
al timón roto, a la quebrada entena,
besando arena a arena
de la playa el bajel, astilla a astilla,   570
donde —ya recobrado—
el lugar usurpó de la carena
cuerda refleja, reportado aviso

552-553 O sea: «sin ningún orden ni en su unidad ni en su división»
(Méndez Plancarte).

554 *se implican:* 'se enredan, se entrelazan'.

558-559 El *pequeño vaso* del entendimiento humano (pequeño en com-
paración con la inmensidad del Universo, *objeto tanto),* es incapaz de apre-
hender incluso el más mínimo de los objetos.

560-574 Compara el periplo intelectual del Alma con el naufragio de
un navío.

561 *fió:* 'confió, entregó'.

565-570 El mar y el viento hicieron que el destrozado navío (metáfora
aquí del alma), contra su voluntad *(mal ... de su grado)* encallara su timón
y mástil ya rotos en la orilla del océano del conocimiento; de esta manera,
las astillas del bajel, una a una, besaron las arenas de la playa.

572-574 Una sabia cautela o segunda intención *(cuerda refleja),* una
refrenada *(reportado)* advertencia fundada en un juicio prudente o despa-
cioso *(remiso)* hacen ahora las veces de una compostura o reparación
(carena) para el navío maltrecho. Así que el Alma emprende ahora una
navegación menos arriesgada.

de dictamen remiso:
que, en su operación misma reportado,   575
más juzgó conveniente
a singular asunto reducirse,
o separadamente
una por una discurrir las cosas
que vienen a ceñirse   580
en las que artificiosas
dos veces cinco son categorías:

    reducción metafísica que enseña
(los entes concibiendo generales
en sólo unas mentales fantasías   585
donde de la materia se desdeña
el discurso abstraído)
ciencia a formar de los universales,
reparando, advertido,
con el arte el defecto   590
de no poder con un intüitivo
conocer acto todo lo criado,
sino que, haciendo escala, de un concepto
en otro va ascendiendo grado a grado,
y el de comprender orden relativo   595
sigue, necesitado

---

575 La *operación* intelectual del bajel mental (de ahí, el masculino *reportado*).

577 *reducirse*: 'limitarse'.

582 Son la diez categorías aristotélicas que sustentan la *ciencia ... de los universales* (v 588): sustancia, cantidad, cualidad, relación, acción, pasión, lugar, tiempo, situación o postura, y condición o hábito.

585 *mentales fantasías*: 'conceptos racionales'.

586-587 La razón abstracta se desentiende *(se desdeña:)* de la materia concreta.

589-592 La ciencia, que trabaja con los universales (los géneros y las especies) permite al alma —siempre comparada con un bajel— remediar, avisada, mediante la técnica o artificio del pensamiento metafísico el defecto del conocimiento intuitivo.

596-599 Esto es: obligado por el limitado vigor del intelecto, que para alcanzar su objetivo debe encadenar los razonamientos y sustentar unos en otros.

del entendimiento
limitado vigor, que a sucesivo
discurso fía su aprovechamiento:

    cuyas débiles fuerzas, la doctrina   600
con doctos alimentos va esforzando,
y el prolijo, si blando,
continuo curso de la disciplina,
robustos le va alientos infundiendo,
con que más animoso   605
al palio glorïoso
del empeño más arduo, altivo aspira,
los altos escalones ascendiendo
—en una ya, ya en otra cultivado
facultad—, hasta que insensiblemente   610
la honrosa cumbre mira
término dulce de su afán pesado
(de amarga siembra, fruto al gusto grato,
que aun a largas fatigas fue barato),
y con planta valiente   615
la cima huella de su altiva frente.

    De esta serie seguir mi entendimiento
el método quería
o del ínfimo grado
del ser inanimado   620
(menos favorecido,
si no más desvalido,
de la segunda causa productiva),

---

601 *esforzando:* 'robusteciendo'.
606 *palio:* 'premio otorgado al ganador de una carrera'; habitualmente consistía en un trozo de alguna tela valiosa.
610 *facultad:* 'disciplina, ciencia o arte'.
616 La cumbre *(frente)* de la Sabiduría, aludida en el v 610.
619 *o* no tiene aquí valor disyuntivo sino que declara en qué consiste el *método* (v 618).
620 Comienza la revisión de la escala o cadena de los seres por los minerales.
623 Es la Naturaleza.

pasar a la más noble jerarquía
que, en vegetable aliento,   625
primogénito es, aunque grosero,
de Tetis —el primero
que a sus fértiles pechos maternales,
con virtud atractiva,
los dulces apoyó manantïales   630
de humor terrestre, que a su nutrimento
natural es dulcísimo alimento—,
y de cuatro adornada operaciones
de contrarias acciones,
ya atrae, ya segrega diligente   635
lo que no serle juzga conveniente,
ya lo superfluo expele, y de la copia
la substancia más útil hace propia;

     y —ésta ya investigada—
forma inculcar más bella   640
(de sentido adornada
y aun más que de sentido, de aprehensiva
fuerza imaginativa),
que justa puede ocasionar querella
—cuando afrenta no sea—   645
de la que más lucida centellea
inanimada Estrella,
bien que soberbios brille resplandores

624-627 *Tetis* (pero las ediciones antiguas traen *Temis*) era la diosa de
las aguas. Su primogénito es el reino de las plantas, dotado de vida vege-
tativa *(vegetable aliento)* y, por ello, superior en jerarquía al mineral
(v 624), pero todavía poco elaborado *(grosero).*

629-631 Las plantas, con su capacidad de succionar *(virtud atractiva),*
cogieron el apoyo o chorro nutricio de la humedad terrestre.

633 *adornada* concierta con *jerarquía* (v 624). A continuación refiere
las cuatro operaciones de la vida vegetativa.

637 *copia:* 'abundancia'.

640 *inculcar:* 'estudiar en profundidad'; depende de *quería* (v 618). Se
refiere el verso a los animales, seres dotados de vida sensitiva e imagina-
tiva (en cuanto a la capacidad de aprehender imágenes de los objetos).

644-645 O sea: '... causar envidia, aunque no afrenta'.

—que hasta a los Astros puede superiores,
aun la menor criatura, aun la más baja,   650
ocasionar envidia, hacer ventaja—;

  y de este corporal conocimiento
haciendo, bien que escaso, fundamento,
al supremo pasar maravilloso
compuesto triplicado,   655
de tres acordes líneas ordenado
y de las formas todas inferiores
compendio misterioso:
bisagra engazadora
de la que más se eleva entronizada   660
Naturaleza pura
y de la que, criatura
menos noble, se ve más abatida:
no de las cinco solas adornada
sensibles facultades,   665
mas de las interiores
que tres rectrices son, ennoblecida
—que para ser señora
de las demás, no en vano
la adornó Sabia Poderosa Mano—:   670
fin de Sus obras, círculo que cierra
la Esfera con la tierra,
última perfección de lo criado
y último de su Eterno Autor agrado,
en quien con satisfecha complacencia   675
Su inmensa descansó magnificencia:

654-658 Se refiere al hombre, que goza «...vida vegetativa, sensitiva y racional» (Méndez Plancarte).

659-663 El hombre es bisagra que une *(engazadora)* el mundo espiritual de las criaturas angélicas y el inferior de los seres inanimados.

664 *adornada*, como más abajo *ennoblecida* (v 667 y *señora)* (v 668), conciertan con *criatura* (v 662).

666-667 Las tres potencias del alma: memoria, entendimiento y voluntad.

671-672 El Hombre une el cielo con la tierra.

676 Por ser el Hombre, según el relato bíblico, la última criatura que Dios creó.

fábrica portentosa
que, cuanto más altiva al Cielo toca,
sella el polvo la boca
—de quien ser pudo imagen misteriosa   680
la que Águila Evangélica, sagrada
visión en Patmos vio, que las estrellas
midió y el suelo con iguales huellas,
o la estatua eminente
que del metal mostraba más preciado   685
la rica altiva frente,
y en el más desechado
material, flaco fundamento hacía,
con que a leve vaivén se deshacía—:

el Hombre, digo, en fin, mayor portento   690
que discurre el humano entendimiento;
compendio que absoluto
parece al Ángel, a la planta, al bruto;
cuya altiva bajeza
toda participó Naturaleza.   695
¿Por qué? Quizá porque más venturosa
que todas, encumbrada
a merced de amorosa
Unión sería. ¡Oh, aunque repetida,
nunca bastantemente bien sabida   700
merced, pues ignorada
en lo poco apreciada
parece, o en lo mal correspondida!

678-679 O sea: 'a la que ... el polvo hace enmudecer'; con alusión a
la hora de la muerte, ya que el sello indicaba la finalización de algo.

680-683 San Juan Evangelista (aquí aludido por su símbolo: el águila)
tuvo en la isla de Patmos una visión de Cristo que le reveló los misterios
que cuenta en el libro del *Apocalipsis*. En el evangelista se prueba, pues, la
capacidad del hombre para conocer lo terreno y lo celestial.

684-689 Alusión a la estatua soñada por Nabucodonosor, que tenía
los pies de barro (Dan. II, 31-32).

693 *parece:* 'se asemeja a, ostenta las cualidades de'.

695 Esto es: participó de la naturaleza de todas las demás criaturas.

698-699 Se refiere a la Encarnación de Cristo.

Estos, pues, grados discurrir quería
unas veces. Pero otras, disentía,   705
excesivo juzgando atrevimiento
el discurrirlo todo,
quien aun la más pequeña,
aun la más fácil parte no entendía
de los manüales   710
efectos naturales;
quien de la fuente no alcanzó risueña
el ignorado modo
con que el curso dirige cristalino
deteniendo en ambages su camino   715
—los horrorosos senos
de Plutón, las cavernas pavorosas
del abismo tremendo,
las campañas hermosas,
los Elíseos amenos,   720
tálamo ya de su triforme esposa,
clara pesquisidora registrando
(útil curiosidad, aunque prolija,
que de su no cobrada bella hija
noticia cierta dio a la rubia Diosa,   725
cuando montes y selvas trastornando,
cuando prados y bosques inquiriendo,
su vida iba buscando

---

710 *manuales:* 'asequibles'.

715 *ambages:* 'rodeos'.

716-725 Se identifica aquí a la fuente mencionada en el v 712 con la fuente Aretusa, que, nacida en Acaya, se hunde bajo tierra y reaparece, pasado el mar, en Sicilia. Se le llama *clara pesquisidora* porque a sus veneros se atribuye cabal conocimiento *(registrando)* del submundo infernal (v 722). Aretusa se encargó, en efecto, de comunicar a Ceres *(la rubia Diosa)* el paradero de su hija Proserpina, después que fue raptada por Plutón y llevada al submundo donde reinaba (concretamente a los Campos Elíseos). A Proserpina la llama *triforme esposa* por su triple condición: doncella siciliana, esposa de Plutón (con quien, tras mediar su madre, debía permanecer durante seis meses al año) y diosa de la agricultura, durante los seis restantes.

726-729 En la búsqueda de su hija, Ceres iba revolviendo o fatigando *(trastornando)* montes y selvas, escudriñando *(inquiriendo)* prados y bosques.

y del dolor su vida iba perdiendo)—;
quien de la breve flor aun no sabía   730
por qué ebúrnea figura
circunscribe su frágil hermosura:
mixtos, por qué, colores
—confundiendo la grana en los albores—
fragrante le son gala: 735
ámbares por qué exhala,
y el leve, si más bello
ropaje al viento explica,
que en una y otra fresca multiplica
hija, formando pompa escarolada   740
de dorados perfiles cairelada,
que —roto del capillo el blanco sello—
de dulce herida de la cipria Diosa
los despojos ostenta jactanciosa,
si ya el que la colora,   745
candor al alba, púrpura al aurora
no le usurpó, y mezclado,
purpúreo es ampo, rosicler nevado:
tornasol que concita
los que del prado aplausos solicita: 750
preceptor quizá vano

730-732 Los comentaristas interpretan que esta flor de marfileña *(ebúrnea)* figura es la azucena, y que los versos que siguen tratan de la rosa.
734 *grana:* 'pigmento de color rojo'.
738 *explica:* 'despliega'.
740 *hija:* es la hoja de la flor; *escarolada:* 'rizada'.
741 *cairelada:* 'adornada con bordaduras'.
742 *capillo:* 'capullo'.
743-744 El color rojo de la rosa evoca la sangre de Venus *(Cipria Diosa*, por los tres templos a ella dedicados en la isla de Chipre). En efecto, Venus se pinchó con una espina cuando corría a reunirse con el agonizante Adonis; la sangre de la diosa convirtió en rojas las rosas, que hasta entonces eran blancas.
745-747 O sea: si es que no se adueñó del color blanco del alba, del rojo de la aurora.
748 *ampo:* 'blancura de la nieve'.
749 *concita:* 'promueve, instiga'.
751-756 El tornasol de la rosa ha podido enseñar a las mujeres —o al menos servirles de mal ejemplo para ello— el engaño *(industria)* del cos-

ANTOLOGÍA POÉTICA DE LOS SIGLOS XVI-XVII 489

  —si no ejemplo profano—
de industria femenil, que el más activo
veneno hace dos veces ser nocivo
en el velo aparente   755
de la que finge tez resplandeciente.

  Pues si a un objeto solo —repetía
tímido el pensamiento—
huye el conocimiento
y cobarde el discurso se desvía;   760
si a especie segregada
—como de las demás independiente,
como sin relación considerada—
da las espaldas el entendimiento,
y asombrado el discurso se espeluza   765
del difícil certamen que rehúsa
acometer valiente,
porque teme —cobarde—
comprehenderlo o mal, o nunca, o tarde,
¿cómo en tan espantosa   770
máquina inmensa discurrir pudiera,
cuyo terrible incomportable peso
—si ya en su centro mismo no estribara—
de Atlante a las espaldas agobiara,
de Alcides a las fuerzas excediera;   775
y el que fue de la Esfera
bastante contrapeso,

---

mético, en particular el empleo del peligroso solimán, hecho a base de
preparados de mercurio; también pudiera referirse al albayalde, con base
en el plomo.

765 *se espeluza:* 'se atemoriza'.

770-771 O sea: ¿cómo podría el entendimiento discurrir acerca de una
máquina o construcción como el Universo?

773 Es Dios, según Méndez Plancarte.

774-775 Sobre Atlante, véase la nota al v 310; Hércules *(Alcides)* le sus-
tituyó temporalmente en la tarea de sostener la bóveda celeste mientras
aquél cumplía por él la tarea de adueñarse de tres de las manzanas de las
Hespérides. La perífrasis mitológica de los vv 776-777, aunque va en sin-
gular, se refiere de nuevo a los dos.

pesada menos, menos ponderosa
su máquina juzgara, que la empresa
de investigar a la Naturaleza?   780

Otras —más esforzado—,
demasiada acusaba cobardía
el lauro antes ceder, que en la lid dura
haber siquiera entrado;
y al ejemplar osado   785
del claro joven la atención volvía
—auriga altivo del ardiente carro—,
y el, si infeliz, bizarro
alto impulso, el espíritu encendía:
donde el ánimo halla   790
—más que el temor ejemplos de escarmiento—
abiertas sendas al atrevimiento,
que una ya vez trilladas, no hay castigo
que intento baste a remover segundo
(segunda ambición, digo).   795

Ni el panteón profundo
—cerúlea tumba a su infeliz ceniza—,
ni el vengativo rayo fulminante
mueve, por más que avisa,
al ánimo arrogante   800
que, el vivir despreciando, determina
su nombre eternizar en su rüina.
Tipo es, antes, modelo:
ejemplar pernicioso
que alas engendra a repetido vuelo,   805

781-783 O sea: otras veces, con más animo, el entendimiento juzgaba
por cobardía excesiva renunciar al triunfo...

785-789 *ejemplar:* 'ejemplo'. Se refiere a Faetón, que solicitó de su pa-
dre Apolo conducir por un día el carro del Sol, empresa que terminó con
su muerte y caída en las aguas del Erídano (el Po).

790-795 *remover:* 'quitar del ánimo, disuadir'. El ejemplo de Faetón
abrió el camino para otras acciones tan ambiciosas como la suya.

805 Alusión a Ícaro (véase núm. 78, vv 6-7).

del ánimo ambicioso
que —del mismo terror haciendo halago
que al valor lisonjea—
las glorias deletrea
entre los caracteres del estrago.   810
O el castigo jamás se publicara,
porque nunca el delito se intentara:
político silencio antes rompiera
los autos del proceso
—circunspecto estadista—;   815
o en fingida ignorancia simulara
o con secreta pena castigara
el insolente exceso,
sin que a popular vista
el ejemplar nocivo propusiera: 820
que del mayor delito la malicia
peligra en la noticia,
contagio dilatado trascendiendo;
porque singular culpa sólo siendo,
dejara más remota a lo ignorado   825
su ejecución, que no a lo escarmentado.

Mas mientras entre escollos zozobraba
confusa la elección, sirtes tocando
de imposibles, en cuantos intentaba

807-808 *halago:* 'caricia'; *lisonjea:* 'agrada'.
810 *caracteres:* 'letras, tipos'.
811-812 Quizá fuera mejor no hacer público el castigo (y por tanto, el hecho que lo motivó) para que nunca el delito se intentara. «Esta propuesta, cuya justificación se da en los siguientes versos, se encuentra dentro de una tradición que arranca de los historiadores clásicos, avivada en el Renacimiento, según la cual los actos malos de los hombres públicos deben ser condenados al olvido» (Sainz de Medrano).
813 *político:* 'prudente'.
822 *peligra:* 'resulta peligrosa'.
823 *trascendiendo:* 'llevando, difunfiendo'.
825-826 Es menos probable la ejecución por otros de lo que se ignora que la de lo que ha sido castigado (y por ello, dado a conocer).
828 *sirtes:* 'escollos, peligros'; es voz náutica, en consonancia con *zozobraba* (v 827) y *rumbos* (v 830).

rumbos seguir —no hallando   830
materia en que cebarse
el calor ya, pues su templada llama
(llama al fin, aunque más templada sea,
que si su activa emplea
operación, consume, si no inflama)   835
sin poder excusarse
había lentamente
el manjar transformado,
propia sustancia de la ajena haciendo:
y el que hervor resultaba bullicioso   840
de la unión entre el húmedo y ardiente,
en el maravilloso
natural vaso, había ya cesado
(faltando el medio), y consiguientemente
los que de él ascendiendo   845
soporíferos, húmedos vapores
el trono racional embarazaban
(desde donde a los miembros derramaban
dulce entorpecimiento),
a los suaves ardores   850
del calor consumidos,
las cadenas del sueño desataban:
y la falta sintiendo de alimento
los miembros extenuados,
del descanso cansados,   855
ni del todo despiertos ni dormidos,
muestras de apetecer el movimiento
con tardos esperezos
ya daban, extendiendo

830-832 Se refiere a que el calor natural de la durmiente ya no en-
cuentra materia alimenticia o digestiva que le sirva de cebo.

834 *si:* 'cuando, siempre que'.

842-843 En coherencia con lo dicho más arriba (vv 234-2355 y 253-
254).

844 *faltando el medio:* 'por faltar el medio'; se refiere al alimento, lla-
mado antes *medianero piadoso* (vv 244-245).

858 *esperezos:* 'desperezos'.

los nervios, poco a poco, entumecidos,				860
y los cansados huesos
(aun sin entero arbitrio de su dueño)
volviendo al otro lado—,
a cobrar empezaron los sentidos,
dulcemente impedidos				865
del natural beleño,
su operación, los ojos entreabriendo.

Y del cerebro, ya desocupado,
las fantasmas huyeron,
y —como de vapor leve formadas—				870
en fácil humo, en viento convertidas,
su forma resolvieron.
Así linterna mágica, pintadas
representa fingidas
en la blanca pared varias figuras,				875
de la sombra no menos ayudadas
que de la luz: que en trémulos reflejos
los competentes lejos
guardando de la docta perspectiva,
en sus ciertas mensuras				880
de varias experiencias aprobadas,

---

866 *beleño* vale aquí 'sopor'.

869-870 *fantasmas*: 'imágenes mentales'; se refiere a las formadas durante el sueño; están formadas, en efecto, de los vapores o espíritus sutiles que fluían desde el hígado.

872 *resolvieron*: 'disolvieron'.

873 El pasaje que ahora empieza compara las imágenes mentales con las que produce la linterna mágica, dispositivo óptico cuya invención se atribuye a un autor con el que estaba familiarizada sor Juana, el jesuita Athanasius Kircher, que la expuso en su *Ars Magna lucis et umbrae* (Roma, 1646).

876-877 Porque el efecto óptico de la linterna sólo puede apreciarse en un lugar oscuro; o porque las imágenes que se forman son como sombras de la luz proyectada.

878-881 Las imágenes de la linterna guardan las leyes de la perspectiva, de manera que las figuras más alejadas muestran la adecuada disminución de tamaño *(los competentes lejos)*, «... según sus ciertas medidas confirmadas por reiterados experimentos» (Méndez Plancarte).

la sombra fugitiva,
que en el mismo esplendor se desvanece,
cuerpo finge formado,
de todas dimensiones adornado,   885
cuando aun ser superficie no merece.

En tanto, el Padre de la Luz ardiente,
de acercarse al Oriente
ya el término prefijo conocía,
y al antípoda opuesto despedía   890
con trasmontantes rayos:
que —de su luz en trémulos desmayos—
en el punto hace mismo su Occidente,
que nuestro Oriente ilustra luminoso.
Pero de Venus, antes, el hermoso   895
apacible lucero
rompió el albor primero,
y del viejo Titón la bella esposa
—amazona de luces mil vestida,
contra la noche armada,   900
hermosa si atrevida,
valiente aunque llorosa—,
su frente mostró hermosa
de matutinas luces coronada,
aunque tierno preludio, ya animoso   905
del Planeta fogoso,
que venía las tropas reclutando
de bisoñas vislumbres
—las más robustas, veteranas lumbres
para la retaguardia reservando—,   910

---

891 *trasmontantes:* 'crepusculares'.
893 *su occidente,* o sea, del antípoda.
898 Es la Aurora.
899 *amazona,* por ir armada, como las legendarias mujeres de otro tiempo.
902 *llorosa,* por el rocío.
908 Téngase en cuenta que *bisoño* se decía en particular del soldado inexperto.

contra la que, tirana usurpadora
del imperio del día,
negro laurel de sombras mil ceñía
y con nocturno cetro pavoroso
las sombras gobernaba,   915
de quien aun ella misma se espantaba.

    Pero apenas la bella precursora
signífera del Sol, el luminoso
en el Oriente tremoló estandarte,
tocando al arma todos los süaves   920
si bélicos clarines de las aves
(diestros, aunque sin arte,
trompetas sonorosos),
cuando —como tirana al fin, cobarde,
de recelos medrosos   925
embarazada, bien que hacer alarde
intentó de sus fuerzas, oponiendo
de su funesta capa los reparos,
breves en ella de los tajos claros
heridas recibiendo   930
(bien que mal satisfecho su denuedo,
pretexto mal formado fue del miedo,
su débil resistencia conociendo)—,
a la fuga ya casi cometiendo
más que a la fuerza, el medio de salvarse,   935
ronca tocó bocina
a recoger los negros escuadrones
para poder en orden retirarse,
cuando de más vecina
plenitud de reflejos fue asaltada,   940

---

918 *signífera:* 'portainsignia, abanderada'.
923 *trompetas:* 'trompeteros'.
926-928 La Noche intentó pasar revista o sacar a relucir *(hacer alarde)*
sus tropas, resguardándose tras su lúgubre capa.
931-932 Si bien es verdad que su intento mal satisfecho fue un burdo
pretexto del miedo.
934 *cometiendo:* 'encomendando'.
936 *bocina:* 'corneta'.

que la punta rayó más encumbrada
de los del Mundo erguidos torreones.

Llegó, en efecto, el Sol cerrando el giro
que esculpió de oro sobre azul zafiro:
de mil multiplicados   945
mil veces puntos, flujos mil dorados
—líneas, digo, de luz clara— salían
de su circunferencia luminosa,
pautando al cielo la cerúlea plana;
y a la que antes funesta fue tirana   950
de su imperio, atropadas embestían:
que sin concierto huyendo presurosa
—en sus mismos horrores tropezando—
su sombra iba pisando,
y llegar al Ocaso pretendía   955
con el (sin orden ya) desbaratado
ejército de sombras, acosado
de la luz que el alcance le seguía.

Consiguió, al fin, la vista del Ocaso
el fugitivo paso,   960
y —en su mismo despeño recobrada,
esforzando el aliento en la rüina—
en la mitad del globo que ha dejado
el Sol desamparada,

---

941 *rayó:* 'irradió, alumbró'.

943-944 El *azul zafiro* del cielo; según la teoría geocéntrica del Universo, es el Sol el que gira alrededor de la tierra.

949 *plana:* 'carilla de papel, especialmente la rayada o pautada para la escritura'; para *cerúlea*, véase v 88.

951 *atropadas:* 'formando tropa'; se refie a las *líneas* (v 947) o rayos solares.

955 La Noche corría a refugiarse en el ocaso.

959-960 El sujeto de *consiguió* ('alcanzó') es *el fugitivo paso* —de la Noche, se entiende—. O sea, la Noche logró «... llegar al borde de nuestro horizonte Occidental» (Méndez Plancarte).

961 *recobrada:* 'vuelta en su brío'.

segunda vez rebelde determina 965
mirarse coronada,
mientras nuestro Hemisferio la dorada
ilustraba del Sol madeja hermosa,
que con luz judiciosa
de orden distributivo, repartiendo 970
a las cosas visibles sus colores
iba, y restituyendo
entera a los sentidos exteriores
su operación, quedando a luz más cierta
el Mundo iluminado, y yo despierta. 975

965-966 La Noche, rebelde contra la luz, no renuncia, por ser quien es, a reinar una segunda vez, coronada de estrellas.

968 *madeja:* 'cabellera' (aquí, los rayos del sol); es sujeto de *ilustraba*.

969 *judiciosa:* 'juiciosa'.

ÍNDICES

Índice primeros versos

Índice general

COLECCIÓN
CLÁSICOS BIBLIOTECA NUEVA